预算绩效管理实务

王雪云　郭晓萍　付爱英　等著

中国财经出版传媒集团
中国财政经济出版社

图书在版编目（CIP）数据

预算绩效管理实务 / 王雪云等著. --北京：中国财政经济出版社，2022.4

ISBN 978-7-5223-1213-2

Ⅰ.①预… Ⅱ.①王… Ⅲ.①财政预算-经济绩效-财政管理-研究 Ⅳ.①F810.3

中国版本图书馆 CIP 数据核字（2022）第 034686 号

责任编辑：刘五书　　　　责任印制：张　健

封面设计：楠竹文化

预算绩效管理实务

YUSUAN JIXIAO GUANLI SHIWU

中国财政经济出版社 出版

URL：http：//www.cfeph.cn

E-mail：cfeph@cfeph.cn

社址：北京市海淀区阜成路甲 28 号　邮政编码：100142

营销中心电话：010-88191522

天猫网店：中国财政经济出版社旗舰店

网址：https：//zgczjjcbs.tmall.com

北京富生印刷厂印刷　各地新华书店经销

成品尺寸：185mm×260mm　16 开　22.75 印张　526 000 字

2022 年 4 月第 1 版　2022 年 4 月北京第 1 次印刷

定价：78.00 元

ISBN 978-7-5223-1213-2

（图书出现印装问题，本社负责调换，电话：010-88190548）

本社质量投诉电话：010-88190744

打击盗版举报热线：010-88191661　QQ：2242791300

绩效管理理论与实务丛书编委会成员

前言

财政是国家治理的基础和重要支柱，将预算绩效作为深化财政改革的重要抓手，加快建立现代财政制度，推进国家治理现代化已成为当前重要话题及未来时代命题。2018 年 9 月，印发的《中共中央　国务院关于全面实施预算绩效管理的意见》明确指出，“创新预算管理方式，更加注重结果导向、强调成本效益、硬化责任约束，力争用 3—5 年时间基本建成全方位、全过程、全覆盖的预算绩效管理体系，实现预算和绩效管理一体化”。围绕全面实施预算绩效管理的时间表、路线图、任务书，从中央到地方各项制度建设和改革探索密集展开，全方位管理格局初步成型，全过程管理链条基本建立，全覆盖管理体系不断完善，从制度到实践取得了显著成效，积累了丰富的经验。对预算绩效管理实务经验进行及时全面总结和宣传，无疑将进一步促进预算和绩效管理一体化，推动预算绩效管理提质增效，进而为经济社会发展提供有力保障。

本书作为河南省财政厅、河南省注册会计师协会组织编写“绩效管理理论与实务丛书”的第三本著作，在前述关于绩效管理理论和经验介绍基础上，基于全过程预算绩效管理的基本框架和逻辑体系，通过理论解读和案例剖析，全面深刻地介绍了预算绩效管理的具体构成、关键要素、流程制度、方式方法、技术保障等内容，力图融知识性、实用性和可读性为一体，成为预算绩效管理理论研究的重要参考、工作开展的实操手册。本书共分为八章，首先对预算绩效管理基础知识进行概述，然后依次对事前绩效评估、预算绩效目标管理、预算绩效运行监控、事后预算绩效评价、全过程结果应用等五大环节进行论述，最后又对预算绩效管理监督和技术保障进行了研究。

本书写作具有以下特点：

（1）兼顾专业性和可读性。本书以《中共中央　国务院关于全面实施预算绩效管理的意见》的精神为指导，通过搜集各级财政部门发布的预算绩效管理有关政策制度，查阅与预算绩效管理相关的书籍、文献及报刊等，梳理作者预算绩效管理实务工作中积累的丰富经验，形成撰写思路和篇章内容。同时，本书的撰写逻辑按照从理论到实践的过程与规律进行搭建，将绩效理念和方法深度融入预算编制、执行、监督全过程，构建事前、事中、事后绩效管理闭环系统，便于读者系统、清晰地掌握预算绩效管理的政策理论及实务操作。

（2）兼顾基础性和进阶性。本书按照“是什么—为什么做—怎么做”的逻辑，根据作者参与大量财政预算管理实务工作的操作经验，对如何开展事前预算绩效评估、设置预算绩效目标、实施事中预算绩效监控和事后预算绩效评价、结果应用等内容进行详细、具体的阐述，并附带通俗易懂的案例讲解，结构清晰、重点突出、内容紧凑、简明实用，帮助新手快速迈进预算绩效管理的世界。同时，书中以全过程预算绩效管理各环节的工作流程为主线，定原则、依据，讲技巧、方法，辨侧重点、不同点，强化“事前有评估、预算编制有目标、事中有监控、事后有评价、评价结果有应用”的预算绩效管理整体性理念，帮助有经验的人开拓预算绩效管理的思路。

（3）兼顾操作性和实用性。全过程预算绩效管理既贯穿全方位管理之中，又贯穿全覆盖管理之中，是全面实施预算绩效管理的基础性和关键性机制。本书以全过程管理为主线索，结合大量案例，明确事前绩效评估评分指标体系、绩效目标表、绩效监控表、绩效自评表及绩效评价评分表的格式与内容，阐述评估、监控和评价阶段所需要的资料清单、报告模板等，方便读者直接使用。同时，在书后以附录形式收集了与预算绩效管理相关的政策文件、预算绩效指标体系示例等内容，对于财政预算单位、企业广大财会人员以及第三方机构开展绩效管理实操具有指导作用。

本书写作大纲由王雪云、郭晓萍、付爱英论证确定、研讨撰写。其中，第一章由郭晓萍、王静静撰写，第二章由刘萌萌、赵小雅撰写，第三章由李亚菲、孟秀丽撰写，第四章由彭燕、付爱英撰写，第五章由郭晓萍、王怡鑫撰写，第六章由王雪云、文小才、张振卿、盛锐撰写，第七章由席龙胜撰写，第八章由山雪艳、高春撰写；本书的附录资料由高春、刘萌萌、李亚菲、彭燕、王怡鑫、王静静收集编校，全书最终由王雪云、郭晓萍、付爱英总纂后提交丛书编写委员会审定。

由于本书撰写人员在理论知识积累和业务实操经验方面尚有一定的欠缺，加之撰写的时间仓促，书中难免存在一些错误和遗漏，恳请读者不吝批评指正。

作者

2022 年 1 月 6 日

目录

第一章 预算绩效管理概论

财政为庶政之母，预算乃邦国之基。预算是政府活动和宏观政策的集中反映，也是规范政府行为的有效手段。预算绩效是衡量政府绩效的主要指标之一，本质上反映的是各级政府各部门的工作绩效。预算绩效管理，是一种以结果为导向的现代预算管理模式，是包括事前绩效评估、绩效目标管理、绩效运行监控、绩效评价及结果反馈和应用等核心环节在内的综合管理活动，贯穿预算编制、预算执行、预算监督和决算报告的全过程。2018 年，《中共中央 国务院关于全面实施预算绩效管理的意见》明确指出，“力争用 3—5 年时间基本建成全方位、全过程、全覆盖的预算绩效管理体系，实现预算和绩效管理一体化”。全面实施预算绩效管理，着重解决财政资源配置和使用中的低效无效问题，既是建立现代财政制度的重要内容，也是提升公共服务质量的关键举措，对提升政府效能、加快实现国家治理体系和治理能力现代化有重要意义。本章首先对预算绩效管理相关概念进行阐述，进而依次介绍预算绩效管理相关理论支撑和预算绩效管理体系，最后概要分析我国预算绩效管理的实践需求及发展趋势。

第一节 预算绩效管理的基本内涵

一、政府预算管理

（一）政府预算的定义

预算（Budget），最初在英国用来描述财政部大臣装向议会提交的政府需求和资源报告的皮包，后来演变为政府提交立法机构审批的财政收支计划。现代意义的预算是政府按照一定的公共政策和原则、程序编制，并经立法机构审核批准的财政资金收支计划，具有计划性、公共性、政策和法定性等特征，是政府筹集、分配和管理财政资金的重要工具。狭义的预算指预算文件或预算书，是静态的预算；广义的预算指编制、批准、执行、决算、审计结果的公布与评价等所有环节，是动态的预算。作为一种施政工具，政府预算是任何国家政府进行财政管理所必需的。一个国家的政府预算一般包括三方面的内容：第一，收入和支出的种类和数量以及这些种类和数量所表现出来的收支的性质和作用，即政府预算的规模与结构问题；第二，各类国家机关和部门在处理这些收支问题上的关系及其所处的地位和所承担的责任，即政府预算管理体制问题；第三，在收入和支出的实现上所必须经过的编制、批准、执行、管理和监督等预算过程，即政府预算管理程序问题。

（二）政府预算的分类

在我国，根据预算管理职责、预算编制管理流程和预算编制规则的不同，分为政府预算、部门预算和单位预算。

1. 政府预算

政府预算是指按照一定的法律程序编制和批准的年度财政收支计划，是政府组织和规范财政分配活动的重要工具，反映政府的全部收入和支出计划的安排情况。政府预算主要包括政府各项收入和支出的种类和数量，并通过确保各种支出的合理性、有效性来服务于社会，促进社会的进步和发展，由本级财政部门或财政部门会同有关主管部门编制，报本级人民代表大会审查批准后执行。按预算的层级分类，政府预算分为中央政府预算和地方政府预算。我国实行一级政府一级预算，设立中央，省、自治区、直辖市，设区的市、自治州，县、自治县、不设区的市、市辖区，乡、民族乡、镇五级预算。

2. 部门预算

所谓“部门”，是指由财政部门直接管理的一级预算单位。部门预算是指由政府各部门依据国家有关法律法规及其履行职能的需要编制，反映部门所有收入和支出情况的综合财务计划，是政府各部门履行职能和事业发展的物质基础。部门预算是政府预算的一个重要组成部分。通俗来讲，部门预算就是一个部门一本预算，部门年度的全部收支项目编制在一本预算中，清晰地反映各部门年度的各项收支计划，包括收入预算和支出预算两大部分。部门预算由各部门负责编制，并报送同级财政部门，由财政部门审核并报同级人民代表大会审批后，财政部门向各部门下达预算批复。

3. 单位预算

所谓“单位”，是指部门本级及部门所属各单位，按照预算管理关系，分为一级预算单位、二级预算单位等，其中部门本级视同为二级预算单位。单位预算是指单位根据发展目标和计划编制的年度财务收支计划，是部门预算的组成部分，反映单位的全部收入和支出计划的安排情况。单位预算包括收入预算和支出预算两大部分。单位预算由各单位负责编制，并按规定报送主管部门，部门在收到财政部门下达的部门预算批复后，向所属各单位批复预算。

4. 三者之间的关系

（1）政府预算与部门预算之间的衔接关系。从涵盖的资金性质来看，政府预算包括一般公共预算资金、政府性基金预算资金、国有资本经营预算资金和社会保险基金预算资金等四种性质的预算资金；部门预算除了包括一般公共预算、政府性基金预算和国有资本经营预算三种性质的预算资金外，还包括财政专户管理资金和单位资金。

从预算的支出构成来看，政府预算支出包括政府预算资金安排的部门预算支出、转移性支出、预备费以及社会保险基金预算支出。也就是说，政府预算是部门预算的重要资金来源，同时政府预算资金安排的部门预算支出也是政府预算支出的重要组成部分；但是，部门预算支出还包括了财政专户管理资金和单位资金安排的支出。

（2）部门预算与单位预算之间的衔接关系。《中华人民共和国预算法》（以下简称《预算法》）规定："各部门预算由本部门及其所属各单位预算组成。"部门预算不仅包括部门本级预算，还包括所属各单位的预算。例如，应急管理部消防救援局的部门预算包括局本级（也就是消防局机关）、多个消防训练总队以及各省消防救援总队等二级预算单位的单位预算，各省消防救援总队等二级预算单位的单位预算又包括各地市消防救援支队等三级预算单位的单位预算。

（3）政府预算、部门预算和单位预算三者之间的关系。政府预算包括部门预算中的财政拨款收支预算，部门预算包括单位预算。从财力安排的角度看，应先测算政府收入预算，再根据需求和财力情况，综合平衡后，确定部门支出预算、转移性支出预算、预备费等的规模，然后确定各具体部门预算的支出规模，最后部门再确定单位预算的支出规模，这反映了自上而下的控制规则，即政府预算规模控制部门预算中财政拨款收支预算规模，部门预算规模控制单位预算规模。从预算汇总的角度看，部门预算由本部门及其所属各单位预算组成，部门预算由单位预算汇总而成，政府预算由部门预算、转移性预算、预备费等汇总而成，这反映了自下而上的汇总规则。

（三）政府预算体系构成

1995 年，国务院颁布《中华人民共和国预算法实施条例》要求，各级政府预算按照复式编制预算，分为政府公共预算、国有资产经营预算、社会保障预算和其他预算。随着预算管理制度改革的不断深化，我国政府预算体系不断拓展和完善，1997 年，13 项政府性基金被纳入预算单独编制；2007 年，国有资本经营预算单独编制；2014 年，社会保险基金预算单独编制，从而形成由"四本预算"组成的"全口径"政府预算体系框架。2014 年，修订后的《预算法》明确规定，"预算包括一般公共预算、政府性基金预算、国有资本经营预算、社会保险基金预算"，从法律层面明确了四本政府预算体系的组成。政府预算体系的建立健全，提高了政府预算编制的完整性，对加强预算管理和监督、提高资金效益、增强资金使用透明度有着积极作用。

1. 一般公共预算

一般公共预算是指政府凭借国家政治权力，以社会管理者身份筹集以税收为主体的财政收入，安排用于保障和改善民生、推动经济社会发展、维护国家安全、维持国家机构正常运转等方面的收支预算。一般公共预算收入通常包括增值税、消费税、个人所得税、企业所得税、关税、契税等税收和行政性收费、罚没收入等非税收入。简单说，就是纳税人的钱。一般公共预算支出通常用于教育、科学技术、文化体育、公安监狱、道路交通、城市建设、农业农村、环境保护等领域，也就是广泛反映政府公共管理所需的支出。从资金规模上看，一般公共预算在四本预算中资金量最大。

2. 政府性基金预算

政府性基金预算是指政府依照法律、行政法规的规定在一定期限内向特定对象征收、收取或者以其他方式筹集的资金，如通过向社会征收基金、收费以及出让土地、发行彩票等方式取得收入，专项用于特定基础设施建设和社会事业发展等方面的收支预算。纳入政府性基金管理的基金，必须由全国人民代表大会及其常委会颁布法律或国务院颁布行政法规才能设立，不能以地方法规、地方政府规章或者部门规章等规范性文件为基础设立，根据基金性质的不同，一般有一定的存续期限，通常不能无限期存在。政府性基金预算应当根据基金项目收入情况和实际支出需要，按基金项目编制，做到以收定支，专款专用，结转结余下年继续使用。政府性基金预算在资金规模上次于一般性公共预算。

3. 国有资本经营预算

国有资本经营预算，是国家以所有者身份依法取得国有资本收益，并对所得收益进行分配而发生的各项收支预算，是政府预算的重要组成部分。国有资本经营预算支出按照收支平衡的原则编制，不列赤字，并安排将一部分资金调入一般公共预算。国有资本经营预算收入主要包括从国家出资企业取得的利润、股利、股息和国有产权（股权）转让收入、清算收入以及其他国有资本经营收入等，支出除了调入一般公共预算和补充全国社会保险基金外，主要用于支持国有经济和产业结构调整以及弥补国有企业的改革成本等。国有资本经营预算在"四本预算"里规模最小。

4. 社会保险基金预算

社会保险基金预算是指政府通过对社会保险缴费、一般公共财政预算安排和其他方式筹集等方式取得收入，专项用于社会保险支出的收支预算。社会保险基金预算编制主体、方法及内容等与一般公共预算、政府性基金预算、国有资本经营预算有较大差异，应当按照统筹层次和社会保险项目分别编制，做到收支平衡。

四本预算并非完全独立，一般公共预算、政府性基金预算、国有资本经营预算、社会保险基金预算应当保持完整、独立，而政府性基金预算、国有资本经营预算、社会保险基金预算应当与一般公共预算相衔接。

（四）政府预算管理程序

政府预算管理程序是按照一定标准对预算过程所作的阶段划分，一个好的预算周期能够将整个预算过程有秩序且理性地联系起来。在实务操作上，尽管各个国家的预算程序并不相同，但通常都覆盖预算编制、预算审批、预算执行及决算与报告四个彼此相连的阶段。在我国，将预算管理程序分为预算编制、预算批复、预算执行、预算调整和调剂、决算五个管理流程。

1. 预算编制

2000 年我国推行了部门预算改革，将部门支出分为基本支出和项目支出。其中，基本支出预算编制实行定员定额试点，项目支出预算实行项目库方法编制。2020 年财政部制定发布了全国统一的《预算管理一体化规范》，明确所有的预算支出都以预算项目的形式纳入项目库，根据各类预算支出性质和用途将预算项目分为人员类项目、运转类项目和特定目标类项目。各部门、各单位结合部门职责任务和具体事业发展规划提前研究谋划项目，提出预算期内需要开展的各项目所需要的费用数额，并按重要性进行先后排序，按照“两上两下”① 的编制程序上报部门预算草案。

2. 预算批复

财政部门将预算草案和预算报告提交本级政府初审，本级政府再按程序将预算草案和预算报告提交本级人民代表大会进行审查和批准，使其具有合法性，即法定授权。

3. 预算执行

预算经过法定程序审查和批准后进入的具体实施阶段，是政府及其财政部门围绕实现国家预算目标组织收入、保证支出，并对收支运行进行全过程监督的总称。预算执行具体包括收入预算执行和支出预算执行。

4. 预算调整和调剂

《预算法》规定，“在预算执行中，各级政府一般不能制定新的增加财政收入或者支出的政策和措施，也不制定减少财政收入或者支出的政策和措施”。也就是说，本级人民代表大会批准的预算，应严格执行。但在预算执行过程中，由于经济社会形势发生变化，财税政策需相应调整以适应形势发展需要，这势必对批准的年初预算造成影响，因此要对年初预算进行变更，通常包括预算调整和预算调剂。其中预算调整主要针对预算总支出和社会关注的重点支出变化，影响范围较大，如2020年因受新冠肺炎疫情的影响，国家发行了抗疫特别国债。预算调剂则主要针对具体预算项目相关情况的变化，影响较小，一般是在不同预算科目、预算级次或项目之间的变动。

5. 决算

决算是预算部门按照法定程序编制的、用以反映年度预算执行结果的总结报告，是一个预算年度内部门预算收入和支出的最终结果，也是部门经济活动在财政上的集中表现。预算执行的结果如何，是实现了预算平衡，还是预算支出大于预算收入出现了赤字，只有通过决算才能准确地反映出来。可以说，预算的编制是预算管理的起点，预算的执行是预算管理的关键，决算则是预算管理的结果。决算一般包括报表和文字说明两部分，我国《预算法》规定，“决算草案由各级政府、各部门、各单位，在每一预算年度终了后按照国务院规定的时间编制”，全国人民代表大会常务委员会一般在每年6月底的例会上审议中央决算草案，经批准后，财政部门在20日内向本级各部门批复决算。

二、绩效管理

（一）绩效管理的内涵

绩效是一种管理学概念，指成绩与成效的综合，是一定时期内的工作行为、方式、结果及其产生的客观影响。在企业等组织中，通常用于评定员工工作完成情况、职责履行程度和成长情况等。

---

① 所谓的“上”与“下”，是指财政部门和用款部门之间就下一年度预算编制的沟通、协调过程。一“上”中的“上”指用款部门上报下一年度的预算建议数给财政部门，一“下”中的“下”是指财政部门在综合考虑下一年度的资金需求和可用财力的基础上，向各部门下达调整后的预算控制数，各部门据此编制本部门预算，然后再二次“上”报财政部门。财政部门汇总后编成预算草案，报同级政府和人民代表大会批复。批复后再“下”达给相关部门。

所谓绩效管理，是指各级管理者和员工为了达到组织目标共同参与的绩效计划制定、绩效辅导沟通、绩效考核评价、绩效结果应用、绩效目标提升的持续循环过程，绩效管理的目的是持续提升个人、部门和组织的绩效，其强调组织目标和个人目标的一致性，强调组织和个人同步成长，形成“多赢”局面，体现着“以人为本”的思想，在绩效管理的各个环节中都需要管理者和员工的共同参与。

有效的绩效管理往往通过建立一种科学的绩效计划、实施和激励机制，充分激发组织内部各成员单位和每一位员工的工作潜能，使组织运转更加通畅、更加有效，从而促进组织顺利实现长期、短期发展目标。绩效管理是在传统绩效考核管理理念基础上发展并演变过来的一种管理理念、管理手段和管理模式，是当今政府管理、公司管理、市场管理的重要工具。

（二）绩效管理的分类

绩效管理有很多分类方式，依据不同的标准，形成不同的绩效管理类别：

1. 按绩效管理的执行主体的不同分类

绩效管理可分为政府绩效管理、企业绩效管理、其他组织绩效管理。

政府绩效管理是对政府机关面向社会开展政治建设、经济建设、文化发展和公众服务等一系列事务中产出规模与质量、行动效率与效果进行的管理活动。目前政府绩效管理中的重点是财政预算绩效管理。

企业绩效管理是企业各级管理者和员工按照一定的发展目标，通过绩效计划制定、绩效辅导沟通、绩效考核评价、绩效结果应用、绩效改进提升的持续循环过程，对企业各项业务经营活动的产出规模与质量、业务效率与效果进行的管理活动。

其他组织绩效管理，即对除以上提到的政府机关、公司企业之外的组织机构开展的绩效管理，如社团组织绩效管理等。

2. 按绩效管理的层级不同分类

又可以将绩效管理分为组织整体绩效管理、职能部门绩效管理、成员单位绩效管理、作业团队绩效管理、重点项目绩效管理、员工个人绩效管理。

组织整体绩效管理，是以组织整体业务活动的绩效为对象进行的管理活动，整体绩效管理的责任主体和执行主体均是代表组织的管理层。

职能部门绩效管理，是以组织内各职能部门或业务部门分管、开展的业务活动绩效为对象进行的管理活动，部门绩效管理的责任主体和执行主体是该部门的负责人或负责团队。

成员单位绩效管理，是以组织内各成员单位开展业务活动的绩效为对象进行的管理活动，成员单位绩效管理的责任主体和执行主体是该成员单位的管理层。

作业团队绩效管理，是以组织设立的特殊业务团队的绩效为对象进行的管理活动，成员单位绩效管理的责任主体和执行主体是该团队的负责人。

重点项目绩效管理，是以组织设立的重点工程或项目的绩效为对象进行的管理活动，重点项目绩效管理的责任主体和执行主体是该项目的牵头单位或牵头负责人。

员工个人绩效管理，是以员工个人的绩效为对象进行的管理活动，其执行主体和责任主体是员工本人。

（三）绩效管理的基本流程

绩效管理是一个动态的、完整的循环系统，其主要包括制定绩效计划、绩效沟通与辅导、绩效考核与反馈、绩效诊断与提高（PDCA）四个环节，各个流程环节紧密联系、环环相扣，任何一环的脱节都可能导致绩效管理的失败。

1. 制定绩效计划（Plan）

绩效计划制定是绩效管理的基础环节，是被管理者和管理者双方对应该实现的工作绩效进行沟通，在达成共识的基础上，被管理者对自己的工作目标做出承诺的过程。在绩效计划里，主要的工作是帮助员工制定关键绩效指标。绩效计划的设计从公司的最高层开始，将绩效目标层层分解到各级子公司及部门，最终落实到个人。

在绩效计划阶段，管理者和员工共同投入与参与是进行绩效管理的基础，如果管理者单方面布置任务，员工被动接受，所谓的绩效管理就失去了其存在的价值与意义。

2. 绩效沟通与辅导（Do）

绩效沟通辅导是绩效管理的重要环节，也是绩效计划的执行环节，在整个绩效管理过程中处于中间环节，是绩效管理循环中耗时最长、最为关键的一个环节，直接影响着绩效管理的成败。

在这个环节中，管理者和被管理者要形成绩效伙伴关系，管理者要及时对被管理者的工作进行指导和监督，帮助下属制定更详细的工作计划，并跟踪绩效计划和工作计划的实施情况，及时地帮助下属排除制定和实施绩效计划过程中遇到的障碍，必要时帮助下属修订绩效计划。通过绩效辅导，可以帮助部门和员工不断改进工作方案和技能，随时纠正部门和员工与绩效计划的偏离，从而对企业内部运作中出现的问题进行指导和纠正，以能顺利地完成绩效目标，实现企业的战略目标。绩效辅导贯穿于绩效管理整个过程，它可以通过周/月例会、非正式的如工作之中经常性肯定和鼓励、工作之余的各种交流活动等实现。

3. 绩效考核与反馈（Check）

绩效考核与反馈是绩效管理的核心环节，在绩效计划运行和实施期终了时，依据预先制定好的关键绩效指标，管理者对下属的绩效目标的完成情况进行考核。绩效考核的依据就是绩效计划阶段的关键绩效指标和绩效沟通辅导过程中所记录的员工业绩档案。绩效管理的过程并不是到绩效考核时打出一个分数就结束了，管理者还需要与下属进行一次面对面的交谈，即绩效反馈面谈。通过绩效反馈面谈，使员工全面了解他们自己的绩效状况，正确认识自己在这一绩效周期中的优秀表现，同时正确认识还存在哪些不足和有待改进的弱项，并且下属也可以提出自己在完成绩效目标中遇到的困难，请求得到上司的指导和帮助。在绩效考核与反馈阶段，管理者所扮演的角色主要是公证员。

4. 绩效诊断与提高（Adjust）

绩效诊断与提高有两个方面的含义，一是对公司所采用的绩效管理体系以及管理者的管理方式进行诊断；二是对员工本绩效周期内存在的绩效不足进行诊断，通过这两个方面的诊断，得出结论，放到下一 PDCA 循环里加以改进和提高。所以，在绩效周期结束时，管理者还应对员工进行绩效满意度调查，通过调查，发现绩效管理体系当中存在的不足并加以调整，人力资源部也可以据此对整个企业的绩效管理体系进行调整，使之不断得到改善和提高；同时，根据绩效反馈的结果，管理者还要帮助员工制定个人发展计划或者叫改进计划，对员工在知识、技能和经验等方面存在的不足，制定发展计划，放入下一 PDCA 循环加以改进。

三、预算绩效管理

（一）预算绩效管理的界定

预算绩效管理是政府绩效管理的重要组成部分，它强调将绩效管理的理念、绩效管理方法融入预算管理的全过程，使之与预算编制、预算执行、预算监督一起成为预算管理的有机组成部分，是一种以绩效目标的实现为导向，以绩效运行监控为保障，以绩效评价为手段，以结果应用为关键，以改进预算管理、优化资源配置、节约控制成本、提高公共产品质量和公共服务水平为目的预算管理模式。

（二）预算绩效管理的分类

按预算资金的性质，可分为预算收入绩效管理和预算支出绩效管理。

按预算支出的范围，可分为基本支出绩效管理、项目支出绩效管理、部门整体支出绩效管理和财政预算绩效管理。

按预算支出的级次，可分为本级支出绩效管理和上级对下级转移支付绩效管理。

按预算支出的功能，可分为各种功能性支出绩效管理，如一般公共服务的绩效管理、政府投资基金的绩效管理、政府和社会资本合作（PPP）项目的绩效管理、政府购买服务的绩效管理、政府专项债务项目的绩效管理等。

（三）全过程预算绩效管理链条

2018 年印发的《中共中央 国务院关于全面实施预算绩效管理的意见》，明确建立全过程预算绩效管理链条，包括建立绩效评估机制、强化绩效目标管理、做好绩效运行监控、开展绩效评价和结果应用等环节。

1. 建立绩效评估机制

各部门、各单位要结合预算评审、项目审批等，对新出台重大政策、项目开展事前绩效评估，重点论证立项必要性、投入经济性、绩效目标合理性、实施方案可行性、筹资合规性等，投资主管部门要加强基建投资绩效评估，评估结果作为申请预算的必备要件。各级财政部门要加强新增重大政策和项目预算审核，必要时可以组织第三方机构独立开展绩效评估，审核和评估结果作为预算安排的重要参考依据。

2. 强化绩效目标管理

各地区、各部门编制预算时要贯彻落实党中央、国务院各项决策部署，分解细化各项工作要求，结合本地区本部门实际情况，全面设置部门和单位整体绩效目标、政策及项目绩效目标。绩效目标不仅要包括产出、成本，还要包括经济效益、社会效益、生态效益、可持续影响和服务对象满意度等绩效指标。各级财政部门要将绩效目标设置作为预算安排的前置条件，加强绩效目标审核，将绩效目标与预算同步批复下达。

3. 做好绩效运行监控

各级政府和各部门、各单位对绩效目标实现程度和预算执行进度实行“双监控”，发现问题要及时纠正，确保绩效目标如期保质保量实现。各级财政部门建立重大政策、项目绩效跟踪机制，对存在严重问题的政策、项目要暂缓或停止预算拨款，督促及时整改落实。各级财政部门要按照预算绩效管理要求，加强国库现金管理，降低资金运行成本。

4. 开展绩效评价和结果应用

通过自评和外部评价相结合的方式，对预算执行情况开展绩效评价。各部门各单位对预算执行情况以及政策、项目实施效果开展绩效自评，评价结果报送本级财政部门。各级财政部门建立重大政策、项目预算绩效评价机制，逐步开展部门整体绩效评价，对下级政府财政运行情况实施综合绩效评价，必要时可以引入第三方机构参与绩效评价。健全绩效评价结果反馈制度和绩效问题整改责任制，加强绩效评价结果应用。

（四）明确预算绩效管理的几个关系

1. 预算绩效管理与预算管理的关系

预算绩效管理是在现有的预算管理模式下，将绩效理念和方法贯穿于预算编制、预算执行、预算监督之中，是一种以支出结果为导向的预算管理模式。预算绩效管理和预算管理的本质是一致的，同时，预算绩效管理是对传统预算管理的完善。针对传统预算管理存在的“重分配、轻管理，重支出、轻绩效”问题，预算绩效管理采用科学的体系和方法，来突出并强调预算的绩效问题，并以绩效为导向，进一步提高管理水平，优化资源配置，提高财政资金使用效益。

2. 预算绩效管理和政府绩效管理的关系

政府绩效管理是指通过建立科学合理的政府绩效评估指标体系和评估机制，对政府及其工作人员履行职能、完成工作任务以及实现经济社会发展目标的过程、实绩和效果实行综合考核评价，并根据考评结果改进政府工作、降低行政成本、提高政府效能的一种管理活动。由于现代预算制度是政府公共支出的核心，体现了政府的主要职能和施政理念，因此，预算绩效既是衡量政府绩效的主要指标，也是影响政府其他功能性绩效的关键因素；预算资金是政府履职的物质基础和体制保障，其使用的高效、负责、透明，又是政府履职高效、负责、透明的前提。可见，预算绩效管理和政府绩效管理在根本目的上是一致的，预算绩效管理是为政府绩效管理服务的，是政府绩效管理的有机组成部分，甚至可以称作政府绩效管理的核心。

3. 预算绩效管理与绩效审计的关系

绩效审计是指对被审计单位经济活动的经济性、效益性和效果性所进行的审计。根据《中华人民共和国审计法》（以下简称《审计法》）规定的政府审计的职责范围，绩效审计出发点主要是资金的流出，所以绩效审计一般不关注财政收入。而预算绩效管理不仅包括资金的支出，还包括财政收入。目前我国绩效审计主要以国有企业审计为主，即是微观经济领域的效益审计，且较多地集中在其财务成果的分析上，对经济活动审计评价的深度和广度都需要进一步开拓，且事后审计多，事前审计尚不多见，而事中审计，即对经济活动过程中的控制和调节，以推动被审单位改善未来经济效益，实现其潜在利益则更为少见。而预算绩效管理则集中以行政、事业单位及使用财政资金的企业为对象，并贯穿于资金使用的事前、事中、事后各个环节。

第二节
预算绩效管理的理论及方法

预算绩效管理的形成是历史的、动态的、多元的，经济学、管理学、政治学等多门学科的理论都对预算绩效管理的产生和发展有重要影响。预算绩效管理理论的形成需要众多的理论基础支撑，是预算理论及绩效管理理论的融合统一。渐进预算理论、零基预算理论、公共选择理论、委托代理理论等是预算研究的重要理论，奠定了理解预算绩效管理的基础。绩效管理理论以基础理论、应用理论两个层次为理论基础。控制论、系统论、信息论构成的“老三论”及耗散结构论、协同论、突变论构成的“新三论”是绩效管理的基础理论；激励理论、目标管理理论、新公共管理理论等是绩效管理理论的应用理论。PART 分析、关键绩效指标、平衡计分卡等作为开展预算绩效管理的方法，为绩效管理提供了有效的框架及工具。

一、预算理论

（一）渐进预算理论

渐进预算理论产生于 20 世纪 60 年代中期，美国预算学者瓦尔达沃斯基是渐进预算理论的主要代表人物。瓦尔达沃斯基认为，渐进预算的基本命题是“预算的做出是渐进的，而不是全面的。一个简单的智慧是，支出机构决不会在每个预算年度里根据现有项目的价值和替代项目的价值来积极地评估所有的方案。相反，支出机构的预算要求都是建立在上一年的预算基础之上，并特别关注边际上的增加和减少”。在瓦尔达沃斯基的著作《预算过程中的政治》中，渐进预算理论的基本观点可概括为：一是预算的政治性；二是预算的渐进性；三是预算参与者在预算过程中采用的“简化”策略；四是预算参与者将会使用不同策略实现各自的预算目标；五是传统的“渐进预算”优于“理性预算”。

渐进预算理论主要是由四部分构成：一是定性描述，说明预算是什么；二是实证理论，从实证角度对预算进行解释；三是分析理论，说明预算必须是什么样的；四是规范理论，说明预算应该是什么样的。渐进预算理论建构在对人类行为的一个现实的假设之上，即预算者只具有有限理性。有学者认为渐进预算理论是公共预算理论建构的最佳起点。循着渐进预算理论的基本内核及发展轨迹，政府预算改革选择先易后难、逐步推进的路径是有效的。但渐进预算理论也遇到一定的批评与质疑，批评与质疑主要集中在经验研究和渐进预算理论的规范取向方面，如认为不能正确解释描述性的数据、不能准确地描述预算决策的实际过程等。

（二）零基预算理论

“零基预算”理论起源于 19 世纪 50 年代的美国，由美国得克萨斯州仪器公司付诸实践。兴起于 70 年代初，美国佐治亚州州长卡特在 1973 年将零基预算首次引入政府部门。我国从20世纪90年代开始应用或尝试使用零基预算编制政府部门预算。“零基预算”指的是以“零”为原始基点，不考虑过去预算项目的收入和支出水平，从“无”到“有”编制预算的一种预算理论和预算形式。“零基预算”理论核心概念是根据项目的重要性确定预算安排的优先顺序，实现预算决策过程由传统的自上而下向自下而上的转变。

“零基预算”理论具有以下特点：一是出发点是“零”，编制预算时，对预算期内所有预计的作业活动进行整理，并重新衡量决策。二是零基预算要求对预算期内所有的预算项目、资金需求和使用绩效，都要重新确定约束标准。三是控制预算规模的方式更多地是从预算项目的必要性和绩效预期着手，通过排列出各预算项目的优先顺序来对预算资金进行分配。四是能够适应内外部环境及政策的变化。五是预算编制工作量大，增加成本。

（三）公共选择理论

公共选择理论是在20世纪50年代，随着西方经济学理论和方法应用于政治问题研究后建立和发展起来的经济学理论，主要研究通过民主政治过程，将个人选择转化为集体选择的机制。美国学者布坎南提出的公共选择理论影响较为广泛，将政治学与经济学有效进行了理论连接。公共选择理论的主题与政治学的主题相同，涉及国家理论、投票规则、选民行为、政党的政治活动以及官僚机构等。

根据公共选择理论的观点，人无论是在经济活动还是政治活动中都致力于追求效用最大化的实现，这并不会因为其所处的地位不一样而使其本性发生改变。由此，公共选择理论关注的重点是政治市场中的各种主体以及政治活动在现实生活中的运作方式。公共选择理论假定每个人皆追求自利，政治家也不例外，政府只是市场的延伸。公共选择理论主张从公共产品与服务的供给者（如行政官僚）与需求者（如民意机关）的决策动机去分析个人利益对于总体决策的影响。公共选择是通过投票来进行的，它认为一致同意规则能够使选民的偏好得到最大满足，是实现帕累托最优的唯一途径。公共选择理论认为，在有失合理性的选举规则下，“政府失灵”的致因之一就是政府及其官员致力于追求个人效用的最大化。

公共选择理论在其发展过程中遇到一些批评与质疑，主要是其方法理论的逻辑基础。首先，人的本性有社会性的一面。人的自利动机是随着商品交换的出现而逐渐形成的。其次，政治活动与经济活动之间存在不同之处，同时由于人的理性的局限性，不可能在任何时候都能对自己政治活动的成本与收益做出准确的评判和预测。最后，人的需要和动机是多元而非单一的，利他主义、自我牺牲精神等其他因素也会影响个人行为。

尽管公共选择理论在其发展过程中遭到了一些批评，但公共选择理论也具有重要的启示借鉴作用。首先，公共选择理论建立了一种严谨的、有关政府的一般理论，为政府的管理研究提供了经济学视野和新的研究途径。其次，从方法论来看，公共选择理论把个人看成是评价、选择与行动的基本单位，把社会存在看成是个人之间的相互作用，分析个人的偏好、决策、选择与行动在特定的制度结构中怎样产生某种特定的后果，开拓了运用经济学方法和理论研究政治问题的先河，弥补了传统政治学研究的不足。最后，公共选择理论在个人行为和集体选择之间架起了一座桥梁，并由此提出的重建民主政体、防止政府权力滥用和改革政治过程等观点，具有重要的借鉴价值。

（四）委托代理理论

委托代理理论是20世纪30年代，美国经济学家伯利和米恩斯因为洞悉企业所有者兼具经营者的做法存在着极大的弊端，提出“委托代理理论”，倡导所有权和经营权分离，企业所有者保留剩余索取权，而将经营权利让渡。委托代理理论建立在非对称信息博弈论的基础上。非对称信息指的是某些参与人拥有但另一些参与人不拥有的信息。委托代理理论的中心任务是研究在利益相冲突和信息不对称的环境下，委托人如何设计最优契约激励代理人。委托代理理论的主要观点认为：委托代理关系是随着生产力大发展和规模化大生产的出现而产生的。其原因一方面是生产力发展使得分工进一步细化，权利的所有者由于知识、能力和精力的原因不能行使所有的权利了；另一方面专业化分工产生了一大批具有专业知识的代理人，他们有精力、有能力代理行使好被委托的权利。但在委托代理的关系当中，由于委托人与代理人的效用函数不一样，委托人追求的是自己的财富更大，而代理人追求自己的工资津贴收入、奢侈消费和闲暇时间最大化，这导致两者的利益冲突。在没有有效的制度安排下，代理人的行为很可能最终损害委托人的利益。

不管是经济领域还是社会领域都普遍存在委托代理关系，委托代理理论被用于解决各种问题。从委托代理理论角度看，政府预算可以看作是社会公众、政府和政府组织内部就政府活动的范围和方向所形成的委托代理契约。但是，由于政府预算委托代理关系的代理链较长，并存在着“所有者虚位”和“激励不足”等问题，政府预算委托代理关系中代理人偏离委托人目标的风险要远远大于企业和市场中的委托代理风险。随着委托代理理论的不断完善和发展，这一理论也被广泛应用到了我国的行政管理过程中。上级政府可以利用委托代理模型对下级政府或是地方官员进行道德监督、激励约束，从而实现控制管理成本、提高政务业绩等目标。由于我国行政管理机制的特殊性，中央政府与地方政府所形成的委托代理关系存在信息不对称、道德风险、逆向选择等问题，对于我国目前行政管理中存在的问题，可以通过委托代理理论进行正规化、系统化、标准化定性或定量分析与研究。

二、绩效管理理论

（一）“老三论”及“新三论”

控制论、系统论与信息论是20世纪40年代前后创立和发展起来的现代科学技术三大重要理论，合并称为“老三论”。耗散结构论、协同论和突变论是20世纪70年代前后发展的系统科学重要理论，合并称为“新三论”。

1. “老三论”

控制论由诺伯特·维纳提出，认为控制就是在某一对象的行为过程中获得并使用信息，并将这些信息作用于对象行为，从而达到改善或发展这个行为对象的功能。对于绩效管理而言，控制论提供了绩效是一种控制牵引工具的理论依据，即绩效可以有效地牵引组织各种业务活动、职责履行和员工行为的实施，其主要方式是以预期达到的绩效为目标来设定需要开展的业务和项目，同时可以根据绩效目标设定需要历经的环节和流程，在实施的业务和流程中可以随时按照绩效标准进行发现、监控，纠正存在的行为偏离。

系统论由生物学家贝塔朗菲提出，系统论要求把事物当作一个整体或系统来研究，强调整体与局部、局部与局部、系统本身与外部环境之间互为依存、相互影响和制约的关系，具有目的性、动态性、有序性三大基本特征。对于绩效管理而言，系统论提供了绩效管理具有系统结构特征的理论依据，包括三个方面：（1）绩效管理的目标计划、辅导沟通、运行监控、考核评价、结果利用、持续提升六个环节相互衔接、相互促进地组成一个完整的闭环系统；（2）绩效管理包括战略绩效、财务绩效、供应绩效、生产绩效、销售绩效、人力绩效等诸多方面，这些绩效子系统有机地组成在一起，构成了一个完整的组织绩效系统；（3）绩效可以按照管理层级进行分解，上一层级指导牵引下一层级，是一个具有层级分明、关系紧密结构特征的系统。

信息论是克劳德·艾尔伍德·香农在1948年论述了信息定义、信息量化、信息编码等信息理论后，提出信息是一切系统保持一定结构、实现其功能的基础。对于绩效管理而言，信息论提供了绩效信息完整性和有效性的理论依据，绩效管理既是一种管理活动，也是一个信息采集、加工和处理的过程，这些信息说明了绩效管理全过程可以通过适当的方法进行记录，可以及时反映管理的水平和状态，成为组织开展绩效监控的消息源泉，建立绩效管理机制的重要基础，还可以为提升管理能力、改善绩效水平、优化战略效果提供直接的支持依据。

2. “新三论”

耗散结构理论由伊里亚·普里戈金在1969年提出，该理论认为当一个远离平衡状态的非线性系统，通过反复与系统外部进行物质和能量的交换，可以促使系统内某个参量达到一定阈值，形成涨落，导致系统可能发生突变。耗散结构论可以解释绩效管理的以下行为和结果：(1）绩效管理的过程就是把组织内各成员单位、员工个人的无序行为通过绩效连接到一起，并拉动、纠正到一种自觉的有序状态，达到一种有显著提高的水平，这说明绩效管理是按照耗散结构的规律加以实施的；（2）绩效管理的六个环节从过程来看是一个闭环系统，但是这个系统整体上是与外界密切联系的，且绩效管理中的各单元主体也在不停歇借鉴外部经验和方法来改进自身行为，这就是耗散结构论关于开放系统与外部能量交换的体现；（3）绩效管理的目的就是通过一轮又一轮的绩效实施，使成员单位和员工个人的潜能达到实现耗散结构论中描述的阈值，从而实现绩效的非平衡相变，即一种新的水平状态。

协同论创始人赫曼·哈肯在1976年系统地论述了远离平衡状态的开放系统在与外界有物质或能量交换的情况下，如何通过自身内部各要素发挥协同作用，使得系统整体在时间、空间和功能上自觉地、逐步地出现新的有序结构。根据协同理论，绩效管理就是组织通过一系列管理活动，科学挖潜和充分发挥分块绩效、各层级绩效运行主体等的主观能动作用，最终实现组织整体绩效的提升。

突变论最初由荷兰植物学家德弗里斯提出，之后法国数学家R. 托姆在1972年发表专著《结构稳定与形态发生》，系统论述了突变论的内容，即用数学的方法研究一个系统从一种稳定组态跃迁到另一种稳定组态的过程和规律，从稳定到不稳定、从不稳定进入另一种稳定状态中的参数变化促使系统的突变。突变论为绩效管理提供的理论基础是：绩效管理的目的就是不断打破原有的水平，向更高水平的提升，绩效管理的过程就是积攒这种能够打破平衡参数的过程。

（二）激励理论

激励理论认为，人的工作效率与工作态度直接相关，而工作态度则取决于以下几个方面：一是取决于个人需求得到的满足程度；二是取决于目标动机的牵引或取决于权衡（公平）激励；三是取决于管理者对过程的强化程度。在激励理论的指导下，绩效管理的核心是将绩效与待遇、薪酬、奖励挂钩，促进绩效改善的一种管理过程，具体地说就是管理者建立绩效目标，制定严密的绩效计划方案，通过事先的绩效分解和绩效沟通，对成员单位和个人活动行为进行指导、强化、监督，从而达到成员单位和员工个人自觉对照绩效标准开展活动、纠正偏差的效果，成员单位和员工个人可以在实施过程中清楚地了解自身的绩效水平和价值实现状态，最终实现并提升绩效目标。因此，绩效管理过程完全符合激励理论在管理活动中的典型应用过程。

（三）目标管理理论

目标管理理论是由现代管理大师彼得·德鲁克提出的，是一种要求管理者在事先确立目标的基础上，通过层层分解、展开目标并且经过分权而使下层享有充分自主权，以创造性地达到预定目标的一种新型管理理论和方法。德鲁克认为，组织目标可分为：初级的策略性目标即任务、方案等以及中级、高级的策略性目标、最高的战略级目标。目标管理包括制定目标、实现目标以及反馈目标三大阶段，同时通过目标激励员工，并将个体目标纳入组织目标的体系，协调个人目标和组织目标，统一目标和行动，构成确保实现组织目标、推进组织持续发展的系统。目标管理理论和方法最初在企业中推广，随后又在政府机构中广泛运用。德鲁克认为，政府机构和企业都应采取目标管理方法，一开始就必须有明确的目标和任务，只有规定了要求，才能拨给资源、安排优先次序、限定日期和指定专人负责。目标管理包括四个基本的步骤：目标计划、目标实施、结果评价、目标反馈。

预算绩效管理需要在有限可行的资金范围内得到最好的结果，而目标的设定则可以对此起到促进作用，开展有效的目标管理有助于更好地实现预算绩效，切实提高财政资金的使用效率。在目标管理理论的指导下，绩效管理的核心是围绕绩效目标制定行动计划，每一个层级的绩效目标都是指导该层级制定行动计划的依据，绩效目标成为管理活动的行动方向，也是管理活动的期望结果。

（四）新公共管理理论

新公共管理运动最早起源于英国，英国学者克里斯托弗·胡德是最早为公共管理改革运动进行理论概括的学者，他在 1990 年首次使用了“新公共管理”一词。他认为，“新公共管理”体现为一种管理主义的过程，包括了七项理论特征：公共领域的专业化管理、明确的目标与绩效测量标准、强化产出控制、公共部门的分散化、引入竞争机制、对私营部门管理方式的重视、对资源的有效利用和开发。因为新公共管理的流派较多，并没有形成一个统一的理论定义，但其核心的思想大致相同：在公共部门中引入竞争机制和私营企业的管理方法，按照“3E”原则，实现公共物品供给的多元化，从而提高公共部门服务的效率和效果。新公共管理理论的人性假设为理性“经济人”；理论基础是公共选择理论、委托代理理论；研究主体是政府、非政府组织，社会团体，私营部门；核心诉求是公共服务供给的卓越绩效；实现机制是结果控制、竞争、激励；评价标准是追求结果、顾客评价；提供方式为提供和生产分离，运用市场机制。

新公共管理理论秉持顾客至上的价值理念，注重政府行为的有效性。政府的主要任务是提供公共服务，公民则是享受公共服务的“顾客”，享有顾客主权，有权对政府的公共服务提出需求和改进意见。概括起来，主要有以下几点内容：一是顾客取向；二是重视政府活动的投入与产出；三是市场导向管理；四是引入竞争机制；五是绩效管理；六是专业化管理。

在新公共管理理论的视角下，政府绩效管理的价值立场和标准应与新公共管理理论的立场相一致。政府绩效管理的目标应体现出政府职能的如下转变：第一，政府的角色是否由“划桨”变为“掌舵”；第二，政府是否善于授权；第三，政府是否将竞争机制引入公共服务的提供中，为民众谋取最大的公共福利；第四，政府执行政策时是否能以弹性处理满足民众的公共需要、有效实现民众的利益为目标；第五，政府是否能具有前瞻的眼光，避免公共利益的损失；第六，政府是否能将公共资金用于刀刃上，避免浪费；第七，政府是否能改变等级森严的状况，真正做到协商合作，共同治理公共事务。新公共管理理论视野下的政府绩效管理并非将上述的价值要求直接变为绩效评估的标准，而是将上述价值理念融入绩效管理的每一个环节。

三、绩效管理方法

（一）PART 分析

项目分级评价工具（Program Assessment Rating Tool，PART）于 2002 年由美国总统管理与预算办公室开发并实施，主要目的是通过考察各个联邦项目绩效情况，查找联邦项目在决策和实施过程中的利弊，为联邦政府改善项目决策、增强项目实施效果提供依据。

PART 实际上就是一套标准化的调查问卷，由 4 部分组成，针对每个项目的绩效和管理情况设计约 30 个问题（问题数量根据项目类型不同而有所区别），对每个问题，都要有简短的回答和有证据支撑的详细解释。4 个组成部分分别是项目的目标和设计、战略规划、项目管理情况、项目效果。其中项目的目标和设计用于评估项目设计是否合理清晰，目标是否明确；战略规划用于评估项目是否制定了合理的年度目标与长期目标；项目管理主要对项目实施机构的管理水平进行评级，包括是否存在财务漏洞、对项目改善做出的努力程度等；项目效果是根据战略规划和其他评估情况来评估项目的绩效。前三部分以是或否的形式回答和计分，第四部分的问题可将实际效果划分为 4 个层次回答，即“是”“很大程度上是”“很小程度上是”“否”，以反映目标的实现程度和相关证据的充分、适当性。有时，对这四个部分问题而言，“不适用”也是适合的答案。

为使 PART 所设计的问题与项目之间具有更强的相关性，美国总统管理与预算办公室将联邦政府项目主要分为 7 类：政府直接支出项目、竞争性补助项目、固定或公示补助项目、法定项目、购买资本和服务性资产的项目、信贷项目、研发项目等。同时，为了充分评估某类项目绩效，PART 也会针对该类项目特点设计出若干具有较强针对性的问题，且 PART 中的各个问题之间并非独立，而是相互联系的。

PART 评价程序一般包括确定项目类型、实施 PART 评价、计算项目得分和确定项目级别四个阶段。

一是确定项目类型。根据项目的不同特点和内容，确定项目类别（主要分为上述 7 类项目），便于有针对性地实施评价。

二是实施 PART 评价。根据项目类别设计项目评级工具的问题框架，问题框架由基本问题和辅助问题两部分构成。通过分别对四个组成部分有针对性地提问，获取评价项目的具体信息，经过对项目重要性程度进行判断，并按照重要性程度赋予不同的权重，开展具体的评价工作。

三是计算项目得分。项目的目标和设计、战略计划、项目管理、项目效果四个部分的权重分别是 20%、10%、20% 和 50%。一般情况下，PART 的 4 个组成部分中，每个部分总分值均为 100 分，且每一部分中的各个问题具有相同的分值。特定情况下，使用者可对各个问题的分值进行调整。每组问题的得分从 0 分到 100 分不等。根据每组问题的得分和权重加总计算出项目的综合得分。具体公式为：PART 得分 = 项目的目标和设计分项总分 ×20% + 战略计划分项总分 ×10% + 项目管理分项总分 ×20% + 项目效果分项总分 ×50%。

四是确定项目级别。根据项目综合得分，相应划分为四个级别：有效（85—100 分），基本有效（70—84 分），一般（50—69 分）和无效（0—49 分）。如果项目未建立适合的绩效指标，或未能提供具体数据的项目，要评为“绩效无法显示”。

（二）关键绩效指标

1999 年，麦肯锡公司应用关键绩效指标来解决战略实施问题，将企业绩效评价指标和企业战略挂钩，引导员工关注重点任务，使企业战略层层贯彻、逐级落实，帕累托的“二八定律”为关键绩效指标提供了理论基础。关键绩效指标（Key Performance Indicators，KPI）即通过将组织战略目标层层分解，提炼出有利于组织战略实施的关键成功因素，进而识别出对价值创造起决定性作用的关键绩效指标，以保证组织整体战略目标的实现。关键绩效指标是对被评价对象的主体绩效采用定量化以及行为化的标准化分析，最终实现被评价对象的整体绩效的提高的标准体系；其中的行为化以及定量化则成为关键绩效指标的最基本的两个特征。关键绩效指标包括企业级的关键绩效指标、部门级的关键绩效指标以及具体到企业组织内部每一个个体的岗位业绩指标等。

在应用关键绩效指标法时，需要符合 SMART 原则：关键绩效指标必须是具体的（Specific）；关键绩效指标必须是可衡量的（Measurable）；关键绩效指标必须是可以达到的（Attainable）；关键绩效指标必须是现实的（Realistic）；关键绩效指标必须是具有时限的（Time-bound）。关键绩效指标的设计通常是采用基于战略的成功关键因素分析法来建立的，关键绩效指标体系的建立过程应当按照以下步骤进行操作：一是确定关键成功领域；二是确定关键绩效要素；三是确定关键绩效指标；四是汇总组织级 KPI 表；五是确定部门级 KPI；六是确定个人 KPI。

通过战略目标的转化和运作，关键绩效指标法使组织实现及时性、高效性、精细性内部管控。关键绩效指标法的具体使用需要结合组织整体的实际情况，对其战略目标进行解析，从而使各个部门、各个岗位明确主要职责。关键绩效指标法具有以下优点：一是关键绩效指标法是精炼的，从诸多指标中提取的关键性指标决定了组织在进行绩效评价时能够更快更及时地掌握实时绩效信息。二是关键绩效指标法是动态变化的，KPI 的设立可以根据组织环境、内部实际情况以及年度目标不断改变。三是关键绩效指标法具有目标导向性，KPI 的设立是基于组织发展战略的，关键绩效指标的运用使绩效管理与组织战略目标形成一致，引导组织内个人行为，更快更高效地达成目标。但是，关键绩效指标法也存在以下不足：一是关键绩效指标要求可量化或行为化，然而实际上有些指标是无法定量的，是否所有的组织关键绩效都可量化，这本身就是个问题，所以关键绩效指标法的使用应结合一些定性的绩效管理方法。二是关键绩效指标法容易造成过程管理缺失。组织将更多注意力集中于最后完成的结果上，对既成结果的过多关注容易使组织忽略动态发展的过程。三是关键绩效指标的选取需要建立在对组织战略目标精准理解的基础之上，设计指标体系若不能准确把握重点，将会造成绩效管理失败，传递出错误的价值导向。

（三）平衡计分卡

平衡计分卡（Balanced Scord Card，BSC）由美国哈佛大学商学院教授罗伯特·卡普兰和复兴国际方案公司总裁戴维·诺顿最先作为一种企业战略管理工具进行开发，旨在将企业的战略和使命转化为一套全方位的目标和考核指标，推动战略转化为行动。随后，平衡计分卡被广泛应用于企业、政府、军队、非营利机构等各类组织的管理实践。平衡计分卡将组织的使命、战略与绩效指标相结合，采用一系列的方法将组织的战略目标层层分解，转化为与之相关联且可实际衡量的四个维度，即财务维度、顾客维度、内部流程维度、学习与成长维度。

1. 财务（Financial）维度

平衡计分卡中的财务目标从企业的宏观战略和目标入手，进行整体的衡量与考究。财务性指标是企业绩效考核的传统指标，其他三个方面的改善都通过财务维度的指标来反映。财务指标既可以体现企业的最终目标，也能反映企业股东的利益及利益相关者的收益状况。在平衡计分卡绩效管理系统中，财务维度的指标主要围绕在获利能力方面、收入增加方面、降低成本和提高生产率方面、资产的运营效率方面、经营风险和财务风险方面。

2. 顾客（Customer）维度

客户方面是企业从客户的角度来评价企业的运营状况，在激烈的市场竞争中，随着企业对股东利益最大化、企业价值最大化等评价标准的多方面追逐，获得稳定的客户群体、增加销售额、创造更多的财富与价值已经被越来越多的企业认可。企业要实现自己的财务目标、经济价值，必须要满足客户的需求。企业应深入了解并满足客户需求，提高决策制定和战略发展的正确性，才能达到预期的财务效果。与客户的需求相关联的绩效评价指标主要包括：市场份额、客户满意度、客户获利率等。

3. 内部流程（Internal Business Process）维度

为充分满足市场发展需要与顾客需求，企业可从内部运营方面考虑，明确企业自身优势。在这个过程中，企业要根据市场行情、消费者需求的变化，不断改进产品，完善内部的经营管理流程，形成自己独特的核心竞争力。平衡计分卡不仅有短期经营流程的监控和改善，又涉及长远的服务创新和理念建设，在内部经营流程层面形成一套合理的、行之有效的评价体系和措施。内部经营流程可以按普通价值链原理分为三个过程：创新、经营和售后服务。内部流程维度衡量的指标主要包括：创新指标如研发增长率、新产品销售比例等，设备利用率，退货率等。

4. 学习与成长（Learning and Growth）维度

为了充分满足顾客的心理需求以及有效提升企业内部发展效率，确保企业价值与市场核心竞争力，企业需不断地完善自我、调整自我、改善自我和强化自我。该维度为其他三个方面的目标提供了基础架构，是组织获得卓越成果的动力。平衡计分卡作为一项绩效考核工具，关注企业的战略目标和未来的发展趋势，将组织战略和员工行为统一起来，凸显企业员工个人的成长、再深造的重要性。该维度指标主要包括：员工满意程度、员工流动率、员工知识水平、员工培训次数等。

平衡计分卡是一种基于财务、顾客、内部流程和学习成长四个维度综合绩效的评价方法。其特点在于同时考虑公司的内部绩效和外部绩效，克服了传统的绩效考核单纯利用财务指标来衡量企业绩效的缺陷，避免企业为追求短期利益而忽视持续成长能力的培养。实施平衡计分卡有利于企业实现财务指标和非财务指标的平衡、内部人员和外部客户的平衡、经营管理和战略管理的平衡。平衡计分卡的应用改变了以往企业过分关注财务指标的考核体系的缺陷，从四个维度综合衡量了公司战略管理的绩效。

第三节 预算绩效管理体系

狭义上来说，预算绩效管理体系是服务于预算绩效管理工作的各类要素形成的有机组合，包括组织架构、运行机制、法律法规、规章制度和技术保障等。建立健全预算绩效管理体系，就是要以组织体系、制度体系为基础，以评价体系、监督体系为载体，通过开展事前绩效评估、绩效目标管理、绩效运行监控、绩效评价和结果应用等全过程预算绩效管理，实现对预算资金使用绩效的科学审核、及时监控、客观评价、有效监督、完善提高，从而实现规范预算绩效管理，控制节约成本，优化社会资源配置，提高预算资金使用效益的目标。

一、预算绩效管理的组织体系

预算绩效管理组织体系是预算绩效管理得以有效实施和监督的组织基础，是财政部门、预算部门及其所属单位、第三方参与者、普遍参与的社会力量等与预算绩效管理组织实施相关的不同主体间的组织架构和运行机制的总称。

（一）财政部门

财政部门是预算绩效管理工作组织和指导的主体，负责制定相关资金规划、规章制度、统一标准、管理办法及组织、指导本级和下级预算部门预算绩效管理工作实施。2018年中共中央、国务院印发《中共中央 国务院关于全面实施预算绩效管理的意见》，把推进全面预算绩效管理作为深化财税制度改革、建立现代财政制度的重要抓手，绝大多数各级财政部门成立了相应的预算绩效管理专门机构，为当前我国全面开展预算绩效管理工作提供组织保障。

（二）预算部门

预算部门是部门预算编制、执行和预算资金使用的主体，同时也是本部门及其下属单位预算绩效管理的主体，负责制定本部门预算管理、绩效管理相关规章制度，建立科学适用的预算绩效管理机制，对本部门及其下属单位绩效评价结果应用进行执行和监督。

（三）预算部门所属单位

预算部门所属单位是预算部门预算执行和资金使用的主体，负责本单位预算绩效管理的实施，按照相关预算绩效管理规定，完成本单位预算绩效管理各环节的基础工作。

（四）第三方参与者

第三方参与者是指参与预算绩效管理工作且与预算绩效管理主体无隶属或利益关系的第三方力量。一般包括不同领域、不同行业、不同专业专家学者、各类院校和研究机构，各类社会中介机构，如会计师事务所、资产评估机构、行业咨询公司等。第三方参与者可为预算绩效管理实施提供专家人才、专业知识和专业服务方面的支撑，同时也能促进预算绩效管理信息公开，保障预算绩效管理客观公正。

（五）普遍性参与的监督者

预算绩效管理监督是确保全过程预算绩效管理健康运行的有效手段，包括内部监督和外部监督。普遍性参与的监督者是指能对预算绩效管理工作进行有效外部监督的社会力量，包括人民代表大会、政协、审计、监察等部门以及其他具有代表性的社会群体或个人。在预算绩效管理工作中加强社会普遍性参与的外部监督，可以提高监督的客观性、公正性、有效性、科学性、全面性，保障预算绩效管理工作的权威性和合法性。

二、预算绩效管理的制度体系

预算绩效管理制度体系，是为规范预算绩效管理工作制定的法律法规、规章制度、配套制度和行业规范等的总称，是预算绩效管理工作开展的体制基础和保障。

（一）法律法规体系

法律、法规体系是预算绩效管理实施的重要基础和保障。党的十九大报告提出，建立全面规范透明、标准科学、约束有力的预算制度，全面实施绩效管理。通过预算绩效管理法制化建设来规范预算绩效管理各方职责、管理范围、遵循原则、法律责任，以保证预算绩效管理工作能够有法可依、有序开展。自2020年10月1日开始施行新修订的《中华人民共和国预算法实施条例》从完善预算绩效管理制度、强化绩效结果应用和明确各级职责三个方面，细化了有关绩效管理的要求，推动了预算和绩效的管理融合，是当前开展预算绩效管理工作的基本法律遵循。

（二）规章制度体系

完备的规章制度体系是预算绩效管理规范化、科学化实施的坚强保障。在当前预算绩效管理改革中，根据预算绩效管理实践的需要，中央先后出台多项具有普遍指导意义的制度与规范性文件，对推动全面预算绩效管理改革作出明确指导，同时结合地方实际，各地也先后出台了相应的规章制度及配套措施，确定预算绩效管理的具体目标，细化规程与操作规范，明确各方责任，强化结果应用，为预算绩效管理有效实施提供了制度遵循。

（三）配套制度体系

配套制度体系是公共部门为完善和优化财政部门预算绩效管理建立的相关制度、规范的总称。如强化人民代表大会及其常委会对预算绩效管理监督的人民代表大会监督制度，完善事前绩效报告、预算监控报告、预算评估报告、结果应用反馈报告等全过程预算绩效管理的预算绩效报告制度，提高预算绩效管理全过程信息公开度、透明度的预算绩效管理信息公告制度，突出审计部门在预算绩效管理过程中监督作用的审计监督制度，对全过程预算绩效管理工作的规范性和实效性进行综合考核的预算绩效管理考核制度等。

（四）行业规范

第三方参与预算绩效管理，可为预算绩效管理实施提供专业人才、专业知识和专业服务方面的支撑，有效保障预算绩效管理客观公正。行业规范就是指为规范第三方参与预算绩效管理的行为与责任的第三方所在行业的制度与规范，一般由相关行业协会或管理部门制定。

三、预算绩效评价标准及体系

预算绩效评价标准及体系是预算绩效管理的重要组成部分，是指在预算绩效管理过程中，绩效评价主体依据评价标准，通过科学的评价方式和方法，按照规范的评价指标体系，对预算支出的产出和效果进行全面、系统的评定，得出合理、可行的评价结果并反馈指导预算优化的综合系统。预算绩效评价标准及体系包括评价主体、评价标准、评价方法、评价指标体系、评价结果应用等内容。

（一）评价主体

绩效评价的主体是指绩效评价工作的具体组织和实施者。按照现行规定，各级财政部门、预算部门（单位）以及依据开展绩效评价工作需要，由各级财政部门和预算部门委托的专家、学者、中介机构等代理实施绩效评价工作的第三方均为绩效评价主体。

1. 财政部门

主要从宏观层面、部门层面、重大支出层面等开展绩效评价，包括财政政策或整体规划评价、部门整体支出评价、重大民生项目评价（特别是上级对下级转移支付）等，侧重于完善财政结构、促进部门履职、落实民生政策，也可对部分部门自评项目进行再评价。

2. 预算部门

主要针对本部门及所属单位各项支出开展绩效评价，既包括部门重点项目的评价，也包括对下属单位的整体评价等，侧重于提高项目资金效益，促进部门完成特定工作任务或履行特定职能等。

3. 第三方

第三方具有人才、理论和技术方面的优势，受各级财政部门和预算部门委托独立完成预算绩效评价，对于提高绩效评价质量，保证评价结果的客观公正，促进预算绩效信息公开透明有着积极的作用。

（二）评价标准

绩效评价标准是指衡量财政支出绩效目标完成程度的尺度。包括计划标准、行业标准、历史标准、其他经财政部门确认的标准。

1. 计划标准

计划标准是指以预先制定的目标、计划、预算、定额等数据作为绩效评价的标准。计划标准的作用是通过将实际完成值与预算规划时的预期值对比，评价实施效果，分析差异原因。

2. 行业标准

行业标准是指参照国家公布的行业指标数据制定的绩效评价标准。使用行业标准时，需要根据本地区的产业发展特色，依据国家公布的行业标准确定符合绩效评价需要的行业标准。

3. 历史标准

历史标准是指参照同类指标的历史数据制定的绩效评价标准。历史标准可以是历史上某年期的数据，也可以是多年数据的平均，根据实际评价工作的需要进行设定。

4. 其他经财政部门确认的标准

它是指财经部门在预算支出中依据的相关工作标准，一般指财政部门和预算单位按照工作需要或上级财政部门规定确定的合规支出标准，如财政部门确定的支出定额标准、资产配置标准、差旅补助标准等。

（三）评价方法

绩效评价方法是指用于分析绩效数据，得出评价结论的各种经济分析、评估方法。主要包括成本效益分析法、比较法、因素分析法、最低成本法、公众评判法等。绩效评价方法的选用应当坚持简便有效的原则，根据评价对象的具体情况，可采用一种或多种方法进行绩效评价。

1. 成本效益分析法

成本效益分析法是指将一定时期内总成本与总效益进行对比的分析方法。结合预算支出确定的目标，比较支出所产生的效益及所付出的成本，通过比较分析，选择最小成本取得最大效益的项目，以评价绩效目标实现程度。

2. 比较法

比较法是指通过对绩效目标与实施效果、历史与当期情况、不同部门和地区同类支出的比较，综合分析绩效目标实现程度。

3. 因素分析法

因素分析法是指将影响投入（财政支出）和产出（效益）的各项因素罗列出来进行分析，计算投入产出比进行评价的方法。

4. 最低成本法

最低成本法也称最低费用选择法，通过计算项目的有形成本，在效益既定的条件下分析其成本费用的高低，以成本最低为原则来确定最终的支出项目。适用于那些成本易于计算而效益不易计量的支出项目，如社会保障支出项目。

5. 公众评判法

公众评判法是指对于无法直接用指标计量其效益的支出项目，通过专家评估、公众问卷及抽样调查等对财政支出效果进行评判，评价绩效目标实现程度。

（四）评价指标体系

绩效评价指标体系是指为客观衡量绩效目标实现程度，评判预算支出真实效益，遵循具体原则而设定的相互联系的若干指标所构成的有机整体。包括绩效指标、评价指标。现阶段，我国财政预算绩效评价指标体系表现出多层次、多领域和地域性的特点。

1. 绩效指标

绩效指标是绩效目标的细化和量化，是与预期绩效目标密切相关，全面、重点反映预算支出预期实现的产出和效果数据，一般包括产出指标和效益指标两个方面。

2. 评价指标

绩效评价指标是衡量绩效目标实现程度的考核工具。按适用范围，可分为共性指标和个性指标；按照指标的性质，可分为定量指标和定性指标。

3. 绩效评价指标设定的原则

绩效评价指标的设定应遵循以下原则：(1) 相关性原则。评价指标设定应当与绩效目标有直接的联系，能够恰当反映目标的实现程度。(2) 重要性原则。评价指标设定应当优先使用最具代表性、最能反映评价要求的核心指标。(3) 可比性原则。对同类评价对象要设定共性的绩效评价指标，以便于评价结果相互比较。(4) 系统性原则。评价指标设定应当将定量指标与定性指标相结合，系统反映财政支出所产生的社会效益、经济效益、生态效益和可持续影响等。(5) 经济性原则。评价指标设定应当通俗易懂、简便易行，数据的获得应当考虑现实条件和可操作性，充分考虑成本效益。

（五）评价结果应用

预算绩效评价结果应用是指财政部门、预算部门和被评价单位等通过具体措施运用绩效评价结果，提高预算资金使用绩效的具体活动。预算绩效评价结果应用是预算绩效评价的最终目的，更是预算绩效管理能否取得成效的关键性因素。

四、预算绩效管理的监督体系

预算绩效管理监督体系是确保全过程预算绩效管理健康运行的有效手段，包括内部监督和外部监督。

（一）内部监督

内部监督是指财政部门和预算部门，对预算资金的分配、拨付与使用等方面进行全过程监督，并强调各责任主体之间的权责明确。主要从预算绩效责任和工作考核机制两方面来考察内部监督成效，包括预算编制环节进行绩效评估、预算执行环节进行绩效监控、预算决算环节开展绩效评价三个环节。

（二）外部监督

外部监督，是指除财政部门等行政机构以外的主体对预算单位的财政预算资金使用效果进行的监督。在我国以人民代表大会制度为根本政治制度的国情背景下，各级人民代表大会及其常委会作为各级立法机关，是实现我国预算绩效外部监督的一种重要力量。此外，社会公众参与预算绩效监督，尤其是以独立的第三方的姿态介入监督，也是一种非常重要的外部监督形式。

第四节 我国预算绩效管理的现状及实践

一、我国预算绩效管理的现实需求

2018 年 9 月，《中共中央 国务院关于全面实施预算绩效管理的意见》指出要创新预算管理方式，更加注重结果导向、强调成本效益、硬化责任约束，力争用 3—5 年时间基本建成全方位、全过程、全覆盖的预算绩效管理体系，实现预算和绩效管理一体化，着力提高财政资源配置效率和使用效益，改变预算资金分配的固化格局，提高预算管理水平和政策实施效果，为经济社会发展提供有力保障。

党的十九届五中全会明确提出，“十四五”时期经济社会发展要以推动高质量发展为主题，要坚持新发展理念，构建新发展格局，坚持质量第一，效益优先，切实转变发展方式，推动质量变革、效率变革、动力变革，要坚持深化改革开放，强化有利于提高资源配置效率的重大举措，持续增强发展活力和动力。对财政部门来说，把有限的财政资金分配到更高效的领域，提高公共服务供给的质量和效率，是推动高质量发展的基本要求。要实现这个目标，就需要以全面实施预算绩效管理为关键点和突破口，强化激励约束，确保“花钱必问效、无效必问责”，推动财政资金聚力增效、为实现高质量发展提供重要保证。

受新冠肺炎疫情冲击和保护主义、单边主义等外部环境影响，全球经济持续低迷。一方面，更大规模减税降费政策带来的收入减少效应逐步显现；另一方面，疫情防控、脱贫攻坚、“六稳”“六保”等重点领域财政支出需要有力保障，财政收支矛盾不断加剧。在这种形势下，落实党中央、国务院“过紧日子”的要求，全面实施预算绩效管理，充分发挥绩效评价作用，大力削减低效无效支出，优化财政支出结构就显得更加紧迫和重要。

全面实施绩效管理，是深化财税体制改革、完善现代财政制度的突破口，通过架构预算绩效管理体系，实现绩效评价机制常态化，有利于更加注重结果导向、强调成本效益、硬化责任约束，进一步推动提升政府行政效能和公共服务质量，对推进国家治理体系和治理能力现代化发挥着不可替代的重要作用。

二、我国预算绩效管理的发展状况

从2003年党的十六届三中全会提出“建立预算绩效评价体系”开始，截至2021年，我国的预算绩效管理工作已开展18年，预算管理制度不断健全，体制机制不断创新，逐步形成政府预算、部门和单位预算、政策和项目预算等全方位，事前、事中、事后等全过程，一般公共预算、政府性基金预算、社会保险基金预算、国有资本经营预算等全覆盖的绩效管理体系。

（一）我国预算绩效管理的发展现状

1. 重点绩效评价的范围逐步扩大，重点绩效评价影响力逐步增强

2020年，围绕全面建成小康社会、打好三大攻坚战、实施乡村振兴战略等重点领域，对37项重点民生政策和重大项目开展绩效评价，涉及资金约3 800亿元；组织中央部门对460个项目开展绩效评价，进一步扩大评价范围和项目数量，压实部门主体责任；组织预算评审中心、第三方机构等对国家融资担保基金等政府投资基金开展年度评价，探索开展PPP项目绩效评价，逐步扩大财政评价覆盖面。切实抓好过程管理，提高绩效评价质量，尤其是针对转移支付绩效评价“点多线长面广”的特点和难点，通过科学制定评价方案、加强过程业务指导、审核复核统一标准等措施，持续提高重点绩效评价工作成效。指导地方扩大重点绩效评价范围，推动政府债务、政府投资基金和部门整体支出绩效评价，部分地区基本实现“四本预算”绩效评价全覆盖。

2. 第三方参与规范引导机制逐步建立，绩效评价的质量逐步提高

2021年1月8日，财政部印发了《关于委托第三方机构参与预算绩效管理的指导意见》（财预〔2021〕6号），规定了委托第三方参与预算绩效管理的工作重点、工作范围、不得委托第三方承担的事项、委托方式、保障机制及相关的监督与指导。财政部印发的《第三方机构预算绩效评价业务监督管理暂行办法》于2021年8月1日正式实施，指出第三方参与绩效评价应遵循的原则，首次提出第三方机构出具的绩效报告应由具备专业条件的主评人签字，并且加强对第三方的信用监管及预算绩效报告质量的考核，不断规范第三方参与预算绩效管理，提高预算绩效评价质量。

3. 监督约束机制逐步完善，绩效自评质量逐步提升

2020年，财政部组织对所有中央本级项目和73项中央对地方转移支付开展绩效自评，涉及财政预算2.6万亿元，基本实现自评全覆盖，组织28个有脱贫攻坚任务的省份对14.34万个扶贫项目开展绩效自评，提高扶贫资金使用效益，强化绩效自评约束机制，对中央部门绩效自评结果开展复核，梳理揭示了6大类20多个问题，约谈中央预算单位6家、第三方机构15家，有力推动了绩效自评质量的提升。组织监管局对转移支付和扶贫项目资金绩效自评结果进行抽查复核，及时发现和解决资金管理中存在的低效无效等问题。通过委托第三方对部门评价报告进行抽查，提高部门评价质效。

4. 绩效评价公开范围逐步扩大，结果应用逐步加强

完善评价结果公开机制，逐年增加绩效信息公开数量和范围，2020年，财政部选

择97个中央部门的394个一级项目绩效自评结果、20个财政评价报告、5个部门评价报告进行审核，随同中央决算报送全国人民代表大会常委会并推动向社会公开，还部署中央部门在门户网站至少公开一项转移支付绩效自评报告。抓住评价结果应用这个“牛鼻子”，切实将绩效自评、部门评价、财政评价结果作为预算安排的重要依据，对预算执行率偏低、绩效评价结果较差的项目，从严从紧安排资金。加大绩效评价发现问题督促整改力度，对评价结果较差的部门下发整改通知书，采用清单管理和内控结合等手段督促部门和单位整改评价发现的问题。同时，组织第三方机构对部门或项目绩效评价结果整改落实情况开展核查，推动预算调整、问题整改、改进管理真正落实到位。

（二）我国预算绩效管理存在的问题

1. 预算绩效管理体系有待健全

一方面是尚未出台专门的绩效评价法律法规，预算绩效评价相关法律法规分布在诸多法律、法规和规章中；另一方面是除项目以外，政策、部门等其他方面的绩效评价还缺乏明确的操作指引和管理办法。同时部分地方基层单位的绩效评价工作机制，人民代表大会、政协等参与预算绩效评价的机制，预算绩效评价与审计、监察等部门的协同机制，公众参与及公开公示等方面的机制尚未完全建立。

政策绩效评价、部门（单位）整体预算绩效评价模式尚不成熟。政府投资基金、PPP项目、政府采购等专项领域绩效评价仍处于起步阶段，收入政策、社会保险基金、全成本预算绩效评价处于探索阶段。

2. 绩效评价指标和标准体系有待完善，绩效评价过程有待规范

我国尚未构建全面覆盖的评价指标体系，细化的指标体系缺乏逻辑性、科学性、可操作性和综合性。绩效目标设置缺乏准确性，突出表现为目标空泛，缺乏细化量化指标，具体表现为：多为直接指标，缺乏间接指标；多为定性指标，缺少定量指标；申报的绩效指标与资金预算不相匹配；以工作指标代替绩效指标；只有产出指标，没有效益指标等。核心指标的选取也有待加强，共性指标覆盖范围有待扩大，个性指标设置需加强规范。预算绩效管理成本指标的有效性、效益指标的可衡量性有待加强，成本效益的理念尚未深入人心。

不同地区、不同部门预算绩效自评、监控水平参差不齐。第三方参与绩效评价的标准尚未统一，第三方机构的绩效知识水平存在较大差异。评价指标设置、调研对象选取、评价方法应用、专家参与方式等缺乏统一管理。成本效益分析、平衡计分卡、大数据分析等理论方法应用不够成熟，信息化程度有待加强。

3. 绩效评价结果应用有待提升

预算评价结果的激励约束机制尚未完全建立，绩效评价结果与预算安排、政策调整及问责考核尚未完全挂钩。绩效评价责任人制度尚未建立。绩效评价结果的公开范围及内容有待扩大，社会参与的反馈机制尚未有效建立。

（三）我国预算绩效管理的发展趋势

1. 探索完善绩效评价体系，推动绩效评价提质扩面

探索开展收入政策、社会保险基金等预算绩效评价体系，试点推进全成本预算绩效评价，不断完善预算绩效管理的相关体系，扩大预算绩效管理覆盖的范围，强化全面预

算绩效管理意识。合理确定年度重点绩效评价项目，立足结果导向和问题导向，充分评估项目可行性和评价结果可用性，提高重点绩效评价的时效性。加强对重点绩效评价实施单位的过程指导，优化绩效评价工作机制，积极邀请“两会”代表、政协委员参与评价工作，依托大数据分析技术等创新评方法，进一步提高重点绩效评价结果的科学性和可信度。健全政府投资基金、主权财富基金项目、政府与社会资本合作项目（PPP）、政府采购项目等政府投融资领域的绩效评价制度体系，推动绩效评价提质扩面。

2. 加大抽查和公开力度，切实提高绩效自评工作质量

进一步完善绩效自评和部门评价抽查复核机制，提高绩效自评质量，推动预算部门对转移支付绩效自评结果开展实质性复核，加强对转移支付绩效自评情况进行抽查，多管齐下提高自评质量，强化绩效自评结果应用，督促预算部门将自评结果和预算编制挂钩。加大绩效自评结果公开力度，督促预算部门将自评工作情况、绩效自评和部门评价结果编入部门决算，报送财政部门并依法予以公开，推动预算部门在门户网站上公开转移支付绩效自评报告。财政部门和预算部门要广泛收集绩效自评结果公开后的反馈信息，作为加强和改善预算绩效管理的重要参考。

3. 严格督促整改落实，切实加强绩效评价结果应用

硬化绩效评价结果与预算安排挂钩约束，建立评价项目结果应用台账；利用绩效评价结果判断政策及绩效目标设定和财政资金配置的合理性，调整和完善政策及绩效目标、财政资金使用方向和结构，奖惩和问责预算部门、单位及其人员。加大绩效评价发现问题督促整改力度，继续组织开展专项核查，对整改不力不实的单位和项目实施再评价。根据财政核心业务一体化信息系统建设总体部署，探讨充分运用“互联网+绩效+管理”模式，明确财政部门监管责任和绩效管理主体责任的界限，强化动态监管体系覆盖财政主体业务，充分发挥协同、整体推进作用，真正促进资源最优配置和资金产出效果最大化。

逐步与同级审计部门、纪检监察部门、人事部门等机构进行实时信息共享，相互利用工作成果，形成部门联动的综合监督合力。不同绩效监督主体要建立绩效评价方案共商机制，对于重大支出政策和大额支出项目，财政部门和其他绩效监督主体可采取联合调研、座谈研讨和专家论证等方式，对相关绩效评价方案共同商议。人民代表大会、纪检监察和审计部门等针对监督中发现的预算绩效管理重点问题，及时向财政部门提出加强财政管理的建议，财政部门向各监督主体通报财政监督中发现的重大问题线索以及需要介入的事项。不同绩效监督主体针对监督检查时发现的预算绩效管理相关问题，共同研究改进完善措施，要求责任单位立即制定整改措施，共同督促其整改到位。

第二章

事前预算绩效评估

对新出台重大政策、项目开展事前绩效评估，是全面贯彻落实《中共中央国务院关于全面实施预算绩效管理的意见》（中发〔2018〕34号）的重要内容，也是政府预算决策的改革举措。预算绩效事前评估作为全过程预算绩效管理的首要环节，对项目立项必要性、绩效目标合理性、投入经济性、实施方案可行性、筹资合规性进行论证，评估结果作为项目（政策）入库的必要条件，有利于实现预算和绩效在事前环节一体化管理，强化预算单位绩效管理主体责任意识和风险控制理念，从源头上解决"办事"和"花钱"两张皮的问题，拧紧预算资金管理水龙头，为预算安排提供重要参考依据，避免盲目决策。本章主要介绍了事前绩效评估的概念、内容、方式、工作流程等。

第一节 事前预算绩效评估概述

一、事前预算绩效评估的要素

（一）事前预算绩效评估的定义

事前预算绩效评估是指财政部门、预算部门或单位，依据国家战略、部门规划等内容，运用科学、合理的方法，对新出台重大政策、项目的设立必要性、投入经济性、绩效目标合理性、实施方案可行性、筹资合规性等进行客观、公正的评估。

（二）事前预算绩效评估的意义

事前预算绩效评估对于优化公共资源配置，提高政府理财和公共服务水平意义重大。主要体现在以下方面：

一是有助于预算的科学决策。在以往预算申报过程中，常存在虚编、代编预算，盲目决策等不当行为。单纯依靠判断支出合理性来核减经费的做法难以从根本上解决收支矛盾问题。通过在决策阶段对项目实施是否必要可行、财政支持的方式是否得当、项目预算安排是否合理、预期目标是否能够达成等方面进行综合深入的判断，有利于预算决策的客观公正，杜绝短期行为和造假虚报，避免预算主体在收益和风险平衡中失去理性，更有利于推进"责任政府"和"服务型政府"建设，从源头上防止了资金的闲置沉淀，促进了财政政策和项目绩效的提升。

二是有助于落实绩效管理主体责任。长期以来，相当一部分部门和单位将预算工作片面地理解为争取资金和扩张预算盘子，财政部门要识别无效、低效支出需要克服相关部门的阻力，预算削减通常不得已采用在各个预算部门和单位间"一刀切"的方式。预算分配的主动性难以发挥，也在一定程度上挫伤了部门和单位干事创业的积极性，甚至有可能造成预算监管和改革发展要求的脱节与分裂。事前预算绩效评估将预算管理的关口进一步前移，将过去靠监控预算执行率指标推动项目实施的管理模式，转为以绩效预期拉动项目的方式，督促部门单位落实预算编制的主体责任，提高支出的计划性和可执行性，将花钱与办事统筹谋划。由于"预事"在前，后续推进中又可简化审批程序，节约执行监控成本的同时激发部门和单位公共服务的活力。

三是有助于做实项目库管理。事前预算绩效评估可以作为项目入库的第一道"关卡"。将事前预算绩效评估结果作为是否予以支持的政策和项目纳入部门项目库的依据，对未经事前评估或评估结果不通过的不予安排预算。以此实现对项目的动态集中管理，大大提升了预算统筹和机动能力。

四是有助于建立"参与式预算"机制。在绩效目标设定和评价环节，各方对于绩效的理解和衡量标准多存在差异，本位主义也会影响财政资金发挥整体效益。因此，通过项目决策部门、行业专家、利益相关者各方群策群力，强化比选论证，权衡各方评价做出综合判断，不仅有利于支出对象与方案本身的优胜劣汰，更能从国家和社会经济发展的全局出发，从最大限度满足人民需要出发，得出预算分配的最大公约数，促进预算结果公正、资源配置合理与目标达成的综合平衡。

（三）事前预算绩效评估与预算评审的区别

在实际工作中，事前预算绩效评估与预算评审，在内容、形式上有很大的相似性，这样给被评审或评估单位带来很多困扰。其实，事前预算绩效评估不同于我国现行的预算评审工作。预算评审的主要目的是审核项目的方案是否可行，资金预算是否科学合理，解决的主要是财政支持多少的问题。而事前预算绩效评估的主要目的是弄清楚项目到底有没有必要做，通过什么方式做得最好，绩效目标是不是科学合理，资金预算是不是做得实，其重点是评估项目该做还是不该做，主要解决的是财政支持与否的问题。预算评审与事前预算绩效评估的异同点详见表2－1和表2－2。

表 2-1　　预算评审与事前预算绩效评估对比相同点

相同点		预算评审	事前预算绩效评估
实施目标	两者都是为了在既有财政资源基础上提高公共服务供给的效率和质量	预算评审是在项目实施前审核预算支出，对超标准、超规模的项目预算支出进行压缩、调整，并将节省的财政资金用于更多公共服务的供给	事前预算绩效评估拓展深化了对公共服务的绩效目标管理，在公共服务供给前进行科学论证，从源头上有效避免盲目决策和不合理投资
实施对象	两者实施对象都为财政支持的重要项目，且一般具有相当的复杂性，需要专业技术力量	预算评审一般是未实施定额管理、涉及资金量较大的项目	事前预算绩效评估一般是拟列入预算的民生类、城市管理服务、城市建设等社会关注度高、金额较大的项目和重大政策
实施内容	两者实施内容具有较大的一致性	预算评审在实践操作中，同样会对财政支出项目资料完整性、立项必要性、方案可行性等方面进行审核	事前预算绩效评估涉及对项目投入产出和成本的评估，包含了预算评审的内容
实施阶段	两者都是在预算编制阶段		
实施方式	两者组织方式上都包含专家咨询、现场调研、召开座谈会等，都经历资料收集与审核、现场与非现场评估评审、综合评估评审等阶段。视工作需要，均可组织第三方机构“独立”或“配合”工作开展，借助第三方的技术力量和独立身份，从财政管理的角度出发，对财政支出项目进行全过程技术审核		

表 2-2　　预算评审与事前预算绩效评估对比不同点

不同点		预算评审	事前预算绩效评估
定位	事前绩效评估前置于预算评审，是预算评审工作的基础，预算评审是事前绩效评估的延伸和拓展，满足更加科学安排预算的需要，是对绩效评估结果的进一步细化和深化	预“钱”：预算评审是在政策项目入库后、预算安排前进行的审核工作，目的是评价预算编制是否合理，经费测算是否科学，也就是预“钱”	预“事”：事前预算绩效评估是在政策项目入库前进行的可行性论证，目的是评估是否可行，也就是预“事”
方法	事前预算绩效评估采用定性和定量的方法开展，而预算评审更侧重于定量分析	预算评审对项目各项预算内容细化分解、定量分析，明确项目预算的具体支持规模	事前预算绩效评估通过定性和定量相结合的方式，对项目必要性、合理性、经济性、可行性和合规性等内容进行评估，以定量分析为基础，设置具体评估评分指标，对社会效益或满意度等采取可衡量的定性描述，最终形成评估得分和是否予以支持的定性评估结论
专家	事前预算绩效评估通过邀请人民代表大会代表、政协委员及有关专家，不仅发挥“智库”功能，还引入预算监督和民主监督，而预算评审专家主要发挥着“智库”的功能	预算评审需要借助行业专家的专业力量和独立身份，通过历史经验、行业标准、市场询价等方式对项目预算支出进行定量分析，专家意见作为预算评审的重要参考依据，在其中起到“智库”“外脑”的技术辅助作用，往往不需要承担“监督”的职能	对于经济、社会和环境影响较大，社会公众普遍关注、影响面广的重大政策和公益性建设项目，事前预算绩效评估可邀请人民代表大会代表、政协委员及相关专家参与，有效引入预算监督和民主监督。事前预算绩效评估是推进“参与式”预算的重要载体，专家在其中不仅作为定性判断和定量分析的技术人员，还发挥着“监督”的责任

（四）事前预算绩效评估与项目可行性研究论证的区别

项目可行性研究是政府投资项目前期研究工作中最基础的核心环节，是促进投资项目科学决策和有效降低整体风险最重要的手段。目前，除铁路、国防科技工业等特定领域项目，政府投资项目主要由发展和改革委员会进行审批，发展和改革委员会在审批前需要住建、经信、环保、消防等有关职能部门提出专项结论。发展和改革委员会在实际审批中，受限于已审批的各专项结论，难以从项目整体上系统地论证其可行性。可行性研究逐渐演化成为政府投资主管部门和行业管理部门履行审批职能的工具，在一定程度上存在着重可批、轻可行的问题，未充分发挥其为科学决策提供支撑、有效规避风险的作用。而事前预算绩效评估会在基于已审批的各专项结论的基础上，从立项必要性、实施方案可行性、预算编制合理性、投入经济性、筹资合规性等方面，重新站在项目整体的角度，全面客观地评估项目是否可行，从而促进科学决策，减少投资风险。

当前政府投资项目的可行性研究重点集中在前期决策立项阶段，对后期运营维护方案、资金投入及筹措、风险及防范措施等论证偏弱，导致难以从项目全生命周期的角度优化项目方案和资源配置，也使得部分项目建设完成后在运营阶段可能出现不可持续推进的问题，如大型的风力发电项目、轨道交通项目等。而事前预算绩效评估注重项目或政策可持续性、执行过程中的管控机制、预期风险及应对措施等方面的论证，评估重点偏向于“绩效”，突出项目或政策实施后产生的效果、效益，一改过去“重支出、轻绩效”的理念。

专栏 2-1

向事前绩效评估要财力 破解预算编制不精准难题

对新出台重大政策、项目开展事前绩效评估，是全面实施预算绩效管理的重要内容，也是政府预算决策的改革举措。山东省各级积极探索建立事前绩效评估机制，细化操作规程，完善评估方式，有效破解预算编制不精准问题，进一步提高了财政资源配置效率，提升了政府公共服务水平。

一、先“预事”后预算，实现绩效管理关口前移

事前预算绩效评估改变了以往绩效管理滞后的弊端，将关口前移，提高政策和项目实施的精准度，推动重大政策和项目成果落到实处。健全制度规范流程，制定出台“省级政策和项目事前预算绩效评估管理暂行办法”，围绕“必要性、经济性、合理性、可行性、合规性”，对新出台的重大政策和项目开展事前绩效评估；研究出台了《省级政策和项目预算事前绩效评估工作规程》，规范评估程序和流程，进一步提高事前绩效评估工作质量。严格项目准入管理，将事前评估结果作为预算安排的前置条件，对未提供事前评估报告或评估结果不符合要求的政策和项目，不得纳入部门和财政项目库，不予安排预算。同时，结合预算核心业务一体化系统，将事前评估嵌入预算管理全过程，与预算管理深度融合。以上带下层层推动，按照“以上带下、逐级推动”的原则，加快事前评估改革步伐。2019 年事前预算绩效评估在全省 16 市和绩效管理基础较好的县（市、区）全面推开，2020 年省、市、县三级全覆盖。2021 年预算编制，山东省各级各部门将进一步扩大事前绩效评估范围，对因实施内容、标准等发生重大调整、拟申请新增预算资金的既有支出政策和项目，在既有专项资金规模内新增政策任务的项目，到期申请延续执行的重大政策和项目等，全面纳入事前绩效评估范围，进一步提高预算编制的精准性。

二、创新评估模式，突出预算绩效主导作用

突出绩效导向，创新和完善事前预算绩效评估方式方法，提升预算管理科学化和精细化水平。一是与预算评审融合推进。预算事前绩效评估与预算评审存在工作关联和交叉，山东省各级财政部门将绩效评估与项目预算评审工作有机衔接，实现资料共享、同步推进，既减轻了部门单位配合工作量，也提升了工作效率和质量。二是积极借力提升效果。事前评估视工作需要组织第三方机构独立开展，同时邀请相关专家、人民代表大会代表、政协委员积极参与，充分发挥各方独立、客观、专业的特点，保障评估工作的客观公正。临沂市将事前绩效评估纳入市政府“三重一大”决策事项，要求凡纳入市政府“三重一大”决策范围的事项，在提报市政府常务会议研究审议时，必须提供事前评估报告作为决策参考。目前已将农村居民冬季取暖财政奖补、城区污水处理新增服务费、城区公交运营补助等新出台或新增预算的政策项目，组织开展了事前财政绩效评估，并将评估结果报市政府。三是简捷高效科学评估。根据评估对象具体情况，本着“简便高效”的原则，积极采用专家咨询、问卷调查、现场调研、召开座谈会等多种方式，综合运用成本效益分析、对比分析、因素分析、公众评判、文献法等多种方法，切实增强预算绩效管理的科学性。

三、把好关键环节，全面提升评估工作质量

事前预算绩效评估是一项全新的工作，专业性、技术性很强，做好事前预算绩效评估工作，重点把握好两个关键环节，全面提升事前预算绩效评估质量。一方面，细化指标体系。考虑到政策和项目的不同特点和具体情况，山东省各级在评估过程中分别制定了不同的评估指标和相应的评估要点，并对评估指标体系中的每项指标进行分解，对评估要点进行梳理，制定更加明细的评估指标体系。合理设定和使用否定性指标，在政策依据的充分性、决策科学性、目标明确性等关键性因素方面，仔细甄别政策是否属于公共财政支持范围、是否符合事权与支出责任相适应原则等，对项目是否能够设立作出基本判断。另一方面，充分获取评估资料。对评估资料和信息进行科学的判断分析，形成逻辑链条，构成评估结论支撑。如判断分析政策设立是否与政策所要解决的问题相对应，仅仅提供政策投入和政策的预期效益数据远远不够，还要运用对比分析法、因素分析法等有效的分析方法，在投入和效益两者之间建立起因果关系，证明投入是效益产生的前提，而没有投入就不会产生效益的结果。

四、用好评估结果，提高资金投向的精准度

事前预算绩效评估结果不仅是预算安排的重要依据，也是对重大政策和项目提效益、促改革、强质量的重要手段。一是以评估提效益。通过事前绩效评估，进一步优化财政支出结构，提高资源配置效率和使用效益。济宁市在2020年部门预算中，选取部分重点项目开展财政事前绩效评估试点，涉及193个项目，财政资金7.2亿元，经评估核减资金4.6亿元，对合理安排年度预算等起到了决策的重要支撑作用。日照市在2020年市级信息化平台建设事前评估中，取消7个不予支持项目，对10个市级支持经济发展的专项，由专家逐个把脉会诊，调整了5个项目支出结构和资金使用方向，做到了该调整的调整、该压减的压减。二是以评估促改革。通过事前绩效评估，分析政策或项目实施利弊，提出促进改革的意见建议。济南市2020年对济南市公交成本规制财政补贴办法进行了事前绩效评估，重点从成本规制的范围、标准及依据等方面进行了论证审核，并对2018年、2019年、2020年度成本规制财政补贴进行了测算，向市委、市政府提出了保障和促进济南市公交优先发展的战略建议，推动建立济南公交运营成本费用规范、监督考核及财政补贴制度，形成科学合理的成本约束机制和财政补偿机制。三是以评估强质量。通过事前绩效评估，对政策和项目进一步完善优化，增强实施效果和质量。威海市在对数字城管运行经费项目开展事前绩效评估中，发现该项目存在巡查范围不合理、扣分标准不明确、费用计算不精准等方面的问题，并联合预算部门有针对性地提出了建立"常规巡查+立体监督+群众监督"的考核监督体系的建议，最终减少该项目购买服务人员229人，压减预算资金51.3%，保证了政策的实施质量①。

二、事前预算绩效评估的主体和对象

（一）事前预算绩效评估的主体及职责

事前预算绩效评估主体主要包括实施主体和参与主体，实施主体是指财政部门和预算部门（单位），参与主体是指立法监督机构（人民代表大会、政协）、专家、第三方机构等。事前预算绩效评估主体的各方职责如下：

一是财政部门负责拟定事前预算绩效评估管理办法和工作流程；组织开展重点项目和政策事前绩效评估；指导、督促预算部门开展事前绩效评估工作；对预算部门组织开展的事前预算绩效评估进行审核认定。

二是预算部门负责制定本部门的事前预算绩效评估实施细则；开展本部门的项目事前绩效评估；完善项目库管理，并参照事前预算绩效评估结果对项目进行排序。

三是预算单位负责准备事前绩效评估相关材料；配合财政部门或预算部门（单位）开展事前绩效评估。

四是参与事前绩效评估的人民代表大会代表和政协委员对评估过程和被评估对象进行依法监督和民主监督，积极推进事前绩效评估工作顺利开展。

五是评估专家应坚持实事求是、客观公正的科学态度，深入实际了解和调查情况，遵守职业道德；严格执行保密制度，保守国家秘密和被评估单位的商业和技术秘密；不得对外透露评估结论、咨询意见、争议问题等有关情况。专家应遵守回避制度，不得与被评估单位有任何经济利益关系和其他应回避的利害关系。

六是评估第三方机构应遵守职业道德、廉洁自律；不得干预和影响被评估单位的正常工作，评估期间发生的一切费用不得由被评估单位支付；遵守保密原则，不得将文件、数据等与评估有关的资料对外公布，不得提前对被评估单位和相关人员公布专家意

① 向事前绩效评估要财力 破解预算编制不精准难题——山东省预算绩效管理改革攻坚年系列报道之一，2020-11-11.

见、评估结果等；自觉履行回避制度及其他相关纪律。

事前绩效评估工作由财政部门统一领导，组织形式有：财政部门组织评估、业务主管（预算）部门组织评估。其中，财政部门组织评估的形式包括财政部门直接组织评估（简称“财政评估”）、财政部门选取预算部门组织的事前绩效评估进行再评估（简称“财政再评估”）。财政再评估是指由财政部门组织实施，对预算部门组织评估质量的评估和对被评估部门绩效的再次评估。

（二）事前预算绩效评估的对象及范围

事前预算绩效评估的对象是项目和政策，评估范围一般是新增或重大的项目或政策。所谓新增，一般是指根据部门职能转变、工作任务增加、社会现实需求等情况而需申请使用资金、未纳入项目库管理的财政支出项目或政策。所谓重大，一般是指资金量较大、对社会和经济发展有重要影响、社会受益面大的财政支出项目或政策。开展事前绩效评估可结合可行性研究论证、预算评审一并进行。

1. 项目

项目是人们通过努力，运用新的方法，将人力的、材料的和财务的资源组织起来，在给定的费用和时间约束规范内，完成一项独立的、一次性的工作任务，以期达到由数量和质量指标所限定的目标。按照财政部《预算管理一体化规范（试行）》，预算项目按照预算支出性质和用途，分为人员类项目、运转类项目和特定目标类项目三类。人员类项目支出和运转类项目中的公用经费项目支出对应部门预算中的基本支出；其他运转类项目支出和特定目标类项目支出对应部门预算中的项目支出。

人员类项目是指部门和单位有关人员的工资福利支出、对个人和家庭的补助支出项目。运转类项目包括各部门、各单位为保障其机构自身正常运转、完成日常工作任务所发生的公用经费项目和专项用于大型公用设施、大型专用设备、专业信息系统运行维护等的其他运转类项目。公用经费项目按照定员定额方式管理，以人员编制、实有人员、通用资产等为计算对象，保障单位日常运转和基本履职需要。其他运转类项目主要以各类大型专用资产等为计算对象，保障单位管理的大型公用设施、大型专用设备、专业信息系统运行维护等方面的需要。特定目标类项目是指部门和单位为完成其特定的工作任务和事业发展目标所发生的支出项目。除人员类项目和运转类项目外，其他预算项目作为特定目标类项目管理。

在实务中，一般将常见的项目分为六类，分别是工程类项目、购置类项目、维护类项目、业务类项目、政策类项目、政府购买服务项目。各类项目的具体释义见表2－3。

表2－3　不同类型项目的具体释义

项目类型	释义
工程类项目	主要指基本建设工程和信息化建设工程等资金需求量大、项目周期长的工程建设类项目。 1. 针对基本工程的新建、扩建、改建等建设活动发生的支出主要包括房屋建筑物建设、基础设施建设等，其中房屋建筑物建设反映用于建造办公用房、生活用房、业务用房等建筑物（含附属设施，如电梯、通信线路、水电气铺设等）的支出；基础设施建设反映用于农田设施、道路、铁路、桥梁、水坝、机场、车站、码头等公共基础设施建设方面的支出。 2. 针对信息化工程的新建支出主要包括信息系统的购买或开发、技术架构、数据应用、网络线路租用等支出

续表

项目类型	释义
维护类项目	主要指基本建设工程、信息化建设工程、大型设备设施的后续运营维护等。 1. 针对基本建设工程，主要是用于房屋建筑物、公共基础设施等的修缮和维护的支出。 2. 针对信息化工程，主要是系统维护、升级、维修、网络安全保障等方面的支出。 3. 针对大型设备设施，主要包括通用设备维护和专用设备维护
购置类项目	主要指各类设备包括专用设备和通用设备、专用软件、专业书籍、原材料、燃料、产成品等各种形态和种类的有形货物的购置或购买
业务类项目	主要指公共部门为履行公共职能而进行的运转活动、专业性活动而发生的支出。 1. 运转活动包括弥补三公经费不足、维持部门运转方面的基本开支。 2. 专业性活动包括宣传推广活动、会议培训、课题研究、以及其他与部门职能密切相关的专项业务活动支出
政策类项目	主要指政府在特定环境下为各类对象提供各种形式的财政补贴或转移性支出，以保护特定领域、行业产业或地区发展。按照政策领域分，包括科技类、土地类、人才类、产业发展类、民生保障类、投融资类及转移支付类；按照政策对象分，包括机构、个人、事项。例如高龄津贴、出口企业扶持项目
政府购买服务项目	主要指通过发挥市场机制作用，把政府直接提供的一部分公共服务事项以及政府履职所需服务事项，按照一定的方式和程序，交由具备条件的社会力量和事业单位承担，并由政府根据合同约定向其支付费用的项目。例如政府购买养老服务、法律援助等项目

不同类型项目的事前预算绩效评估侧重点也存在差别，详见表 2-4。

表 2-4　不同类型项目的评估侧重点

项目类型	评估侧重点
工程类项目	事前绩效评估侧重于项目设立是否依据充分，实施的可行性是否具备，是否获得行业主管部门审批、年度预算安排是否合理等
维护类项目	事前绩效评估侧重于预算编制是否合理，是否存在高估冒算的情况、绩效目标是否明确等
购置类项目	事前绩效评估侧重于项目设立依据是否充分，是否能满足实际需求，购置后是否能达到预期使用效果，预算测量单价和数量是否合理
业务类项目	事前绩效评估侧重于项目支出标准是否合理，项目与部门职能、年度计划是否相匹配等
政策类项目	事前绩效评估侧重于补贴对象和范围是否合理、补贴的方式和标准是否规范、补贴审核是否科学等
政府购买服务项目	事前绩效评估侧重于项目是否属于政府应提供公共服务领域，是否与财政投入相关，财政支持方式是否科学等

2. 政策

政策是党和国家为实现一定时期的路线而制定的一系列行动准则。按照政策是否涉及财政收支范围，可分为财政政策和非财政政策。财政政策又可分为财政收入政策和财政支出政策。目前，事前绩效评估政策主要针对的是财政支出政策。财政支出政策是政府根据党中央重大方针政策和决策部署、预算法等法律法规制定的财政支出安排措施，包括财政支出的方向、规模、结构和管理制度等。常见的财政支出政策见表 2-5（如无特别说明，后文所称政策主要指“财政支出政策”）。

表 2-5 常见财政支出政策

类型	内容
财政投融资政策	政府投资基金、主权财富基金、政府和社会资本合作（PPP）、政府购买服务、政府债务项目等各项政府投融资活动
民生政策	基本公共服务均等化（幼有所育、学有所教、劳有所得、病有所医、老有所养、住有所居、弱有所扶）
引导发展政策	科技发展、支持区域经济发展
城市建设政策	疏解整治促提升

需要特别说明的是，政策的实施通常以分解为具体的若干项目的形式来实现，可以将政策理解为若干项目在不同时间、空间节点上的集合。因此，对政策的事前绩效评估与对项目的评估类似，是评估主体根据政府战略规划、事业发展规划等内容，依据一定的评估方法、标准，对制定的财政支出安排措施进行评估，预测政策是否能够实现预期目标和预期效果，以降低财政资金使用风险，但对政策的评估更关注政策的制定过程及政策本身的价值。同时，在实际操作过程中，由于不同利益群体的博弈，政策存在偏离公众利益的可能性，但政策的本质属性是公共性。因此，对政策进行事前绩效评估还应关注政策的出台是否能够满足社会绝大多数人的公共利益。

三、事前预算绩效评估的原则和依据

（一）事前预算绩效评估的原则

1. 绩效导向

事前绩效评估要以绩效导向和成本控制理念为出发点，以投入、产出和效果为评估重点，综合考虑项目（政策）的投入成本和预期收益，注重成本效益，确保项目具有可操作性和项目预算在合理范围之内，从多个维度对项目（政策）决策进行综合评估。

2. 科学规范

事前绩效评估应通过规范的程序，采用定性与定量相结合的方法，合理运用多种评估方式，通过多种途径和手段充分收集证据资料，根据评估对象和范围设置评估重点方向和环节，保证事前绩效评估内容重点突出、结论科学可信。

3. 客观公正

事前绩效评估应公正、公开、公平，评估主体要实事求是、公平合理地进行评估，利益相关方不得影响评估过程及评估结果。

4. 精简高效

事前绩效评估要讲求效率，在保证质量的前提下及时完成评估工作，做到“随申报、随评估、随入库”。同时事前绩效评估应结合预算评审、项目立项审批、可行性研究论证等程序开展，简化流程、控制成本、节约经费，提高评估工作效率。

5. 权责对等

事前评估要建立责任约束机制，明确各方职责，清晰界定权责边界，财政部门、预算部门（单位）对其主导开展的评估工作负有管理自主权，并对评估结果负责。

6. 依据充分

事前绩效评估应以相关法律、法规、规章，国民经济与社会发展规划和方针政策，资金及财务管理办法等为依据开展。同时在实际开展评估工作时，要以充分的事实为依据，在评估过程中，要以搜集到的足够的相关文件和翔实的佐证资料为参考依据，并要通过现场调研，为评估结论提供充分的依据支持。

（二）事前预算绩效评估的依据

一是相关法律、法规和规章制度等。

二是党委、政府制定的重大战略决策部署、国民经济与社会发展规划和方针政策、宏观调控总体要求等。

三是财政部门制定的预算管理制度、资金及财务管理办法等。

四是预算部门（单位）的职责、中长期发展规划和年度工作计划等。

五是相关行业政策、行业标准及专业技术规范等。

六是其他权威材料。

四、事前预算绩效评估的方式和方法

（一）事前预算绩效评估的方式

1. 专家咨询

对于专业性较强、评估难度较大的项目和政策，对相关问题存在疑难点时，可邀请业务、管理、财务等专家参与评估论证和咨询工作，提供专业技术支持。

2. 现场调研

对于有一定物质基础的项目和政策，在资料收集过程中，可进行现场调研，实地勘察和了解项目真实情况。

3. 问卷调查

对于利益相关方涉及对象多、作用范围广的项目和政策，在资料收集过程中，可采用问卷调查的方式，运用统一设计的问卷向项目和政策的利益相关方了解情况或征询意见。

4. 召开座谈会

对于涉及工作主体多、人员分散的项目和政策，在入户培训、现场调研、召开评估会时，可组织特定人员开展座谈，了解项目、政策情况，集中收集各方意见和建议。

5. 网络调查

通过互联网及相关媒体开展调查，征询项目和政策利益相关组织和人员的意见和看法。

6. 电话咨询

通过电话对专业人士、项目和政策利益相关方了解情况或征询意见。

7. 人民代表大会代表和政协委员参与

邀请人民代表大会代表和政协委员参与事前绩效评估，分别从预算监督和民主监督的角度提出合理的意见和建议。

（二）事前预算绩效评估的方法

1. 成本效益分析法

它指通过开展成本核算，并对全部成本和效益进行对比来评估项目（政策）投入价值，以实现投入最小的成本获得最大的收益为目标的分析方法。

2. 对比分析法

它指通过将绩效目标与预期实施效果、历史情况、不同部门和地区同类财政支出新增安排情况进行比较，对项目（政策）进行评估。

3. 因素分析法

它指通过全面统计影响绩效目标实现和实施效果的内外因素，综合分析内外因素对绩效目标实现的影响程度，对项目（政策）进行评估。

4. 公众评判法

它指通过专家评估、抽样调查等方式，对相关情况提供咨询意见和结论支撑的评估方法。

5. 最低成本法

它指对预期效益不易计量的项目（政策），通过综合分析测算其最低的实施成本，对其进行评估。

6. 文献分析法

它指对收集到的相关领域的文献资料进行研究，深入了解项目（政策）的性质和状况，并从中引出相关观点或评估结论。

7. 其他评估方法

其他能为评估结论提供支撑的方法。

五、事前预算绩效评估的主要内容

（一）项目事前绩效评估的主要内容

1. 立项必要性

主要评估项目设立是否与国家、地方、相关行业政策相关，是否与主管部门职能、规划及年度工作重点相关，是否有迫切的现实需求和确定的服务对象，是否属于财政支持范围等。

2. 投入经济性

主要评估项目投入产出比是否合理，成本测算是否充分，成本控制措施是否科学有效等。

3. 绩效目标合理性

主要评估项目绩效目标是否明确，是否与相关规划、计划相符，是否与现实需求相匹配，绩效指标是否细化、量化、可衡量，指标值是否合理、可考核等。

4. 实施方案可行性

主要评估项目实施方案是否合理可行、是否经过前期论证，是否制定有效的过程控制措施和保证项目绩效可持续发挥的配套机制等。

5. 筹资合规性

主要评估项目资金来源渠道、筹措程序是否合规，财权与事权是否匹配，财政投入方式是否合理，筹资风险是否可控。

（二）政策事前绩效评估的主要内容

1. 政策设立必要性

主要评估政策设立是否具有现实需求，与国家法律法规、国民经济和社会发展规划、行业规划等是否相符，与政策主体部门职能是否相符，与其他政策是否交叉重叠，是否经过充分调研论证等。

2. 政策目标合理性

主要评估政策是否有明确的受益范围或对象，是否具有公共属性，绩效目标是否清晰明确，绩效指标是否细化量化、是否分解落实到具体任务，绩效目标和指标是否合理可行，预期绩效是否显著等。

3. 政策资金合规性

主要评估政策是否属于财政支持范围，财权与事权是否匹配，支持方式是否合理，资金分配依据和投入产出比是否合理等。

4. 政策保障充分性

主要评估政策组织架构、运行机制、技术路线选择、计划进度安排等是否能保障政策有效落实，风险分析是否全面深入，应对措施是否有效等。

5. 政策的可持续性

主要评估政策实施是否有可持续的组织保障环境，是否考虑了政策后续执行的相关风险，政策实施是否具备可持续的人员、资金、技术等条件和能力。

六、事前预算绩效评估的工作流程

（一）事前预算绩效评估的开展时点

预算绩效管理要求将绩效理念融入预算管理全过程，使之与预算编制、预算执行、预算监督一起成为预算管理的有机组成部分，逐步建立“预算编制有目标、预算执行有监控、预算完成有评价、评价结果有反馈、反馈结果有应用”的预算绩效管理机制。绩效目标设置、绩效运行监控、绩效评价等都相应地嵌入在预算管理流程中，那么事前绩效评估应该在预算管理的哪个环节呢？根据事前绩效评估的定义和目的，结合事前绩效评估实务，事前绩效评估应当在预算编制阶段或者确定项目（政策）入库前开展，一般预算部门组织实施的事前绩效评估应当于每年“一上”之前完成，评估结果报财政部门，必要时财政部门直接组织事前绩效评估，财政部门组织实施的事前绩效评估应当于“一上”后开始，“二下”前完成。

（二）事前预算绩效评估的开展程序

事前预算绩效评估可以按照正式程序和简易程序两种程序执行。正式程序一般包括事前绩效评估准备、事前绩效评估实施、事前绩效评估总结及应用三个阶段，每个阶段包含若干具体的步骤，而简易程序是对正式程序的简化。

第二节 事前预算绩效评估工作流程

一、事前预算绩效评估准备阶段

（一）确定评估对象

1. 预算部门事前绩效评估对象

预算部门根据职能，按照中央和地方党委、政府决策部署，依据中长期工作规划、年度工作任务和预算编制管理有关要求，在项目入库前，确定纳入事前绩效评估的对象。事前评估绩效对象主要是本部门拟新增安排的重大政策和项目，主要包括：一是新设立的重大政策、新设立的投资发展类项目和金额较大的业务类项目。二是因实施内容、标准等发生重大调整，拟申请新增本级预算资金的既有支出政策和项目（不包括中央统一部署调整的政策）。三是在既有专项资金规模内新增政策任务。四是到期申请延续执行的重大政策和项目等。

2. 财政部门事前绩效评估对象

财政部门在财政项目库入库项目审核阶段，结合部门（单位）事前绩效评估情况，确定财政事前评估对象。财政事前绩效评估对象主要包括：一是地方党委、政府确定的重大政策和项目。二是对经济、社会和环境影响较大，社会公众普遍关注、影响面广的重大政策和项目。三是新增资金数额较大的政策和项目。四是部门事前绩效评估报告存在明显问题的新增重大政策和项目。五是其他需要财政部门开展事前绩效评估的政策和项目。

（二）成立评估组

开展事前绩效评估应成立评估工作组，具体组织实施评估工作。工作组人员数量、专业结构及业务能力应满足评估工作需要，并充分考虑利益关系回避、成员稳定性等因素。根据评估工作需要，工作组可聘请相关领域专家以及人民代表大会代表、政协委员等参与。事前绩效评估工作组依据项目内容遴选评估专家，原则上专家组成员数量为不少于5人的奇数，包括业务专家、财务专家和绩效专家。事前绩效评估工作组应与专家签署《专家承诺书》，并适时对专家进行业务培训。财政部门委托第三方机构开展事前评估的，由第三方机构按上述要求成立评估工作组。

（三）开展前期调研

通过调研、访谈等方式提前了解被评估对象的情况，收集相关资料，充分了解政策设立、项目立项、预算编制、实施内容、组织管理、绩效目标设置等情况，为编制工作方案奠定基础。

（四）制定评估指标体系

绩效评估指标体系是事前绩效评估的核心，包括评估指标、评估标准和指标权重等内容。

一是设置评估指标。与委托方及项目相关单位充分沟通，按照地方财政部门确定的政策和项目指标体系，结合政策和项目实际情况，细化完善评估指标。

二是确定评估标准。评估标准是衡量评估指标完成程度的标尺，一般包括计划标准、行业标准和历史标准等。应根据相关法律法规、项目绩效目标及相关管理办法，在充分征求委托方及项目相关单位意见的基础上，确定绩效评估标准。评估标准应清晰、准确，具有可操作性，不得模糊表述。

三是确定指标权重。指标权重是指某一指标在评估指标体系中的赋分比重。应与委托方及项目相关单位充分沟通，根据各指标的重要程度，选用科学方法，合理设置各指标权重。参考北京市做法，政策和项目的评估指标体系见表 2－6 和表 2－7。

表 2－6　财政支出项目事前评估评分指标体系

一级指标	二级指标	评估要点	分值
立项必要性（20 分）	政策相关性	是否与国家、地方、相关行业宏观政策相关	5
	职能相关性	是否与主管部门职能、规划及当年重点工作相关	5
	需求相关性	①是否具有现实需求，需求是否迫切； ②是否有可替代性； ③是否有确定的服务对象或受益对象	5
	财政投入相关性	是否具有公共性，是否属于公共财政支持范围	5
投入经济性（20 分）	投入合理性	①项目投入资源及成本是否与预期产出及效果相匹配； ②投入成本是否合理，成本测算依据是否充分； ③其他渠道是否有充分投入	10
	成本控制措施有效性	项目是否采取相关成本控制措施，成本控制措施是否有效	10
绩效目标合理性（20 分）	目标明确性	①绩效目标设定是否明确； ②与部门长期规划目标、年度工作目标是否一致； ③项目受益群体定位是否准确； ④绩效目标和指标设置是否与项目高度相关	10
	目标合理性	①绩效目标与项目预计解决的问题是否匹配； ②绩效目标与现实需求是否匹配； ③绩效目标是否具有一定的前瞻性和挑战性； ④绩效指标是否细化、量化，指标值是否合理、可考核	10
实施方案有效性（20 分）	实施内容明确性	项目内容是否明确、具体，与绩效目标是否匹配	6
	实施方案可行性	①项目技术路线是否完整、先进、可行、合理，与项目内容及绩效目标是否匹配； ②项目组织、进度安排是否合理； ③与项目有关的基础设施条件是否能够得以有效保障	7
	过程控制有效性	①项目申报、审批、调整及项目资金申请、审批、拨付等方面已履行或计划履行的程序是否规范； ②项目组织机构是否健全、职责分工是否明确、项目人员条件是否与项目有关并得以有效保障； ③业务管理制度、技术规程、标准是否健全、完善，以前年度业务制度执行是否出现过问题，相关业务方面问题是否得到有效解决并配有相应的保障措施； ④项目执行过程是否设立管控措施、机制等，相关措施、机制是否能够保证项目顺利实施	7

续表

一级指标	二级指标	评估要点	分值
筹资合规性（20分）	筹资合规性	①资金来源渠道是否符合相关规定； ②资金筹措程序是否科学规范，是否经过相关论证，论证资料是否齐全； ③资金筹措是否体现权责对等，财权和事权是否匹配	10
	财政投入能力	①地方财政资金配套方式和承受能力是否科学合理； ②各级财政部门和其他部门是否有类似项目资金重复投入； ③财政资金支持方式是否科学合理	5
	筹资风险可控性	①对筹资风险认识是否全面； ②是否针对预期风险设定应对措施； ③应对措施是否可行、有效	5

表2－7　　财政支出政策事前评估评分指标体系

一级指标	二级指标	评估要点	分值
政策设立必要性（20分）	依据充分性	①政策设立是否具有现实需求、需求是否迫切，与政策所要解决的问题是否相对应； ②与国家法律法规、国民经济和社会发展总体规划、国家行业规划及地方经济和社会发展规划、行业发展规划等是否相符； ③与政策主体（制定/执行）部门职能是否相符； ④与其他政策是否存在交叉、重复	10
	决策科学性	①政策是否经过了充分调研； ②政策文件的拟定是否经过了评审、专家咨询、询问、问讯或公众听证等环节； ③调研报告、可研、评审、批示等相关资料是否齐全； ④政策制定主体或牵头主体是否明确，职责是否清晰，责任是否可追溯	10
政策目标合理性（20分）	目标明确性	①是否有明确的受益范围和受益对象，是否具有公共性、无差异性、非排他性； ②绩效目标是否明确，是否设定总体目标和阶段性目标，内容是否具体，表述是否准确； ③绩效目标是否清晰，能否反映政策的主要内容，是否通过细化、量化、可衡量的绩效指标充分体现了预期产出和效果； ④是否将绩效目标及指标细化分解到具体工作任务，各任务之间是否交叉重复、执行主体是否明确、与其职能是否相符 （注：公共性考虑政策实施能够满足社会绝大多数人享受政策效益的程度；无差异性考虑政策受益群体所享受到的效益是否存在明显差异；非排他性考察政策实施是否损害特定群体利益或将其排除在受益范围之外。）	10
	目标合理性	①政策目标是否具有前瞻性、系统性及引导性； ②政策目标是否体现了政策的稳定性和持续性，如，政策总体执行期限、政策当前所处阶段以及政策后期逐步退出等； ③预期绩效是否显著，能否体现政策所需解决问题的明显改善； ④是否选取最能体现总体目标实现程度的关键指标并明确了指标值，指标值是否符合行业正常水平或事业发展规律	10

续表

一级指标	二级指标	评估要点	分值
政策资金合规性（20分）	财政投入可行性	①是否属于财政资金支持范围，政府与市场边界界定是否清晰； ②财政支持方式是否合理； ③政策事权与财权是否对应； ④是否分析财政承受能力及财政资金风险	10
	资金分配合理性	①资金分配依据是否合理，是否有测算标准或定额标准； ②资金分配结果是否与政策目标、政策内容相匹配	10
政策保障充分性（20分）	保障措施得当性	①是否明确了政策组织构架、运行机制以及制度保障； ②技术路线是否可行、先进，是否有技术经济性的优化比较； ③是否订立明确、合理的计划进度安排； ④分析风险是否全面深入、是否有应对措施及应急预案等	20
政策的可持续性（20分）	政策资源可持续性	①政策实施是否有可持续的组织、政策等保障环境； ②政策实施是否具备可持续的人员、资金、技术等条件和能力	20

（五）确定评估方法

事前绩效评估方法主要包括成本效益分析法、对比分析法、因素分析法、公众评判法、文献分析法等。应根据政策和项目具体情况，与相关方商定评估方法。

（六）确定评估方式

事前绩效评估的方式主要包括专家咨询、问卷调查、现场调研、召开座谈会等。应当结合评估对象具体情况，按照简捷高效原则，采用一种或多种方式进行评估。

（七）制定资料清单

工作组根据评估需要，确定需由项目相关单位提供的资料准备清单及其他需要配合的事项。

1. 政策资料清单

主要包括以下内容：主管部门需填报的资料包括政策绩效目标表和政策预期绩效报告。主管部门需准备的资料有国家及地方相关法律、法规和规章制度；国家及省市确定的大政方针、政策；部门或行业的发展规划（计划）；政策可行性调研、论证报告；政策总体方案；政策目标责任书或政策任务分解书；与政策相关的管理制度。

政策执行部门和实施单位需填报的资料清单包括项目申报书、项目绩效目标表、项目预期绩效报告。需准备的资料有项目立项背景及发展规划、项目立项申请材料、预算申请材料及其他资料。项目立项申请材料包括实施方案、可行性研究报告、立项专家论证意见等。预算申请材料包括预算明细及测算说明，反映测算依据的其他相关文件规定等。

2. 项目资料清单

主要包括以下内容：项目单位需填报的资料包括事前绩效评估项目申报书、事前绩效评估绩效目标申报表和事前绩效评估预期绩效报告。项目单位需准备的资料：一是项目背景及发展规划资料，包括国家及省市相关法律、法规和规章制度，国家及省市确定的大政方针、政策，部门或行业的发展规划（计划）；二是项目申请材料，包括实施方案、可行性研究报告、立项专家论证意见、初步设计资料或设计图纸等；三是预算测算材料，包括项目预算及明细、项目预算测算说明，主要材料、设备的名称、型号、规格品牌、生产厂家、价格及依据，工程预算定额、取费标准及行业主管部门制定的相关专业定额等。

3. 绩效目标表和预期绩效报告

在此需要着重说明的是，政策或项目的绩效目标表按照中央、地方财政部门特有的目标格式进行填写，详见第二章内容。而预期绩效报告是被评估部门（单位）对政策或项目的计划内容、绩效目标、实施方案和预期效益等进行的自我评估，按一定格式要求撰写的报告文本。

项目预期绩效报告的格式要求可参考以下内容：

（1）项目基本情况：介绍项目背景、项目主要内容等。

（2）项目立项必要性：主要说明项目设立是否与国家、地方、相关行业政策相关，是否与主管部门职能、规划及年度工作重点相关，是否有迫切的现实需求和确定的服务对象，是否属于公共财政支持范围等。

（3）项目投入经济性：主要说明项目投入产出比是否合理，成本测算是否充分，成本控制措施是否科学有效等。

（4）项目绩效目标合理性：主要说明项目绩效目标是否明确，是否与相关规划、计划相符，是否与现实需求相匹配，绩效指标是否细化、量化、可衡量，指标值是否合理、可考核等。

（5）项目实施方案可行性：主要说明项目实施方案是否合理可行、是否经过前期论证，是否制定有效的过程控制措施和保证项目绩效可持续发挥的配套机制等。

（6）项目筹资合规性：主要说明项目资金来源渠道、筹措程序是否合规，财权与事权是否匹配，财政投入方式是否合理，筹资风险是否可控等。

（7）其他内容。

政策预期绩效报告的格式要求可参考以下内容：

（1）政策内容及预算资金需求：主要说明政策主要内容和预算资金需求。

（2）政策设立必要性：主要说明政策设立是否具有现实需求，与国家法律法规、国民经济和社会发展规划、行业规划等是否相符，与政策主体部门职能是否相符，与其他政策是否交叉重叠，是否经过充分调研论证等。

（3）政策目标合理性：主要说明政策是否有明确的受益范围或对象，是否具有公共属性，绩效目标是否清晰明确，绩效指标是否细化量化、是否分解落实到具体任务，绩效目标和指标设置是否合理可行，预期绩效是否显著等。

（4）政策资金合规性：主要说明政策是否属于财政支持范围，财权与事权是否匹配，支持方式是否合理，资金分配依据和投入产出比是否合理等。

（5）政策保障充分性：主要说明政策组织架构、运行机制、技术路线选择、计划进度安排等是否能保障政策有效落实，风险分析是否全面深入、应对措施是否有效等。

（6）政策可持续性：主要说明政策实施是否有可持续的组织保障环境，是否考虑了政策后续执行的相关风险，政策实施是否具备可持续的人员、资金、技术等条件和能力。

（7）其他相关内容。

预期绩效报告应当在规定的时间内完成，被评估部门（单位）对预期绩效报告涉及基础资料的真实性、合法性、完整性负责。

（八）制定评估工作方案

在前期工作基础上，与委托方充分沟通，制定事前绩效评估工作方案。评估工作方案要符合可行性、全面性和简明性原则，评价内容、方法、步骤和时间节点安排科学合理，具有可操作性。事前绩效评估方案内容包括但不限于：项目（政策）的概况、评估对象、评估内容、评估方法、评估程序、评估人员及措施保障等。事前绩效评估工作方案框架如下：

1. 事前绩效评估目的。

2. 事前绩效评估对象。要求明确事前绩效评估项目或政策概况，包括主管部门、实施单位、项目或政策名称、预算等基本信息。

3. 事前绩效评估依据。要求列示考评依据的文件和材料。

4. 事前绩效评估原则。

5. 事前绩效评估方式方法。要求明确拟运用的评估方式和方法。

6. 事前绩效评估内容及重点。要求对评估的主要内容及评估重点进行简要描述。

7. 事前绩效评估程序及时间安排。要求明确本次评估的详细进度安排。

8. 评估人员及措施保障。要求明确参与评估的相关人员和职责；明确评估工作的保障措施。

（九）评估工作方案论证

评估工作方案初稿完成后，组织召开论证会，征求委托方、项目主管部门和相关专家的意见建议，并根据论证会形成的意见进一步修改完善，报委托方审核同意后组织实施。

二、事前绩效评估实施阶段

（一）下达评估通知书

拟定事前评估通知书，明确评估任务、评估对象、评估内容、评估工作进程安排、需项目实施单位提供的资料等，通过委托方或被评估项目业务主管部门下达各项目申报单位。

（二）收集审核资料

项目实施单位按要求提供相关材料。工作组通过咨询专业人士、查阅资料、问卷调查、电话采访、集中座谈等方式，多渠道获取相关信息。对搜集到的资料和信息审核、整理，进行交叉比对，形成对评估对象多层次、多角度的数据资料支持。咨询专业人士，主要是指通过咨询行业内专业人士，了解相关背景，准确把握项目或政策特点；查阅资料，主要是指通过图书馆、电子书库、网络等多种手段，收集查阅项目或政策背景、国内外现状、同类或类似项目（政策）做法等资料，对项目（政策）进行充分了解；问卷调查、电话采访、集中座谈，主要是指通过对服务对象进行访谈，核实有关情况，了解受益对象的真实想法。

（三）进行现场调研

事前绩效评估应根据工作需要开展现场调研，实地勘测、核实、了解评估对象的具体内容、申报理由和具体做法、依据等，将现场情况与申报材料进行对比，对疑点问题进行询问，听取并记录申报单位对有关问题的解释和答复。现场调研工作可组织人民代表大会代表、政协委员、专家等共同参与。

（四）初步汇总分析

根据确定的评估指标体系，从申报材料、收集资料、现场调研资料中选择、摘录有关信息，并进行初步分析。对于资料不全或提供资料不符合要求的，由申报单位及时补充报送。

（五）开展正式评估

1. 评估指标评分

汇总分析所收集资料和信息，对照评估指标对收集的资料和信息逐条进行研判和分析，并初步评分，对需要进行专家论证才能评分的要点提出论证需求。事前绩效评估得分要详细列明评分依据、评分要点、证明资料及评分原因。

2. 召开评估会

组织财政部门、申报单位、评估专家和人民代表大会代表、政协委员等参加评估会。申报单位汇报绩效目标、实施方案、预算编制等情况；评估工作组介绍初步评估情况，并就评分依据等情况进行说明；评估专家、人民代表大会代表和政协委员就具体问题和申报单位、评估工作组进行沟通交流。

3. 出具专家评估意见

评估专家就评估相关事项与申报单位充分交流，对评估对象进行打分，讨论形成事前绩效评估专家评估意见。评估意见应当包含专家对不同评估指标的打分及结论性的意见。具体见表2-8。人民代表大会代表、政协委员还应出具事前绩效评估人民代表大会代表（政协委员）评估意见。

表2-8　事前绩效评估专家组评估意见

评估指标及分值		专家评估计分					
评估指标	分值	专家1	专家2	专家3	专家4	专家5	平均
×××							
×××							
×××							
×××							
×××							
合计	100						
评估得分							
评估结论		予以支持□		部分支持□		不予支持□	
分项意见							
总体意见							

三、事前绩效评估的总结和应用阶段

（一）事前绩效评估报告

整理评估意见和事前绩效评估资料，按照规定的文本格式和要求撰写事前绩效评估报告，评估报告作为政策（项目）入库的重要依据。评估报告分为正文和附件两部分。正文包括评估对象基本情况、评估所采用的方式方法、评估的主要内容及结论、相关建议及有关问题的说明等内容。附件包括政策（项目）申报相关资料、评估专家意见等内容。

评估报告应依据充分、真实完整、数据准确、分析透彻、逻辑清晰、客观公正。其中，对拟新出台政策和项目，应与外省市同类政策和项目对比分析，对同领域现行政策交叉重复情况应详细说明。同时评估报告应明确该政策（项目）的评估结论。

（二）事前绩效评估的结果及应用

事前绩效评估结果包括评估结论和评估得分两部分。评估结论分为予以支持、部分支持和不予支持三种。对于立项必要性充分、实施方案可行性强、绩效目标明确合理、投入产出比较高的项目（政策），应予以支持；对于项目（政策）在部分内容上，立项必要性充分、实施方案可行性强、绩效目标明确合理、投入产出比高的，可予以部分支持；对于立项必要性不够充分、实施方案可行性不强、绩效目标不够明确合理、投入产出比较低或不属于财政支持范围的项目（政策），应不予支持。评估得分是工作组或专家组根据评估指标体系，对评估内容和要点进行评分得出的结果。评估得分作为问题分析和对同类项目（政策）进行对比分析的主要依据。

预算部门和单位组织开展事前评估，结论为“予以支持”或“部分支持”的，按照评估得分排序，纳入部门项目库管理，作为本部门本单位申报项目的参考依据；评估结论为“不予支持”的，不得纳入项目库管理，未纳入项目库管理的项目不得申请项目预算。财政部门组织开展事前评估，结论为“予以支持”或“部分支持”的，纳入财政项目库管理，并结合评估得分，在安排年度预算时予以优先考虑；评估结论为“不予支持”的，一定程度上核减部门和单位的项目预算控制数。

第三节 事前预算绩效评估案例介绍

本节内容选取了三个事前预算绩效评估案例进行介绍，每个案例各有不同侧重点，第一个案例从流程方面介绍评估工作如何开展，第二个案例介绍某个基建类项目开展评估工作应关注的重难点等，第三个案例介绍报告撰写的内容格式。

一、基层医疗卫生院建设项目事前绩效评估

此案例主要首先介绍其开展事前绩效评估的流程。

（一）事前评估准备阶段

1. 确定评估对象

根据某县财政部门要求，各单位需对新增项目进行事前评估，以某县基层医疗卫生所为例，该卫生所修建时间较早，原有占地面积3 750平方米，其中用于医疗卫生业务开展的范围仅有1 959平方米，自修建以来，虽然有过几次中小规模的修缮活动，但整体而言，卫生所医疗条件有限，业务活动空间不足，可容纳医患空间较小，医疗设备等固定资产的采购也较为受限，卫生所的医疗服务水平难提升，不能满足当前日益攀升的居民医疗需求。基于此问题，需要进行卫生院建设，县卫生健康委员会作为主管部门，需要对此项目进行事前绩效评估。

2. 成立评估工作组

此次事前绩效评估成立了以卫生健康委员会主任为领导，业务和财务部门相配合的工作组，并且聘请了五位专家，分别是两位医疗方面的业务专家、财务专家以及一位绩效专家，专家们签订专家承诺书，遵守行为规范。

3. 开展前期调研

工作组对其他同等条件的县卫生院进行考察，并且对卫生院目前的建设需要的资金、建设的内容进行调研，了解项目的立项、预算、组织管理等方面的内容。该项目预估总投资为5 200万元，其中建筑安装费4 600万元，建筑工程其他费600万元。

4. 制定评估指标体系

根据前期了解到的项目情况，工作组制定了绩效评估指标体系，如表2－9所示。

表2－9　　基层卫生院建设事前绩效评估指标体系

一级指标	二级指标	评估要点	分值
立项必要性（20分）	政策相关性	是否与国家、地方、相关行业宏观政策相关	5
	职能相关性	是否与卫生院的部门职能、规划及当年重点工作相关	5
	需求相关性	①是否具有现实需求，需求是否迫切； ②是否有可替代性； ③是否有确定的服务对象或受益对象	5
	财政投入相关性	是否具有公共性，是否属于公共财政支持范围	5
投入经济性（20分）	投入合理性	投入成本是否合理，成本测算依据是否充分	10
	成本控制措施有效性	项目是否采取相关成本控制措施，成本控制措施是否有效	10
绩效目标合理性（20分）	目标明确性	①绩效目标设定是否明确； ②与卫生院长期规划目标、年度工作目标是否一致； ③项目受益群体定位是否准确； ④绩效目标和指标设置是否与项目高度相关	10
	目标合理性	①绩效目标与项目预计解决的问题是否匹配； ②绩效目标与现实需求是否匹配； ③绩效目标是否具有一定的前瞻性和挑战性； ④绩效指标是否细化、量化，指标值是否合理、可考核	10

续表

一级指标	二级指标	评估要点	分值
实施方案有效性（20分）	实施内容明确性	项目内容是否明确、具体，与绩效目标是否匹配	6
	实施方案可行性	①项目建设方案是否完整、先进、可行、合理，与项目内容及绩效目标是否匹配； ②项目组织、进度安排是否合理； ③与项目有关的基础设施条件是否能够得以有效保障	7
	过程控制有效性	①项目申报、审批、调整及项目资金申请、审批、拨付等方面已履行或计划履行的程序是否规范； ②项目组织机构是否健全、职责分工是否明确、项目人员条件是否与项目有关并得以有效保障； ③业务管理制度、技术规程、标准是否健全、完善，以前年度业务制度执行是否出现过问题，相关业务方面问题是否得到有效解决并配有相应的保障措施； ④项目执行过程是否设立管控措施、机制等，相关措施、机制是否能够保证项目顺利实施	7
筹资合规性（20分）	筹资合规性	①资金来源渠道是否符合相关规定； ②资金筹措程序是否科学规范，是否经过相关论证，论证资料是否齐全	5
	财政投入能力	①各级财政部门和其他部门是否有类似项目资金重复投入； ②财政资金支持方式是否科学合理	10
	筹资风险可控性	①对筹资风险认识是否全面； ②是否针对预期风险设定应对措施； ③应对措施是否可行、有效	5

5. 确定评估方法

本次评估主要通过对比分析法，即与其他县卫生院建设水平做比较，文献分析法，即深入分析卫生院建设类的政策文件，公众评判法，即对附近居民进行询问等方法进行。

6. 确定评估方式

本次评估主要利用专家咨询法、问卷调查等方式进行。

7. 制定资料清单

根据项目情况，资料清单包括卫生院建设的有关政策、意见、办法，卫生院建设实施方案，可行性研究报告，项目绩效目标，预算测算依据及明细等资料。

8. 制定评估工作方案

明确基层卫生院建设内容、组织管理、绩效目标、评估依据、评估方式方法，时间、人员安排等。

（二）事前绩效评估实施阶段

1. 下达评估通知书

对某县卫生院即项目实施单位下达通知，明确事前绩效评估的任务、时间、安排等，具体如下：

××卫生院：

为进一步加强预算绩效管理，建立全过程预算绩效评价机制，落实《××××》等文件精神，切实增强项目立项必要性与科学性，提高财政资金使用效率，决定对你单位申请立项的卫生院建设项目开展事前绩效评估，现将有关事项通知如下：

一、工作布置

定于××××年××月××日召开事前绩效评估工作布置会，明确事前绩效评估各项要求和工作任务。

二、时间安排

项目绩效评估具体实施时间为××月至××月。

三、其他事项

1. 请你单位高度重视此次评估工作，做好组织协调、任务传达及宣传工作，保障事前评估工作顺利开展；

2. 请你单位配合评估工作人员开展工作，提交事前绩效评估所需各项资料，以便于评估工作人员全面准确开展评估。

××××年××月××日

2. 收集审核资料

工作组对卫生院提交的一系列资料进行分析审核，依据评估指标体系，对资料的完整性、真实性和合理性做出判定，如资料提供不够完整，需督促项目实施单位尽快提交。

3. 进行现场调研

通过对项目目前的状况进行实地查看，对有关人员进行访谈，对周边居民发放调查问卷等，了解项目实际运行状况和受益对象的满意度，作为报告的支撑性材料。

4. 初步汇总分析

依据指标体系，从项目的申报材料、网上收集的资料、现场调研资料等中选择、摘录有关信息，并进行初步分析。第一，分析项目实施的必要性。评估工作组结合卫生所现有的业务收支情况、人员结构以及公共卫生服务提供状况和现有医疗设施数据等，分析项目实施是否具有必要性。第二，分析项目的需求。以调查问卷等形式了解居民对医疗服务的需求，通过近年来卫生所服务对象了解居民对卫生所现有医疗设备的需求情况以及医护人员对医疗硬件更换的需求，以此作为分析该建设项目的依据。第三，分析项目建设的规模，并进行优化。按照县级卫生所建立标准，结合卫生所医护人员所提出的需求、居民医疗需求等信息，和项目预估建设方案进行比对，对建设内容进行分析，提出相应的建议并进行优化。第四，分析项目建设完成后的实际运营情况。依据卫生所现有的人员情况、业务情况、建设规模等来对项目建设后卫生所的运营情况进行预估，分析预期人员结构变动情况、业务收支以及该县财政负担等情况。

5. 开展正式评估

首先，从项目立项必要性来看，该县现有的卫生所是县里居民主要就医的场所，医疗需求度较高，而该卫生所却由于建设时间较长，地域性限制较强，医疗卫生条件不高，就医环境、医疗服务水平、医疗设施磨损度等都不及居民预期，不利于居民就医，扩大业务规模、更换更为先进的医疗设备等迫在眉睫，项目实施具备高度必要性。其次，从绩效目标合理性来看，卫生所原先设置为67张床位、7 760平方米建设面积，后经过合并部分功能型科室，调整护理科室，优化整体业务布局，建筑面积从原本的7 760平方米缩减到7 045平方米。床位从原来的67张减少为50张，可满足当地大部分人的需求。再次，从投入经济性来看，医疗相关设备购置原计划需要投入662万元采购80套医疗设备，经过价格协商，投入资金缩减到319.85万元，节约了成本。最后，从筹资合规性来看，项目整体预算和该县财政负担较为合理，经过多方缩减，原定5 200万元的预算投入，缩减到4 000万元，调整率为23.08%。而在结合卫生所建设后的预期收支估算后，财政补贴为500万元。

从上述情况可以看到，该建设项目事前绩效评估通过对卫生所医疗需求的分析，对项目建设规模、投入资金预算等进行了反推，对项目预计方案的预算、建设规模等内容进行了评估，并提出了优化建议，大大减少了由信息不对称等因素而带来的预算增加问题，比如该卫生所在医疗设备采购中，原定预算为600多万元，但实际经过各方沟通，只需320万元左右就可以解决，投入资金规模缩减一半有余，大大提高了资金的利用率，也规避了采购中常存在的违规操作和腐败风险。

最终专家根据评估指标体系进行打分，平均得分为90.11分，对该项目予以支持。

（三）事前绩效评估总结及应用阶段

工作组根据一定的格式，结合专家评估意见撰写事前绩效评估报告。由于报告结论为“予以支持”，县卫生健康委员会将其纳入项目库，并向财政部门申请预算资金，申请财政补贴500万元，另外由县卫生院配套3 500万元。

二、小学配套新建道路工程项目事前评估

此案例的实施流程与上述案例类似，这里着重介绍其开展事前绩效评估的思路、方法、重难点等内容。

（一）项目背景

绩效评估对象为××小学配套新建道路工程项目。新建道路总投资2 417.98万元，建设目的是为缓解××地区××小学车流高峰时的压力，该项目建设与市级政府提出的“增加基础教育资源供给，提升公共服务水平”任务有机衔接，故该道路工程项目属于××地区划定的重大项目评估对象范畴。

（二）项目概况

××地区着重推进××小学的建设，学校落成办学后，为提高××小学学生出行的安全性，方便家长接送学生，同时缓解学校周边车流高峰时交通压力，××市人民政府发函市代建局，加快启动××市××小学配套道路的建设。该道路全线长度305米，路基宽度24米，道路等级为城市支路。建设内容包括道路工程、给排水工程、交通工程、电气工程等。可研报告中设计车速为40千米/小时，双向四车道，路面结构为沥青路面。可研（即可行性研究报告，下同）总投资估算为2 417.98万元。经评估组现场调研发现，该道路有如下特点：项目位置目前为农田及水塘，该道路是断头路，设计速度为40千米/小时，速度较快，此外，项目所在的小学上下学高峰期有交通拥堵的风险。

（三）事前绩效评估的依据与原则

此项目属于基建类项目，其评估载体主要为项目可研报告及相关佐证材料，如项目建设依据、投资估算等资料。评估主要依据的文件是国家宏观经济发展纲要、地区国民经济发展规划、交通建设规划以及国家、省市现行有关法律、法规、技术标准、行业规范等。道路工程评估工作主要考虑以下原则：一是符合现行的有关法律、法规和行业标准、规范。要把握国家对工程建设的有关方针政策及时效范围，严格按照国家有关工程建设的现行规定及技术规范，借鉴国内外、省市间的基础建设的先进经验，并结合现实条件和具体特点，评估工程方案在技术、经济上的可行性。二是满足区域交通需要和服务标准。在项目前期开展沿线现状交通研究的基础上，要评估地区国民经济和城市建设的发展速度与交通量变化的规律，结合客流预测、客流特征分析、客流敏感性分析等，判断建设项目对改善现有的交通条件、提高交通安全的作用。三是与社会环境的现状和发展规划保持协调。在满足道路本身技术要求的条件下，要结合××地区总体规划的需要、道路建设和其他市政设施需要、当地财政的承受能力等方面进行综合考虑，进而分析项目的适应性。

（四）事前绩效评估的思路与方法

1. 立项必要性的评估

事前绩效评估的第一步是对项目建设必要性的评估。本项目立项的必要性评估的主要内容包括：项目的立项依据的充分性、项目开展的紧迫性、项目与部门职责和政策衔接的紧密性三个方面。

评估××小学的配套工程道路项目的立项必要性。首先，分析该项目立项依据是否充分。××地区政府明确了××小学的新扩建、持续增加学位供给的未来发展要求。该道路作为××小学的配套工程，新建该道路是为××小学的新扩建及日后学校运营提供有效基础设施保障，对提高学校学生的出行安全性，方便家长接送学生，同时缓解学校周边车流高峰时的交通压力方面有重要的作用。可见，从教育发展规划、交通环境改善、城市总体发展、完善基础设施等方面来看，项目建设具有必要性。

其次，结合项目实地情况与可研报告评估该项目建设的紧迫性。根据现场调研情况，××小学将于次年9月开学，但该道路在可研阶段对项目实施的紧迫性未进行必要的论证，对××小学的规划情况及建设进展未做任何描述。故项目建设的紧迫性存在不足。

最后，评估项目建设内容与部门职责的相符性。××地区政府明确了××小学及配套某道路的建设要求，项目责任主体为××地区代建局，该道路建设与部门职能定位相符，与部门事业发展规划相符。

因此，经过评估得出结论，××地区××小学配套道路项目建设立项依据充分，项目与部门职责和政策的衔接紧密性强，但项目在可研阶段对项目建设的紧迫性论述不足。

2. 绩效目标合理性的评估

事前绩效评估的第二步是对绩效目标合理性的评估。开展事前绩效评估，必须要确定是否有明确的、可量化的绩效目标以及绩效目标的设置是否科学、合理。如果未按要求设置，项目可不予支持。该环节评估可采用多种方法结合的方式：一是目标管理法，判断绩效目标的设置是否与项目整体目标相符，是否与道路建设要实现的目标有较大出入；二是关键绩效指标法，绩效指标的设置往往反映出项目具体实施内容，如道路建设完成率、按时完成率、成本控制率等，这些绩效指标都能够反映出需达到的整体目标；三是类比法，参照类似项目的绩效目标设置要求进行对比分析，评估本项目绩效目标设置的合理性。

本项目的道路建设属于基建类项目，涉及项目工程量、工期、成本控制等，绩效目标的设置主要围绕这些方面展开。经过评估，最终将本项目的绩效目标核定为：产出数量指标为道路建设完成率（%）、道路给排水工程建设完成率（%）、交通工程建设完成率（%）、照明工程建设完成率（%）、绿化工程建设完成率（%），产出质量指标为工程验收合格率（%），产出时效指标为工程完工及时性，效益指标为缓解车流高峰时期的交通压力，保障师生出行交通安全等。

3. 实施方案可行性的评估

事前绩效评估的第三步是对实施方案可行性的评估。本项目的实施方案可行性评估的内容主要包括：项目前期调研准备是否充分、项目实施方案是否科学可行、实施方案是否具有应变性。

该环节的评估方法主要以专家会审为主，结合现场调查进行，该道路建设项目邀请了道路建设方面的专家对实施方案进行充分的分析与论证，并实地考察道路建设周围的客观环境，综合考量多种因素的影响，给出专业的判断，评估方案实施中存在的难点。经过评估，该道路工程的实施方案可行性尚存不足，具体表现在：一是前期调研不充分，如交通量调研不充分，实施方案中未考虑到今后道路网规划情况、该道路建成以后带来的交通量变化、上下学接送可能带来的交通拥堵状况等，直接影响到实施方案中道路建设规模、建设技术标准的设计的科学合理性。二是建设规模与技术标准不合理。该道路可研报告中设计为双向四车道，且未设计非机动车道，双向四车道的设计在××小学上下学高峰期时可能造成一定的拥堵，无法满足该项目所在区域的交通流量需求。同时，未设置非机动车道不符合当今慢行交通系统的大趋势，应增加非机动车道的设计。此外，可研报告中道路的纵断面设计、路面结构设计、设计车速、软基处理方式都存在一定的漏洞。三是项目未对征地拆迁等关键性问题进行风险评估。该道路征地拆迁工作还未开启，其中的货币补偿、居民诉求、配合征地都存在很大的风险，这也极有可能加大项目前期工作的时间周期和协调难度。

4. 投入经济性的评估

事前绩效评估的第四步是投入经济性评估。对于投入经济性的评估，通常采用成本—效益分析，或两大变式成本—效果分析和成本—效用分析。成本—效益分析将成本与收益均量化为货币，计算是否存在社会净收益。对于非直接营利性项目，做成本—效益分析难度较大。因此，可选用成本—效果分析和成本—效用分析，或寻求以最合理的成本达成既定的效果，本项目为非营利性建设项目，故重点关注项目建设的成本，即投资估算的合理性。专家组主要是从工程量、单价两个维度并结合现场调研实际情况评估核定，经过专家组的评估，认为该道路的部分工程费用细项单价估算偏高，如回填土、抛石挤淤的单价，车行道、人行道的造价单价，给排水、照明工程、绿化工程的单价等，并相应地核减了单价，最终较原方案投资估算核减了 396.71 万元。投入经济性在一定程度上要求预算成本控制在合理范围之内。

5. 筹资合规性的评估

项目建设资金筹集除了来自财政预算资金外，还可能采取自筹方式，如来源于金融机构的借贷资金。对此，要对这些筹资的合规性进行必要的考察和分析。该道路的资金来源全部为财政统筹资金。

（五）事前绩效评估的重难点

影响事前绩效评估质量的三个基本因素包括：详实准确的资料来源、精准的评价目标与指标、专业的评估意见。对此，一是要获取真实、完整、相关的项目信息。需要利用绩效评价从业人员的专业知识和业务经验专门制定与专家评审、分析框架相匹配的信息采集结构化工具，包括设计用于预算单位申报项目阶段的申报表模板及补充材料清单模板。二是确保项目绩效目标与指标的专业性、合理性和明确性。一方面，利用专有的指标库资源及评审专家的专业知识，细化、明确用于项目的个性评价标准；另一方面，对财政支出项目进行专业分类，通过比较分析法、最小成本法等对同类项目绩效目标的共性进行横向分析，并参考行业标准，提炼出共性评价标准。

三、公共就业人才服务市场配套设施建设项目预算事前绩效评估

此案例的实施流程不再赘述，这里着重介绍其进行事前绩效评估后，最终出具的事前绩效评估报告，报告内容如下：

（一）评估对象

项目名称：××××年度××市公共就业和人才服务综合市场业务配套项目

项目单位：××人才服务中心　主管部门：××人力资源和社会保障局

项目绩效目标：通过智能招聘会大厅现场硬件建设、智能档案库房建设等配套项目建设，一方面为××市龙子湖高校园区周边的 26 所高校毕业生提供人事档案存放服务，解决目前档案存放场地紧张问题；另一方面为各类企业开展现场招聘提供场地，为毕业生建立良好的求职平台，为××招商引资的企业提供人才支撑，优化××的营商环境，最终完善××市公共就业服务体系，提升××市公共就业服务水平。

项目资金总额：××万元　其中申请财政资金：××万元

项目概况：本项目属于新增类项目，主要是为即将竣工的××市公共就业和人才服务综合市场项目的 1—9 层进行配套设施建设。××市公共就业和人才服务综合市场项目总投资××万元，来源于市财政，总建设用地面积 13.15 亩，总建筑面积 3.02 万平方米，建设内容主要包括人才服务大厅、人才招聘会场、就业和人才服务档案库、人才网站和信息化服务区域、配套生活设施、设备用房及地下车库等。项目于 2015 年 12 月 30 日经市发展和改革委员会批复后，于 2017 年开始实施，预计 2020 年 11 月竣工，目前已进入装修阶段。为使公共就业和人才服务综合市场尽早投入使用，更好开展辖区的人才引进、人才交流、人事代理、人才培训、就业指导、人才测评等服务工作，需对相关区域进行配套设施建设。

（二）评估方式和方法

1. 评估程序

为确保事前绩效评估工作的客观公正，本次项目事前绩效评估工作将遵守严格、规范的工作程序。本次评估程序包括事前绩效评估准备、事前绩效评估实施、事前绩效评估报告撰写三个阶段。

（1）事前绩效评估准备阶段。一是成立事前绩效工作组。根据××市公共就业和人才服务综合市场配套项目的相关情况，组建事前绩效评估工作组，开展此次绩效评估工作。二是整理前期资料。对前期项目单位提供的资料进行整理、分析。对项目立项背景和项目相关组织管理制度进行定性分析；对××年预算进行定量分析，从而确定配套项目的评估重点。三是与项目单位沟通工作方案，对前期资料进行分析整理，确定配套项目的评估重点，形成具体的评估思路。并同项目单位进行沟通确认，为下步评估工作的开展奠定基础。

（2）事前绩效评估实施阶段。一是成立调研小组，拟定工作方案。评估工作组到项目单位实地了解项目，其中包括××市公共就业和人才服务综合市场的建设情况，收集项目单位预算相关资料。二是整理调研资料。对现场调研收集的数据材料进行整理、分析。三是开展项目评估。从项目的立项、决策、预算编制、绩效目标设定等几个方面对项目展开评估，形成评估结果。

（3）事前绩效评估报告撰写阶段。一是专家评审。对项目的实施必要性和预算编制合理性，组织行业专家和财务专家进行评审，形成专家评审意见。二是撰写报告。评估工作组根据收集整理的资料，结合专家评审意见进行修改和完善。按照规定的文本格式和要求，撰写事前绩效评估报告，形成配套项目事前绩效评估报告。三是提交报告。向项目单位提交事前绩效评估报告，整理归档事前绩效评估相关资料，并移交至××市公共就业人才服务中心。

2. 评估思路及方法

根据《××市市级预算项目政策事前绩效评估管理办法》要求，结合本次评估项目特点，评估工作组重点从立项决策科学性、绩效目标明确性和预算编制合理性三方面对项目展开评估。一是根据项目立项的相关政策文件，对项目立项程序的规范性、科学性等进行合理评估；二是根据项目××年发展规划及有关规定，对项目绩效目标明确性及项目预期绩效的可实现性、可持续性等进行合理评估；三是根据××市公共就业和人才服务综合市场项目即将竣工，需要进行配套项目设施建设的具体情况，查阅相关网站资料，合理测算××年项目资金需求量，明确资金具体投向，提高资金使用效率。

结合确定的工作思路及工作程序，评估过程中重点采用因素分析法和公众评判法两种方法来开展。一是综合分析影响项目绩效目标实现、实施效果的内外因素，具体包括项目相关的组织管理制度是否高效，项目政策的立项依据是否充分、项目实施方案是否可行等因素，通过相关因素的综合考虑，评估项目立项实施的必要性和投入的经济性、项目绩效目标合理性以及项目预期绩效的可实现性、可持续性等；二是邀请行业专家和财务专家参与事前绩效评估工作，提高项目评审的科学性、权威性，确保财政资金投入的安全性、有效性。

3. 评估方式

根据项目事前绩效评估的重点及论证思路，结合此次项目的特点，在评估过程中采用电话咨询、现场调研和专家参与的方式对项目进行评估。一是通过电话咨询评估对象，详细认真了解此次项目的具体情况。二是进行现场实地调查，了解配套项目的投入条件情况。三是组织相关专家对申报项目的可行性进行评估，科学、合理地安排预算资金。

（三）评估内容与结论

1. 立项必要性

从政策相关性来看，根据《中共中央组织部 人力资源社会保障部等五部门关于进一步加强流动人员人事档案管理服务工作的通知》（人社部发〔2014〕90号）、《××市发展和改革委员会关于××市公共就业和人才服务综合市场可行性研究报告的批复》等文件，××市公共就业和人才服务综合市场配套项目建设有益于提高公共就业服务水平，与政策高度相关。

从职能相关性来看，项目实施可解决档案存放场地紧张问题，为高校毕业生提供人事档案存放服务，为企业的招聘提供场地与人才支撑，建立良好求职平台。与××市公共就业人才服务中心“提供人才交流、人才引进、人事代理、人才培训、职称申报、就业指导、人才测评等人才服务工作”的部门职责相匹配。

从需求相关性来看，近年，××高校毕业生总量呈持续增长的趋势。2019年高校毕业生达61.3万人，2020年达66万人左右，增幅7.67%，就业需求高。××市公共就业和人才服务综合市场业务配套项目位于××高校园区，人力资源集聚效应明显，市场辐射范围广泛，企业和用人单位对大型招聘会场的需求十分明显。因此，项目实施内容与民众需求相吻合。

从财政投入相关性来看，配套建设项目适应于经济社会改革和发展要求，有助于公共就业服务水平提高，符合《××市人民政府关于印发××市市级财政专项资金管理办法的通知》规定，实施内容属于财政资金投入范围。

2. 投入经济性

从投入合理性来看，××市公共就业人才服务中心开展预算相关会议，确定项目的筹划和预算编制工作。经评估组对市场价格的考察、收集，认为其编制的项目建设资金预算基本符合《××市公共就业人才服务中心政府采购内部控制制度》《××市市级行政事业单位通用资产配置标准（试行）》等文件要求，能细化名称、功能、应用范围、规格参数、单位、数量、单价等内容，涉及专业性较强的支出采取咨询行业内知名企业的方式确定价格，如公共就业数据运转支撑环境预算共计181.04万元，价格来源于阿里云；7－9层智能档案库房建设中智能密集架的预算共计939.8万元，价格来源于宁波圣达精工智能科技有限公司产品报价单。配套项目预算编制较为合理。

从成本控制措施有效性来看，项目实施依据《××市市级行政事业单位通用资产配置标准（试行）》《××市公共就业人才服务中心政府采购内部控制制度》等制度，且实施方案中明确要求公共就业人才服务中心按时向人社局财务处、××市财政局提交年度内控报告和资产年报，对项目的推动进度实行动态管理。成本控制措施较为有效。

3. 绩效目标合理性

从目标明确性来看，××年××市公共就业和人才服务综合市场进行配套设施建设后，可有效满足××市不断增加的人事档案存放需求，为××市毕业生提供良好的求职平台，为招商引资的企业提供优质的招聘场地。绩效目标与××市公共就业人才服务中心职能相匹配，包含时间、预算、产出、效益和满意度等要素，绩效目标内容较为明确合理。

从目标合理性来看，项目绩效目标从产出、效益和满意度三个维度进行设置，其中：产出指标包含产出数量、产出质量、产出时效，效益指标包含社会效益和可持续影响。最终将绩效目标分解为 3 个一级指标、7 个二级指标、30 个三级指标，绩效指标设置采用定性指标与定量指标相结合的方式，指标内容较为完整、清晰、可衡量，与项目实施内容、效益相匹配。

4. 实施方案的有效性

从项目内容明确性来看，××市公共就业人才服务中心业务配套项目资金，主要用于公共就业软件平台、公共就业数据运转支撑环境、业务服务大厅、智能招聘会大厅、智能档案库房等方面的配套设施建设，为××市公共就业和人才服务综合市场提供硬件和软件支撑，实施内容主要是专项购置，较为明确。

从实施方案可行性来看，2015 年 11 月 25 日，××市发展和改革委员会同市人力资源和社会保障局、市财政局、市国土资源局、市规划分局、市建设环保局、市公安消防支队等单位的领导及五名教授级高工专家，召开项目可行性研究论证会议，并于当年 12 月 30 日对项目可行性报告做出批复，同意实施该项目。按照预期规划，××年需进行配套设施建设，决策程序符合基本建设项目正常流程。

从过程控制的有效性来看，项目实施单位为××市公共就业人才服务中心，隶属于××市人力资源和社会保障局，属于事业单位，负责辖区内的人才引进、人才交流、人事代理、人才培训、就业指导、人才测评等人才服务工作，项目组织管理机构稳定性较高，过程控制有效性较强。

5. 筹资合规性

在筹资合规性方面：根据《××市人民政府关于印发××市市级财政专项资金管理办法的通知》规定，项目实施内容属于财政资金投入范围，具有财政资金保障。××市公共就业和人才服务综合市场项目即将竣工，投入使用需要增加配套设施。项目资金投入必要且合理，来源渠道为市财政，财政投入有保障。

在财政投入能力方面：本次申请的项目资金与已设立的专项资金使用方向或者用途无重叠或交叉，不存在财政资金重复投入的风险。××市公共就业和人才服务综合市场业务配套项目资金主要用于专项购置、信息网络构建与维护等配套设施建设。财政资金支持方式科学、流程规范、有据可依、科学合理。

在筹资风险可控性方面：各项配套设施采购依据《××市公共就业人才服务中心政府采购内部控制制度》《××市市级行政事业单位通用资产配置标准（试行）》等，该项目预算编制和项目执行方面有制度保障，各类人员就业需求与不同企业对各种岗位人才需求增加，项目实施后能满足相关需求，财政投入风险较小。

6. 总体结论

根据上述分析，结合专家组意见，评估工作组得出以下评估结论：建议予以支持。

（四）相关建议

从本次事前绩效评估工作的开展情况来看，项目立项的工作有待进一步强化，主要表现在：预算编制过程有待完善、项目实施方案有待具体、项目管理机制有待健全等方面。因此，建议项目单位：

一是进一步加强预算编制工作。根据预算绩效管理工作的整体要求、项目的实际情况，对于专业性较强的配套设施购买服务，应咨询多家行业知名企业，参考行业标准，提高预算编制的科学性、合理性。

二是进一步完善项目实施方案。应根据项目实际情况，以完整性、可操作性为原则，补充相关缺失环节，细化工作过程，明确实施要求，在项目实施过程中及时调整偏差，提高实施方案的科学性、可行性。

三是进一步健全项目管理机制。根据项目实际需求，成立项目管理小组，财务部门、业务部门和施工单位合理分工，专人负责落实具体工作，明确项目完成时间，倒排工期，责任到人。

（五）其他需要说明的问题

评估报告中涉及的数据以××市公共就业和人才服务中心提供的为准，公共就业和人才服务中心对数据、材料的真实性、准确性、有效性负责。

第三章

预算绩效目标管理

绩效目标是全面实施预算绩效管理的基础和起点，贯穿于预算编制、执行、调整、决算和监督等各个管理环节，是事前预算资金安排、事中绩效运行监控、事后绩效评价及结果应用的重要依据和基础，具有“绩效指挥棒”的龙头地位，可以说，预算绩效目标管理是预算绩效管理的核心和灵魂，是预算与绩效一体化的实现路径。因此，积极推进项目（政策）、部门（单位）预算绩效目标管理工作，从源头上提高预算编制的科学性和精准性，是预算绩效管理的重中之重。《中共中央 国务院关于全面实施预算绩效管理的意见》（中发〔2018〕34 号）中提到：“强化绩效目标管理。各地区各部门编制预算时要贯彻落实党中央、国务院各项决策部署，分解细化各项工作要求，结合本地区本部门实际情况，全面设置部门和单位整体绩效目标、政策及项目绩效目标……各级财政部门要将绩效目标设置作为预算安排的前置条件，加强绩效目标审核，将绩效目标与预算同步批复下达。”基于此，本章将从预算绩效目标管理概述，预算绩效目标设定，预算绩效目标审核，预算绩效目标批复、调整及应用等方面对预算绩效目标管理的内容进行介绍。

第一节 预算绩效目标管理概述

一、预算绩效目标管理的有关要素

（一）预算绩效目标管理的概念

2015 年，财政部《中央部门预算绩效目标管理办法》（财预〔2015〕88 号）中提到：绩效目标管理是财政部和中央部门及其所属单位以绩效目标为对象，以绩效目标的设定、审核、批复等为主要内容所开展的预算管理活动。近年来，河南省、湖北省及山东省等多个省份均出台了预算绩效目标管理办法，提出：绩效目标管理是指省财政厅和省级部门及其所属单位以绩效目标为管理对象，对部门预算绩效目标的设置、审核、批复、调整和应用等为主要内容所开展的预算管理活动。

总结来说，预算绩效目标管理是财政部门和预算部门及其所属单位以绩效目标为对象，以绩效目标的设定、审核、批复、调整和应用等为主要内容所开展的预算管理活动。

（二）预算绩效目标管理的主体

预算绩效目标管理的实施主体为财政部门、预算部门及其所属单位。预算绩效目标申报、审核环节可邀请专家和第三方机构进行指导、参与，以推动绩效目标管理水平的提升。各主体职责如下：

1. 财政部门

负责制定本级财政绩效目标管理制度并组织本级预算部门申报绩效目标；审核、批复本级预算部门报送的绩效目标；负责本级财政预算绩效指标库管理；指导下级财政部门开展绩效目标管理工作；督促本级预算部门及时公开绩效目标。

2. 预算部门

负责本部门绩效目标的申报、审核及其所属单位绩效目标审核、汇总上报等工作；按照财政部门下达的审核意见修改完善绩效目标；依据财政部门批复的绩效目标，将其细化分配到具体实施单位；构建、维护本部门分行业、分领域、分层次的绩效指标体系；按要求及时公开绩效目标。

3. 预算单位

“按照谁申请资金，谁编制目标”的原则，预算单位负责本单位绩效目标编制、审核、修正调整等工作；实施完成所承担项目的绩效目标；及时总结、汇报绩效目标的实现程度。

4. 专家

预算部门（单位）设置绩效目标时，可聘请专家指导设置合理可行的关键性指标；财政部门审核绩效目标时，可聘请专家协助开展绩效目标的审核论证；专家可开展绩效目标管理的相关培训，包含绩效目标设置、审核、批复、调整及应用等内容。

5. 第三方机构

根据委托方需求，第三方机构发挥中介智库的作用。根据《关于委托第三方机构参与预算绩效管理的指导意见》（财预〔2021〕6 号），第三方机构可以参与绩效目标管理的工作有：协助有关部门开展绩效指标和标准体系的制定、绩效目标审核等。

（三）预算绩效目标管理的对象

根据完善全覆盖预算绩效管理体系的要求，预算绩效目标管理的对象是部门（单位）的全部预算资金，包括一般公共预算资金、政府性基金预算资金、国有资本经营预算资金和社会保险基金预算资金，以及涉及一般公共预算等财政资金的政府投资基金、政府和社会资本合作（PPP）、政府采购、政府购买服务、政府债务项目等。

二、预算绩效目标管理的意义

预算绩效目标管理是全过程预算绩效管理的基础，在整个预算绩效管理中处于龙头地位，开展预算绩效目标管理的意义主要体现在以下几点：

一是明确财政资金的支出主体责任和监管责任。预算部门（单位）是主要的财政资金支出部门，对财政资金的负有支出主体责任，需要根据年度工作任务，结合部门职责，组织本部门及其所属单位编制绩效目标，明确计划投入多少资金，预期产出和预期效益是什么；在资金支出过程中采用各种方法和措施以提高资金使用效率和效益，并向财政部门按时报送绩效目标的完成情况和预算执行进度。财政部门作为政府理财部门，对财政资金负有监管责任，组织开展绩效目标申报工作，审核批复预算部门（单位）提交的绩效目标，进一步明确财政资金的支出主体责任；同时，协助预算部门（单位）对财政资金使用情况进行监督检查，并关注财政资金的使用效益。

二是提高预算编制的科学化和精细化。绩效目标管理要求预算部门（单位）在预算编制环节，从自身职责出发，结合年度任务目标和工作思路，细化工作重点，明确年度项目实施的主要方向和内容需求，并根据实施内容合理测算项目成本，申报预算额度；在此基础上进行专家论证、可行性研究等环节，确保预算编报的科学、合理；之后上报财政部门审核批复，确定预算金额和绩效目标。通过在预算编制环节实施预算绩效目标管理，可以有效克服财政资金“重投入、轻产出，重分配、轻管理”的状况，进一步遏制当前财政管理中的浪费、低效率和腐败现象，贯彻落实新时代中国特色社会主义思想，提高财政科学化、精细化管理水平。

三是推动绩效全链条管理提质增效。绩效目标既是预算编制阶段资金安排的前提条件和基础，也是预算执行中绩效运行监控的主要内容，还是预算执行完毕后绩效评价实施的重要依据。通过预算部门（单位）、财政部门、专家及第三方机构等的多方论证，一定程度上保障了绩效目标的合理性和科学性。预算批复后，预算部门（单位）可按照绩效目标细化每个阶段的工作任务，同时，科学合理的绩效目标能指引项目有序规范地实施；实施过程中，财政资金使用者和管理者可根据绩效目标分别进行自主监控和重点监控，及时纠偏，保证绩效目标的实现；实施后，财政资金使用者需根据绩效目标进行自评，财政资金管理者可对财政资金进行绩效评价。由此可见，科学合理的绩效目标管理可推动全过程预算绩效管理的提质增效。

三、预算绩效目标管理的流程

预算绩效目标管理包含绩效目标布置、设定、审核、批复、调整及应用等环节，大致内容如下，具体实施流程见图3-1。

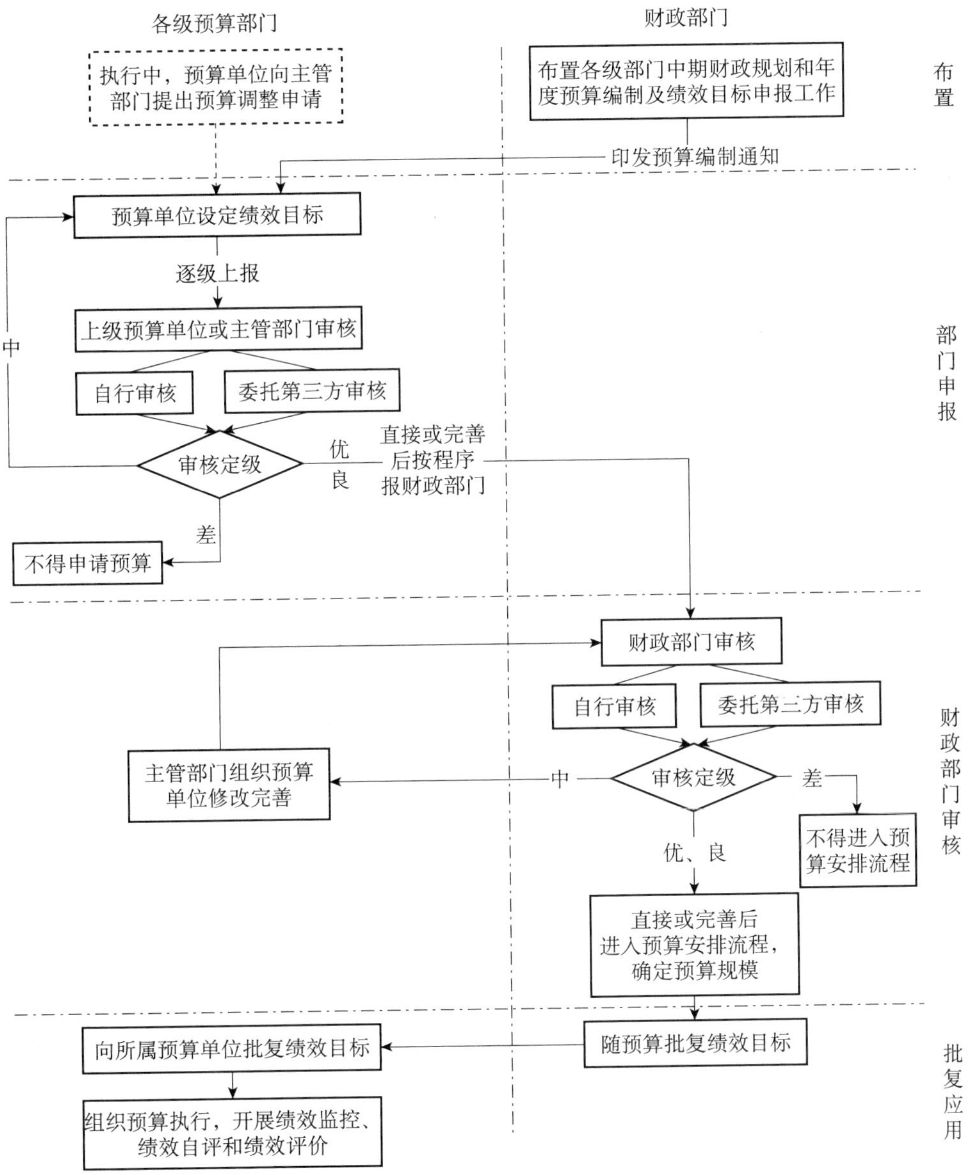

图3－1　绩效目标管理流程图

（一）预算绩效目标布置

财政部门在印发预算编制通知时，布置部门中期财政规划、年度预算编制及绩效目标申报工作。绩效目标管理工作开展前，预算部门（单位）应根据财政部门有关要求，布置部门本级及所属单位绩效目标申报工作。

（二）预算绩效目标设定

按照“谁申请资金，谁设定目标”的原则，绩效目标由申请使用财政资金的预算部门及其所属单位设定。绩效目标中包含部门（单位）或项目（政策）基本情况、总体目标及具体的绩效指标，清晰描述部门（单位）或项目（政策）的资金支出计划和实施效益。绩效目标设定好之后，上报至预算部门或者财政部门。

（三）预算绩效目标审核

按照“谁分配资金，谁审核目标”的原则，绩效目标由财政部门或预算部门按照预算管理级次进行审核。根据工作需要，绩效目标可委托第三方予以审核。绩效目标审核是部门预算审核的有机组成部分，绩效目标不符合要求的，财政部门或预算部门应要求报送单位及时修改、完善；审核符合要求后，方可进入项目库，并进入下一步预算安排流程。

（四）预算绩效目标批复、调整及应用

按照“谁批复预算，谁批复目标”的原则，财政部门随预算一同批复绩效目标。绩效目标确定后，一般不予调整。预算执行中因特殊原因确需调整的，应按照绩效目标管理要求和预算调整流程报批。预算部门及其所属单位按照批复的绩效目标组织开展绩效监控、绩效自评和绩效评价。

专栏3－1

山东乐陵：抓住绩效管理“牛鼻子”

近年来，山东省乐陵市不断探索，突出重点、力求实效，总结出一条具有鲜明特色的全面实施预算绩效管理的实践路径，被山东省财政厅定义为“乐陵模式”，供全省学习借鉴。乐陵市财政局长吴强介绍，该市围绕做好绩效目标管理，抓住绩效管理“牛鼻子”，不断为财政资金使用效益做“加法”，具体措施如下：

一是强化部门单位的绩效管理主体责任。按照“谁申请资金、谁设置目标”的原则，要求部门单位在编制预算时，要全面设置绩效目标。明确部门单位的主要负责人是本部门单位预算绩效第一责任人，使其摒弃原有“重投入、轻产出”“重分配、轻管理”“重数量、轻质量”的传统思维方式，树立“花钱问效、无效问责”的绩效观。

二是将绩效目标作为申请预算的前置条件。利用财政信息化手段，提高预算绩效一体化效率。将预算绩效管理信息系统与部门预算管理系统和国库集中支付系统实现数据贯通，将绩效目标编报置于部门预算编制前端，不填报绩效目标的项目的不得进入下一步预算编审流程。夯实绩效目标申报质量，深入落实绩效责任。通过设定明确可衡量的绩效目标，使部门和单位能更清楚地了解财政支出效果与支出责任，有效提升了财政资金使用效益。

三是把立项依据作为绩效目标审核的重点。按照“谁拨付资金、谁审核目标”的原则，要求财政局相关业务科室要严格审核绩效目标，将立项依据作为绩效目标审核的重点，从项目立项的必要性、可行性和充分性等维度进行审核。同时，将绩效目标编报的规范性、完整性以及预算资金的匹配性纳入审核内容中，切实把好审核关。对于重大项目的绩效目标审核，引入第三方技术支持，对不符合相关要求的，不得进入下一步预算编审流程。

四是实现目标与预算同步上报批复下达。推进项目库建设，规范项目支出管理。乐陵市对于绩效目标审核通过的项目进入项目库管理，未通过审核的项目不得纳入项目库中。完善预算下达流程，增强预算调整严肃性。项目预算与绩效目标上报同级人民代表大会审查批准后，同步批复下达到部门，并要求经批复的预算和绩效目标不得随意调整。

五是建立健全绩效信息公开公示制度。乐陵市将经人民代表大会审核批准的部门预算和重点支出项目的绩效目标及时向社会公开，主动接受人大和社会的监督①。

第二节 预算绩效目标设定——基本介绍

财政部门随预算编制工作一起布置预算绩效目标设置工作，预算部门收到通知后，向本级及其所属单位布置项目预算申报和绩效目标编制工作。绩效目标设定是绩效目标管理的关键和核心环节，是绩效目标审核、批复、调整及应用的基础，关乎绩效目标管理工作的简繁。基于此，预算绩效目标设定从绩效目标的基本介绍、项目（政策）支出绩效目标设定、部门整体支出绩效目标设定等内容进行介绍，共分为3节，本节主要介绍绩效目标设定的相关概念，包括定义、分类、编制依据、标准、要求及程序等。

一、预算绩效目标的定义及分类

（一）预算绩效目标的定义

预算绩效目标是指使用财政预算资金计划在一定期限内达到的产出和效果，由预算部门（单位）在申报预算时填报，包括绩效内容、绩效指标和绩效标准。

绩效内容是绩效目标所包括的基本要素，主要有以下几个方面：一是预期产出，包括提供的公共产品和服务的数量目标、质量目标、时效目标等；二是预期效益，包括经济效益、社会效益、生态效益等；三是服务对象或项目受益人满意程度；四是达到预期产出所需要的成本资源；五是其他。

绩效指标是绩效目标的细化和量化描述，包含指标名称和指标值。指标名称是对指标含义的简要描述，一级指标和二级指标名称一般情况下是固定不变的；三级指标通常是指末级指标的名称，要求简洁明确、通俗易懂，如“房屋修缮面积”“设备更新改造数量”“验收合格率”等。指标值通常用绝对值和相对值表示，如“5台”“100%”等，主要依据或参考计划标准、行业标准、历史标准或财政部门和业务主管部门认可的其他标准进行设定。

（二）预算绩效目标的分类

按照预算支出的范围和内容划分，包括基本支出绩效目标、项目支出绩效目标和部门（单位）整体支出绩效目标。基本支出绩效目标，是指预算部门（单位）安排的基

① 山东乐陵：抓住绩效管理“牛鼻子”[N]. 李忠峰. 中国财经报. 2020-08-29.

本支出在一定期限内对本部门（单位）正常运转的预期保障程度，一般不单独设定，而是纳入部门（单位）整体支出绩效目标统筹考虑。项目支出绩效目标，是指通过具体项目的实施，在一定期限内预期达到的产出和效果，项目支出绩效目标与部门履行职责、事业发展计划紧密相关，应具体明确、科学可行、表达简洁、高度概况，同时尽可能将目标进行数量化描述。部门整体支出绩效目标是指预算部门（单位）按照确定的职责，利用全部财政资金在一定期限内预期达到的总体目标，是预算部门（单位）基本支出和项目支出共同作用达到的绩效结果。

项目支出绩效目标与部门（单位）整体支出绩效目标的联系与区别是：两者的联系是部门整体支出包括基本支出和项目支出，从这个角度看，项目支出绩效目标是部门整体支出绩效目标的组成部分和重要内容，是部门实施具体项目的绩效反映。但是两者又有区别，部门整体支出绩效目标集中反映部门整体支出绩效，是“面”上的绩效；项目支出绩效目标反映的是“点”上的绩效，在一些跨部门的项目中，其绩效目标又会在多个部门的绩效中得到体现。

按照时效性划分，包括中长期绩效目标和年度绩效目标。中长期绩效目标也可称为战略目标，反映某项预算支出在跨度多年的存续期内所达到的总体产出和效果。年度绩效目标反映某项预算支出在一个预算年度内预期达到的产出和效果。通常意义上，中长期绩效目标应该分解为年度绩效目标，每一年的支出成果目标都应该与该支出的长期绩效目标密切相关，而且这些成果目标汇集起来对中长期绩效目标要有足够的影响，随着年度绩效目标的实现，长期绩效目标将逐步实现。

二、预算绩效目标编制的依据和标准

（一）预算绩效目标编制的依据

（1）相关法律、法规和规章制度，国家和地方国民经济和社会发展规划、宏观调控总体要求等。

（2）部门职能及发展规划、年度工作计划或项目规划、中期财政规划。

（3）财政部门中期和年度预算管理要求。

（4）资金申请文件、资金管理办法、项目规划和申报指南。

（5）相关历史数据、行业标准、计划标准、行业规划、社会预期等。

（6）上级部门下达任务和评价指标。

（7）财政部门和业务主管部门认可的其他依据。

（二）预算绩效目标编制的标准

绩效标准是指设定绩效指标具体数值时的依据或参考标准，一般包括计划标准、经验标准、行业标准以及财政部门认可的其他标准。绩效标准是制定绩效指标目标值的基础和依据，每个绩效指标都应设定目标值，没有目标值的绩效指标是无意义的。同时，目标值必须科学、合理、可行，标准过低或者过高不仅无法有效指导预算编制，也会对后期的绩效监控、绩效自评及绩效评价工作的顺利开展产生负面影响。一般来说，科学制定绩效指标的目标值可以依据以下 4 种标准。

1. 计划标准

计划标准包括预先制定的规划、发展目标、计划等，是最为常见的目标值来源。计划标准下，绩效指标的目标值应与部门年度工作计划或项目计划实施方案及预算相匹配，其逻辑关系是：使用财政资金计划采购多少物品或多少服务，即回答“有多少钱，能办多少事”的问题。计划标准多适用于投入和产出类指标，投入指标反映预算资金的预期投入、成本要求等，产出指标直接反映资金投入后应交付的产品或服务。例如，某单位使用10万元计划购置20台电脑，即为计划标准。

2. 经验标准

经验标准包括历史标准和地区标准。历史标准指同类项目绩效指标的目标值由其历史数据测算而来，该方法适用于经常性项目或具有可参考历史数据的项目，是通过纵向比较而得到的经验标准。其核心关注点有两方面：第一，当年的预算投入、政策制度相对于历年预算投入、政策制度的变化以及历年指标的实际完成情况，需要充分考虑投入与产出、结果的对应关系；第二，目标值的“起点”问题，即在历年投入水平下指标已经达到的程度，本年的目标值是在什么样的“起点”水平下进行测算。例如：某卫生院信息化建设项目的“电子健康档案建档率”前两年度分别为30%和40%，两年度预算均为30万元。那么若当年度的预算仍为30万元，在外部环境无明显改变的前提下，该指标的目标值可设为50%，若当年度的预算有减少或增加，那么可酌情对目标值进行相应调整。

地区标准指某项目绩效指标的目标值由其他发展水平相当地区的同类项目的相同指标的实际值测算而来，该方法适用于在不同地区开展的同类项目，是通过横向比较而得到的经验标准。使用地区标准需注意项目和指标间的可比性，如项目类型是否相同，项目的实施时间是否接近，指标考察点是否相同等。以2022年N地区的公共自行车服务项目为例，“公共自行车人车比”的目标值可以参考与本地区经济水平比较一致的S地区2021年同类项目的公共自行车人车比的实际值来测算。

3. 行业或国家标准

行业或国家标准是指国家公布的行业指标数据。该方法将项目绩效标准与同行业的规定或常用标准进行比较，前提是：参考对象必须为同类项目，且有已确定的行业标准。例如按照教育信息化建设配备要求，小学的“生机比”需达到15∶1；上海、北京、广东、天津、江苏、浙江、湖北7省市的第一档月最低工资标准要求超过2 000元（截至2021年9月份数据）。

4. 其他通用标准

其他通用标准是指财政部门认可的其他标准，如财政部门颁布的绩效评价参考标准、财政部门确定的支出定额标准、资产配置标准等。共性指标的目标值测算常常采用通用标准，例如培训项目的成本指标，可采用本级部门制定的培训费管理办法，即中央预算部门设置培训费绩效目标时，可参照《中央和国家机关培训费管理办法》的规定：“副高级技术职称专业人员每学时讲课费≤500元”“正高级技术职称专业人员每学时讲课费≤1 000元”“院士、全国知名专家每学时讲课费≤1 500元”等。

三、预算绩效目标编制的要求及程序

（一）预算绩效目标编制的要求

1. 指向明确

它是指绩效目标要符合法律法规、国民经济和社会发展规划、部门（单位）职能及事业发展规划等要求，并与相应的预算支出用途、使用范围、预期效果等密切相关。即绩效目标要符合项目特点、规划，突出核心，明确花钱是为了干什么？如某公办学校要购置500套桌椅，那么绩效目标中应设置“购置桌椅数量”（指标值为“500套”）之类的数量指标。

2. 细化量化

它是指项目绩效目标应当从产出、成本、效益等方面，部门（单位）整体绩效目标应当从运行成本、管理效率、履职效能、社会效应、可持续发展能力和服务对象满意度等方面进行细化，定量表述为主，不能以量化形式表述的，可以采用定性表述，但应具有可衡量性；如一些学校会设置“专业知名度提高”（指标值为“提高”）的社会效益指标，此指标为定性指标但可衡量性不高。如果想提高其可衡量性，可以设置“参加教育部门专业评估在同类院校中的排名”（指标值为“较上年度提升1名”）之类的指标。

3. 合理可行

它是指设置绩效目标时要经过调查研究和科学论证，符合客观实际，能够在一定期限内如期实现，即指标要科学、合理、客观、可实现。如某教师年初设置完成出版10本书的目标，年末只完成出版1本书，由此可见此指标设置过高，不够合理可行。

4. 相应匹配

它是指绩效目标要与计划期内的任务数或计划数相对应，与预算确定的投资额或资金量相匹配。如某学校计划购置100套桌椅，但未进行充分的市场询价或调研，为保证完成目标任务，故编制了10万元计划购置100套桌椅的绩效目标。但实际购置过程中，发现市场上每套桌椅的平均价格为200元，10万元可购置500套桌椅，因此导致计划购置数与预算确定的投资额不匹配。

（二）预算绩效目标的设置程序

1. 基层单位设置绩效目标

申请预算资金的基层单位负责设置绩效目标，即按照确定的格式和计划实施内容填报绩效目标申报表，并随同本单位预算提交预算主管部门，后续根据预算主管部门审核意见，修改完善绩效目标。

2. 预算主管部门设置绩效目标

预算主管部门按要求设定本级预算绩效目标，审核、汇总所属单位绩效目标，随同部门预算提交财政部门；根据财政部门审核意见，修改完善后并按程序上报。

一般情况下，预算部门按照财政部门年度预算编制的要求，在编制完成所要求的绩效目标后，将其随同部门“一上”预算上报财政部门审核。在预算执行中涉及新增预算或预算调整，需新设定或调整预算绩效目标的，也要及时报送财政部门审核、备案。

第三节 预算绩效目标设定——项目支出绩效目标设定

财政支出按照经济分类分为基本支出和项目支出。基本支出是保障部门机构正常运转所需要的支出，按照“人员经费按标准、公用经费按定额”的原则进行编制，故通常不单独纳入预算绩效管理。项目支出不是部门的固定开支，需要结合当年政府的综合财力进行安排，审核程序较为严格，因此单独纳入预算绩效管理，本节将对项目支出绩效目标的设置步骤、项目申报表及编制内容、关注重点及常见问题等进行介绍。

一、项目支出绩效目标的设置步骤

项目支出绩效目标是指预算部门（单位）依据部门（单位）职责和事业发展要求设立并通过预算安排的项目支出，在一定期限内预期达到的产出和效果以及相应的成本控制要求。项目支出绩效目标与部门履行职责、事业发展计划紧密相关，需要具体明确、科学可行，并应表达简洁、高度概括，同时尽可能将目标进行数量化描述。

（一）绩效目标的设置思路

一是梳理项目基本情况，包括项目主管部门、项目实施单位、计划投入资金，及资金来源、计划实施内容、预期效益、受益对象等内容。

二是明确项目总体目标。在项目立项阶段，应明确项目总体目标。在此基础上，根据有关中长期工作规划、项目实施方案等，特别是与项目立项直接相关的政策依据文件，分析重点工作任务、需要解决的主要问题和相关财政支出的政策意图，研究明确项目的总体绩效目标，即总任务、总产出、总效益等，并需要以定量和定性指标相结合的方式表述。例如“大学生创业培训项目补助资金”项目，可设置“通过对××万名大学生开展创业培训，提高其对创业的认知水平，增强创业意识，提升我省大学生的创业就业能力……”之类的总体目标。

三是明确绩效指标。分析、归纳总体绩效目标，明确计划完成的工作任务，将其分解为多个子目标，细化任务清单。根据任务内容，分析投入资源、实施流程、成本要求、产出内容、效益内容、受益对象等，提炼出最能反映总体目标预期实现程度的关键性指标。例如“大学生创业培训项目补助资金”项目，通过对其总体目标细化分解，可提炼出“培训人次数”“培训期数”之类的数量指标以及“大学生创业比例增长率”之类的社会效益指标。

四是确认指标值。绩效指标选定后，应参考相关历史标准、行业标准、计划标准等，科学设定指标值。指标值要在考虑可实现性的基础上，尽量科学、合理地设定，以充分发挥绩效目标对预算编制执行的引导约束和控制作用。避免选用难以确定具体指标值、标准不明确或缺乏约束力的指标。

（二）绩效指标的设置原则

一是高度关联。绩效指标应指向明确，与支出方向、政策依据相关联，与部门职责及其事业发展规划相关，与总体绩效目标的内容直接关联。不应设置与产出、效益和成本明显无关联的指标。

二是重点突出。绩效指标应涵盖政策目标、支出方向等主要内容，应选取能体现项目主要产出、核心效果、最相关受益人等的绩效指标，抓住重点、突出项目特色。

三是量化易评。绩效指标应细化、量化，具有明确的评价标准，绩效指标值一般对应已有统计数据，或在成本可控的前提下，通过统计、调查、评判等方式获取。确实难以量化的，可采用定性表述，但也应具有可衡量性。

（三）绩效指标的设置来源

1. 政策文件

预算部门（单位）可以从本级及上级政府在某一个领域明确制定的目标、规划、计划、工作要求中提炼绩效指标。此类指标一般是有明确的统计口径和规范的统计指标，有较高数据质量和权威性。如国民经济和社会发展五年规划提出的经济社会发展主要指标、城镇调查失业率、每千人口拥有执业（助理）医师数、森林覆盖率等。

2. 部门日常工作

（1）统计指标。此类指标在部门日常工作中约定俗成、经常使用，并且有统计数据支撑，可以作为绩效指标。

（2）部门管理（考核）指标。上级部门对下属单位、地方各类考核中明确的考核指标，可以作为绩效指标。如国家教育主管部门组织的对高校、学科、教师的考核评比等。

（3）部门工作计划和项目实施方案。部门对实施项目的考虑和工作安排，经规范程序履行审批手续后，可以作为绩效指标。如开展调研次数、培训人次等。

3. 社会机构评比、新闻媒体报道等

具有社会公信力的非政府组织、公益机构、新闻媒体等对公共服务质量和舆论情况等定期或不定期跟踪调查，形成的具有一定权威性和公认度的指标。

4. 其他参考指标

甄别使用开展重点绩效评价采用的指标、已纳入绩效指标库管理和应用的指标。

按照上述来源难以获取适宜指标时，部门应当根据工作需要科学合理设置绩效指标。如可以立足我国管理实际，借鉴国外政府绩效管理、学术研究、管理实践等经验，合理设定相关指标。

（四）绩效指标目标值设定方法

1. 与预算匹配

通过目标值与预算进行匹配设置目标值。这一方法主要适用于产出指标。产出指标包括产出数量、质量、时效等指标内容，直接反映资金的投向。通过预算、目标及目标值进行匹配的方法可以较为客观、合理地确定目标值，同时也是检验预算编制合理性的手段。

2. 历史值借鉴

历史比较方法适用于经常性项目或者具有可参考历史数据的项目。历史比较法的特点是：项目具有历史参考性，当年度项目绩效目标值可以根据当年预算、管理、配套资源等条件和历史年度情况进行对比，最终明确绩效目标值。

3. 地区或同类项目横向比较

横向比较法是指对同类项目的不同对象在统一标准下进行比较的方法。它的特点是以空间为坐标。但在进行这一比较时应注意，它们必须是同类的或具有相同性质的，而且必须是处于同一时间段的。

4. 行业经验值参考

行业比较是将项目绩效目标值与同行业的平均标准值所进行的比较分析。同行业比较有两个重要的前提：一是参考对象必须为同类项目；二是必须有已确定的行业标准。

5. 实地查看提炼法

实地查看提炼法适用于经常性项目或者在部门中经常发生的项目。对项目涉及内容现场进行调查，一方面可以深入了解项目；另一方面可获取项目第一手资料。例如学校的信息教室改造和风雨操场改造项目，就需要通过实地查看和核对设计图的方法来设计指标值，并进一步核实目标设定的合理性。

专栏 3-2

辽宁为绩效目标管理编制“说明书”

日前，辽宁省财政厅组织预算绩效领域专家历时一年多研究制定的《辽宁省预算绩效指标体系（2020年版）》正式印发。该指标体系相当于为全面提高预算绩效目标和指标管理水平编制了“说明书”，有利于从根本上解决预算绩效管理中存在的目标制定不科学、指标量化程度低、指标设定不规范等问题，全面覆盖、细化分类是该指标体系的鲜明特色。

一是覆盖范围突出一个“广”字。涵盖一般公共预算、政府性基金预算、国有资本经营预算和社会保险基金预算四本预算，同时将辽宁省委托第三方机构开展的PPP项目、政府债务项目预算绩效指标体系建设成果全面尽收其中。

二是类型划分突出一个“细”字。指标体系按预算形式划分为部门整体绩效指标和项目绩效指标两大类，按应用形式划分为共性指标和个性指标两大类。其中：部门整体指标涵盖公共安全支出、教育支出等17个类别，共528项指标；项目共性指标涉及展洽交流类经费、基础设施建设类经费等30个类别，共262项指标；项目个性指标涉及农林水支出、教育支出等21个类别，118个支出方向，共3 975项指标。

三是指标设计突出一个“专”字。对部门整体绩效指标，省财政厅积极借助专业力量，组织第三方机构，紧密结合部门职责和发展规划，统筹考虑履职效能、管理效率和产出效益，为省直部门量身订制符合自身特点的部门整体绩效指标体系。对项目绩效指标，省财政厅一方面通过大数据分析，总结近两年应用效果较好和使用频率较高的指标；另一方面，委托第三方机构通过现场调研、访谈、查阅部门文件、规划等形式，针对不同类型项目，分别提炼核心绩效指标，切实提高了指标设定的专业性，有效解决了预算单位在绩效指标管理中“不会设”“设不准”的问题。

该指标体系还具有定量为主、可比可测的特点。首先，坚持定量为主，实现“可衡量”。指标体系按照量化可比、简便易行的原则进行设定，其中，部门整体指标中，定量指标425项，占比80.5%，定性指标103项，占比19.5%；项目指标中，定量指标3 712项，占比87.6%，定性指标525项，占比12.4%。

其次，坚持追本溯源，实现“可采集”。省财政将指标体系导入预算管理一体化平台指标库，并对每一条指标进行“身份证”式编码，通过信息化系统对指标创建和使用情况进行后台记录，为开展指标应用分析打好基础。

最后，坚持数据汇总，实现“可比较”。不断补充计划标准、行业标准、历史标准等信息，通过自动生成图表等可视化模式，在一体化系统中进行查询展示，方便预算管理人员对指标的实际值、历史值和标准值进行分析，操作简便、实用性强，有效提高了绩效指标使用的科学性和规范性。

据介绍，指标体系编制过程中，省财政厅和第三方机构专家进行了反复论证、广泛研讨，省直各部门充分参与其中；指标体系建成后，由省直部门和省财政厅共同使用和维护。为方便省直部门使用，省财政厅在预算一体化平台中，按不同项目类型，预置了多套指标模板，实现了项目绩效指标体系“一键使用”和“模板化”管理。同时，省财政厅按照“统一标准、分级管理”的原则，在预算管理一体化平台中分市县设置绩效指标库。一方面，将省级指标库提供给各市县作为参考，打破数据壁垒，实现信息共通共享；另一方面，引导各市县结合自身实际和特点，按照全省统一的标准，逐步建立符合自身需求、体现区域特色、数据准确、普遍认可的绩效指标和标准体系。

此外，针对原有指标体系和指标库管理中存在的指标重复、同质化严重等问题，省财政厅对新版指标体系的使用管理提出了明确要求，并在预算管理一体化平台中设置了审核条件。今后，全省各级各部门设定预算绩效指标必须从指标库中选取，指标库中新增指标必须履行严格的审批程序，充分运用“以用促建”的管理模式，不断提升全省预算绩效指标体系建设水平①。

二、项目支出绩效目标申报表及编制内容

为便于预算部门（单位）深入认识和了解项目支出绩效目标的内涵和格式，本部分主要介绍项目支出绩效目标申报表、适用范围及填报内容等，具体内容如下。

（一）样表

财政部及大部分省市均对项目支出绩效目标申报表进行了规定，格式和内容大体上相同，基本上都包含项目的基本信息、总体目标及绩效指标等内容。本书在《中央部门预算绩效目标管理办法》（财预〔2015〕88号）中的项目支出绩效目标申报表的基础上，结合《中央部门项目支出核心绩效目标和指标设置及取值指引（试行）》（财预

① 辽宁为绩效目标管理编制“说明书”[N]. 苗宇. 中国财经报. 2020-09-12.

〔2021〕101号）将“成本指标由之前的二级指标调整为一级指标，并进一步细化为经济成本指标、社会成本指标、生态效益成本指标三类二级指标“的规定，形成项目支出绩效目标申报表的样表，具体内容见表3－1。

表3－1　　项目支出绩效目标申报表

（　　　年度）

项目名称							
主管部门及代码				实施单位			
项目属性				项目期			
项目资金（万元）		中期资金总额：		年度资金总额：			
		其中：财政拨款		其中：财政拨款			
		其他资金		其他资金			
总体目标	中期目标（20××年—20××+n年）			年度目标			
	目标1： 目标2： 目标3： ……			目标1： 目标2： 目标3： ……			
绩效指标	一级指标	二级指标	三级指标	指标值	二级指标	三级指标	指标值
	成本指标	经济成本指标	指标1：		经济成本指标	指标1：	
			指标2：			指标2：	
			……			……	
		社会成本指标	指标1：		社会成本指标	指标1：	
			指标2：			指标2：	
			……			……	
		生态环境成本指标	指标1：		生态环境成本指标	指标1：	
			指标2：			指标2：	
			……			……	
		……	……		……	……	
	产出指标	数量指标	指标1：		数量指标	指标1：	
			指标2：			指标2：	
			……			……	
		质量指标	指标1：		质量指标	指标1：	
			指标2：			指标2：	
			……			……	
		时效指标	指标1：		时效指标	指标1：	
			指标2：			指标2：	
			……			……	
		……			……		

续表

	一级指标	二级指标	三级指标	指标值	二级指标	三级指标	指标值
绩效指标	效益指标	经济效益指标	指标 1：		经济效益指标	指标 1：	
			指标 2：			指标 2：	
			……			……	
		社会效益指标	指标 1：		社会效益指标	指标 1：	
			指标 2：			指标 2：	
			……			……	
		生态效益指标	指标 1：		生态效益指标	指标 1：	
			指标 2：			指标 2：	
			……			……	
	满意度指标	服务对象满意度指标	指标 1：		服务对象满意度指标	指标 1：	
			指标 2：			指标 2：	
			……			……	
		……			……		

（二）适用范围

项目支出是指预算部门（单位）为完成其特定的行政工作任务或者事业发展目标、纳入部门预算编制范围的年度项目支出计划。预算部门的所有预算项目都应设定绩效目标，并形成绩效目标表。表中的相关内容由项目资金申报单位在项目申报时填写，编制完成之后，作为项目绩效目标审核和批复、预算资金确定、绩效监控、绩效自评和评价的主要依据。

（三）填报内容

1. 年度

年度是指编制部门预算所属年份。如编报 2022 年部门预算时，填写“2022 年”；2022 年预算执行中申请调整预算时，填写“2022 年”。

2. 项目基本情况

项目名称：指项目的具体名称，与部门预算中的项目名称一致。

主管部门及代码：指预算部门的代码及全称。如［101］国务院办公厅。

实施单位：指项目具体实施单位。

项目属性：指新增项目或延续项目。

项目期：指项目的具体实施期限，其中，一次性项目，填 1 年；有确定项目实施期的项目，填确定的年限，如 3 年等；属于部门经常性业务项目，填“长期”。

项目资金：指中期或年度项目资金总额，按资金来源分为财政拨款、其他资金。本项内容以万元为单位，保留小数点后两位。

3. 总体目标

项目支出总体目标描述利用该项目全部预算资金在一定期限内预期达到的总体产出和效果。

中期目标：概括描述延续项目在一定时期内（一般为三年）预期达到的产出和效果。其中，所填写的期限，按一定时期滚动填写，如2020年编制2021年预算，填写2021—2023年；2021年编制2022年预算，填写2022—2024年等。一次性项目和处于项目期最后一年的项目，不需填写此项，只填写年度目标。

年度目标：概括描述项目在本年度内预期达到的产出和效果。

4. 绩效指标

绩效指标按中期指标和年度指标分别填列，其中，中期指标是对中期目标的细化和量化，年度指标是对年度目标的细化和量化。一次性项目和处于项目期最后一年的项目，只填写年度指标。

绩效指标一般包括成本指标、产出指标、效益指标、满意度指标四类一级指标，每类一级指标细分为若干二级指标、三级指标，分别设定具体的指标值。指标值应尽量细化、量化，可量化的用数值描述，不可量化的用定性描述。

（1）成本指标。反映项目实施产生的各方面成本的预期控制范围，包括经济成本指标、社会成本指标和生态环境成本指标等二级指标。

经济成本指标：反映实施相关项目所产生的直接经济成本。如“人均培训成本”“设备购置成本”等。

社会成本指标：反映实施相关项目对社会发展、公共福利等方面可能造成的负面影响。

生态环境成本指标：反映实施相关项目对自然生态环境可能造成的负面影响。

（2）产出指标。反映相关预算资金预期提供的公共产品和服务情况，包括数量指标、质量指标、时效指标等二级指标。

数量指标，反映预期提供的公共产品和服务数量，如“举办培训的班次”“培训学员的人次”“新增设备数量”等。

质量指标，反映预期提供的公共产品和服务达到的标准、水平和效果，如“培训合格率”“研究成果验收通过率”等。

时效指标，反映预期提供公共产品和服务的及时程度和效率情况，如“培训完成时间”“研究成果发布时间”等。

（3）效益指标。反映项目实施预期产生的效果，包括经济效益指标、社会效益指标、生态效益指标等二级指标。

经济效益指标，反映相关产出对经济发展带来的影响和效果，包括相关产出在当年及以后若干年持续形成的经济效益以及自身创造的直接经济效益和引领行业带来的间接经济效益，如“促进农民增收率或增收额”“采用先进技术带来的实际收入增长率”等。

社会效益指标，反映相关产出对社会发展带来的影响和效果，用于体现项目实施当年及以后若干年在提升治理水平、落实国家政策、推动行业发展、服务民生大众、维护社会稳定、维护社会公平正义、提高履职或服务效率等方面的效益，如“带动就业增长率”“安全生产事故下降率”等。

生态效益指标，反映相关产出对自然环境带来的影响和效果，即对生产、生活条件和环境条件产生的有益影响和有利效果，包括相关产出在当年及以后若干年持续形成的生态效益，如“水电能源节约率”“空气质量优良率”等。

（4）满意度指标。它是对预期产出和效果的满意情况的描述，反映服务对象或项目受益人及其他相关群体的认可程度。对申报满意度指标的项目，在项目执行过程中应开展满意度调查或者其他收集满意度反馈情况的工作。如“展览观众满意度”“补贴对象满意度”等。

实际操作中其他绩效指标的具体内容，可由预算部门（单位）根据需要，在上述指标中或在上述指标之外另行补充。

案例3－1

家政服务行业人员培训

为贯彻落实《国务院办公厅关于促进家政服务业提质扩容的意见》（国办发〔2019〕30号，以下简称《意见》），加强家政服务人才队伍建设，推进家政服务高质量发展，A县B部门计划于2022年7—8月对100名家政从业人员开展5期培训，每期时间为一周；培训讲师为正高级技术职称专业人员，其课时费不超过1 000元/学时，参训人员每天的培训费用不超过450元；培训期间每日组织参训人员进行签到，培训后进行考核且培训合格率计划达到95%以上。基于此，B部门在预算申报时设置了如下绩效指标：

1. 成本指标方面

经济成本指标设置“培训讲师课时费”（指标值为“≤1 000元/学时”）和“参训人员人均培训成本”（指标值为“≤450元/天”）指标。

2. 产出指标方面

数量指标设置“开展培训期数”（指标值为“5期”）和“培训人数”（指标值为“100人”）指标。

质量指标设置“培训合格率”（指标值为“≥95%”）、“受训人员签到率”（指标值为“100%”）及“培训讲师资质”（指标值为“正高级技术职称专业人员）的指标。

时效指标设置“培训开始时间”（指标值为“2022年7月”）、“培训完成时间”（指标值为“2022年8月前”）及“每期培训时长”（指标值为“一周”）的指标。

3. 效益指标方面

由于该项目的经济效益和生态效益不够明显，因此可以不设置相应的指标。

社会效益指标设置“A县家政服务水平”（指标值为“较上年度提高”）和“对培训人员综合素质的改善程度”（指标值为“明显”）指标。

4. 满意度指标方面

满意度指标设置“受训学员满意度”（指标值为“≥90%”）指标。

三、项目绩效目标设定的关注重点及常见问题

（一）不同类型项目支出绩效目标设置时关注的重点

在实务中，一般根据资金的用途，将财政资金支出项目类型分为政策类、工程类、

维护类、政府购买服务、购置类、业务类6类，由于每类项目的支出方向、标准等内容不同，因此每一类项目在设置绩效目标时需要关注的重点不同，具体情况见表3－2。

表3－2 不同类型项目支出绩效目标设置时应关注重点情况表

明细内容	绩效指标设置时应关注的重点
政策类	以补贴为主的政策类产出应注重考察补贴标准执行准确率和补贴对象条件符合率；针对社会发展类和产业类政策，应重点考虑社会效益指标和经济效益指标的设置
工程类	产出指标侧重于考察工程的完成情况、验收情况和竣工及时情况。效益指标根据项目类别不同，侧重点不同：基建类项目直接效果指标应针对产出本身考察其投入使用或服务能力情况，间接效果重点通过满意度、工程对社会经济的带动作用来体现；信息化工程建设类项目直接效果指标针对产出本身考察其使用深度和广度，间接效果考察工作效率或服务能力的提升情况
维护类	产出指标侧重于考察维护次数、故障修复平均时间、系统运行维护响应时间等；效益指标侧重于考察对工作效率、管理和决策支持的改善或提升程度等
政府购买服务类	产出指标侧重于考察购买服务的数量、供应商的资质、提供服务的质量和及时性
购置类	产出指标应围绕采购需求侧重考察购置设备数量、购置设备的验收合格率、采购计划完成时间及采购成本等情况，效益指标侧重考察设备使用情况、设备运行对部门工作的保障程度等内容
业务类	产出指标应根据业务类型进行细化，如会议类侧重考察会议次数、会议天数、会议出勤率等；培训类侧重考察培训次数、培训人数、培训天数、培训对象覆盖率、培训考试合格率等。效益指标应围绕部门职责，侧重社会效益指标；其中直接效益表现为项目实施对业务本身的影响，间接效益表现为业务对所在行业、社会或其他方面的影响，包括政府办公效率、影响力以及政府公共形象的提升情况，社会群众或受益群体的满意情况

（二）项目支出绩效目标设定中的常见问题

绩效指标是对绩效目标的细化量化，包括成本指标、产出指标、效益指标和满意度指标四类一级指标。原则上每个项目均应设置产出指标和效益指标，工程基建类项目和大型修缮及购置项目等应设置成本指标，并逐步推广到其他具备条件的项目。满意度指标根据实际需要选用。

1. 成本指标

为了加强成本管理和成本控制，应当设置成本指标，用以反映预期提供的公共产品或服务所产生的成本。项目支出要强化成本的概念，加强成本效益分析。对于单位成本无法拆分核算的任务，可设定分项成本控制数。对于具有负外部性的项目支出，还应选取负作用成本指标，体现相关活动对生态环境、社会公众福利等方面可能产生的负面影响。

2. 产出指标

产出指标是指预算资金在一定期限内预期提供的公共产品和服务的描述，包括数量、质量、时效等二级指标。

（1）数量指标。反映资金使用单位计划完成的产品或服务数量，可以理解为资金的用途和项目的实施内容。资金使用单位要通过梳理数量指标，让资金分配部门了解资金准备用到哪里，能买多少东西、办多少事情。数量指标应突出重点，力求以较少的指标涵盖体现主要工作内容。

常见问题：

一是未设置正确的数量指标，如学校要实施在线考试平台项目，总体目标中表明要建设网络教学考试平台，但数量指标分别设置为“最大同时在线人数”和“服务师生总考次”，不能让项目主管部门了解到资金计划用在什么地方，能办多少事情。

二是数量指标不够完整，如一个项目200万元，其中100万元用于购置桌椅5 000套，100万元用于购置2套软件，但只设置了“购置桌椅数量”指标，未设置与软件相关的指标。

三是指标设置不够具体细化，如“购置桌椅完成率”（指标值为“100%”），“完成建设项目”（指标值为“1个”）、“工作目标完成率”（指标值为“100%”）等指标，难以了解资金用途和项目内容，这种情况需要进一步细化补充，如购置桌椅数量（指标值为“100套”）等。如果工作任务的数量尚不能明确，需要根据上级文件、基层单位申报等确定的，指标值可以用百分比等形式表示，如“中央下达的××任务完成率”（指标值为“100%”）、“××病毒群众免费检测率”（指标值为“应检尽检”），待任务数量明确后也可及时进行绩效目标修订。

四是指标值设置过高或过低，偏离了正常业绩水平，如指标值明显低于前三年的平均水平、数量目标已在以前年度完成、指标值过高明显无法达到等，这种情况需要调整指标值至合理水平。

（2）质量指标。反映资金使用单位计划提供产品或服务达到的标准、水平。如果计划提供产品，三级指标可设置为“采购设备合格率”“研究成果验收通过率”等；如果计划提供服务，三级指标可设置为“采购××服务供应商资质达标率”“业务按《××规范》开展符合率”等。

常见问题：

一是与数量指标不够对应，原则上质量指标应与数量指标一一对应，即每个项目的实施过程中不仅需要完成，还需要保证其质量。

二是质量指标的可衡量性不高，如“学生整体素质提升”，指标值“提升”，并未明确如何考核学生整体素质提升情况。

（3）时效指标。反映资金使用单位计划完成的产品或服务的阶段性投入时间或全部完成投入时间。如果资金用于持续性的事务，指标可设置为“信息化项目运维保障时间（指标值为7×24小时）”；如果资金用于应对突发事件，指标可设置为“应急措施响应时间（指标值为≤2小时）”。设置时效指标，需确定整体完成时间。对于有时限完成要求、关键性时间节点明确的项目，还需要分解设置约束性时效指标；对于内容相对较多并且复杂的项目，可根据工作开展周期或频次设定相应指标，如“助学金发放周期”等。

常见问题：

一是对时效指标的理解有误，如设置为“项目完成率”，与数量指标表述重复，且不能衡量项目的实施时效。

二是指标不具体、可衡量性差，即设置“项目完成及时性”（指标值为“及时”）或“项目完成及时率”（指标值为“100%”），这种情况下需要修改为具体时限，如

“培训完成时间”（指标值为“2022 年 9 月底前”）、“大型设备招标完成时间”（指标值为“2022 年 5 月底前”）等指标。

三是实施期为 1 个自然年度的项目，设置的时间超出预算资金年度，如使用 2022 年预算资金安排的项目，时效指标设置为“2023 年 6 月底前完成”，这种情况下 2022 年监控、2023 年自评时该指标均为有可能完成状态，不能起到有效监控的作用，应结合项目建设进度选取当年的阶段性时间要求作为时效指标。

3. 效益指标

效益指标是指预计产出对经济、社会、生态等带来的影响情况等，包含经济效益指标、社会效益指标、生态效益指标等二级指标。

（1）经济效益指标和生态效益指标。经济效益指标反映相关产出对经济效益带来的影响和效果，包括相关产出在当年及以后若干年持续形成的经济效益以及自身创造的直接经济效益和引领行业带来的间接经济效益。

生态效益反映相关产出对自然生态环境带来的影响和效果，即对生产、生活条件和环境条件产生的有益影响和有利效果，包括相关产出在当年及以后若干年持续形成的生态效益。

对于具备条件的社会效益指标和生态效益指标，应尽可能通过科学合理的方式，在予以货币化等量化反映的基础上，转列为经济效益指标，以便于进行成本效益分析。

常见问题：

一是对经济效益指标和生态效益指标的理解不到位，一般是将属于项目的社会效益指标设为经济效益指标或生态效益指标。

二是部分项目资金投入可能不产生经济效益和生态效益，设置绩效目标时需要结合项目实际情况填报。

（2）社会效益指标。反映相关产出对社会发展带来的影响和效果，用于体现项目实施当年及以后若干年在提升治理水平、落实国家政策、推动行业发展、服务民生大众、维持社会稳定、维护社会公平正义、提高履职或服务效率等方面的效益。

常见问题：

一是过于宏观，与项目的相关性不足，如设置为“提高经济社会发展保障水平”，显然一项资金无法单独起到这样的综合性作用。

二是过于片面，只反映了项目效果的相对次要方面，不能反映项目的核心作用，如某办事大厅建设项目的社会效益指标只设置了“带动就业人数”，应选择最能体现项目核心效果的指标作为绩效指标。

三是未设置社会效益指标，使用财政资金安排的项目支出原则上都应设置社会效益指标。

4. 满意度指标

反映服务对象或项目受益人对相关产出及其影响的认可程度。

常见问题：

一是满意度主体不明确，如设置为受益单位满意度、受益群体满意度等；满意度主体不合适，如幼儿园申请财政资金用于建设一个午休室，设置了学生满意度，幼儿园学生年龄一般在3—6岁，不适合作为问卷的主体。

二是存在指标值设置过高，如A市计划建设文化馆，将群众对文化馆建设的满意度设为100%，由于文化馆建设是一个大工程，工期较长，可能会对周边居民的出行、居住造成一定程度的影响，存在居民不满意的可能性，群众满意度设为100%不够合适。

三是存在满意度对象设置过多，个别满意度主体与项目相关性不大或不相关，如大学生创业培训补贴资金设置、创业培训机构满意度、创业培训学员满意度、相关高校满意度、家长满意度、公众满意度等，满意度主体过多，没有突出重点服务对象。

四、项目支出绩效目标设定案例分析

实际工作中，预算部门（单位）的项目支出通常分为本级项目支出、既有本级使用又有转移到下级使用的项目支出、全部转移至下级使用的项目支出等，前两种项目支出的绩效目标设定过程相似，因此本部分主要介绍两类项目支出绩效目标设定的案例分析，具体内容如下。

（一）既有本级使用又有转移到下级使用的项目——民办教育发展专项资金绩效目标设定

1. 项目概况

近年来，D省高度重视民办教育工作，始终坚持把民办教育作为教育发展的新增长点和推动教育改革的重要力量，大力发展民办教育。但是，民办教育在规模扩张的过程中还存在一些与发展不适应的问题，规范管理与内涵提升方面亟需努力。为积极推进民办教育持续健康发展，省财政部门不断加大对民办教育的资金投入，2022年计划投入资金2 000万元，用于支持民办高中及其以下学校综合发展、民办高校的学科专业建设及全省民办教育师资队伍培训等。支持民办高中及其以下学校综合发展项目由市级教育部门进行初步审核，符合总资产达到500万元及以上、在校生人数达到500人及以上的民办学校，直接向当地教育部门提出书面申请，市教育部门初步审核后，将申请资料（审计报告、资金使用方案等）报送省教育部门；省教育部门对于初审过后的民办学校进行现场核查，如发现条件不符合相关规定的学校，将取消其申报资格，核查无误后，将补助学校名单进行公示。支持民办高校的学科专业建设项目由民办高校直接向省教育部门提出申请，提交项目申报书；省教育部门组织专家对项目申报书进行评审和实地考察，对各项目进行筛选审核，最终确定资助民办高校学科专业建设资助名单，并进行公示。民办教育师资培训项目由省教育厅负责组织实施。

2. 目标设定过程

一是分析项目功能。民办教育发展奖补资金项目是D省近几年连续投入实施的项目，通过每年安排2 000万元资金用于民办教育发展，促进民办学校规范管理、内涵发展，提高民办教师的教学能力和管理能力等，提升民办学校办学质量和办学水平；引导社会资本投入D省教育领域，缓解人民群众多样化教育需求与教育发展不平衡、不充分之间的矛盾。

二是确定预期目标。D省教育部门根据历年民办高中及其以下学校和民办高校专业的申报审核情况，对2022年资金进行初步分配（见表3-3、表3-4），支持民办高中及其以下学校综合性发展项目、支持民办高校的学科专业建设项目均计划于 2022 年 11 月底前完成，开展全省民办教育师资队伍培训项目计划于 2022 年 12 月底前完成。因此，D 省教育部门确定项目总体目标为：通过奖励发展较好的民办中小学、幼儿园，补助民办高校学科专业建设，及对全省民办高校的师资队伍进行相关培训，预期实现拉动近 50 亿元民间资本投入教育领域，实现民办学校、民办教师及学生的稳定或小幅增长，同时，提高民办学校教师、学生对 D 省民办教育发展的满意程度。

表 3－3　D 省教育部门 2022 年民办教育发展专项资金预算分配表　单位：万元

项目名称	分配金额	实施内容
支持民办高中及其以下学校综合性发展	800	按照每个学校补助 20 万元的标准，补助 40 所学校，由学校用于购置教学用设备，修缮学生操场、食堂、厕所等符合学校正常事业发展的项目
支持民办高校的学科专业建设	1 000	按照每个专业补助 50 万元的标准，补助 20 个专业，由高校用于所支持学科或专业的设备购置、图书购置、教学软件购置、课题研究、课程建设等内容，最终是为了推动民办高校的内涵建设
开展全省民办教育师资队伍培训	200	由 D 省教育部门组织开展 20 次全省民办学校培训，覆盖民办学校管理者、校长、教师等对象

表 3－4　D 省教育部门 2022 年民办教育培训计划　单位：万元

培训时间	内容	参加人数	计划支出
4 月	民办高校校长培训班	120	21.6
5 月	民办高校学前教育专业骨干教师暨民办幼儿园园长培训	120	16.2
	民办教育专题培训班	200	25.8
6 月	民办高校骨干教师培训	120	16.2
7 月	民办高校教学管理培训	120	21.6
8 月	民办高校财务人员培训	120	16.2
	中青年骨干教师师德师风及业务能力培训	120	16.2
9 月	民办高中及其以下学校规范管理培训	300	26.5
10 月	学前教育政策法规讲座暨园长培训	220	29.7
11 月	民办教育分类管理专题培训	100	10
合计	—	—	200

三是提炼绩效指标。D 省教育部门将绩效目标分解为四个一级指标，分别为成本指标、产出指标、效益指标和满意度指标。随后，又根据项目计划建设内容及项目特点，将一级指标细化为二级指标和三级指标，具体过程为：根据省级培训费管理办法，设置成本指标中的经济成本指标，即“师资队伍建设项目参训人员人均次培训成本”和“师资队伍建设项目授课教师课时费”；根据资金的计划支出方向，设置“资助高中阶段以下民办学校数量”“资助民办高校专业建设数量”及“开展师资队伍培训次数”三个数量指标；同时，对应数量指标，分别设置了“奖补学校或专业的资质达标率”“综合发展奖励项目验收合格率”“学科专业建设项目年度完成内容的验收合格率”“培训合

格率”“师资队伍建设项目的教师培训层次覆盖率”等质量指标；根据项目的计划实施进度，设置“综合发展奖励项目完成时间”“高校专业年度建设内容完成时间”“师资培训开展时间”等时效指标；另外，又根据项目预期达到的效益，设置了经济效益指标“引导社会资本投资民办教育领域金额”、社会效益指标“各级各类民办学校增长率”“民办学校在校生总数”“民办学校教师人数增长率”以及“学生满意度指标”“教师满意度指标”等服务对象满意度指标。

四是设定绩效指标值。D省教育部门根据资金支出计划、上年度指标值完成情况、D省民办教育发展实际、文件中规定的培训标准及项目实施计划达到的效益等，设置了各绩效指标的指标值。

3. 绩效目标申报表

通过上述分析，D省教育部门在编制2022年民办教育发展专项资金的预算时，按照项目支出的既定格式和要求，设定了2022年民办教育发展专项资金的绩效目标，具体内容见表3－5。

表3－5　民办教育发展专项资金绩效目标申报表

（2022年）

单位名称			D省教育部门
项目资金（万元）	年度资金总额：		2 000
	其中：财政拨款		2 000
	其他资金		0
年度目标			
目标1：通过使用财政资金补助40所高中以下民办学校、20个民办高校专业及开展20次民办师资培训，促进民办学校规范管理，内涵发展，提升民办学校办学质量和办学水平。 目标2：预期拉动不少于50亿元社会资本投入D省教育领域，缓解人民群众多样化教育需求与教育发展不平衡、不充分之间的矛盾。			
一级指标	二级指标	三级指标	指标值
成本指标	经济成本指标	师资队伍建设项目参训人员人均次培训成本	≤450元/天
		师资队伍建设项目授课教师课时费	≤1 000元/人/天
产出指标	数量指标	资助高中阶段以下民办学校数量	40所
		资助民办高校专业建设数量	20个
		开展师资队伍培训次数	20次
	质量指标	奖补学校或专业的资质达标率	100%
		综合发展奖励项目验收合格率	100%
		学科专业建设项目年度完成内容的验收合格率	100%
		培训合格率	≥90%
		师资队伍建设项目的教师培训层次覆盖率	100%
	时效指标	综合发展奖励项目完成时间	2022年11月前
		高校专业年度建设内容完成时间	2022年11月前
		师资培训开展时间	按培训计划实施

续表

一级指标	二级指标	三级指标	指标值
效益指标	经济效益指标	引导社会资本投资民办教育领域金额	≥50 亿元
	社会效益指标	各级各类民办学校增长率	>0%
		民办学校在校生总数	≥800 万人
		民办学校教师人数增长率	>0%
满意度指标	服务对象满意度指标	学生满意度	≥90%
		教师满意度	≥90%

（二）全部转移至下级使用的项目——福彩机构业务费绩效目标设定

1. 项目概况

E 省福利彩票发行中心（以下简称“E 省福彩中心”），在中国福利彩票发行管理中心的统一指导下，制定 E 省福利彩票销售管理办法和工作规范，负责 E 省福利彩票销售系统的建设、运行和维护，负责 E 省销售系统数据管理、资金归集结算、销售渠道和场所规划、物流管理、开奖兑奖，负责组织实施 E 省福利彩票的形象建设、彩票代销、营销宣传、业务培训、人才队伍建设等工作，下设 14 个地市福彩销售机构。E 省福彩中心的预算为省中心本级预算，地市业务费归属部门参与分配项目。E 省福彩中心每年要求 14 个地市福利彩票机构制定各票种销售计划及按统一比例提取确认本地区业务费，E 省福彩中心对各地市上报的业务费汇总、上报至省财政部门。地市福利彩票机构可以将业务费用于购置办公用品、购置销售设备、开展宣传活动、开展促销活动等项目，保障本地市福利彩票业务的正常运行，用以提高当地福利彩票销量，增加公益金筹集量，提升福利彩票品牌公益形象。2021 年 8 月，根据 2022 年地市福利彩票机构各票种计划销售量及业务费的上报情况，E 省福彩中心汇总、上报至省财政部门，用以申请 2022 年地市福利彩票机构业务费 12 099 万元。

2. 目标设定过程

一是分析项目功能。福利彩票机构业务费是 E 省福彩中心的延续性专项转移支付项目经费，主要用于 14 个地市福利彩票机构购置办公用品和销售设备，开展宣传活动、营销活动等，保障各地市福利彩票机构正常运转，提高 E 省福利彩票知名度，实现 E 省福利彩票年度销售任务，为全省人民筹集更多的福彩公益金，提升福利彩票的公益形象。

二是确定预期目标。E 省福彩中心在接到省财政部门预算编报通知后，向各地市下发了申报 2022 年机构业务费的通知，要求各地市填报各票种年度计划销量和销售收入、2022 支出计划及绩效目标；根据各地市资料上报情况，汇总分配业务费（见表 3－6）。同时，根据各地市上报的绩效目标表及支出计划，汇总分析出各地市 2022 计划使用福利彩票机构业务费，用于购置日常办公用品、终端设备，并开展形式多样的营销、宣传活动，促使 E 省福利彩票销售网点增加 300 个，为社会公众提供 7 500 个就业岗位，并达到 40 亿元的销售收入和筹集 13 亿元福利彩票公益金的目标。

表 3-6　E 省 2022 年福利彩票机构业务费计划分配情况　单位：万元

序号	地市名称	地市业务费申请额	计划分配业务费金额
1	A 市	2 841	2 841
2	B 市	28	28
3	C 市	952	952
4	D 市	1 775	1 775
5	E 市	696	696
6	F 市	779	779
7	G 市	330	330
8	H 市	772	772
9	I 市	689	689
10	J 市	414	414
11	K 市	620	620
12	L 市	486	486
13	M 市	480	480
14	N 市	1 237	1 237
合计		12 099	12 099

三是提炼绩效指标。E 省福彩中心根据各地市业务费计划支出内容，梳理出全省业务费的绩效指标，具体过程如下：由于该项目不是工程基建类项目和大型修缮及购置项目，且没有财政部门或本行业认可的预算支出标准、定额、费率控制要求等，因此未设置相应的成本指标。根据资金的支出计划，设定“业务费分配机构数量”的数量指标，由于各地市使用业务费计划实施的内容不一致，如购置的办公用品种类不同，实施的宣传、营销活动不一样等，因此 E 省福彩中心对于地市福利彩票机构业务费所设置的部分数量指标无法进行加总，因此绩效目标表中对其大部分数量指标未采用绝对数进行设置，而是设定为“购买办公用品完成率”（指标值为“100%”）、“福利彩票宣传计划完成率”（指标值为“100%”）、“福利彩票营销计划完成率”（指标值为“100%”）等指标，支撑材料为各地市的绩效目标申报表和资金支出计划情况；但各地市福利彩票机构采购的销售设备基本相同，可以进行数量加总，即设定“采购彩票销售设备数量”的数量指标。同时，对应数量指标，一一设置质量指标，如“购买办公用品达标率”“购买设备验收合格率”“福利彩票宣传活动达标率”“营销活动覆盖率”等。另外，根据项目计划完成时间，设置“购买办公用品完成时间”“购买设备完成时间”“福利彩票宣传活动完成时间”“福利彩票营销活动完成时间”等时效指标。E 省福彩中心根据各地市业务费支出后计划达到的目标，设置经济效益指标“福利彩票销售收入”“公益金筹集量”、社会效益指标“提供就业岗位数”“销售网点增加数量”以及“网点代销者满意度”“彩民满意度”等服务对象满意度指标。

四是设定绩效指标值。E 省福彩中心根据各地市上报的计划标准及以往年度项目实施的历史标准等，设置了地市业务费绩效指标的指标值。

3. 绩效目标表

根据对地市福利彩票机构资金支出计划及实施效益的汇总分析，E 省福彩中心设定了地市福利彩票机构业务费的绩效目标，具体内容见表 3－7。

表 3－7　　E 省福彩中心地市机构业务费绩效目标申报表

（2022 年）

单位名称	E 省福彩发行中心		
项目资金（万元）	年度资金总额：		12 099
	其中：财政拨款		12 099
	其他资金		0
年度目标	目标 1：完成 2022 年度我省福利彩票销售任务，为全省人民筹集更多的公益金，为我省公益事业的发展奠定坚实的基础。 目标 2：为保障各福利彩票机构工作正常开展，及时采购办公用品及办公设备。做好福利彩票销售系统的建设、运营和维护，保障福利彩票销售工作平稳运行。 目标 3：为提高福利彩票社会认同感，树立福利彩票品牌形象，通过开展户外宣传等多种宣传方式提高福利彩票知名度和公益品牌形象。 目标 4：为巩固福利彩票市场，完成年度目标，除配合省福利彩票发行机构开展促销活动外，自行开展促销活动。		
一级指标	二级指标	三级指标	年度指标值
产出指标	数量指标	业务费分配机构数量	14 个
		购买办公用品完成率	100%
		福利彩票宣传计划完成率	100%
		福利彩票营销计划完成率	100%
		采购彩票销售设备数量	≥800 台
	质量指标	购买办公用品达标率	100%
		福利彩票宣传活动达标率	100%
		营销活动覆盖率	100%
		购买设备验收合格率	100%
	时效指标	购买办公用品完成时间	2022 年 12 月底前
		购买设备完成时间	2022 年 10 月底前
		福利彩票宣传活动完成时间	按实施方案及时完成
		福利彩票营销活动完成时间	按实施方案及时完成
效益指标	经济效益指标	福利彩票销售收入	≥40 亿元
		公益金筹集量	≥13 亿元
	社会效益指标	提供就业岗位数	≥7 500 人
		销售网点增加数量	≥300 个
满意度指标	服务对象满意度指标	彩民满意度	≥80%
		网点代销者满意度	≥80%

五、项目支出绩效目标的其他情况介绍——政策绩效目标设定

当前，大多数财政部门未制定财政政策绩效目标管理办法，但根据全方位预算绩效管理需求和实际工作开展需要，政策绩效目标管理工作愈发重要，下面就以财政政策绩效管理工作实施时间较长的上海市为例，简要介绍一下财政政策绩效目标的设定。根据《上海市市级财政政策预算绩效管理办法（试行）》（沪财绩〔2019〕20 号），财政政策是指在一定时间内，由财政预算安排，具有专门用途和政策目标的财政专项资金政策以及市对区的专项转移支付政策，政策范围由财政部门确定。本部分主要从财政政策绩效目标的内容、设置要求及绩效目标申报表等方面对政策绩效目标进行介绍。

1. 政策绩效目标的内容

政策目标的内容应反映预期产出、效益和满意度等，并以相应的绩效指标予以细化、量化，主要包括：

（1）产出指标。它是指政策实施的规模、政策覆盖面、受益人数等数量指标；政策实施管理需要符合规定要求和标准的质量指标；政策实施时间要求的时效指标；政策在实施过程中，预计需要发生和利用的资金、资产和资源等情况。

（2）效益指标。它是指政策的实施对经济、社会和环境所带来的直接或间接影响，其中：经济效益指标是指政策实施中，以尽量少的劳动耗费取得尽量多的预期经营成果，或者以同等的劳动消耗取得更多的预期经营成果。如利润增加、产能提高等生产经营成果指标。社会效益是指政策实施对社会发展所起的积极作用或产生的有益效果，具体表现为促进社会进步，带动地方就业等。生态效益是指政策实施对促进生态平衡的影响。

（3）满意度指标。它是指直接受益对象或者间接受益对象等对财政政策实施效果的满意度。

2. 政策绩效目标的设置要求

（1）突出重点。编制绩效目标应符合国家发展规划和事业发展计划，应与财政支出内容和效果相匹配，通过归纳和总结政策内容，梳理、分析和提炼符合政策主要内容的核心指标。

（2）细化量化。编制绩效目标应从数量、质量、时效等方面进行细化，尽量进行定量表述，不能以量化形式表述的，可以采用定性的分级分档形式表述；要理顺政策绩效目标与具体项目绩效目标的汇总流程，政策的绩效目标应与具体项目绩效目标相对应、相衔接。

（3）合理可行。编制绩效目标要以结果为导向，要经过调查研究和科学论证，符合客观实际；要结合投入产出，进行成本效益分析，科学编制预算。

3. 政策绩效目标申报表

根据《上海市市级财政政策预算绩效管理办法（试行）》（沪财绩〔2019〕20 号），结合《中央部门项目支出核心绩效目标和指标设置及取值指引（试行）》（财预〔2021〕101 号），财政政策绩效目标申报表的具体内容见表 3－8。

表 3-8　**财政政策绩效目标申报表**

评价时段：（20　年　月—20　年　月）

预算主管单位：

政策名称			
资金用途（可多选）	产业发展专项资金□ 政策补贴类□ 其他事业专业类□	社会公共事业发展专项资金□ 社会保障事业专项资金□	
政策日期	20　年　月—20　年　月		
政策概况			
立项依据			
政策设立的必要性			
保证政策实施的制度、措施			
年度目标	年初设定目标		
当年投入资金构成	子项目名称	预算金额（元）	
分解目标			
一级指标	二级指标	三级指标	指标值
成本指标	经济成本指标		
	社会成本指标		
	生态环境成本指标		
产出指标	数量指标		
	质量指标		
	时效指标		
	……		

续表

分解目标			
一级指标	二级指标	三级指标	指标值
效益指标	经济效益指标		
	社会效益指标		
	生态效益指标		
	……		
满意度指标	服务对象满意度指标		
	……		

注：分解目标中，涉及“个性指标”，由预算主管单位编制添加即可。

第四节

预算绩效目标设定——部门整体支出绩效目标

绩效目标设置是部门整体支出全过程绩效管理链条构建的基础，其质量直接决定着事中绩效监控、事后绩效评价等质量的高低。涵盖部门全部收支的部门整体支出绩效目标不单纯是基本支出绩效目标和项目支出绩效目标的简单加总，而是围绕部门战略和使命设定战略目标，围绕部门法定职责设定职责目标，引导全部门为实现组织战略使命和职责而切实履职尽责。基于此，本节从部门整体绩效目标的设置步骤、绩效目标申报表及编制内容、设定的常见问题、案例分析等内容对部门整体支出绩效目标设定进行介绍。

一、部门整体支出绩效目标的设定步骤

（一）部门整体支出绩效目标的设置思路

预算部门（单位）设定部门（单位）整体绩效目标时，应当成立工作专班，明确职责分工，建立工作联络群。同时，为了提高所选绩效指标的科学性、合理性和有效性，需要抓住关键环节，厘清工作程序，具体内容如下：

（1）对部门（单位）的职能进行梳理，确定部门（单位）的各项具体工作职责。

（2）结合部门（单位）中长期规划和年度工作计划，明确年度主要工作任务，预计部门（单位）在本年度内履职所要达到的总体产出和效果，将其确定为部门（单位）

总体目标，并以定量和定性相结合的方式进行表述。

（3）依据部门（单位）总体目标，结合部门（单位）的各项具体工作职责和工作任务，确定每项工作任务预计要达到的产出和效果，从中概括、提炼出最能反映工作任务预期实现程度的关键性指标，并将其确定为相应的绩效指标。

（4）通过收集相关基准数据，如过去三年的平均值、以前某年度的数值、平均趋势、类似部门的先进水平、行业标准、经验标准等，并结合年度预算安排等情况，确定绩效标准作为指标参考值，也就是确定绩效指标的具体数值。

（二）部门整体支出绩效目标的设定原则

涵盖部门全部支出的部门整体支出绩效目标是职能部门使用财政资金的具体进度计划和所要达到的效果，具有综合性和复杂性，确定难度较大。因此，为构建相关、合理、科学的部门整体支出绩效目标，需要遵循以下原则：

1. 稳定性

部门整体支出绩效目标的设定需要以部门战略规划和部门职责为基础，并保障部门整体支出绩效目标中绩效指标的稳定，这样可以实现部门预算绩效的纵向可比和横向可比。同时，应该明确指标的标准值或历史值，作为设定和审核指标值的参考依据。

2. 系统性

部门整体支出绩效目标需要覆盖部门的核心职能，逻辑清晰、体系完整，不是各种碎片工作的简单加总，而是从部门整体履职情况考虑，设置系统、重要的绩效指标，从而提高部门整体支出绩效目标的科学性和合理性。

3. 效益性

部门整体支出绩效目标的绩效指标选择需要以结果性指标为主，过程性指标为辅，且指标需要尽可能的定量或定性可衡量。一方面，便于部门明确资金的使用目的，并且为达到目标而提高监督管理力度；另一方面，效果明确的绩效目标便于部门自评或者部门评价考核，找出存在的不足，及时进行反馈应用。

（三）部门整体支出绩效指标的设定来源

设置部门整体支出绩效目标，需要紧紧围绕部门和单位职责、行业发展规划，以预算资金管理为主线，同时统筹考虑资产和业务活动，从投入管理、产出、效益和服务对象满意度等方面构建预算绩效目标，衡量部门整体及核心业务实施效果。部门整体支出绩效目标中的指标可分为共性指标和个性指标。

共性指标是以预算资金为主线的管理类指标，主要反映部门投入管理，主要包含预算管理、运行成本、资产管理、财务管理和绩效管理等方面预期达到的目标，在部门间具有普适性，通常具有区域特色，一般由财政部门统一制定。

个性指标是以业绩为主线的产出、效益类指标，主要包含主要任务完成情况、履职目标完成情况、社会或经济效益达成情况、满意度指标等，由于各部门的职责、主要任务不同，因此个性指标不具有普适性，一般由部门自行制定。

（四）部门整体支出绩效目标的设定方法

具体操作过程中，由于部门职能各异、专业性强、财政支出规模较大、涉及单位较多，在绩效目标设定时很难统筹兼顾，因此，需要确定出具体、可衡量，且覆盖所有支出部门及重点项目的设定标准及方法。具体内容如下：

将决定绩效目标的部门职责、工作活动和部门项目严格区分开来，建立部门职责、工作活动和部门项目分类管理机制，即在部门编制预算前先梳理各部门职责，在各项职责下分解出各部门的工作活动，在工作活动框架下设置具体的部门项目。各部门的工作活动须与部门职责严格一致，部门项目的设置须与工作活动高度相关，由此层层推进，使预算管理结构由扁平单一转变为“部门职责—工作活动—部门项目”三个层级。其中，“部门职责”是依据政府“三定”方案的规定，赋予部门的职能和应履行的责任，是实现政府政策部署应承担的各项职能任务。工作活动是部门履行某项职责而采取的工作举措，是部门职责的反映和相应的预算项目的归集；部门项目是支撑某项工作活动开展的具体支出事项，反映工作活动的具体内容。

因此，在设定部门整体支出绩效目标时，可根据“部门职责—工作活动—部门项目”三个层级，分解、汇总绩效指标，最终制定相应的绩效目标。在部门职责层面，结合政府和部门中长期战略规划目标、年度规划目标，确定部门各项职责的绩效指标；在工作活动层面，分别制定各项工作活动的绩效指标；在部门项目层面，分项确定项目的绩效指标；最终将三个层级设定的绩效指标整合、梳理出部门整体支出绩效目标。

二、部门整体支出绩效目标申报表及编制内容

为便于各预算部门（单位）深入认识和了解部门整体支出绩效目标的内涵和格式，本部分主要介绍部门整体支出绩效目标申报表、适用范围及填写内容等，具体内容如下。

（一）样表

部门整体支出绩效目标申报表的具体格式和内容由各级财政部门制定，《中央部门预算绩效目标管理办法》（财预〔2015〕88号）中介绍了部门（单位）整体支出绩效目标申报表，包括：部门（单位）名称、年度主要任务及各项任务的预算金额、年度总体目标及年度绩效指标等要素，具体见表3-9。

表3-9 部门（单位）整体支出绩效目标申报表

（ 年度）

<table>
<tr><td colspan="2">部门（单位）名称</td><td colspan="4"></td></tr>
<tr><td rowspan="7">年度主要任务</td><td rowspan="2">任务名称</td><td rowspan="2">主要内容</td><td colspan="3">预算金额（万元）</td></tr>
<tr><td>总额</td><td>财政拨款</td><td>其他资金</td></tr>
<tr><td>任务1</td><td></td><td></td><td></td><td></td></tr>
<tr><td>任务2</td><td></td><td></td><td></td><td></td></tr>
<tr><td>任务3</td><td></td><td></td><td></td><td></td></tr>
<tr><td>……</td><td></td><td></td><td></td><td></td></tr>
<tr><td colspan="2">金额合计</td><td></td><td></td><td></td></tr>
<tr><td>年度总体目标</td><td colspan="5">目标1：
目标2：
目标3：
……</td></tr>
</table>

续表

	一级指标	二级指标	三级指标	指标值
年度绩效指标	产出指标	数量指标	指标 1：	
			指标 2：	
			……	
		质量指标	指标 1：	
			指标 2：	
			……	
		时效指标	指标 1：	
			指标 2：	
			……	
		成本指标	指标 1：	
			指标 2：	
			……	
		……		
	效益指标	经济效益指标	指标 1：	
			指标 2：	
			……	
		社会效益指标	指标 1：	
			指标 2：	
			……	
		生态效益指标	指标 1：	
			指标 2：	
			……	
		可持续影响指标	指标 1：	
			指标 2：	
			……	
		……		
	满意度指标	服务对象满意度指标	指标 1：	
			指标 2：	
			……	
		……		

此外，各地也制定了部门整体支出绩效目标申报表模板，大部分地市与财政部的申报表保持一致，但个别省市如河南省、上海市等对部门整体支出绩效目标申报表的设定与财政部的申报表有所不同，主要体现在年度绩效指标中增加了一级指标投入管理指标，下面以河南省为例介绍部门整体支出绩效目标表的投入管理指标，相关指标内容见表 3－10。

表 3－10　部门整体支出绩效目标表中投入管理指标表

二级指标	三级指标	指标解释	指标说明
工作目标管理情况	年度履职目标相关性	反映部门设立的年度履职目标是否与部门职能相关	
	工作任务科学性	反映部门设立的工作任务是否明确、具体、科学	
	绩效指标合理性	反映部门设置的绩效指标是否明确、具体、清晰、可衡量	
预算和财务管理	预算编制完整性	反映部门年度预算编制完整性和提前细化情况	①收入预算编制是否足额，是否将所有部门预算收入全部编入收入预算；②支出预算编制是否科学，是否是按人员经费按标准、日常公用经费按定额、专项经费按项目分别编制
	专项资金细化率		预算细化率＝(部门参与分配的专项待分资金÷部门参与分配资金合计)×100%
	预算执行率	反映部门年度预算执行情况、调整程度和控制结转结余资金的努力程度	预算执行率＝(预算执行数÷预算数)×100%
	预算调整率		预算调整率＝(预算调整数÷预算数)×100%。预算调整数：部门在本年度内涉及预算的追加、追减或结构调整的资金总和（因落实国家政策、发生不可抗力、上级部门或本级党委政府临时交办而产生的调整除外）
	结转结余率		结转结余率＝本年度累计结转结余资金总额÷预算数×100%
	“三公经费”控制率	反映部门对控制和压缩重点行政成本的努力程度	“三公经费”控制率＝“三公经费”实际支出数÷“三公经费”预算数
	政府采购执行率	反映部门政府采购的执行情况	①资金使用是否符合政府采购的程序和流程；资金使用是否符合公务卡结算相关制度和规定；②政府采购执行率＝(实际政府采购金额÷政府采购预算数)×100%
	决算真实性	反映部门决算的情况	
	资金使用合规性	反映部门对资金使用的情况	
	管理制度健全性	反映部门的管理制度是否健全	
	预决算信息公开性	反映部门预决算是否按要求、及时、规范地进行公开	
	资产管理规范性	反映部门对资产管理的情况	①资产保存是否完整，是否定期对固定资产进行清查，是否有因管理不当发生严重资产损失和丢失的情况；②是否存在超标准配置资产；③资产使用是否规范，是否存在未经批准擅自出租、出借资产行为；④资产处置是否规范，是否存在不按要求进行报批或资产不公开处置行为
绩效管理	绩效监控完成率	反映部门各阶段绩效管理工作是否有序开展	
	绩效自评完成率		
	部门绩效评价完成率		
	评价结果应用率		

（二）适用范围

1. 本表适用于预算部门及其所属单位在申报部门（单位）整体支出绩效目标时填

报，作为部门（单位）整体支出预算审核及绩效评价的主要依据。

2. 部门（单位）整体支出是指纳入部门（单位）预算管理的全部资金，包括当年财政拨款和通过以前年度财政拨款结转和结余资金、事业收入、事业单位经营收入等其他收入安排的支出，由基本支出和项目支出组成。

3. 预算部门及其所属单位应按要求设定部门整体支出绩效目标，填报本表。

4. 本表由预算部门或所属单位财务主管机构负责填写，必要时可以由本部门或本单位业务部门协助填写。

（三）填报内容

1. 年度：填写编制部门预算所属年份。如编报 2022 年部门预算，填写“2022 年”。

2. 部门（单位）名称：填写填报本表的预算部门或单位全称。

3. 年度主要任务：填写根据部门（单位）主要职责和工作计划确定的本年度主要工作任务以及开展这项任务所对应的预算支出金额（一般为一级项目及金额）。预算支出金额包括当年财政拨款和其他资金，以万元为单位，保留到小数点后两位。

4. 年度总体目标：描述本部门（单位）利用全部部门预算资金在本年度内预期达到的总体产出和效果。

5. 年度绩效指标：一般包括投入管理指标、产出指标、效益指标等一级指标，每一类一级指标细分为若干二级指标、三级指标，分别对应具体的指标值。指标值应尽量细化、量化，可量化的用数值描述，不可量化的以定性描述。

专栏 3-3

广东启动部门整体支出核心绩效指标体系建设试点

近日，广东省财政厅就部门整体支出核心绩效指标体系建设试点工作作出动员和部署，要求探索建立以绩效为导向的部门整体预算管理模式，推动省业务主管部门聚焦主责主业，切实将“花钱必问效”宗旨落实到财政支出管理工作中。

一是试点先行。省财政厅优先选取了基础较好、代表性强的省教育厅、生态环境厅、交通运输厅等 10 个部门开展试点工作，按照“部门核心职能—任务指标—大事要事—预算项目—核心指标”的逻辑链条进行梳理，从而形成“一个部门一套核心指标”。

二是分步推进。整项工作分为部署动员、部门梳理、财政初审、集中审议、应用于 2022 年度预算编制 5 个阶段，内容包括工作布置、动员和培训，试点部门按要求自行梳理本单位的核心绩效指标，省财政厅对核心绩效指标体系进行审议并反馈意见，召集面对面集中审核，试编部门整体预算申请绩效报告。

三是强化引领。部门整体支出核心绩效指标体系建设，将进一步强化绩效的牵引作用，集中反映财政资金支持部门履职的效果；进一步加强对部门大事要事的资金保障力度，确保集中财力办大事；进一步提升部门“先谋划事再安排钱”的能力，引导部门更有针对性地开展项目规划和项目评估，确保财政资金以最有效率的方式用在最急需、最迫切的地方，更好地发挥财政资源配置在推动社会经济稳定和发展方面的效用。

四是加强应用。聚焦核心指标体系编审预算，与核心指标关联度不高、可上可不上的项目一律不上；试点部门围绕核心指标体系创新性地编写部门整体预算申请绩效报告，全面反映财政支持部门围绕党委政府中心工作谋事、干事、成事情况，并向省政府汇报；核心指标体系作为下一年度绩效评价的标尺和预算优化调整的重要依据①。

三、部门整体支出绩效目标设定的常见问题

部门整体支出绩效目标是基于部门工作职责和工作任务目标进行设定，即需要将部门工作职责和工作任务目标提炼转换成可衡量的绩效指标，但由于此项工作处于探索起步阶段，因此在部门整体支出绩效目标的设定过程中容易出现下列问题。

1. 设定绩效目标指向不够明确

未从工作完成的数量、进度、幅度、效率、质量等方面明确和细化指标标准，设定不够细化、量化。部分单位笼统采取“大幅提高”“较好”“优良”“满意”之类的描述性语言。

2. 绩效目标指标值较低和缺失

为方便后期开展的监控和评价工作，往往设置容易完成的指标值，未按照“跳一跳，够得着”的目标来设置。对群众满意度指标，除部分社会管理类部门开展满意度测评工作有测评值外，很多部门从来不开展群众测评工作，无法设定满意度指标，绩效目标设定不全面。

3. 部门整体绩效目标内容未进行实时更新

随着经济社会发展，部门的职能在新增或减少，也存在不同程度的职能调整和转移，要根据实际情况进行目标的更新设置。

四、部门整体支出绩效目标设定案例分析——C省体育彩票管理中心

部门整体（单位）绩效目标设定工作相对于项目支出绩效目标设定而言，尚处于摸索、起步阶段，仅有个别省市在预算公开时同步公开了部门（单位）整体绩效目标，如河南省、北京市等。本部分以C省体育彩票管理中心的部门整体支出绩效目标设定为例，介绍预算部门（单位）是如何开展部门整体支出绩效目标的设定工作。

（一）项目介绍

C省体育彩票管理中心（以下简称“C省体彩中心”）是中国体育彩票在C省销售和管理的组织者，通过开展体育彩票的营销与宣传、体育彩票销售市场管理与财务管理、体育彩票代销者审批，促进体育事业和社会公益事业发展。C省体彩中心下设10个职能部门和15个派出分支机构，目前主要经营的彩票品种有：电脑型体育彩票（体育7星彩、体育大乐透、体彩排列3、体彩排列5、泳坛夺金）、竞猜型体育彩票和即开型体育彩票。2021年9月，C省体彩中心通过开展2022年工作计划安排会议及组织各

① 广东启动部门整体支出核心绩效指标体系建设试点［N］. 刘捷. 中国财经报 2021-06-19.

职能部门申报2022年预算项目等，确定了2022年中心全部预算资金为35 000万元，其中基本支出3 000万元，项目支出为32 000万元；同时，确定了C省将通过营销、宣传、网点建设等，提升体育彩票品牌影响力，使C省体育彩票销量达到100亿元、体彩公益金筹集量达到35亿元的总体目标。

（二）绩效目标设定过程

首先，通过对部门职能进行梳理，明确部门的各项具体工作职责，C省体彩中心将部门本年度的履职目标设定为：一是体育彩票销售收入达到100亿元，以完成35亿元的公益金筹集目标，提高体育彩票公益形象和市场影响力；二是通过公益宣传、网点建设等形式提升体育彩票公益形象，提升体育彩票品牌影响力；三是保障省体彩中心各部室和各分中心的正常运转，确保全省体育福彩市场安全健康发展。

其次，结合国民经济和社会发展规划、部门中长期规划和年度工作计划，省体彩中心明确年度主要工作任务为：一是及时按计划开展营销宣传活动，提高体育彩票销量，完成公益金筹集量目标；二是新增兼营渠道建设至少600个，用以稳定销售渠道和提高体育彩票销量；三是购置终端机3 000台、公务用车15辆等，用以保障各分中心及营业网点的正常运转，从而促进体育彩票业务发展。

再次，根据部门所要实现的总体目标，省体彩中心结合部门的年度履职目标和主要工作任务，确定了每项工作预计要达到的产出和效果，从中概括出最能反映工作任务预期实现程度的关键性指标，主要包括投入管理、产出、效益三个一级指标，工作目标管理、预算和财务管理、绩效管理、重点工作任务完成、履职目标实现、履职效益、满意度等7个二级指标及33个三级指标，其中重点工作任务完成和履职目标实现的三级指标分别根据年度履职目标和年度主要任务进行提取设定，即分别为“促销活动计划完成率”“宣传活动计划完成率”“购置终端机数量”“购置公务用车数量”“新增兼营渠道建设数量”等重点工作任务计划完成指标以及“部门正常运转率”“新信息系统建设完成率”“C省体彩全国销量排名”等履职目标计划实现指标。

最后，通过收集相关基准数据，如过去三年的平均值、行业标准、经验标准等，并结合年度预算安排等情况，C省体彩中心确定了绩效指标的具体数值。

（三）C省体彩中心部门整体支出绩效目标表

根据对部门整体预算支出计划及实施效益的分析，C省体彩中心设定了2022年部门整体支出绩效目标，具体内容见表3－11。

表3－11　　省级部门（单位）整体支出绩效目标申报表

（2022年度）

部门（单位）名称	C省体育彩票管理中心
年度履职目标	目标1：完成全年销售目标，保证公益金筹集，加强责任彩票建设； 目标2：通过公益宣传、网点建设等形式提升体育彩票的公益形象，促进体彩事业发展，提升体育彩票品牌影响力； 目标3：保障省中心各部室和各分中心的正常运转，确保全省体育彩票市场安全健康发展

续表

	任务名称	主要内容	预算资金（万元）		
			合计	其中：财政资金	备注
年度主要任务	开展营销宣传活动	及时按计划开展营销宣传活动，提高体育彩票销量，完成公益金筹集量目标	10 000	10 000	
	渠道建设稳步提升	新增兼营渠道600个，用以稳定销售渠道，提高体育彩票销量	1 000	1 000	
	采购彩票销售设备和公务用车	购置终端机3 000台、公务用车15辆，用以保障各分中心及营业网点的正常运转，从而促进体彩业务发展	6 000	6 000	

一级指标	二级指标	三级指标	指标值	指标解释
投入管理指标	工作目标管理情况	年度履职目标相关性	相关	部门设立的年度履职目标是否与部门职能相关
		工作任务科学性	科学	部门设立的工作任务是否明确、具体、科学
		绩效指标合理性	合理	部门设置的绩效指标是否明确、具体、清晰、可衡量
	预算和财务管理	预算编制完整性	完整	部门所有收入是否全部纳入部门预算；部门支出预算是否统筹各类资金来源，全部纳入部门预算管理
		专项资金细化率	100%	预算细化率=（部门参与分配的专项待分资金÷部门参与分配资金合计）×100%
		预算执行率	≥95%	预算执行率=（预算执行数÷预算数）×100%
		预算调整率	≤20%	预算调整率=（预算调整数÷预算数）×100% 预算调整数：部门在本年度内涉及预算的追加、追减或结构调整的资金总和（因落实国家政策、发生不可抗力、上级部门或本级党委政府临时交办而产生的调整除外）
		结转结余率	≤5%	结转结余率=（本年度累计结转结余资金总额÷预算数）×100%
		“三公经费”控制率	≤100%	“三公经费”控制率=（“三公经费”实际支出数÷“三公经费”预算数）×100%
		政府采购执行率	≥80%	政府采购执行率=（实际政府采购金额÷政府采购预算数）×100%；政府采购预算：采购机关根据事业发展计划和行政任务编制的并经过规定程序批准的年度政府采购计划
		决算真实性	真实	反映本部门决算工作情况。决算编制数据是否账表一致，即决算报表数据与会计账簿数据是否一致
		资金使用合规性	合规	资金使用是否符合国家法律法规；是否有完整的审批程序和手续；重大开支是否经过评估论证；是否符合部门预算批复的用途；是否存在截留支出情况；是否存在截留、挤占、虚列支出的情况
		管理制度健全性	健全	反映部门的管理制度是否健全、有效

续表

一级指标	二级指标	三级指标	指标值	指标解释
投入管理指标	预算和财务管理	预决算信息公开性	公开	反映部门预决算是否按规定内容、及时公开
		资产管理规范性	规范	反映资产是否及时规范入账；新增资产是否符合规定程序和规定标准，是否会闲置；资产对外使用等事项是否按规定报批；资产收益是否及时足额上交财政
	绩效管理	绩效目标编制完成率	100%	部门绩效目标编制完成率 =（已完成绩效目标编制的项目数 ÷ 部门项目总数）× 100%
		绩效监控完成率	100%	部门绩效监控完成率 =（已完成绩效监控项目数量/部门项目总数）× 100%
		绩效自评完成率	100%	部门绩效自评完成率 =（已完成自评项目数量 ÷ 部门项目总数）× 100%
		部门绩效评价完成率	100%	部门绩效评价完成率 =（已完成评价项目数量 ÷ 部门重点绩效评价项目数）× 100%
		评价结果应用率	100%	评价结果应用率 =（评价提出的意见建议采纳数 ÷ 提出的意见建议总数）× 100%
产出指标	重点工作任务完成	促销活动计划完成率	100%	反映本部门负责的重点工作任务进展情况
		宣传活动计划完成率	100%	
		购置终端机数量	3 000 台	
		购置公务用车数量	15 辆	
		新增渠道建设数量	≥600 个	
	履职目标实现	部门正常运转率	100%	反映本部门年度工作目标达成情况
		新信息系统建设完成率	100%	
		C 省体彩全国销量排名	保五争四	
效益指标	履职效益	体育彩票销售收入	≥100 亿元	反映本部门履职对经济发展带来的直接影响
		体育彩票公益金筹集量	≥35 亿元	反映本部门履职对社会发展带来的直接影响
		专营实体店个数	≥15 000 个	反映本部门履职的可持续影响
	满意度	社会公众满意度	≥80%	反映社会公众对部门服务的满意度
		外部监督部门满意度	≥80%	反映外部监督部门对部门彩票管理情况的满意度

第五节 预算绩效目标审核、批复、调整及应用

预算绩效目标设定之后，按照“谁分配资金，谁审核目标”的原则，由财政部门或预算部门（单位）按照预算管理级次进行审核；修改完善后，符合条件的绩效目标

会随预算一同由财政部门批复；批复后的绩效目标如果需要进行调整，则需要按相关流程重新报送审核批复；确定后的绩效目标，将应用到绩效监控、绩效自评及绩效评价工作中。以下内容主要以项目绩效目标为主进行介绍，部门整体支出绩效目标的审核、批复、调整及应用可参考运用。

一、预算绩效目标审核

（一）绩效目标审核的内涵

绩效目标审核是指财政部门和预算部门对相关部门和单位报送的绩效目标进行审查核实，并将审核意见反馈相关部门和单位，指导其修改完善绩效目标的过程。按照“谁审核预算，谁审核目标”的原则，绩效目标由财政部门或预算部门按照预算管理级次进行审核。绩效目标审核是部门预算审核的有机组成部分。绩效目标不符合要求的，财政部门及预算主管部门会要求报送单位及时修改、完善。财政审核符合要求后，方可进入财政项目库，并进入下一步预算编审流程。

（二）绩效目标审核的内容

绩效目标的审核应充分参考部门（单位）职能、项目立项依据、项目实施的必要性和可行性、项目实施方案以及以前年度绩效信息等内容，还应充分考虑财政资金支出的方向、范围和方式等。绩效目标的审核要从项目预算编制的完整性、相关性、适当性和可行性四个方面来审核，具体内容如下：

1. 绩效目标完整性审核

审核绩效目标完整性的过程中，要通过梳理项目基本情况，结合部门预算、财务管理等方面的特性进行深入剖析。审核要点：

（1）规范完整性。绩效目标填报格式是否规范，内容是否完整、准确、详实，是否无缺项、错项。也就是绩效目标是否将项目内容表述清楚，是否包含项目资金基本情况、年度目标及细化量化的绩效指标，绩效指标是否包含产出、效益、满意度等指标。

（2）明确清晰性。绩效目标是否明确、清晰，是否能够反映项目主要情况，是否对项目预期产出和效益进行了充分、恰当的描述。

2. 绩效目标相关性审核

审核绩效目标相关性的过程中要明确各个指标之间的关系，要考虑到各个绩效指标之间的相关程度，要选取相关度较高并且能够体现出总目标的指标。对于那些与总目标相关度较低的指标应予以删除，因为设置这样的目标本身没有很大的意义。审核要点：

（1）目标相关性。总体目标是否符合国家法律法规、国民经济和社会发展规划要求，与本部门（单位）职能、发展规划和工作计划是否密切相关。

（2）指标科学性。绩效指标是否全面、充分、细化、量化，难以量化的，定性描述是否充分、具体，是否选取了最能体现总体目标实现程度的关键指标并明确了具体指标值。

3. 适当性审核

审核绩效目标适当性过程中要看项目是否有明确的绩效目标，对项目所产生的经济效益、社会效益与环境效益是否有清晰的预期；还要进行匹配性审核，即资金规模与绩效目标之间是否匹配，在既定的规模下，绩效目标是否过高或过低。审核要点：

（1）绩效合理性。预期绩效是否显著，是否能够体现实际产出和效果的明显改善，是否符合行业正常水平或事业发展规律；与其他同类项目相比，预期绩效是否合理。

（2）资金匹配性。绩效目标与项目资金量是否匹配，在既定资金规模下，绩效目标是否过高或过低；或完成既定绩效目标，资金规模是否过大或过小。绩效目标与相应的支出内容、范围、方向、效果等是否匹配。

4. 可行性审核

审核绩效目标可行性过程中，首先需要行业专家依据绩效目标衡量项目的可行性，重点依据项目建设必要性、实施方案可行性、预算编制合理性和绩效目标科学性等内容开展评审，通过审阅政策文件、部门职责、背景说明和需求分析等来综合评价项目是否可行、是否具备建设必要性。审核要点：

（1）实现可能性。绩效目标是否经过充分调查研究、论证和合理测算。绩效目标实现的可能性是否充分，是否考虑了现实条件和可操作性。

（2）条件充分性。项目实施方案是否合理，项目实施单位的组织实施能力和条件是否充分。内部控制是否规范，预算和财务管理制度是否健全，并得到有效执行。

（三）绩效目标审核主体及方式

1. 审核主体

对一般性项目，由财政部门或预算部门按照部门预算管理流程进行审核，提出审核意见。对社会关注程度高、对经济社会发展具有重要影响、关系重大民生领域或专业技术复杂的重点项目，财政部门或预算部门可根据需要将其委托给第三方机构，组织相关部门、专家学者、科研院所、中介机构、社会公众代表等共同参与审核，提出审核意见。

2. 审核方式

财政部及部分省市对审核方式进行了规定，基本上均将定性审核分为“优”“良”“中”“差”四个等级，但部分省市未阐述定量审核方式，下面以财政部《中央部门预算绩效目标管理办法》中的相关规定为准，对绩效目标的审核方式进行介绍：

对一般性项目，采取定性审核的方式。审核主体对绩效目标审核表（见表 3-12）中的每一项审核内容逐一提出定性审核意见，并根据各项审核情况，汇总确定“综合评定等级”。确定综合评定等级时，8 个审核要点中，有 6 项及以上为“优”且其他项无“中”“差”级的，方可定级为“优”；有 6 项及以上为“良”及以上且其他项无“差”级的，方可定级为“良”；有 6 项及以上为“中”及以上的，方可定级为“中”。同时，在表中的“总体意见”栏中对该项目绩效目标的修改完善、预算安排等提出意见。

表 3-12　项目支出绩效目标审核表（一般性项目）

审核内容	审核要点	审核意见
一、完整性审核		
规范完整性	绩效目标填报格式是否规范，内容是否完整、准确、详实，是否无缺项、错项	优□　良□　中□　差□

续表

审核内容	审核要点	审核意见
明确清晰性	绩效目标是否明确、清晰，是否能够反映项目主要情况，是否对项目预期产出和效果进行了充分、恰当的描述	优□ 良□ 中□ 差□
二、相关性审核		
目标相关性	总体目标是否符合国家法律法规、国民经济和社会发展规划要求，与本部门（单位）职能、发展规划和工作计划是否密切相关	优□ 良□ 中□ 差□
指标科学性	绩效指标是否全面、充分、细化、量化，难以量化的，定性描述是否充分、具体；是否选取了最能体现总体目标实现程度的关键指标并明确了具体指标值	优□ 良□ 中□ 差□
三、适当性审核		
绩效合理性	预期绩效是否显著，是否能够体现实际产出和效果的明显改善；是否符合行业正常水平或事业发展规律；与其他同类项目相比，预期绩效是否合理	优□ 良□ 中□ 差□
资金匹配性	绩效目标与项目资金量、使用方向等是否匹配，在既定资金规模下，绩效目标是否过高或过低；或要完成既定绩效目标，资金规模是否过大或过小	优□ 良□ 中□ 差□
四、可行性审核		
实现可能性	绩效目标是否经过充分调查研究、论证和合理测算，实现的可能性是否充分	优□ 良□ 中□ 差□
条件充分性	项目实施方案是否合理，项目实施单位的组织实施能力和条件是否充分，内部控制是否规范，管理制度是否健全	优□ 良□ 中□ 差□
综合评定等级	优□ 良□ 中□ 差□	
总体意见		

对重点项目，采取定性审核和定量审核相结合的方式。审核主体对绩效目标审核表（见表 3－13）中每一项审核内容提出定性审核意见，并进行打分。定性审核为“优”的，得该项分值的 90%—100%；定性审核为“良”的，得该项分值的 80%—89%；定性审核为“中”的，得该项分值的 60%—79%；定性审核为“差”的，得该项分值的 59% 以下。各项审核内容完成后，根据项目审核总分，确定“综合评定等级”。总得分在 90 分以上的为“优”；在 80 分至 90 分（不含，下同）之间的为“良”；在 60 分至 80 分之间的为“中”；低于 60 分的为“差”。同时，在表的“总体意见”栏中对该项目支出绩效目标的修改完善、预算安排等提出意见。

表 3－13　　项目支出绩效目标审核表（重点项目）

审核内容		审核要点		审核意见	得分
具体内容	分值	具体内容	分值		
一、完整性审核（20 分）					
规范完整性	10 分	绩效目标填报格式是否规范、符合规定要求	5 分	优□　良□　中□　差□	
		绩效目标填报内容是否完整、准确、详实，是否无缺项、错项	5 分	优□　良□　中□　差□	
				得分小计	
明确清晰性	10 分	绩效目标是否明确，内容是否具体，层次是否分明，表述是否准确	5 分	优□　良□　中□　差□	
		绩效目标是否清晰，是否能够反映项目的主要内容，是否对项目预期产出和效果进行了充分、恰当的描述	5 分	优□　良□　中□　差□	
				得分小计	
二、相关性审核（30 分）					
目标相关性	15 分	总体目标是否符合国家法律法规、国民经济和社会发展规划要求	7 分	优□　良□　中□　差□	
		总体目标与本部门（单位）职能、发展规划和工作计划是否密切相关	8 分	优□　良□　中□　差□	
				得分小计	
指标科学性	15 分	绩效指标是否全面、充分，是否选取了最能体现总体目标实现程度的关键指标并明确了具体指标值	8 分	优□　良□　中□　差□	
		绩效指标是否细化、量化，便于监控和评价；难以量化的，定性描述是否充分、具体	7 分	优□　良□　中□　差□	
				得分小计	
三、适当性审核（30 分）					
绩效合理性	15 分	预期绩效是否显著，是否能够体现实际产出和效果的明显改善	8 分	优□　良□　中□　差□	
		预期绩效是否符合行业正常水平或事业发展规律；与其他同类项目相比，预期绩效是否合理	7 分	优□　良□　中□　差□	
				得分小计	
资金匹配性	15 分	绩效目标与项目资金量是否匹配，在既定资金规模下，绩效目标是否过高或过低；或要完成既定绩效目标，资金规模是否过大或过小	8 分	优□　良□　中□　差□	
		绩效目标与相应的支出内容、范围、方向、效果等是否匹配	7 分	优□　良□　中□　差□	
				得分小计	

续表

审核内容		审核要点		审核意见	得分
具体内容	分值	具体内容	分值		
四、可行性审核（20分）					
实现可能性	10分	绩效目标是否经过充分调查研究、论证和合理测算	5分	优□　良□　中□　差□	
		绩效目标实现的可能性是否充分，是否考虑了现实条件和可操作性	5分	优□　良□　中□　差□	
				得分小计	
条件充分性	10分	项目实施方案是否合理，项目实施单位的组织实施能力和条件是否充分	5分	优□　良□　中□　差□	
		内部控制是否规范，预算和财务管理制度是否健全并得到有效执行	5分	优□　良□　中□　差□	
				得分小计	
总分					
综合评定等级		优□　良□　中□　差□			
总体意见					

（四）绩效目标审核的结果

项目支出绩效目标审核结果分为“优”“良”“中”“差”四个等级，作为项目预算安排的重要参考因素。审核结果为“优”的，直接进入下一步预算安排流程；审核结果为“良”的，可与相关部门或单位进行协商，直接对其绩效目标进行完善后，进入下一步预算安排流程；审核结果为“中”的，由相关部门或单位对其绩效目标进行修改完善，按程序重新报送审核；审核结果为“差”的，不得进入下一步预算安排流程。

（五）绩效目标审核的程序

预算部门（单位）审核。预算部门（单位）对下级单位报送的绩效目标进行审核，提出审核意见并反馈给下级单位。下级单位根据审核意见对相关绩效目标进行修改完善，重新提交上级单位审核，审核通过后按程序随部门预算报送财政部门。

财政部门审核。财政部门对预算部门（单位）报送的绩效目标进行审核，提出审核意见并反馈给预算部门。预算部门（单位）根据财政部门的审核意见对相关绩效目标进行修改完善，重新报送财政部门审核。财政部门根据绩效目标审核情况提出预算安排意见，随部门预算资金一并下达预算部门（单位）。

专栏3-4

云南聚力绩效目标审核关

云南省财政厅聚力绩效目标审核关，将绩效关口前移，努力构建预算管理“防火墙”。前不久，顺利完成2020年省级部门预算绩效目标审核工作，审减预算22.05亿元。

2019年，云南省财政厅修订《云南省省级项目支出预算绩效目标审核工作规程》，聚焦核心指标、简化审核要点、拓宽审核内容，确保审核工作平稳有序开展。按照“谁分配资金，谁审核目标”的原则，云南省明确主管部门绩效目标管理的主体责任，同时，强化激励约束机制，将审核结果与预算安排、部门机动金调剂等挂钩，进一步激发主管部门主观能动性，使其自觉做好预算绩效目标编审工作。

在2020年省级部门预算绩效目标审核中，云南省首次将部门整体预算及省本级一级项目预算绩效目标纳入审核范围。在确保一般性审核全覆盖的基础上，省财政厅选取50个省级部门开展重点审核，共涉及项目预算134.47亿元，并对其中5个部门的相关项目开展延伸审核，通过座谈、调研、问卷调查等方式深入挖掘存在的问题，提出可行性建议，以期提升项目实施绩效和部门预算绩效管理水平。云南省计划分3年逐步实现省级部门预算绩效目标重点审核全覆盖[①]。

（六）案例分析—传统村落保护项目绩效目标的审核

1. 项目概况

为贯彻落实习近平总书记“把传统村落改造好、保护好”的重要讲话和党的十九届五中全会精神，A省深入推进传统村落保护发展工作，以提升传统村落可持续发展能力，推动优秀传统文化创造性转化、创新性发展，助力A省历史文明传承创新区建设，谱写新时代A省更加出彩绚丽篇章。A省自2020年开始设立传统村落保护发展省级财政补助资金，每年安排5 000万元资金，用于加强传统村落保护发展工作的支持力度，积极稳妥推进A省的传统村落保护。同时，制定《A省传统村落保护发展补助资金管理办法》，对资金的支持范围及原则，管理机构及职责，资金的分配、使用和管理，绩效管理与监督检查进行了规定，补助资金主要用于支持列入中国传统村落名录和A省传统村落名录的村庄内重要街巷、传统建筑和院落修缮与风貌整治，尤其是对急需抢救保护的具有历史价值建筑的修缮。2021年8月，A省住房城乡建设厅会同省财政厅采用竞争性的方式，遵循公开、公正、公平、择优的原则，按照地市申报、专家评审、现场考察、立项备案等程序确定2022年支持保护发展的25个传统村落，并进行了网上公示。

2. 目标设定过程

A省住房城乡建设厅结合2022年的预补助对象及2020年、2021年的项目实施情况，在预算编制过程中，对传统村落保护发展补助资金设定了绩效目标，具体内容见表3-14。

① 云南聚力绩效目标审核关［N］．云财．中国财经报．2020-03-07.

表 3－14　　　　A 省传统村落保护发展补助资金绩效目标申报表

<table>
<tr><td colspan="5">省级部门预算项目绩效目标申报表</td></tr>
<tr><td colspan="5">（2022 年度）</td></tr>
<tr><td colspan="2">项目名称</td><td colspan="3">传统村落保护资金</td></tr>
<tr><td colspan="2">部门名称</td><td colspan="3">A 省住房和城乡建设厅</td></tr>
<tr><td colspan="2">单位名称</td><td colspan="3">A 省住房和城乡建设厅机关</td></tr>
<tr><td rowspan="3">项目资金（万元）</td><td colspan="2">年度资金总额</td><td colspan="2">5 000</td></tr>
<tr><td colspan="2">其中：财政性资金</td><td colspan="2">5 000</td></tr>
<tr><td colspan="2">其他资金</td><td colspan="2">0</td></tr>
<tr><td>总体目标</td><td colspan="4">建立完善的传统村落保护管理机制，全面提升各级政府和人民群众的保护意识，村落历史文化资源得到妥善保护，村民生产生活条件明显改善，综合发展能力显著增强。</td></tr>
<tr><td colspan="5">分解目标</td></tr>
<tr><td>一级指标</td><td>二级指标</td><td>三级指标</td><td>指标值</td><td>指标值说明</td></tr>
<tr><td rowspan="6">产出指标</td><td>数量指标</td><td>补助传统村落数</td><td>25 个</td><td></td></tr>
<tr><td rowspan="2">时效指标</td><td>补助资金支出及时率</td><td>100%</td><td></td></tr>
<tr><td>项目实施期限</td><td>≤1 年</td><td></td></tr>
<tr><td rowspan="3">质量指标</td><td>补助的传统村落资质达标率</td><td>100%</td><td>补助对象为已经列入中国传统村落名录或 A 省传统村落名录</td></tr>
<tr><td>项目完工率</td><td>100%</td><td>使用省级补助资金项目全部完工</td></tr>
<tr><td>验收合格率</td><td>100%</td><td></td></tr>
<tr><td rowspan="4">效益指标</td><td rowspan="2">经济效益指标</td><td>拉动社会资本投资</td><td>≥2 000 万元</td><td></td></tr>
<tr><td>传统村落旅游收入增长率</td><td>≥200%</td><td></td></tr>
<tr><td rowspan="2">社会效益指标</td><td>文化遗产保护</td><td>有效</td><td></td></tr>
<tr><td>人居环境改善</td><td>明显</td><td></td></tr>
<tr><td>满意度指标</td><td>服务对象满意度指标</td><td>村民满意度</td><td>满意</td><td></td></tr>
</table>

3. 项目绩效目标表的审核

A 省住房城乡建设厅将设定好的绩效目标上报至 A 省财政部门后，财政部门组织专家形成评审小组，对 2022 年省级财政重点项目的绩效目标进行了审核。评审小组按照一定的方法和要点对传统村落保护发展补助资金绩效目标进行了评审，具体审核过程如下：

（1）完整性审核。规范完整性：A 省传统村落保护发展补助资金绩效目标按照规定的格式填报，符合要求。绩效目标中填报了项目的基本信息、项目预算资金额及来源、年度目标，明确了分解目标的内容，包含产出指标、效益指标和满意度指标，绩效目标填报内容完整、详实。但是，“项目完工率（指标值为 100%）”指标不应作为质量指标，是数量指标的另一种表现形式。

明确清晰性：总体目标为“建立完善的传统村落保护管理机制，全面提升各级政府和人民群众的保护意识，村落历史文化资源得到妥善保护，村民生产生活条件明显改善，综合发展能力显著增强”，虽然明确了项目的效益，但未明确项目的产出，绩效目标不够具体明确，且层次不够分明。

（2）相关性审核。目标相关性：总体目标符合国家法律法规、国民经济和社会发展规划要求，总体目标与本部门职能、发展规划和工作计划密切相关。

指标科学性：项目设置了补助传统村落数、补助的传统村落资质达标率、验收合格率等与项目具体实施内容相关的绩效指标，基本上是选取了最能体现总体目标实现程度的关键指标并明确了具体指标值。大部分绩效指标细化、量化，便于监控和评价，但个别定量指标的可衡量性不高，如补助资金支出及时率指标，指标值为100%，未明确补助资金何时支出为及时，考核标准不够明确；个别定性指标描述的不够充分、具体，如“文化遗产保护（指标值为有效）”指标、“人居环境改善（指标值为明显）”指标、“村民满意度（指标值为满意）”指标，分别未明确什么是有效的文化遗产保护、什么是明显的人居环境改善，及村民满意度达到多少为满意，考核标准不清晰。

（3）适当性审核。绩效合理性：预期能拉动社会资本投入且给村落带来旅游收入，能体现经济效益明显，但有效实现文化遗产保护、人居环境明显改善，不太能够体现实际社会效果地明显改善；另外，个别指标的预期绩效不合理，如传统村落旅游收入增长率要达到≥200%的目标，参考省内以往年度传统村落在实施补助项目后，旅游收入增长率最高为100%，可见指标值设置过高，预期效果不符合行业正常水平或事业发展规律。

资金匹配性：根据2020年和2021年的项目实施情况，每个村落给予200万元的资金支持，能够达到保护村落的计划实施效果，绩效目标与项目资金量匹配，且与相应的支出内容、范围、方向、效果等匹配。

（4）可行性审核。实现可能性：根据A省住房城乡建设厅的介绍，绩效目标的设定经过了充分调查研究、论证和合理测算，但未留存相关支撑资料，绩效目标的可实现性有待进一步考证；同时，设定绩效目标的过程中，考虑了传统村落的资质是否符合补助标准的现实条件和补助项目建设实施期为1年的可操作性。

条件充分性：各村落在上报项目，已经提交了具体可执行的实施方案，且项目实施单位的组织实施能力和条件较为充分。A省住房城乡建设厅表示项目实施过程中，会加强各项目的内部控制的监督检查，并尽量保障预算和财务管理制度得到有效执行。

通过与A省住房城乡建设厅充分沟通，查询资料论证，组内多次讨论，评审小组给出审核结果，即得分与等级；同时，指出了项目绩效目标存在的问题与不足，具体内容见表3-15。

表3-15　传统村落保护项目绩效目标审核表

审核内容		审核要点		审核意见	得分
具体内容	分值	具体内容	分值		
一、完整性审核（20分）					
规范完整性	10分	绩效目标填报格式是否规范、符合规定要求	5分	优☑ 良□ 中□ 差□	5
		绩效目标填报内容是否完整、准确、详实，是否无缺项、错项	5分	优☑ 良□ 中□ 差□	4.5
				得分小计	9.5

续表

审核内容		审核要点		审核意见	得分
具体内容	分值	具体内容	分值		
明确清晰性	10分	绩效目标是否明确，内容是否具体，层次是否分明，表述是否准确	5分	优□ 良☑ 中□ 差□	4
		绩效目标是否清晰，是否能够反映项目的主要内容，是否对项目预期产出和效果进行了充分、恰当的描述	5分	优□ 良□ 中☑ 差□	3.5
				得分小计	7.5
二、相关性审核（30分）					
目标相关性	15分	总体目标是否符合国家法律法规、国民经济和社会发展规划要求	7分	优☑ 良□ 中□ 差□	7
		总体目标与本部门（单位）职能、发展规划和工作计划是否密切相关	8分	优☑ 良□ 中□ 差□	8
				得分小计	15
指标科学性	15分	绩效指标是否全面、充分，是否选取了最能体现总体目标实现程度的关键指标并明确了具体指标值	8分	优☑ 良□ 中□ 差□	7.2
		绩效指标是否细化、量化，便于监控和评价；难以量化的，定性描述是否充分、具体	7分	优□ 良□ 中☑ 差□	4.9
				得分小计	12.1
三、适当性审核（30分）					
绩效合理性	15分	预期绩效是否显著，是否能够体现实际产出和效果的明显改善	8分	优☑ 良□ 中□ 差□	7.2
		预期绩效是否符合行业正常水平或事业发展规律；与其他同类项目相比，预期绩效是否合理	7分	优□ 良☑ 中□ 差□	5.6
				得分小计	12.8
资金匹配性	15分	绩效目标与项目资金量是否匹配，在既定资金规模下，绩效目标是否过高或过低；或要完成既定绩效目标，资金规模是否过大或过小	8分	优☑ 良□ 中□ 差□	8
		绩效目标与相应的支出内容、范围、方向、效果等是否匹配	7分	优☑ 良□ 中□ 差□	7
				得分小计	15
四、可行性审核（20分）					
实现可能性	10分	绩效目标是否经过充分调查研究、论证和合理测算	5分	优□ 良☑ 中□ 差□	4
		绩效目标实现的可能性是否充分，是否考虑了现实条件和可操作性	5分	优☑ 良□ 中□ 差□	4.5
				得分小计	8.5

续表

审核内容		审核要点		审核意见	得分
具体内容	分值	具体内容	分值		
条件充分性	10 分	项目实施方案是否合理，项目实施单位的组织实施能力和条件是否充分	5 分	优☑ 良□ 中□ 差□	5
		内部控制是否规范，预算和财务管理制度是否健全并得到有效执行	5 分	优□ 良☑ 中□ 差□	4
		得分小计			9
总分					89.4
综合评定等级		优□ 良☑ 中□ 差□			
总体意见		经评审小组研究决定，该项目的绩效目标整体上符合要求，但还存在个别指标的可衡量性有待提高、预期效果的合理性有待加强等问题，评定等级为良，预算部门根据评审意见进行修改完善后，方可进入下一步预算安排流程			

4. 修订后的绩效目标

绩效目标评审结束后，A 省住房和城乡建设厅及时根据评审意见，对绩效目标进行了修改、完善，修订后的绩效目标见表 3－16。

表 3－16　A 省传统村落保护发展补助资金绩效目标申报表（修订后）

省级部门预算项目绩效目标申报表				
（2022 年度）				
项目名称	传统村落保护补助资金			
部门名称	A 省住房和城乡建设厅			
单位名称	A 省住房和城乡建设厅机关			
项目资金（万元）	年度资金总额		5 000	
	其中：财政性资金		5 000	
	其他资金		0	
年度目标	通过对省内符合条件的 25 个传统村落进行补助，建设更加美好的传统村落，全面提升各级政府和人民群众的保护意识，使村落历史文化资源得到妥善保护，同时改善村民生产生活条件			
分解目标				
一级指标	二级指标	三级指标	指标值	指标值说明
产出指标	数量指标	补助传统村落数	25 个	
		完成年度目标建设任务的传统村落数	25 个	
	时效指标	补助资金到位时间	2022 年 6 月底前	
		项目实施期限	≤1 年	补助资金支持村落建设的项目原则上不超过 1 年
	质量指标	补助的传统村落资质达标率	100%	补助对象为已经列入中国传统村落名录或 A 省传统村落名录
		验收合格率	100%	使用省级补助资金项目验收全部合格

续表

一级指标	二级指标	三级指标	指标值	指标值说明
效益指标	经济效益指标	拉动社会资本投资	≥2 000 万元	
		传统村落旅游收入增长率	≥50%	
	社会效益指标	国家级非物质文化遗产增加量	≥3 项	
	生态效益指标	人居环境改善	水电路、环境等较村落保护前有明显改善	
满意度指标	服务对象满意度指标	村民满意度	≥80%	

A 省住房和城乡建设厅将修订后的绩效目标再次提交财政部门，财政部门确认其按要求修改完善后，将项目纳入 A 省 2022 年的财政预算项目库，传统村落保护补助资金项目进入预算批复环节。

二、预算绩效目标批复、调整及应用

（一）绩效目标批复

按照“谁批复预算，谁批复目标”的原则，财政部门和预算部门在批复年初部门预算或调整预算时，一并批复绩效目标。原则上，预算部门整体支出绩效目标、纳入绩效评价范围的项目支出绩效目标，由财政部门批复；预算部门所属单位整体支出绩效目标和纳入绩效评价范围的项目支出的子项目绩效目标，由预算部门及其所属单位按预算管理级次批复。

（二）绩效目标调整

绩效目标确定后，一般不予调整。预算执行中因特殊原因确需调整的，应按照绩效目标管理要求和预算调整流程报批。

1. 对原有项目绩效目标的调整

项目执行过程中，通过监控发现资金支出内容与绩效目标不一致，或者绩效目标设置偏高或者偏低，此时绩效目标应及时按照相关流程进行修订，以保障项目保质保量地完成。另外，不可抗力因素影响财政预算收入时，财政部门会调整预算部门的预算资金额度，如 2020 年受疫情影响，大部分省级预算部门的项目预算年中被调减，因此中期预算部门需要对项目绩效目标进行相应的调整，使新的绩效目标与项目预算额度相匹配。

2. 对新增项目绩效目标的调整

根据履职需要，预算部门（单位）年中出现追加预算的新增项目时，需要对新增项目设定绩效目标，并按照既定的格式、流程报批。

（三）绩效目标应用

预算部门及所属单位应按照批复的绩效目标组织预算执行，并根据设定的绩效目标开展绩效监控、绩效自评和绩效评价。

1. 绩效监控

预算执行中，预算部门及所属单位应对资金运行状况和绩效目标预期实现程度开展绩效“双监控”，及时发现并纠正绩效运行中存在的问题，力保绩效目标如期实现。

2. 绩效自评

预算执行结束后，资金使用单位应对照确定的绩效目标开展绩效自评，分别填写“项目支出绩效自评表”和“部门（单位）整体支出绩效自评表”（见第五章），形成相应的自评结果，作为部门（单位）预、决算的组成内容和以后年度预算申请、安排的重要基础。

3. 绩效评价

财政部门或预算部门要有针对地选择部分重点项目或部门（单位），在资金使用单位绩效自评的基础上，开展项目支出或部门（单位）整体支出绩效评价，并对部分跨年度或者长期实施的重大专项资金或财政政策开展中期绩效评价试点，形成相应的评价结果。

除以上内容外，各级部门还应按照有关法律、法规要求，逐步将有关绩效目标随同部门预算予以公开。

专栏 3－5

山东省将绩效目标应用到监控、评价环节，取得积极成效

山东省计划用 3 年时间、市县用 5 年时间，基本建成“全方位、全过程、全覆盖”的预算绩效管理体系，实现预算和绩效管理一体化，改变预算资金分配的固化格局，提高预算管理水平和政策实施效果。同时，坚持全生命周期管理理念，抓住“事前、事中、事后”三个关键环节，落实绩效目标管理在绩效管理中的基础和关键作用，主要体现在以下几个方面：

事前重在扎紧关口。山东省对省级所有项目支出全部实施绩效目标管理，没有编制绩效目标的，坚决不纳入财政预算“盘子”。从 2019 年起，又对新增重大政策和项目开展事前绩效评估试点，2020 年起在全省全面推开。两年来，全省各级各部门共对 1 万多个新增项目开展事前绩效评估，其中财政部门直接开展的事前评估项目 3 000 多个，涉及资金 453 亿元，否决不合规项目，减少不合理预算 70. 4 亿元。

事中重在监控纠偏。通过加强资金监控，重点看预算是不是按照计划进度执行，是不是达到了预定的绩效目标，并及时发现项目执行中的偏差和管理漏洞。两年来，各级财政部门对 1. 4 万多个项目开展了重点监控，涉及资金 1 415 亿元，通过监控调整收回资金 69. 6 亿元。

事后重在评价问效。经过这几年的探索实践，山东逐步建立了“部门单位自评＋部门和财政重点评价”的绩效评价机制，两年来，各级各部门通过对绩效目标完成情况和预算执行情况进行分析完成 9 万多个项目的绩效自评，财政部门对 6 125 个项目开展重点评价，同时强化绩效评价结果应用，通过评价完善制度办法 522 项，整改问题 4 119 条，取消或调整专项资金 382 项，压减预算 112 亿元。

可以说，绩效目标在绩效监控和绩效自评环节起到了重要和关键作用，绩效管理在提升财政资金使用效益、优化财政支出结构等方面的作用日益显现①。

① 大众网，山东：3—5 年建成“全方位全过程全覆盖”预算管理体系，2021－01－12.

第四章

预算绩效运行监控

预算绩效运行监控作为构成全面实施预算绩效管理体系的重要子系统，是连接绩效目标与绩效评价的关键环节，是确保绩效目标实现、绩效主体责任落实的重要抓手，是开展预算绩效评价的重要前提，其对建立全过程预算绩效管理体系具有重要意义。加强预算绩效运行监控有利于进一步落实履行财政支出事权，提高财政预算支出效率以及降低财政预算支出风险。本章重点从绩效运行监控的主体、范围、内容、开展方式、开展时点、实施原则、实施流程及不同类型监控如何开展等方面展开介绍，并辅以案例进行说明，以期能对预算绩效运行监控的实务开展起到些微的指导。

第一节 预算绩效运行监控的内涵

一、绩效运行监控的有关要素

（一）绩效运行监控的概念

2011 年 7 月，财政部《关于推进预算绩效管理的指导意见》（财预〔2011〕416 号）提出：要“逐步建立‘预算编制有目标、预算执行有监控、预算完成有评价、评价结果有反馈、反馈结果有应用’的预算绩效管理机制”。2018 年 9 月，中共中央 国务院《关于全面实施预算绩效管理的意见》（中发〔2018〕34 号）要求建立全过程预算绩效管理链条，做好绩效运行监控，确保绩效目标如期保质保量实现。

2019 年，财政部《关于印发〈中央部门预算绩效运行监控管理暂行办法〉的通知》（财预〔2019〕136 号）中提到：绩效运行监控是指在预算执行过程中，财政部、中央部门及其所属单位依照职责，对预算执行情况和绩效目标实现程度开展的监督、控制和管理活动。

总结来说，绩效运行监控是指在预算执行过程中，财政部门、预算部门（单位）依照职责，对预算执行情况和绩效目标实现程度开展的监督、控制和管理活动。

（二）绩效运行监控的主体

绩效运行监控的主体包括财政部门、预算部门（单位）、第三方机构、专家学者等五类，各主体职能分工如下：

1. 绩效运行监控实施主体

（1）财政部门。研究制定绩效运行监控管理相关制度和管理计划，建立健全绩效监控管理机制；指导并监督下级财政绩效运行监控工作的开展；组织和指导预算部门（单位）开展绩效运行监控管理工作，开展重大政策和项目的重点监控工作；反馈绩效运行监控管理综合意见，督促预算部门（单位）落实纠偏措施；应用绩效运行监控结果。

（2）预算部门。牵头负责组织部门本级开展绩效运行监控工作；对所属单位的绩效运行监控情况进行指导和监督，明确工作要求，加强绩效运行监控结果应用；配合财政部门做好重点监控；按照要求向本级财政部门报送绩效运行监控结果。

（3）预算单位。按照“谁支出，谁负责”的原则，预算单位负责开展预算绩效日常监控，并定期对绩效运行监控信息进行收集、审核、分析、汇总、填报；分析偏离绩效目标的原因及存在问题，并及时采取纠偏措施。

2. 绩效运行监控参与者

（1）第三方机构。根据财政部门或预算部门（单位）的委托，严格执行合同约定条款，并依照国家相关法律法规、行业规范、绩效运行监控的原理及方法，勤勉尽责，按照要求进行工作启动，协助委托单位做好监控目标确认、数据资料获取、实地调研、报告撰写等工作，按时完成委托工作，并对所承担工作客观性、科学性、公正性负责。

（2）专家。预算部门（单位）自行实施或第三方实施绩效运行监控时，首先针对某些重难点项目或政策监控聘请对应专家进行咨询，分析监控开展的方向、需重点关注的内容、如何有效开展绩效监控等内容，为后续监控的有效性奠定坚实的基础；其次在监控报告完成之后，组织方（委托方）可委托专家对成果进行评审，针对报告的完整性、数据的准确性、监控指标选取的有效性、报告结论的合理性、纠偏措施的可行性等方面进行专业评审，以提升实施质量，保证监控结果的有效性。

（三）绩效运行监控的范围

《关于全面实施预算绩效管理的意见》（中发〔2018〕34号）要求完善全覆盖预算绩效管理体系，除建立一般公共预算绩效管理体系之外，还要将政府性基金预算、国有资本经营预算、社会保险基金预算全部纳入绩效管理，加强四本预算之间的衔接。绩效运行监控作为预算绩效管理的主要环节之一，其监控的对象与预算绩效管理的对象保持一致。2019年，财政部《关于印发〈中央部门预算绩效运行监控管理暂行办法〉的通知》（财预〔2019〕136号）明确绩效运行监控范围涵盖中央部门一般公共预算、政府性基金预算和国有资本经营预算所有项目支出，并逐步开展中央部门及其所属单位整体预算绩效运行监控。

总结来说，绩效运行监控的范围涵盖：一般公共预算、国有资本经营预算、社会保险基金预算和政府性基金预算支持的部门整体支出、财政政策和项目支出，同时，包含涉及一般公共预算等财政资金的政府投资基金、主权财富基金、政府和社会资本合作（PPP）、政府采购、政府购买服务、政府债务项目等。

针对重点项目、政策以及巡视、审计、监督检查、重点绩效评价和日常管理中发现问题较多、绩效水平不高、管理薄弱的项目予以重点关注。专项转移支付资金项目按照相关专项资金管理办法的规定实施监控。

（四）绩效运行监控的内容

绩效运行监控内容主要包括：

绩效目标完成情况。一是预计产出的完成进度及趋势，包括数量、质量、时效、成本①等。二是预计效益的实现程度及趋势，包括经济效益、社会效益、生态效益、可持续影响等。三是跟踪服务对象满意度及趋势。

预算资金执行情况，包括预算资金拨付情况、预算执行单位实际支出情况以及预计结转结余情况。

重点政策和重大项目绩效延伸监控。必要时，可对重点政策和重大项目支出具体工作任务开展情况、发展趋势、实施计划调整等情况进行延伸监控。具体内容包括：政府采购、工程招标、监理和验收、信息公示、资产管理以及有关预算资金会计核算等。

其他需要实施绩效监控的情况。

按照绩效运行监控的对象不同，可以将绩效运行监控分为项目支出绩效运行监控和部门整体支出绩效运行监控。

1. 项目支出绩效运行监控

项目支出绩效运行监控，主要是对预算部门（单位）年度内开展的财政支出项目进行绩效运行监控。按照“双监控”要求，其主要监控内容是项目支出的预算执行情况和项目产出、效果等的实现程度，除此之外，结合项目特点的不同，可在此基础上做适当延伸。通过监控期完成情况与年初设定的绩效目标及工作计划的对比，发现绩效目标运行偏差，查找偏差产生的原因，并提出相应的纠偏措施，落实纠偏建议，促进项目绩效目标的实现。具体包括：

（1）项目阶段性完成的数量、质量、时效、成本等情况，相关指标是否正常合理，与预期目标的契合程度、偏离程度，达到计划产出所需要的财力、物力、人力等资源的消耗情况。

（2）项目预期的经济效益、社会效益、生态效益、可持续性以及满意度指标的实现程度及趋势等。

（3）项目预算调整情况、资金到位情况、支出情况等。

（4）项目需求的条件和环境是否发生实质性变化，项目设计或实施方案是否发生

① 本书书稿撰写时，恰逢财政部印发《中央部门项目支出核心绩效目标和指标设置及取值指引（试行）》（财预〔2021〕101号），该文件将成本指标调整为一级指标，并从经济、社会、生态三个角度进行了细化。为与政策保持一致，在本书绩效目标管理章节对绩效目标指标体系框架进行了相应的修改，但绩效运行监控及自评部分由于相关制度规定尚未正式出台，在本书绩效运行监控及后续章节仍延续之前有关规定，指标体系暂未做调整。

了调整，是否需对绩效目标和指标值调整。

（5）项目绩效偏离的主要原因及采取的应对措施。

（6）项目管理制度是否建立健全和切实可行，是否落实执行到位。

2. 部门整体支出绩效运行监控

部门整体支出绩效运行监控是对部门战略实施、预算执行和绩效目标实现程度等方面开展的监督、控制和管理活动，其监控的对象为预算部门（单位）某一预算年度内所有的财政支出，与项目支出相比，监控的对象、内容等均有所区别。

当前，从各地的实践来看，部门整体支出绩效运行监控尚处于探索阶段，有关部门整体支出绩效运行监控的具体内容尚未形成统一的标准共识，在此，根据绩效运行监控的核心理念，对部门整体支出绩效运行监控内容进行了总结，具体如下：

部门整体支出绩效运行监控的具体内容包括：

（1）部门战略目标的制定情况。

（2）部门预算配置情况。

（3）部门预算执行情况。

（4）部门预算管理情况。

（5）部门资产管理情况。

（6）部门履责情况。

（7）部门履职效益实现情况。

（8）其他需监控的内容。

实际工作中，各地在开展部门整体支出绩效运行监控时，除对部门预算执行情况与履职成效的监控之外，对于部门投入、管理等情况，各地略有差异。以河南省部门整体支出绩效运行监控为例，在对部门整体支出进行绩效运行监控时，重点对部门工作目标管理情况、预算和财务管理情况、预算执行情况、绩效管理机制建立和落实情况、重点工作任务完成情况、履职目标实现情况、履职效益达成情况及服务对象和其他利益相关者满意度等进行全方位监控，发现部门运行过程中存在的问题，查找偏差原因，为下一步改善部门管理、促进部门履职目标实现提供支撑。

二、绩效运行监控的原则

一是全面覆盖，突出重点。将绩效运行监控管理范围覆盖至四本预算，构建日常监控和定期监控相结合的模式，强化对重大政策和项目的重点监控，提高绩效运行监控的针对性和有效性。

二是权责对等，约束有力。按照“谁支出，谁负责”的原则，强化预算部门（单位）绩效运行监控主体责任，监控预算执行进度、预期绩效目标实现情况，健全绩效运行监控责任约束机制。

三是结果运用，及时纠偏。根据绩效运行监控结果，对资金支出进度慢、偏离预期绩效目标的及时采取措施予以纠偏，保障绩效目标如期实现。将绩效运行监控结果作为后续资金拨付、当年度预算调整和以后年度预算安排的重要依据。

三、绩效运行监控开展的意义

绩效运行监控是全面实施预算绩效管理的事中管理环节，在构建事前、事中、事后绩效管理闭环系统中起着承上启下的作用，其目的是发现绩效运行偏差并及时纠正，确保绩效目标如期保质保量实现。通过对绩效运行监控的开展：

一是加强财政资金使用效益跟踪“回头看”，促使财政部门和预算部门（单位）及时了解项目运行信息，动态掌握项目进展情况，了解绩效目标实现程度和预算执行进度，揭示项目运行过程中存在的重大问题，对本年度尚未启用的预算资金、沉淀的结余资金给予及时收回，加快资金拨付进度，为后续绩效目标的实现提供有力支撑。

二是遏制在项目开展过程中随意更改项目内容、改变资金用途等现象，对项目运行形成一种约束，保障项目和资金按照计划和预期情况执行与支出，确保绩效目标的实现。

三是排除预算与绩效执行中的不确定性，提前评估与预测预算执行与工作开展中的不确定性，使得预算执行与绩效运行朝着既定目标推进，避免项目运行方向偏离预期，进一步提高部门管理水平。

四是强化项目单位对资金绩效实现情况的责任约束，促使预算单位从项目申请到项目完成整个过程都必须关注项目实施进度和资金支出进度，对偏离预算绩效目标的支出，及时采取有效措施予以纠正，让资金管理人、使用人皆知“自家的钱怎么花的，花得怎么样，存在什么责任”，进一步规范专项资金使用绩效，切实落实“花钱必问效、无效必问责”的主体责任意识。

五是建立预算绩效数据采集渠道，预算绩效数据是开展预算绩效管理活动的重要支撑，尤其是在预算绩效评价过程中，更是给亟需全过程预算绩效数据予以支持，通过监控过程中的资料梳理，借助绩效监控表单的规范格式，可以全面掌握预算绩效数据，从而帮助开展其他预算绩效管理活动。

四、绩效运行监控开展的方式

（一）按照监控实施主体的不同，绩效运行监控可分为预算部门（单位）自行监控和财政部门重点监控两类

1. 预算部门（单位）自行监控

预算部门（单位）对本部门（单位）预算绩效运行情况进行的监控。预算部门（单位）按照绩效运行监控的规定，围绕绩效目标，适时跟踪绩效目标实现程度和预算执行情况，及时掌握绩效运行情况、资金支出进度等，当项目执行与绩效目标发生偏离时，要及时采取措施予以纠正。

2. 财政部门重点监控

财政部门在预算部门（单位）自行监控的基础上，有重点地对绩效目标实现程度进行的监控，财政部门根据批复的部门预算及绩效目标，结合预算执行进度、国库支付管理等，通过调查取证、实地核查以及绩效运行信息采集等方式对预算部门的预算绩效运行情况进行重点抽查，以发现问题和风险，督促预算部门（单位）及时采取措施防止预算绩效运行偏离原定绩效目标，确保绩效目标的实现。通常来说，一般对涉及经济

社会发展重点领域、覆盖面广、社会关注度高、实施期长的项目可以选择开展重点监控，由财政部门组织推进。

（二）按照监控开展的时间划分，绩效运行监控可分为日常监控和定期监控

1. 日常监控

按照“谁支出，谁负责”的原则，预算部门（单位）负责开展日常监控。在监控过程中，预算部门（单位）应加强对绩效监控信息的采集分析和趋势研判，发现问题的应及时采取措施予以纠正。

2. 定期监控

财政部门每年度可集中开展1—2次定期监控，对绩效目标实现程度和预算执行进度进行汇总分析，预算部门可结合实际对部门本级及所属单位开展定期监控。

除此之外，绩效运行监控作为全流程持续性工作，在绩效运行监控的方式方法上，各地进行了积极的探索，如浙江省通过日常跟踪和定期总结分析等方式，跟踪项目实施进度、预算执行进度和绩效目标实现程度，通过警示、调整、限制和完善等措施进行纠偏纠错，促进预算绩效目标实现；上海市闵行区采取部门（单位）简易跟踪和部门重点跟踪的方式，对预算执行进度和绩效目标实现程度进行“双监控”，同时，部门重点监控开展过程中，要求项目单位对涉及第三方参与的服务质量进行考核，并会同专家对出具的跟踪评价报告进行综合评分，作为实际付款费用的重要依据；上海奉贤区建立“定向＋自行、完整＋简易、监控＋整改”跟踪模式，实现预算部门自行绩效跟踪与财政部门重点跟踪相结合、完整跟踪与简易跟踪相结合、绩效考核与预算执行相结合。对于跟踪过程中识别发现的问题和偏差及时改善和纠正，同步调整预算执行，使资金的使用与其成效相匹配。确保预算支出按计划执行，按实际情况动态调整，增强财政资金使用的规范性，有利于绩效目标的实现。

专栏4－1

广东佛山市绩效运行监控模式

2013年，广东佛山以财政支出项目为切入点开始实施预算绩效监控管理，对预算执行进度和绩效目标实现程度实行双监控。2017年，佛山市制定《佛山市市级预算绩效监控管理办法（试行）》，该办法的出台对进一步建立科学规范的预算与绩效双监控体系起到积极作用，夯实了“双监控”管理基础，推进预算绩效管理制度化建设进程。

历经几年实践和总结，佛山市财政局逐步搭建起以绩效目标为核心，预算单位、财政部门、第三方机构共同参与，涵盖自动预警、财政跟踪和专家监控多层次、层层推进的绩效监控模式，并通过一体化平台，实现绩效监控结果在财政内部各业务科室之间及政府各部门（如市人大、市绩效办等）之间实时共享，以达到提升部门整体绩效、促进财政资金科学分配的目的。

1. 自动预警

每季度结束后，依托财政一体化平台自动监测项目资金使用计划的实现程度，当项目的实际资金支出率不达单位预计的资金支出率时，财政一体化平台向单位发出预警提示，单位根据系统预警提示情况，围绕项目绩效目标，及时跟踪项目情况，查找项目绩

效目标未完成的原因，并在平台报送项目绩效未达标的原因及下一阶段解决措施。

2. 财政监控

财政部门在监控时点结束后，对监控项目预算支出进度排名，根据预算支出进度排名情况，对未完成计划支出率的项目实行内部监控。预算单位通过财政一体化平台报送项目支出率未达标的原因及解决措施，形成绩效监控数据。该监控数据在财政部门内部相关科室流转，以便科室人员及时掌握问题项目情况，督促单位整改，对问题项目暂缓或停止拨款。

3. 专家评价

通过专家分析自动动态监控结果，选取部分绩效目标完成情况不理想的项目实施专家监控现场评价。根据建立的绩效监控现场评价指标体系（见表 4-1），快速有效查找资金使用管理和项目执行过程中的薄弱环节，指导单位解决项目绩效问题，促进项目绩效目标实现。

表 4-1　　重点绩效监控专家评价指标体系

一级指标	二级指标	三级指标
评审问题分析	项目问题落实情况	《项目预算绩效综合评审意见》中提到的项目问题是否得到解决
	专家意见落实情况	单位是否按预算评审专家的意见解决项目问题
		采取评审专家提出的措施后，是否能解决项目问题
项目管理分析	前期工作合理性	是否制定了合理的实施计划或实施方案
		开展的准备工作是否全面、到位
	项目实施规范性	项目是否遵守相关业务管理规定
		项目实施的人员条件、场地设备、信息支撑等是否落实到位
		项目是否按规定签订了合同
		项目合同是否规范
		项目是否按规定进行了公开招标采购
		项目调整是否符合规定，调整手续是否齐备
		项目是否已验收
		项目验收手续是否规范
		项目管理是否存在风险或缺陷
	项目监控有效性	是否对项目进行了监控或检查
		监控或检查后是否按需要采取改进措施
		改进措施是否有效
财务管理分析	资金支出完成率	项目的季度资金支出率是否能达到预期目标
		预计项目全年的资金支出率是否能达到预期目标
		项目是否可能存在超支的情况
	资金使用合规性	资金支出内容与立项计划内容是否相符
		资金的拨付是否有完整的审批程序和手续
		是否严格执行资金管理、费用支出等制度
		是否存在部分费用超标准开支情况
		会计核算是否规范，不存在支出依据不合规、虚列项目支出的情况

续表

一级指标	二级指标	三级指标
项目绩效分析	项目产出分析	项目季度的绩效目标产出指标是否按量完成
		项目季度的绩效目标产出指标是否按时完成
		预计项目全年的进度和绩效目标能否按期完成
		项目是否存在停止或部分中止的情况
	项目效果分析	项目需求是否发生变化
		项目是否已产生效果
		项目效果是否达到预算目标
		预计项目完成后是否能达到预期的效果目标

资料来源：①佛山市财政局，佛山预算绩效监控改革走在前列［OL］. 2017－05－31. 佛山预算绩效监控改革走在前列（foshan. gov. cn）。

②翁健怡．实施预算和绩效双监控的实践与思考——以广东佛山为例［J］. 行政事业资产与财务，2018（23）.

五、绩效运行监控开展的时点

绩效运行监控时点的选择主要以预算年度为周期，根据项目的不同，监控的时点、次数有所差异，一般来说，在一个财政年度内，绩效监控集中开展的次数为1—2次。《中央部门预算绩效运行监控管理暂行办法》（财预〔2019〕136号）规定：每年8月份集中对中央部门1—7月预算执行情况和绩效目标实现程度开展一次绩效监控汇总分析。各地方根据实际开展工作需要，监控频次及时点选择上略有差异，如佛山市每年设置两个监控时点，分别是6月30日和9月30日；河北省每年7月份集中对省级部门1—6月预算执行情况和绩效目标实现程度开展一次绩效监控汇总分析。

绩效运行监控是一项全周期管理工作，预算部门（单位）作为绩效运行监控的实施主体，除集中监控外，还应做到对项目（政策、部门）运行情况的动态监测，及时掌握项目运行状态，实现对预算项目全过程、全方位的常态化监控，提前预测绩效目标实现的可能性，并加以改进，切实做到“谁支出、谁负责”，把绩效运行监控做“实”，提高财政资金支出效率。

需要注意的是：对科研类项目可暂不开展年度中的绩效运行监控，但应当在实施期内结合项目检查等方式开展绩效运行监控，更加注重项目绩效目标实现程度和可持续性。

第二节
绩效运行监控的工作流程

绩效运行监控主要包括监控布置、监控实施、监控结果应用三个环节。监控布置简单来讲即工作的安排，在此环节明确监控开展范围、方式、要求及监控通知下发等；监控实施，即按照前期确定的监控方式、范围和通知要求，预算部门（单位）及时开展绩效监控，上报有关监控表和监控报告；监控结果应用，根据监控结果，落实各项纠偏措施，并对整改结果进行反馈，确保绩效监控工作“落地”，真正发挥出绩效监控促进绩效目标实现的效能。

一、绩效运行监控的布置

所谓绩效运行监控布置，就是财政部门对绩效运行监控实施所提出的要求。具体为：财政部门根据当年的工作任务安排，确定监控范围、监控方式、工作要求及时间节点等，并通过监控通知、会议等形式下达绩效运行监控任务；同时，结合地区实际，组织相关部门开展绩效运行监控业务培训，确保监控质量。

（一）确定监控范围

确定绩效监控的财政支出范围，即哪些支出需要进行监控，包括具体的项目、政策和部门。按照中央及各地有关绩效监控管理办法规定，绩效运行监控的对象主要为一般公共预算所支持的项目支出，并拓展至预算部门及所属单位整体支出绩效运行监控。在实际工作中，各地可结合地区实际，确定需开展监控的项目支出范围和部门整体支出范围。

（二）确定监控方式

按照前述有关绩效运行监控开展的方式，针对需集中监控的财政支出，确定自行监控和重点监控支出范围，其中：对重点政策和重大项目以及巡视、审计、有关监督检查、重点绩效评价和日常管理中发现问题较多、绩效水平不高、管理薄弱的项目要进行重点监控，同时，确定重点监控责任部门，明确职责分工。

（三）明确监控时点、频次

针对财政部门组织的集中监控，需明确监控时点、频次，即何时开展？监控时段？监控几次？从中央及各地出台的有关绩效监控办法来看，通常在每年的 8 月、9 月集中对上半年预算执行情况和绩效目标实现程度开展一次绩效监控，结合项目特点，部分重点项目可在集中监控的基础上，增加监控频次，及时掌握项目运行状态，强化过程监管。除集中监控之外，预算部门（单位）应遵照“谁支出、谁负责”的原则对本部门所承担的所有财政支出开展日常监控，进行自查自纠。

（四）明确监控工作要求

一是根据确定的监控方式，明确每种方式工作开展程序，确保项目单位明晰绩效运行监控工作如何开展；二是明确监控结果提交要求，具体包括：结果提交形式（监控表、监控报告）、提交时间、报告内容以及结果反馈的有关要求等；其他有关绩效运行监控的工作要求。

（五）监控任务下达

各项准备工作就绪后，财政部门可选择通过会议、通知等形式下达绩效运行监控任务，同时，根据地区预算绩效管理工作开展实际，可考虑组织开展绩效运行监控有关业务培训，切实提高监控质量，真正发挥“过程把控、监控纠偏”的功能定位。

绩效运行监控通知内容包括但不限于：监控主体及责任分工、监控对象、监控内容、监控范围、监控方式、具体工作程序、监控工作完成时间、监控结果反馈应用及相关附件（项目或部门监控表样、绩效运行监控报告参考提纲、重点监控项目清单等）等。

在这里需要注意几点：

一是监控要突出重点。绩效运行监控要突出重点，找准影响绩效运行的关键环节和关键点，准确判定绩效目标的实现过程及实现程度。

二是监控要适时适当。绩效监控要适时进行，及时掌控绩效运行情况；同时，要合理把握监控报告的反馈间隔时间，过于紧密会加重工作人员的负担，过于疏松则不能及时发现并处理重要的问题，使绩效监控失去意义。

三是要及时纠正。在绩效监控中发现绩效运行偏离绩效目标时，要及时进行纠正和调整，确保绩效目标的如期实现。

二、绩效运行监控的实施

根据下达的监控任务要求，预算部门（单位）及时组织实施本部门及所属单位绩效运行监控。结合具体实践，绩效运行监控实施的具体工作流程主要包括：梳理完善绩效目标、确定绩效监控目标、收集绩效运行信息、分析绩效运行信息、填报绩效运行监控表、撰写绩效运行监控报告、报送绩效监控结果及审核绩效监控结果等。

（一）前期调研

前期调研开展是为了充分了解项目（部门）各方面情况，对项目（部门）形成较为清晰的认知，以便对后续监控工作的开展进行全方位把控。如预算单位自行监控，此环节可略过。

以项目支出为例，通过实地调研、文献检索等方式收集项目有关信息，主要包括：项目立项背景和目的、项目设立的依据及程序、项目主要实施内容及范围、项目实施涉及责任主体及分工、项目预算安排、项目绩效目标设立情况等，并根据了解的项目信息，制定监控工作方案，明确监控工作开展程序、时间安排、组织分工等。

（二）梳理完善绩效目标

完善的绩效目标是绩效运行监控有效开展的基础，绩效目标设置的“质量”好坏，直接关系到绩效运行监控结果是否有效，影响最终监控结果的应用，因此，在开展监控之前，要对设定的绩效目标进行检查，检查绩效目标设定是否科学、合理、完整。

通常来讲，绩效目标一经批复，原则上不予修订，但从当前绩效目标编制情况来看，绩效目标编制过程中仍存在指标设置不完整、指标不够量化、指标设置不够科学等情况。为合理反映监控时点财政支出绩效运行情况，预算部门（单位）需对设定的绩效目标进行检查，并按照规定程序对设定的绩效目标进行调整完善，以便为后续监控工作的开展奠定基础。

针对设定不够完整、不够科学、不够合理的绩效目标，完善原则遵从绩效目标设定思路，在此不再赘述。

（三）确定绩效监控目标

监控目标的确定主要包括监控目标指标的确定和监控期目标值的确定。

1. 监控目标指标的确定

监控目标指标的确定，即哪些指标应该监控，哪些指标无需监控。绩效目标是预算完成预计达到的产出、效果等，体现的是事后的结果，绩效运行监控则强调事中的过程把控，两者存在逻辑上的差别，在通过绩效指标进行事中监控时，难免要做一些取舍。如基建类项目的效益指标，对其进行监控，缺乏实际意义。因此，在实际工作中，要对监控的绩效目标指标进行选取。

监控目标指标选取的首要前提是该指标在监控期是可评价的、具有实际意义，不同资金用途的项目支出之间、项目支出与部门整体支出之间在监控目标指标的选取上略有差异。项目支出与部门整体支出监控重点见表4-2，不同资金用途下项目监控重点见表4-3。

表4-2　项目支出与部门整体支出绩效运行监控重点对比

<table>
<tr><th colspan="2">项目支出</th><th colspan="2">部门整体支出</th></tr>
<tr><th>类别</th><th>明细内容</th><th>类别</th><th>明细内容</th></tr>
<tr><td rowspan="4">项目决策</td><td>项目立项依据充分性</td><td rowspan="4">投入</td><td>绩效目标合理性</td></tr>
<tr><td>项目立项程序规范性</td><td>绩效指标明确性</td></tr>
<tr><td>绩效目标合理性</td><td>在职人员控制率</td></tr>
<tr><td>绩效指标明确性</td><td>重点支出安排率</td></tr>
<tr><td rowspan="12">项目过程</td><td rowspan="3">项目实施管理有效情况</td><td rowspan="12">过程</td><td>预算执行率</td></tr>
<tr><td>预算调整率</td></tr>
<tr><td>公用经费控制率</td></tr>
<tr><td rowspan="2">预算执行率</td><td>“三公经费”控制率</td></tr>
<tr><td>政府采购执行率</td></tr>
<tr><td rowspan="3">项目资金到位情况</td><td>管理制度健全性</td></tr>
<tr><td>资金使用合规性</td></tr>
<tr><td>预决算信息公开性</td></tr>
<tr><td rowspan="4">资金支出合规性</td><td>资产管理制度健全性</td></tr>
<tr><td>资产管理安全性</td></tr>
<tr><td>固定资产利用率</td></tr>
<tr></tr>
<tr><td>项目产出</td><td>项目产出数量、质量、时效等阶段性完成情况</td><td>产出</td><td>部门工作计划阶段性目标达成情况（数量、质量、时效）</td></tr>
<tr><td>项目效益</td><td>项目效果阶段性目标达成情况（选择确定）</td><td>效果</td><td>部门阶段性履职目标的实现情况（经济、社会、生态、满意度）（选择确定）</td></tr>
</table>

表 4-3 不同资金用途绩效运行监控重点对比

<table>
<tr><th>项目类别</th><th>决策</th><th>过程</th><th>产出</th><th>效益</th></tr>
<tr><td>政策类</td><td>绩效目标合理性；绩效指标明确性</td><td rowspan="6">预算执行率；资金到位情况；资金使用合规性；项目实施管理的有效性</td><td colspan="2">具有周期性，对阶段性产出、效益进行监控</td></tr>
<tr><td>工程类</td><td rowspan="4">项目立项程序规范性；项目立项依据充分性；绩效目标合理性；绩效指标明确性</td><td>对项目建设进度、推进的时效性等进行监控</td><td>项目实施结束后考察</td></tr>
<tr><td>维护类</td><td colspan="2">不同时期工作内容区别不大，监控时段可能存在完整的产出和效益，此种情况可以进行监控</td></tr>
<tr><td>政府购买服务类</td><td colspan="2">部分项目监控时段可能存在完整的产出、效益，如：法律援助、社会养老等，此时产出、效益指标可以进行监控；还有部分项目（购买的一次性服务）如可行性研究分析，此时，项目产出重点监控项目实施进度是否符合预期，项目效果需在项目实施结束考察</td></tr>
<tr><td>购置类</td><td>对项目实施进度、推进的时效性等进行监控</td><td>项目实施结束后考察</td></tr>
<tr><td>业务类</td><td>绩效目标合理性；绩效指标明确性</td><td>实施内容相对比较宽泛，产出、效益量化程度较低，监控时，需对照年初计划，监控年初计划的推进情况</td><td>因项目而异，当存在阶段性效益时，可以监控</td></tr>
</table>

注："政策类"指多以政策补贴等形式发生的项目支出。

下面以项目支出为例进行说明。针对大多数项目支出绩效运行监控而言，监控指标选取的原则为：决策、过程、产出类指标一般均可监控，效益、满意度指标根据项目特点确定是否监控。

（1）决策类指标。绩效运行监控实行预算执行、绩效目标的"双监控"，关于决策类指标是否监控未作明确要求，但从绩效运行监控的角色定位来讲，决策类指标有其监控的必要性。决策类指标重点从项目立项、绩效目标设定、资金安排三方面进行考察，项目决策过程科学是绩效目标实现的首要前提，决策不科学，后续绩效目标的实现将无从谈起。通过对项目决策指标的跟踪监控，发现项目决策环节存在的漏洞、缺陷，有利于从源头上把控影响绩效目标实现的因素，促进绩效目标的最终实现，提高财政支出效率。

该部分指标在监控时可根据项目特点选择性确定。

案例 4-1

K 县全民健身中心建设项目绩效运行监控

为推进地区全民健身事业发展，提高全民健身意识，根据《J 省全民健身促进条例》《J 省全民健身实施计划》，K 县决定启动 K 县体育馆筹建工作。项目筹建前期，由于土地所有权问题，迟迟未能确定项目选址，经多方沟通协调，根据《K 县人民政府常务会议纪要》，最终选定 K 县中学篮球场作为项目建设选址。建成后的场馆将免费向社会公众开放，一方面用于群众健身锻炼和比赛活动，提高全民体育健身意识，增强国民体质；另一方面，也将作为学校教学场馆，进行学生日常教学，增强青少年体育强身意识。

经过监控，发现项目选址存在以下问题：

①由于地理条件限制，该活动中心无法进行扩建，不利于资源的有效利用及长远发展；

②由于紧邻住宅区，街道狭窄，车辆无法顺利通行，举办体育赛事时，容易造成交通拥挤，不利于及时疏散，同时容易给周边居民带来不便；

③建成后的场馆将向社会开放，给学生安全造成隐患；

④项目选址位置偏僻，群众不易找到，影响群众后续参与积极性。

根据国家体育总局《公共体育场馆建设标准》，体育场馆的选址要满足以下几方面因素：

①体育场的选址应征得当地城乡规划行政主管部门的许可，在城乡规划确定的建设用地范围内选址，并考虑远期发展的需要。

②体育场的选址应考虑市、区各级体育设施的布局，应当符合人口集中、交通便利的原则，在基础设施条件较好的地段选址，合理利用自然地形、地貌。用地至少应有一面或两面临接城市道路，以满足交通、疏散等要求。

③体育场的建设应符合城乡规划条件要求。

④体育场应满足朝向、日照、风向、安全、卫生、消防、环保等建设条件的要求，并根据当地气候条件，在满足体育竞赛要求的前提下，采取节能、节水措施，科学利用自然通风和天然采光，合理确定建设方案。

绩效运行监控结论：项目建设选址合理性欠缺，建议暂停重新考虑。

(2) 过程类指标。过程类指标是对项目组织管理的有效性、预算执行进度、资金支出的合规性及资金到位的有效性等的考察，其中，预算执行率作为衡量预算资金支出进度的核心指标，是“双监控”的重点内容之一，除此之外，还要关注预算资金支出的合规性、预算支出进度与项目实施进度的匹配性、预算资金到位情况等。

在项目组织管理方面，其反映的是项目绩效目标实现的保障措施建立落实情况及相关机制的执行情况，包括政府采购、工程招标、监理和验收、信息公示、资产管理、项目具体措施的建立及执行等，它是绩效目标实现的有力保障，也是项目过程管理的重点关注对象。绩效运行监控作为一种过程监管机制，项目组织管理的有效性是其监控的重点内容。

综上，过程类指标需监控的指标包括：一是预算执行进度、为保障绩效目标实现各项成本资源的消耗情况、项目资金到位情况、资金支出的合规性等，此部分为必须监控内容；二是各项管理制度的制定及落实情况、行业规章制度的执行情况、组织分工的明确性等，此部分根据项目特点选择性确定。

(3) 产出类指标。产出类指标衡量的是预算资金支出的直接产出成果，是对绩效目标实现程度的直观呈现，也是“双监控”的另一重点，具体包括：产出的数量、质量、时效，其关注的是项目在监控期内阶段性目标的实现情况，此部分为重点监控对象，为必须监控内容。

（4）效益指标（含满意度指标）。财政支出效益具有一定的滞后性，多数项目效益通常在项目支出完成后方能实现，而效益指标是对财政支出效益的具体体现，是对财政支出效果的衡量，绩效运行监控则是过程监测，此时效益尚未发挥，因此，在开展绩效运行监控时，效益指标一般不进行监控。例如基本建设类项目，项目实施产生的效益通常在项目建设完成后才有可能实现，绩效运行监控开展时，项目正处于建设中，监控效益指标不具备实际意义。

当然也有效益指标可以监控的特殊情况，比如一些常规性项目，场馆运行费、市场执法监督检查等，这类项目在整个项目周期内，不同时期工作产出内容无差别，仅仅在完成的工作量上有所差别，这种情况下，效益指标可以进行监控。如周期性培训项目，假设全年预计培训12场，每月开展一场，不同场次培训内容无差别，对此项目进行监控时，不同场次培训结束后均能反映培训效果，反映项目的产出效益，仅是受训对象不同，此种情况下，该项目效益指标中的受训人员满意度可以进行监控，反映当前培训成效，为后续培训工作的继续推进提供指导。

2. 监控期目标值的确定

绩效运行监控是对预算支出过程的监测，监测某一时点预算支出进度、项目实施进度是否符合预期，是否与预期设想存在偏差。此处的“偏差”是一个相对概念，它是监控时点实际值与项目预期的对比，即将监控时点某项指标的实际值与该指标在监控期内预期应达成的目标值进行对比，以此来判断该指标在监控期内是否存在异常。因此，判断一个指标是否存在偏差，前提是确定参照体系，即确定监控期的目标值，否则偏差将无法判断。

实务操作中，通常按照“时间过半，任务过半”的原则来确定监控时点目标值，对于定量指标，通常按照序时进度予以确定，即定量指标监控期（1—7月）目标值 = 定量指标目标值 ×7 ÷12。但实际工作中，很多项目并非是按照序时进度月清月结的速度逐步产出，有的项目集中在项目后期产出，有的项目集中在项目前期产出，如果按照上述原则进行一刀切，则计算标准不够合理，不符合项目发展规律，以此来判断的项目偏差偏离实际。

因此，在确定监控时点目标值时，确定的合理前提是项目实施计划，这就要求期初项目实施计划足够明细，否则，监控时点目标值将很难确定。

（四）收集绩效运行信息

绩效运行监控要对绩效目标预期实现程度进行判断，需要全面、详实、高质量、针对性强的数据做支撑，绩效运行数据的收集以绩效目标为核心，对照确定的监控目标进行相关资料收集，以此判断监控时点监控目标实际值。收集的信息要点大致包括：

1. 执行准备情况，包括是否有具体实施计划、保障措施等。

2. 外部环境、条件的变化及影响情况。

3. 实施计划的实际进展情况，是否需要必要的调整。

4. 为实现预期目标制定保障措施的落实情况。

5. 相关项目合同的执行情况。

6. 项目执行已经取得的产出情况。

7. 项目执行已体现的绩效情况。

8. 项目是否存在损失或浪费情况。

9. 项目是否停止或停滞。

10. 项目未来产出的预计情况。

11. 项目未来效益的预计情况。

12. 项目远期的预测情况。

具体来说，就是项目前期的实施方案、工作计划、相关制度、工作记录、政府采购有关文件、资产管理记录、项目实际进展，资金到位支出证明等。具体明细见表4－4。

表4－4　　绩效运行监控资料收集清单

序号	资料类型	明细
1	预算执行进度相关资料	资金管理办法、财务管理办法等
2		预算资金的申请、批复、调整、拨付、支出等证明材料
3	绩效目标实现程度相关资料	项目有关政策、制度、办法、实施方案、工作计划等
4		项目实际进展情况，相关的重要合同实际执行情况证明资料，招投标文件、工作记录、采购记录、验收报告等
5		预算资金执行已取得的产出指标完成情况、效益指标完成情况等的证明材料
6		项目实施涉及相关单位及职责
7		其他实施相关资料

上述资料的收集除项目单位自有资料外，还可通过实地勘察、访谈、满意度调查等方式获取，当项目实施过程中涉及责任主体较多时，还可采取基础数据表的形式进行获取。实际工作中，根据项目特点及责任主体类型，选取适当的方式进行。针对基础资料，采用当面获取、邮寄或电传的方式取得；针对基础数据采集采用文献研究、基础数据表填报（财务数据表、业务数据表、人员数据表等）、社会调查（深度访谈、座谈会、问卷调查）、实地勘察等方式进行，根据不同的主体采取不同的采集方法，具体情况见表4－5。

表4－5　　不同主体数据采集方法汇总表

主体类型	基础数据表填报	深度访谈	座谈会	问卷调查	实地勘察
财政部门	√	√	√		
行业主管部门		√	√		
预算单位	√	√	√		
项目实施单位	√	√	√		√
受益群体		√	√	√	
其他利益相关者		√	√	√	

（五）分析绩效运行信息

在收集的基础资料基础上，对其分类整理，并对相关资料进行核实和全面分析，对缺失的资料及时反馈补充，对存在疑问的重要基础数据资料进行反复核实。

一是对数据的相关性进行复核，所收集的数据是否与该项目相关。

二是对数据的完整性进行复核，所收集的数据是否能完整覆盖所监控目标。

三是对数据的准确性进行复核，所收集的数据是否真实、精准。

四是对数据的时效性进行复核，所收集的数据是否是监控时点的数据。

数据复核无误后，接下来是对收集到的数据进行分析，如预算绩效计划是否得到较好的执行，预算支出行为是否有利于绩效目标的实现，内外部环境的变化可能对计划产生怎样的影响等，相关分析均应围绕绩效目标的实现程度展开。分析常用到的方法包括比较法、成本效益法、最小成本法、公众评判法、因素分析法等，与绩效评价中用到的分析方法一致，两者不同之处在于，前者旨在确保绩效目标的实现，针对执行中的关键问题，重点关注对下阶段工作的预测，后者旨在分析产出、结果与投入之间的逻辑关系，对预算支出情况进行全方位的分析，重点关注的是投入产出比。

根据数据分析结果，对监控目标进行偏差分析。对照监控期目标值，计算偏差度，分析偏差原因（包括经费保障、制度保障、人员保障、硬件条件保障、其他），依据当前指标完成情况及资源保障情况，对绩效目标期末完成的可能性进行预测（包括确定能、有可能、完全不可能），对不可能完成的指标进行重点预警。

（六）填报绩效运行监控表

预算单位在分析绩效监控信息的基础上填写《项目支出绩效目标执行监控表》（见表4-6）和《部门整体支出绩效运行监控表》（见表4-7），并作为年度预算执行完成后绩效评价的依据。下面以“中央部门项目支出绩效运行监控表”为例阐述。

1. 项目支出绩效运行监控表

项目支出绩效运行监控表是项目在监控时点运行情况的直观呈现，也是绩效运行监控工作的核心成果反映，监控表填报的“质量”好坏直接关系到监控工作是否有效，此部分将从实务操作的角度来说明项目支出绩效运行监控表的填报要求。

从项目支出绩效运行监控表的结构来看，整张监控表可以分为上下两部分，上半部分为项目基本信息及绩效目标设定，下半部分为绩效指标的跟踪监控，也是整张监控表的核心部分，也是实务操作中，多数预算单位认为较难的地方。下面就项目支出绩效运行监控表的填报做简要说明。

（1）“项目名称”：即所监控项目名称，与年初预算中项目名称保持一致。

（2）“主管部门及代码”：填写项目单位对应的业务主管部门及主管部门预算代码。

（3）“实施单位”：填写项目所对应的实施单位，而非“项目建设单位”，实际工作中一般为预算单位本身或是下级预算单位。

（4）“项目资金”下分“年初预算数”“1—7月执行数”“1—7月执行率”“全年预计执行数”。“年初预算数”即项目对应的年初预算批复总额；“1—7月执行数”即自本年1月1日至7月31日项目实际预算支出额；“1—7月执行率”即1—7月对应的预算执行率，1—7 月执行率 =1—7 月执行数 ÷ 年初预算数 ×100%；“全年预计执行数”，根据当前预算执行情况、各类资源成本消耗情况、项目实施进度及外部环境变化情况，综合预判全年预算执行数，即至年末，项目预计能花多少钱；同时，按照预算资金来源（一般公共预算拨款和其他）对上述各项进行区分。

（5）“年度总体目标”：按照年初设定的绩效目标进行填列，如年初未设置，则根据项目实施情况进行梳理，说明项目预期产出、效果等。

（6）“绩效指标”：即整张监控表最为核心部分，是监控结果的直接反映。此部分在填写前，要明晰项目对应的绩效目标指标。整个指标体系构成级次为三级，其中：一级指标分为产出指标、效益指标、满意度指标，为固定指标；二级指标总体比较固定，结合项目做适当调整，主要体现在效益指标部分；三级指标一般提取自年初设定的绩效目标，如前期未设置绩效目标或所设绩效目标不够完整、不够科学，需提前梳理或完善绩效目标指标（主要为三级指标），也就是我们前面提到的梳理完善绩效目标，在梳理完善后的绩效目标指标基础上开展监控，具体为：

①“年度指标值”：即所确定的绩效目标指标对应的年度目标值，同时，根据前述有关监控目标的确定，确定具体监控指标。

②“1—7 月执行情况”：对确需监控的目标指标填列各项指标 1—7 月项目实际完成情况，包括产出数量、产出质量、产出时效及阶段性产出实现的效益等，如数量指标“培训场次”，年度目标值为“12 场”，1—7 月执行情况为“7 场”；质量指标“培训考核通过率”，年度目标值为“≥95%”，1—7 月执行情况为“96%”。对无需监控的指标，可进行情况说明，如“暂不监控”“拟于评价时开展”等。

偏差情况判定：根据年初计划，确定监控指标在监控时点的目标值，并通过监控指标 1—7 月完成情况与监控期目标值的对比，判断各项监控指标在当前时点是否存在偏差。

③“全年预计完成情况”：即该指标全年预计完成情况，根据当前各项指标的达成情况、偏差情况、各项资源成本的消耗情况及外部环境变化等，确定各项指标全年预计完成值。

④“偏差原因分析”：对存在偏差的指标从经费、制度、人员、硬件条件、其他五个方面进行偏差原因判定，同时说明具体偏差原因；不存在偏差的指标此处无需填写。

⑤“完成目标可能性”：对所有指标期末完成的可能性进行判定，包括确定能、有可能、完全不可能三个维度。根据当前指标的完成情况，判定指标期末达成年度目标值的可能性。

⑥“备注”：说明预计到年底不能完成目标的原因及拟采取的措施和其他需要说明的问题。

部门整体支出绩效监控表以“河南省部门整体支出绩效运行监控表”为例进行阐述。

表 4－6

项目支出绩效目标执行监控表

（　　年度）

<table>
<tr><td colspan="3">项目名称</td><td colspan="14"></td></tr>
<tr><td colspan="3">主管部门及代码</td><td colspan="3"></td><td>实施单位</td><td colspan="10"></td></tr>
<tr><td colspan="3" rowspan="4">项目资金
（万元）</td><td colspan="2"></td><td colspan="2">年初预算数</td><td colspan="4">1—7 月执行数</td><td colspan="4">1—7 月执行率</td><td colspan="2">全年预计执行数</td></tr>
<tr><td colspan="2">年度资金总额：</td><td colspan="2"></td><td colspan="4"></td><td colspan="4"></td><td colspan="2"></td></tr>
<tr><td colspan="2">其中：本年一般公共预算拨款</td><td colspan="2"></td><td colspan="4"></td><td colspan="4"></td><td colspan="2"></td></tr>
<tr><td colspan="2">其他资金</td><td colspan="2"></td><td colspan="4"></td><td colspan="4"></td><td colspan="2"></td></tr>
<tr><td>年度总体目标</td><td colspan="16"></td></tr>
<tr><td rowspan="15">绩效指标</td><td rowspan="2">一级指标</td><td rowspan="2">二级指标</td><td rowspan="2">三级指标</td><td rowspan="2">年度指标值</td><td rowspan="2">1—7 月执行情况</td><td rowspan="2">全年预计完成情况</td><td colspan="6">偏差原因分析</td><td colspan="3">完成目标可能性</td><td rowspan="2">备注</td></tr>
<tr><td>经费保障</td><td>制度保障</td><td>人员保障</td><td>硬件条件保障</td><td>其他</td><td>原因说明</td><td>确定能</td><td>有可能</td><td>完全不可能</td></tr>
<tr><td rowspan="13">产出指标</td><td rowspan="3">数量指标</td><td></td><td></td><td></td><td></td><td></td><td></td><td></td><td></td><td></td><td></td><td></td><td></td><td></td><td></td></tr>
<tr><td></td><td></td><td></td><td></td><td></td><td></td><td></td><td></td><td></td><td></td><td></td><td></td><td></td><td></td></tr>
<tr><td></td><td></td><td></td><td></td><td></td><td></td><td></td><td></td><td></td><td></td><td></td><td></td><td></td><td></td></tr>
<tr><td rowspan="3">质量指标</td><td></td><td></td><td></td><td></td><td></td><td></td><td></td><td></td><td></td><td></td><td></td><td></td><td></td><td></td></tr>
<tr><td></td><td></td><td></td><td></td><td></td><td></td><td></td><td></td><td></td><td></td><td></td><td></td><td></td><td></td></tr>
<tr><td></td><td></td><td></td><td></td><td></td><td></td><td></td><td></td><td></td><td></td><td></td><td></td><td></td><td></td></tr>
<tr><td rowspan="3">时效指标</td><td></td><td></td><td></td><td></td><td></td><td></td><td></td><td></td><td></td><td></td><td></td><td></td><td></td><td></td></tr>
<tr><td></td><td></td><td></td><td></td><td></td><td></td><td></td><td></td><td></td><td></td><td></td><td></td><td></td><td></td></tr>
<tr><td></td><td></td><td></td><td></td><td></td><td></td><td></td><td></td><td></td><td></td><td></td><td></td><td></td><td></td></tr>
<tr><td rowspan="3">成本指标</td><td></td><td></td><td></td><td></td><td></td><td></td><td></td><td></td><td></td><td></td><td></td><td></td><td></td><td></td></tr>
<tr><td></td><td></td><td></td><td></td><td></td><td></td><td></td><td></td><td></td><td></td><td></td><td></td><td></td><td></td></tr>
<tr><td></td><td></td><td></td><td></td><td></td><td></td><td></td><td></td><td></td><td></td><td></td><td></td><td></td><td></td></tr>
<tr><td>……</td><td></td><td></td><td></td><td></td><td></td><td></td><td></td><td></td><td></td><td></td><td></td><td></td><td></td><td></td></tr>
</table>

续表

绩效指标	一级指标	二级指标	三级指标	年度指标值	1—7月执行情况	全年预计完成情况	偏差原因分析						完成目标可能性			备注
							经费保障	制度保障	人员保障	硬件条件保障	其他	原因说明	确定能	有可能	完全不可能	
绩效指标	效益指标	经济效益指标														
		社会效益指标														
		生态效益指标														
		可持续影响指标														
		……														
	满意度指标	服务对象满意度指标														

2. 部门整体支出绩效运行监控表

同项目支出绩效运行监控表类似，部门整体支出绩效运行监控表的构成也可以分成两部分来看，整体填列要求与项目支出监控表类似，详细情况如下。

(1)“部门(单位)名称”：即所监控单位名称。

(2)“预算情况”下分“年初预算数”“调整预算数”“1—7月执行数”“1—7月执行率”“全年预计执行数”“全年预计执行率”。“年初预算数”即对应的本年度部门预算批复总额；“调整预算数”即部门预算调整后对应的预算额；“1—7月执行数”即自本年1月1日至7月31日部门实际预算支出额；“1—7月执行率”即1—7月对应的预算执行率，1—7月执行率＝1—7月执行数÷调整预算数×100%；“全年预计执行数”，根据当前预算执行情况、偏差情况、各项目推进情况及外部环境变化情况等，综合预判全年预算执行数，即至年末，预计能花多少钱；“全年预计执行率”为：全年预计执行数÷调整预算数×100%的计算值；同时，按照预算资金来源(财政拨款、财政专户管理资金、单位资金)和资金结构(基本支出和项目支出)对上述各项进行划分。

(3)“年度履职目标”：按照年初设定的绩效目标进行填列，如年初未设置，则根据部门年初工作计划，结合部门中长期发展规划和部门职能，梳理部门年度履职目标，并进行分点描述，说明各项任务预计产出和效果。

(4)“年度主要任务”：对照设定的年度履职目标，结合部门职能、中长期规划等，确定本年度主要任务，并对每项任务进行逐一分解，细化分解至具体的年度工作，以“×市文化和旅游局”为例，若“任务名称”为“文化服务供给”，“主要内容”为：

①完成各项文化惠民活动演出，具体包括：“周末大剧院”文化惠民活动；流动图书车巡回活动；农村公益电影放映；“送戏下乡”活动；“全面阅读”系列读书活动。

②开办“文化大讲堂”等特色品牌讲坛；

……

(5)“绩效指标”：即整张监控表最为核心部分，也是监控结果的直接反映。与项目支出不同的是，部门整体支出绩效目标指标体系当前尚处于探索阶段，各地在一级指标的设置上并非均是按照“投入—过程—产出—效果”的思路来设计，如表4-7所示，河南省部门整体支出绩效运行监控表中呈现的部门整体支出绩效指标体系一级指标包括：投入管理指标、产出指标、效益指标三项，与此类似的，上海市部门整体支出绩效指标体系中一级指标除包含上述三项之外，另将满意度指标单列为一级指标，在实际开展绩效运行监控时，根据各地情况不同一级指标有所区别，但一经确定，一般不会有大的调整；同一级指标情况类似，二级指标在设置上各地差别也比较大；预算单位在进行监控表填写时，对于一级指标、二级指标关注即可，确需调整的根据部门情况调整（多为效益指标下的二级指标）。

三级指标一般提取自部门年初设定的部门整体支出绩效目标，此部分在填写前，同样要先梳理完善绩效目标指标，如前期未设置绩效目标或所设绩效目标不够完整、不够科学，需提前梳理或完善绩效目标指标，并对完善后的绩效目标指标展开监控，具体为：

①“年度指标值”：即所确定的绩效目标指标对应的年度目标值，同时，确定具体监控指标，确定的原则仍是该指标在监控期是可评价的、具有实际意义的。通常来说，投入、过程类（投入管理类指标）一般都可监控，个别指标除外（如绩效自评完成率），产出指标、效益指标根据部门具体工作任务特点确定。

②“1—7 月执行情况”：对确需监控的目标指标填列各项指标 1—7 月各项指标实际完成情况，如指标“管理制度健全性”，年度指标值为“健全”，1—7 月执行情况为“较健全”；对无需监控的指标，可进行情况说明，如“暂不监控”、“拟于评价时开展”等。

偏差情况判定：根据各项任务年初计划，确定监控指标在监控时点的目标值，并通过监控指标 1—7 月完成情况与监控期目标值的对比，判断各项监控指标在当前时点是否存在偏差。

③“全年预计完成情况”：即该指标全年预计完成情况，根据当前各项指标的达成情况、偏差情况、各项资源成本的消耗情况及外部环境变化等，确定各项指标全年预计完成值。

④“偏差原因分析”：对存在偏差的指标从经费、制度、人员、硬件条件、其他五个方面进行偏差原因判定，同时说明具体偏差原因；不存在偏差的指标此处无需填写。

⑤“完成目标可能性”：对所有指标期末完成的可能性进行判定，包括确定能、有可能、完全不可能三个维度。根据当前指标的完成情况，判定指标期末达成年度目标值的可能性。

⑥“备注”：说明预计到年底不能完成目标的原因及拟采取的措施和其他需要说明的问题。

表 4－7

部门整体支出绩效监控情况表

（20××年××月）

<table>
<tr><td colspan="3">部门（单位）名称</td><td colspan="14"></td></tr>
<tr><td colspan="3" rowspan="8">预算情况</td><td colspan="2"></td><td colspan="2">年初预算数</td><td colspan="2">调整预算数</td><td colspan="2">1—7 月执行数</td><td colspan="2">1—7 月执行率</td><td colspan="2">全年预计执行数</td><td colspan="2">全年预计执行率</td></tr>
<tr><td colspan="2">年度部门预算总额（万元）</td><td colspan="2"></td><td colspan="2"></td><td colspan="2"></td><td colspan="2"></td><td colspan="2"></td><td colspan="2"></td></tr>
<tr><td colspan="2">1. 资金来源：
（1）财政拨款（政府预算资金）</td><td colspan="2"></td><td colspan="2"></td><td colspan="2"></td><td colspan="2"></td><td colspan="2"></td><td colspan="2"></td></tr>
<tr><td colspan="2">（2）财政专户管理资金</td><td colspan="2"></td><td colspan="2"></td><td colspan="2"></td><td colspan="2"></td><td colspan="2"></td><td colspan="2"></td></tr>
<tr><td colspan="2">（3）单位资金</td><td colspan="2"></td><td colspan="2"></td><td colspan="2"></td><td colspan="2"></td><td colspan="2"></td><td colspan="2"></td></tr>
<tr><td colspan="2">2. 资金结构：
（1）基本支出</td><td colspan="2"></td><td colspan="2"></td><td colspan="2"></td><td colspan="2"></td><td colspan="2"></td><td colspan="2"></td></tr>
<tr><td colspan="2">（2）项目支出</td><td colspan="2"></td><td colspan="2"></td><td colspan="2"></td><td colspan="2"></td><td colspan="2"></td><td colspan="2"></td></tr>
<tr><td colspan="14"></td></tr>
<tr><td>年度履职目标</td><td colspan="16"></td></tr>
<tr><td rowspan="4">年度主要任务</td><td colspan="3">任务名称</td><td colspan="13">主要内容</td></tr>
<tr><td colspan="3">任务 1</td><td colspan="13"></td></tr>
<tr><td colspan="3">任务 2</td><td colspan="13"></td></tr>
<tr><td colspan="3">……</td><td colspan="13"></td></tr>
<tr><td rowspan="5">绩效指标</td><td rowspan="2">一级指标</td><td rowspan="2">二级指标</td><td rowspan="2">三级指标</td><td rowspan="2">年度指标值</td><td rowspan="2">1—7 月执行情况</td><td rowspan="2">全年预计完成情况</td><td colspan="6">偏差原因分析</td><td colspan="3">完成目标可能性</td><td rowspan="2">备注</td></tr>
<tr><td>经费保障</td><td>制度保障</td><td>人员保障</td><td>硬件条件保障</td><td>其他</td><td>原因说明</td><td>确定能</td><td>有可能</td><td>完全不可能</td></tr>
<tr><td rowspan="3">投入管理指标</td><td rowspan="3">工作目标管理</td><td>年度履职目标相关性</td><td></td><td></td><td></td><td></td><td></td><td></td><td></td><td></td><td></td><td></td><td></td><td></td><td></td></tr>
<tr><td>工作任务科学性</td><td></td><td></td><td></td><td></td><td></td><td></td><td></td><td></td><td></td><td></td><td></td><td></td><td></td></tr>
<tr><td>绩效指标合理性</td><td></td><td></td><td></td><td></td><td></td><td></td><td></td><td></td><td></td><td></td><td></td><td></td><td></td></tr>
</table>

续表

	一级指标	二级指标	三级指标	年度指标值	1—7月执行情况	全年预计完成情况	偏差原因分析						完成目标可能性			备注
							经费保障	制度保障	人员保障	硬件条件保障	其他	原因说明	确定能	有可能	完全不可能	
绩效指标	投入管理指标	预算和财务管理	预算编制完整性													
			专项资金细化率													
			预算执行率													
			预算调整率													
			结转结余率													
			“三公经费”控制率													
			政府采购执行率													
			决算真实性													
			资金使用合规性													
			管理制度健全性													
			预决算信息公开性													
			资产管理规范性													
		绩效管理	绩效监控完成率													
			绩效自评完成率													
			部门绩效评价完成率													
			评价结果应用率													
	产出指标	重点工作任务完成	重点工作1计划完成率													
			重点工作2计划完成率													
			……													
		履职目标实现	年度工作目标1实现率													
			年度工作目标2实现率													
			……													

续表

	一级指标	二级指标	三级指标	年度指标值	1—7月执行情况	全年预计完成情况	偏差原因分析						完成目标可能性			备注
							经费保障	制度保障	人员保障	硬件条件保障	其他	原因说明	确定能	有可能	完全不可能	
绩效指标	效益指标	履职效益	经济效益													
			社会效益													
			……													
		满意度	社会公众满意度													
			服务对象满意度													
			……													

（七）撰写绩效运行监控报告

绩效监控工作完成后，及时总结经验、发现问题，对存在偏差的目标，提出偏差改进措施，所提出的纠偏措施应具有可操作性、针对性，并按照规定格式撰写形成绩效运行监控报告。

根据绩效运行监控开展的方式不同，形成的绩效监控报告框架略有不同，以项目支出重点监控为例，形成的绩效运行监控报告参考框架如下：

项目支出绩效运行监控报告

目录

一、项目基本情况

（一）项目概况

（二）项目实施的内容和范围

（三）项目预算来源及资金安排

（四）绩效监控的起止时间

二、绩效目标的核对和确定情况

（一）项目绩效目标的设定情况

（二）项目绩效目标的核对和确定情况

三、绩效运行监控的组织实施

（一）项目组织人员分工

（二）绩效运行监控实施流程

四、预算执行进度情况及趋势分析

（一）预算执行进度分析

（二）预算支出完成的可能性判定

五、绩效目标实现程度及趋势分析

（一）绩效目标的实现情况

（二）项目实际绩效与目标的差异情况及原因分析

（三）绩效目标完成的可能性判定

六、存在的主要问题及原因分析

七、下一步改进工作的意见建议

八、其他需要说明的问题

与绩效评价报告相比，两者在以下几方面有所差别：

一是侧重点，绩效运行监控报告侧重的是监控时点绩效运行情况的如实反映，重在对比；而绩效评价报告是对项目（政策、部门）整体实施情况的全面分析、综合判定，重在分析。

二是评价周期，绩效运行监控报告是项目运行中某一时点的项目信息反映，而绩效评价报告是整个项目周期结束之后的信息反映，两者评价的时间段不同。

三是结果的呈现形式，绩效评价报告一般通过评分评级来反映，而绩效运行监控报告一般不进行评分，当然根据实际情况也可以选择进行评分。

四是目的不同，从两个环节本身的性质出发考虑，绩效运行监控报告是为了促进绩效目标的实现，强调的是过程把控、纠偏；而绩效评价报告则是为了优化资源配置，提升财政资金使用效益，体现的是投入产出比的关系。

五是结果应用方式有所差别，绩效运行监控报告通常作为当期预算调整、改进管理水平的重要依据；绩效评价报告则通常用于次年预算安排以及相关责任主体的责任考核等方面。

六是两者的基本构成要件不同。

详见表 4 – 8。

表 4 – 8　　绩效运行监控报告与绩效评价报告区别对比

内容	绩效运行监控报告	绩效评价报告
侧重点	监控时点绩效运行情况的如实反映，侧重对比	整体实施情况的全面分析，综合判定
评价周期	截至某一时点	完整周期
结果呈现形式	可评分/可不评分	评分评级
目的	纠偏，促进绩效目标的实现	优化资源配置，提升财政资金使用效益
结果应用方式	调整当年预算、改善管理、为次年预算安排提供参考依据等	为次年预算安排提供参考依据、为相关部门（责任人）目标责任考核提供依据等
基本要件	基本概况 绩效目标的核对和确定 绩效监控的组织实施 预算执行进度情况及趋势分析 绩效目标实现程度及趋势分析 存在主要问题及原因分析 下一步改进工作的意见及建议 其他需要说的问题	基本概况 绩效评价工作开展情况 综合评价情况及评价结论 绩效评价指标分析 主要经验做法、存在问题及原因分析 有关建议 其他需要说明的问题

（八）绩效运行监控结果的报送审核

根据监控工作通知要求，预算单位将完成的绩效运行监控表、监控报告在规定时间内报送相关部门。财政（预算）部门对上报的监控表、监控报告进行审核，审核的要点包括：绩效目标指标的科学性、绩效运行监控指标选取的科学性、绩效运行监控流程的规范性、绩效运行监控结果的全面性、合理性和准确性等方面，此过程可委托专家进行，也可财务部门、预算部门自行审核，对于自行监控的一些重大项目，如果有必要，可以再次组织第三方开展重点监控。

三、绩效运行监控的结果应用

绩效运行监控结果的应用是监控工作“落地”的有力保障，是落实“监控纠偏”职能的现实路径。

（一）绩效运行监控结果反馈

监控结果确认之后，对于财政部门组织实施的重点监控，财政部门需及时将监控结果通过恰当形式反馈至相关部门（单位），同时明确整改时间，一方面体现对监控开展的时间制约；另一方面也体现对改进措施可行性的制约，为下一步监控结果的应用奠定基础。

以“上海市闵行区项目绩效跟踪评价结论反馈表”为例，下发的结果整改通知格式见表4－9。

表4－9　项目绩效跟踪评价结论反馈表

评价项目			
项目起止时间		跟踪评价时间	
项目单位		中介服务机构	
跟踪结果评价： （）项目运行正常　　（）项目运行基本正常 （）项目运行存在问题　　（）项目运行存在严重问题			
1. 项目主要绩效			
2. 项目存在的主要偏差或问题			
3. 造成项目偏差的原因			
4. 完成项目绩效目标的分析与结论			
5. 建议改进措施与计划时间			

（二）绩效运行监控结果应用

监控结果确认之后，相关责任部门（单位）按照偏差情况及提出的纠偏措施，对绩效运行情况偏离预期的项目（政策、部门），实施监控结果的反馈应用，并将结果应用情况上报至相关部门，形成监控闭环。

从中央层面相关文件规定及各地实践来看，目前绩效运行监控结果应用主要体现在以下几方面：

一是对于监控中发现的问题对绩效目标的实现未造成重大影响的，预算部门、预算（实施）单位要深入分析问题存在的原因，及时予以纠正改进，并将整改结果反馈相关部门。

二是对于因政策变化、突发事件等客观因素导致预算执行进度缓慢或预计无法实现绩效目标的，要本着实事求是的原则，及时按程序调减预算，并同步调整绩效目标。

三是对于绩效监控中发现严重问题的，如预算执行与绩效目标偏离较大、已经或预计造成重大损失浪费或风险等情况，应暂停项目实施，相应按照有关程序调减预算并停止拨付资金，及时纠偏止损。

四是绩效监控结果可作为来年预算编制及政策制定的重要依据。

五是将绩效监控情况纳入绩效评价范围，作为部门整体绩效评价及年度目标考核的依据。

六是通过绩效运行监控，不断总结部门和项目（政策）管理中的主要经验及存在问题，不断完善部门管理机制，从而提高部门及具体项目（政策）的管理效率和效果，为绩效目标的实现打下基础。

七是对绩效监控中发现的财政违法违规行为，依照《中华人民共和国预算法》《中华人民共和国会计法》《财政违法行为处罚处分条例》等法律法规进行处理。涉嫌犯罪的，移送司法机关（见图 4－1）。

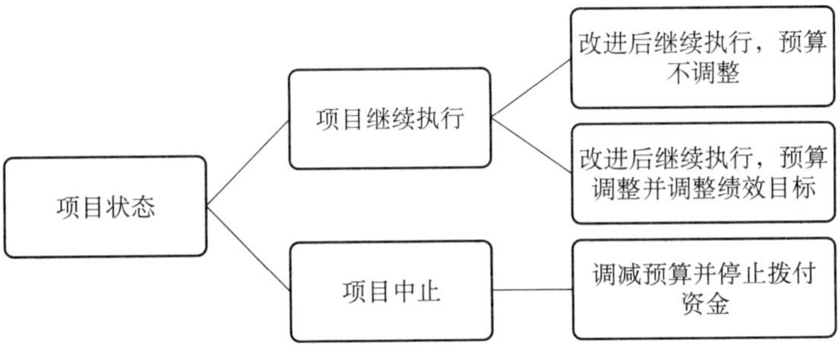

图 4－1 绩效运行监控结果应用方式

专栏 4－2

青岛强化绩效监控倒逼资金运行提速增效

青岛市财政部门坚持保压并举、量效并重，以绩效运行监控为抓手，力行“四个强化”，通过对财政资金使用情况追踪问效倒逼各项工作提速增效。

一是强化机制保障力。市财政局制定出台《市级预算部门（单位）项目支出绩效监控工作管理暂行办法》，厘清财政部门与预算部门、财政部门内部处室间的职责边界，建立起主体到位、权责清晰、各负其责、协同高效的绩效监控机制。以预算部门日常监控为基础，落实预算部门绩效监控主体责任，推动预算部门业务管理与财务管理相互融合、互相促进。市财政局集中对预算部门日常监控结果进行汇总分析，并委托第三方机构对预算部门报送结果的真实性、准确性进行抽查复核。牢固树立“以政统财、财为政行”的意识，聚焦稳增长、促改革、调结构、惠民生，对“双招双引”“国有企业改革”“高端制造＋人工智能”“国际时尚城建设”等重点领域中市级专项资金安排的 558 个项目、167.27 亿元资金进行重点绩效监控。

二是强化科技支撑力。依托现有财政管理信息系统，青岛市财政局成功开发出内置绩效监控模块，自动抓取并重组利用系统中现有项目、预算指标、资金支付、绩效目标等数据，成为省内首个集逻辑运算、指标预警、评分亮灯于一体的多功能绩效监控系统，首次实现了预算绩效管理全链条信息化，形成了事前、事中、事后“三位一体”的预算绩效管理闭环。绩效监控系统70%填报数据由系统自动生成，预算部门只需填报30%，大幅减轻填报工作负担。2020年，该市绩效监控范围由56项专项资金拓展至59项，监控对象由一级专项资金细化深化至资金下1 860个末级项目。在监控对象数量几何级数增长的情况下，整体工作完成时间却节省四分之一。

三是强化结果导向力。市财政局综合考虑项目绩效目标实现程度、预算执行进度、纠偏情况，首创绩效监控结果量化打分规则，体现“干多干少不一样、干好干坏不一样”。依据量化打分规则，系统视情况自动按红灯（严重警告）、黄灯（警告）、蓝灯（关注）、绿灯（畅行）四档进行预警，使预算部门能够迅速定位问题项目，提高纠偏及时性和精准性。2020年8月份共对59项市级专项资金安排的1 860个项目、317.83亿元资金进行绩效监控工作，梳理出绿灯项目569个、蓝灯127个、黄灯920个、红灯244个。市财政局督促预算部门分类采取有效措施，加快项目建设和资金支出进度，力争尽早完成全年绩效目标；对预计无法执行预算或实现绩效目标的，及时按照规定程序调整预算并相应调整绩效目标。本次绩效监控预计可盘活低效无效项目资金6.5亿元交回财政统筹使用。

四是强化应用约束力。通过预算绩效运行监控，各预算部门更加重视项目预算执行过程中的绩效跟踪管理。如市医疗保障局立即建立了绩效“双监控”月调度制度，市民政局建立了预算执行定期跟踪机制，确保全年绩效监控目标完成。市贸促会将因疫情影响2020年无法实施的6个项目共2 295万元、市司法局将下属市隔离戒毒所年内不能开支的662万元主动交回财政总预算统筹使用。结合绩效监控工作，市财政局再发通知，要求各预算部门加强财政收支预期管理，对截至7月底尚未支出的专项资金，区别轻重缓急逐项排序，并逐项明确资金支出时间；对预计2020年不能支出的资金收回财政统筹使用，加大资金有效供给。该市还将2020年度绩效监控结果和2019年度绩效评价结果结合使用，共同作为编制2021年预算的重要参考依据①。

第三节 案例分析

一、项目类——2021年A省食品安全监管专项资金绩效运行监控案例分析

项目背景

近年来，A省高度重视食品安全监管工作，积极贯彻落实习近平总书记关于食品安

① 青岛强化绩效监控倒逼资金运行提速增效［N］. 中国财经报，2020-11-30（007）.

全工作“四个最严”的要求，切实将保障食品安全作为一项重大政治任务来抓，确保人民群众“舌尖上的安全”，不断增强人民群众获得感、幸福感、安全感。为进一步提高食品安全监管水平，保障本地区食品生产安全，A省先后出台系列文件，为A省食品安全监管工作开展作出重要指示。2021年受疫情影响，本着“厉行节约”的原则，食品监管的专项资金由年初的8 000万元调减至5 500万元，用于食品安全抽检、风险监测、监管能力提升及食品安全监管综合协调等。

（一）绩效运行监控的布置

1. 绩效监控通知下达

为切实做好2021年度省级预算绩效运行监控工作，根据《A省省级绩效运行监控管理办法》要求，A省财政厅印发《关于开展2021年省级预算绩效运行监控工作的通知》（以下简称《通知》）。《通知》要求省级预算部门（单位）对本部门及所属单位的所有财政性资金安排的项目支出及部门整体支出开展自主监控，并于规定时间内上报有关监控结果。

《通知》全文如下：

A省财政厅关于开展2021年省级预算绩效运行监控工作的通知（示例）

省直各部门、各单位，厅内相关处室（局）：

根据《中共中央　国务院关于全面实施预算绩效管理的意见》《中共A省委A省人民政府关于全面实施预算绩效管理的实施意见》有关规定，结合《A省省级预算绩效运行监控管理办法》要求，为切实做好2021年度省级预算绩效运行监控（以下简称绩效监控）工作，现就有关事项通知如下：

一、绩效监控对象

绩效监控分为项目支出绩效监控和部门整体支出绩效监控。项目支出绩效监控对象为2021年省级部门预算中使用财政性资金安排的项目支出，部门整体支出绩效监控对象为部门预算全部资金。

二、绩效监控内容

绩效监控以绩效目标实现程度和预算执行进度为核心内容，主要包括：

（一）绩效目标完成情况。预计产出的完成进度及趋势，包括数量、质量、时效、成本等；预计效果的实现进度及趋势，包括经济效益、社会效益、生态效益和可持续影响等；跟踪服务对象满意度及趋势。

（二）预算资金执行情况。包括预算资金拨付情况、预算单位实际支出情况以及预计结转结余情况。

（三）重大政策、项目绩效跟踪延伸监控。必要时，可对重大政策及项目支出具体工作任务开展、发展趋势、实施计划调整等情况进行延伸监控。具体内容包括：政府采购、工程招标、监理和验收、信息公示、资产管理以及有关预算资金会计核算等。

（四）其他情况。除上述内容外其他需要实施绩效监控的内容。

三、绩效监控实施

绩效监控工作是全流程的持续性管理，具体采取省级部门（单位）自主监控和省财政厅重点监控相结合的方式开展。省级部门（单位）是实施绩效监控的主体，负责组织部门本级和所属单位开展绩效监控工作，并按要求报送绩效监控结果。在省级部门（单位）自主监控的基础上，省财政厅组织开展重点绩效监控。

（一）省级部门（单位）自主绩效监控

省级部门（单位）要集中对1—7月预算执行情况和绩效目标实现程度开展一次绩效监控汇总分析，具体工作程序如下：

1. 收集绩效监控信息。省级部门（单位）组织预算单位（包括部门本级及所属单位，下同）对照批复的绩效目标，以项目支出绩效目标和部门整体绩效目标执行情况为重点收集绩效监控信息。

2. 分析绩效监控信息。预算单位在收集上述绩效信息的基础上，对偏离绩效目标的原因进行分析，对全年绩效目标完成情况进行预计，并对预计年底不能完成目标的原因及拟采取的改进措施做出说明。

3. 填报绩效监控情况表。预算单位在分析绩效监控信息的基础上，通过预算管理一体化系统填写《项目支出绩效监控情况表》，省级部门（单位）填写《部门整体支出绩效监控情况表》，并按程序审核报送。

4. 报送绩效监控报告。省级部门（单位）在汇总分析绩效监控结果的基础上，形成本部门绩效监控报告。绩效监控报告主要内容包括：绩效监控工作组织实施情况；预算执行进度情况及趋势分析；绩效目标实现程度及趋势分析；存在的主要问题及原因分析；下一步改进工作的意见建议；其他需要说明的问题等。

省级部门（单位）应将加盖部门公章的绩效监控报告连同《项目支出绩效监控情况表》和《部门整体支出绩效监控情况表》于8月15日前报送省财政厅对口部门预算管理处。

省级部门（单位）对科研类项目可暂不开展年度中的绩效监控，但应在实施期内结合项目检查等方式强化绩效监控，更加注重项目绩效目标实现程度和可持续性。

（二）省财政厅重点绩效监控

1. 年初确定的50个2021年度财政评价项目作为本次重点绩效监控项目。按绩效监控实施主体分为A类、B类两类，A类项目由省财政厅预算绩效管理处、财政监督局和预算绩效评价中心负责组织实施，B类项目由省财政厅有关部门预算管理处负责组织实施。涉及重点绩效监控项目的省级部门（单位），于8月15日前将《项目支出绩效监控情况表》报送省财政厅对口部门预算管理处，同时将监控所需有关资料报省财政厅负责该项目绩效监控的责任处室。

2. 省财政厅相关责任处室根据收集到的资料信息进行汇总分析，核实确认绩效目标实现程度、预算执行进度及趋势，必要时可开展现场调研。在此基础上，研究分析存在的问题，确定整改完善措施，撰写重点项目绩效监控报告，于8月30日前报省财政厅预算绩效管理处。

四、绩效监控结果应用

绩效监控结果作为以后年度预算安排和政策制定的重要参考依据。省级部门（单位）应通过绩效监控信息深入分析预算执行进度、绩效目标实现程度等情况，对绩效监控中发现的绩效目标执行偏差和管理漏洞，及时采取分类处置措施予以纠正；对于因政策变化、突发事件等客观因素导致预算执行进度缓慢或预计无法实现绩效目标的，要及时按程序调减预算，并同步调整绩效目标；对于绩效监控中发现严重问题的，如预算执行与绩效目标偏离较大、已经或预计造成重大损失浪费或风险等情况，应暂停项目实施，按照有关程序调减预算并停止拨付资金，及时纠偏止损。省财政厅要将重点项目绩效监控报告反馈相关省级部门（单位），对于报告提出的问题相关部门应及时进行整改，并于收到绩效监控报告30日内将整改落实情况报省财政厅。

对绩效目标实现程度和预算执行进度进行绩效监控，是全过程预算绩效管理的重要环节，是确保年度绩效目标如期实现的关键举措。2021年度绩效监控工作时间紧、任务重，各部门各单位要切实提高思想认识，牢固树立绩效理念，加强组织领导，完善工作措施，层层落实责任，确保高质量完成绩效监控各项工作任务，不断提升项目管理水平和财政资金使用效益。

附件：1. 项目支出绩效监控情况表
2. 部门整体支出绩效监控情况表
3. 2021年省级财政重点绩效监控项目分工表
4. 2021年省级财政重点绩效监控资料需求表

2021年7月17日

2. 部门内部动员组织

按照《通知》要求，A省市场监督管理局积极组织协调，召开局内部会议，成立绩效运行监控工作组，由财务部门作为牵头处室负责工作的协调推进，其他各业务处室及下属单位积极配合，共同保障绩效运行监控工作的顺利完成。

（二）绩效运行监控的实施

1. 梳理完善绩效目标

在年初批复的绩效目标基础上，对照专项资金实施内容，按照绩效目标设定原则，对设定的绩效目标进行梳理。调整内容见表4-10。

表 4－10　**绩效目标调整前后对比表**

一级指标	二级指标	调整前		调整后		调整理由
		三级指标	指标值	三级指标	指标值	
产出指标	数量指标	食品安全抽检批次	≥33 500 批次	食品安全抽检批次	≥33 500 批次	
		食品安全风险监测抽检批次	≥4 000 批次	食品安全风险监测抽检批次	≥4 000 批次	
		食品安全评价性抽检批次	≥10 000 批次	食品安全评价性抽检批次	≥10 000 批次	
		食品生产企业日常监管覆盖率	100%	食品生产企业日常监管覆盖率	100%	
	时效指标	检验不合格食品信息上报及时性	及时	检验不合格食品信息上报及时性	及时	
		食品安全抽检任务完成及时性	及时	食品安全抽检任务完成及时性	及时	
	质量指标	抽检不合格食品核查处置率	100%	抽检不合格食品核查处置率	100%	
		抽检结果准确率	100%	抽检结果准确率	100%	
		全省食品安全抽检合格率	≥98%	全省食品安全抽检合格率	≥98%	
		食品安全投诉举报处置率	100%	食品安全投诉举报处置率	100%	
				食品安全监管建议采纳率	100%	对监管建议的采纳情况是对项目开展结果是否有效的衡量，应为质量指标，而非社会效益指标
	成本指标	食品抽检费用平均支出	≤3 000 元/批次	食品抽检费用平均支出	≤3 000 元/批次	
		专项资金成本控制情况	不超概算			缺乏实际意义
效益指标	经济效益	辖区内食品产业健康有序发展的活力	逐步提高			项目设立的初衷是为保障食品安全，体现的主要为社会效益，在经济效益方面体现不明显，同时，所设指标不够具体，无法衡量
	社会效益	达到国家食品安全示范城市标准的省辖市	≥6 个	达到国家食品安全示范城市标准的省辖市	≥6 个	
		食品安全监管建议采纳率	100%			调整至质量指标
		辖区内重大食品安全事故发生数	≤上年数	辖区内重大食品安全事故发生数	≤上年数	

续表

一级指标	二级指标	调整前		调整后		调整理由
		三级指标	指标值	三级指标	指标值	
效益指标	可持续影响	食品安全法规制度体系的健全性	逐步健全	食品安全法规制度体系的健全性	逐步健全	
		食品安全事件应急处置能力	逐步提高	食品安全事件应急处置能力	逐步提高	
		食品安全执法能力和监管能力	逐步提升	食品安全执法能力和监管能力	逐步提升	
满意度指标	服务对象满意度指标	监管服务对象满意度	≥85%	被抽检企业满意度	≥85%	指标指向不够明确
		群众满意度	≥85%	群众满意度	≥85%	
		政府相关部门满意度	≥85%			该指标删除，一是“政府相关部门”指向不明，二是政府相关部门通常为项目的组织实施者，其并非是项目服务对象或是社会公众

2. 确定监控目标

食品安全监管专项资金是为保障食品安全而设立，其实施内容主要包括食品风险监测、日常抽检、监管能力提升及食品安全监管综合协调等。从项目实施特点来看，项目实施具有一定的周期性，为部门经常性项目，具备阶段性的产出和效益，在确定监控目标时，可参考业务类项目的监控重点来确定。确定后的监控目标见表 4 - 11。

监控目标指标确定之后，结合年初工作计划，按照各指标序时进度，确定各指标在监控时点需完成的目标值，为后续指标偏差的判定提供参照。

表 4 - 11　　食品安全监管专项资金绩效运行监控目标表

一级指标	二级指标	三级指标	指标值	是否监控
产出指标	数量指标	食品安全抽检批次	≥33 500 批次	是
		食品安全风险监测抽检批次	≥4 000 批次	是
		食品安全评价性抽检批次	≥10 000 批次	是
		食品生产企业日常监管覆盖率	100%	是
	时效指标	检验不合格食品信息上报及时性	及时	是
		食品安全抽检任务完成及时性	及时	是
	质量指标	抽检不合格食品核查处置率	100%	是
		抽检结果准确率	100%	是
		全省食品安全抽检合格率	≥98%	是
		食品安全投诉举报处置率	100%	是
		食品安全监管建议采纳率	100%	是
	成本指标	食品抽检费用平均支出	≤3 000 元/批次	是
效益指标	社会效益	达到国家食品安全示范城市标准的省辖市	≥6 个	是
		辖区内重大食品安全事故发生数	≤上年数	是
	可持续影响	食品安全法规制度体系的健全性	逐步健全	是
		食品安全事件应急处置能力	逐步提高	是
		食品安全执法能力和监管能力	逐步提升	是
满意度指标	服务对象满意度指标	被抽检企业满意度	≥85%	是
		群众满意度	≥85%	是

3. 收集绩效运行信息

该项目的实施涉及A省产品质量监督检验院、A省盐产品质量检测中心、A省口岸食品检验检测所及16个市、县的相关检测机构，其中：A省产品质量监督检验院主要承接A省2021年第一批、第二批食品安全监督抽检、食品安全风险监测、冻猪肉专项监督抽检、大米专项监督抽检、A省校园专项跟踪抽检、A省集体供餐单位食品安全专项抽检、食品安全专项抽检等工作任务。A省盐产品质量检测中心主要负责对省市场流通环节、食盐定点生产企业、食盐批发企业进行监督抽查。A省口岸食品检验检测所，主要负责全省食品安全监督抽检制度和抽检计划的制定、组织实施及定期公布相关信息；督促指导不合格食品核查、处置、召回；组织开展食品安全评价性抽检、风险预警和风险交流；参与制定食品安全标准、食品安全风险监测计划，承担风险监测工作，组织排查风险隐患；组织相应能力建设活动。16个市（县）的相关单位对食品安全进行评价性抽检、风险监测抽检、监督抽检及检测中心设备的更新升级。

由于项目实施单位涉及较多，实际监控工作开展过程中，为全面了解监控时点项目的绩效运行情况，工作组结合各项目实施单位主要职能，确定各机构提交资料清单，同时下发绩效运行监控通知，明确各项资料、报表提交时间，确保绩效运行监控工作的按时推进。绩效运行监控通知详见如下：

关于开展2021年食品安全监管专项资金绩效监控工作的通知

各市（县）市场监督管理局、省局机关有关处室：

为贯彻落实《中共A省委　A省人民政府关于全面实施预算绩效管理的实施意见》，强化绩效管理主体责任，提高财政资金使用效益，按照《A省财政厅关于开展2021年省级预算绩效运行监控工作的通知》的要求，A省市场监督管理局现就开展2021年度市县食品安全监管专项资金绩效监控工作有关事项通知如下：

一、绩效监控填报内容

（一）填报绩效监控表

根据各市（县）检测任务安排，结合各市县2021年1—7月食品安全监管专项资金的具体执行情况，填报绩效监控情况表。

（二）提交相关资料

为深入了解各市（县）2021年食品安全监管工作具体开展情况，现需要各市（县）有关机构配合提供2021年度食品安全监管工作实施的有关资料，包括项目资金到账凭证、项目资金管理办法、项目管理制度、项目绩效目标、实施方案/工作计划、项目支出的相关资料（如签订的合同、协议，发票等）、项目实施的相关资料（如质量检测报告等）、项目中期工作总结及其他项目实施的相关资料等。

二、绩效监控资料报送

各机构以电子形式报送绩效监控情况表（未盖章的 word 版 + 盖章的扫描版）和 2021 年度食品安全监管工作实施的相关资料，并对其所报送资料的真实性和完整性负责。

各机构将上述资料打包压缩，以“联系电话 + 各机构名称”为主题命名，并于 2021 年 8 月 5 日下午 5 点半前上传发送至指定邮箱。

附件：1. 绩效监控情况表

2. 提交资料清单

A 省市场监督管理局

2021 年 7 月 25 日

除文献研究之外，为全面了解当前社会公众及被抽检企业对 A 省食品安全现状及抽检工作开展情况的意见及建议，工作组采用问卷调查的方式对社会公众及被抽检企业开展满意度调查，以帮助下一步工作的改进。

4. 分析绩效运行信息

各市（县）上报完成后，工作组及时对各项数据、资料展开复核、汇总，按照各机构经费分配及任务安排情况，对其中存在数据缺失、有误、资料短缺的机构进行统计汇总，并进行资料的二次补充收集，以确保数据的真实完整性。在确保资料准确完整的基础上，按照绩效运行监控内容，项目组对各市（县）监控时点资金到位情况、预算执行情况、检测任务完成情况等关键信息进行汇总分析，确定各指标在监控时点的完成情况，并与前期确定的监控期目标值进行对比，判断各指标在该监控时点的偏差情况，根据偏差情况，预测各项指标完成的可能性。

5. 填报绩效运行监控表

根据前期各项数据分析结果，按照规定的监控表样式，填写《项目支出绩效运行监控表》，填写后的监控表见表 4 - 12。

6. 撰写绩效运行监控报告

按照规定的监控报告格式，结合项目实施情况，撰写完成绩效运行监控报告。形成的绩效运行监控报告部分内容如下：

表 4－12

项目支出绩效监控情况表

（2021 年度）

项目名称	食品安全监管专项资金					
主管部门及代码	A 省市场监督管理局 025001		实施单位	A 省市场监督管理局机关		
项目资金（万元）		年初预算数	预算调整数	1—7 月执行数	1—7 月执行率	全年预计执行数
	年度资金总额：	8 000	5 500	3 055. 18	55. 55%	4 675
	其中：本年一般公共预算拨款	8 000	5 500	3 055. 18	55. 55%	4 675
	其他资金	0	0	0	0	0
年度总体目标	全省食品安全抽检合格率高于全国平均水平，三分之一以上的省辖市达到国家食品安全示范城市标准，人民群众对食品安全总体满意度达到 80% 以上。					

绩效指标	一级指标	二级指标	三级指标	年度指标值	1—7 月执行情况	全年预计完成情况	偏差原因分析：经费保障	制度保障	人员保障	硬件条件保障	其他	原因说明	完成目标可能性：确定能	有可能	完全不可能	备注
绩效指标	产出指标	数量指标	食品安全抽检批次	≥33 500 批次	13 696 批次	≥33 500 批次					√	受疫情及资金到位时间影响，抽检工作进度推进较慢		√		在疫情得以有效控制的前提下，抽检任务能够如期完成
			食品安全风险监测抽检批次	≥4 000 批次	2 147 批次	≥4 000 批次					√			√		
			食品安全评价性抽检批次	≥10 000 批次	0 批次	≥10 000 批次					√			√		
			食品生产企业日常监管覆盖率	100%	100%	100%							√			
		质量指标	抽检不合格食品核查处置率	100%	100%	100%							√			
			抽检结果准确率	100%	100%	100%							√			
			全省食品安全抽检合格率	≥98%	98%	≥98%							√			

续表

	一级指标	二级指标	三级指标	年度指标值	1—7月执行情况	全年预计完成情况	偏差原因分析						完成目标可能性			备注
							经费保障	制度保障	人员保障	硬件条件保障	其他	原因说明	确定能	有可能	完全不可能	
绩效指标	产出指标	质量指标	食品安全投诉举报处置率	100%	100%	100%							√			
			食品安全监管建议采纳率	100%	100%	100%							√			
		时效指标	检验不合格食品信息上报及时性	及时	及时	及时							√			
			食品安全抽检任务完成及时性	及时	大部分项目及时	及时					√	受疫情影响，抽检任务推进较慢		√		
		成本指标	食品抽检费用平均支出	≤3 000元/批次	1 300元/批次	≤3 000元/批次							√			
	效益指标	社会效益指标	达到国家食品安全示范城市标准的省辖市	≥6个	4个	≥6个							√			
			辖区内重大食品安全事故发生数	≤上年数	0	≤上年数							√			
		可持续影响指标	食品安全法规制度体系的健全性	逐步健全	逐步健全	逐步健全							√			
			食品安全事件应急处置能力	逐步提高	逐步提高	逐步提高							√			
			食品安全执法能力和监管能力	逐步提升	逐步提升	逐步提升							√			
	满意度指标	服务对象满意度指标	被抽检企业满意度	≥85%	87.45%	≥85%							√			
			群众满意度	≥85%	89.63%	≥85%							√			

专栏 4-3

A 省食品安全监管专项资金绩效运行监控报告

一、项目基本情况

（一）项目背景（略）

（二）项目实施主体及内容（略）

（三）项目年度绩效目标（略）

二、绩效监控工作的组织实施情况

（一）绩效监控的起止时间

依据《A 省财政厅关于开展 2021 年省级预算绩效运行监控工作的通知》，确定本次绩效监控起止时间为 2021 年 1 月 1 日至 2021 年 7 月 31 日。

（二）绩效监控的组织实施

1. 准备阶段

为确保本次绩效监控工作的顺利开展，我局主要做了以下准备：一是梳理项目相关资料，重点梳理了项目 2021 年度绩效目标表、关于省局 2021 年预算专项资金安排细化的意见建议、2021 年 A 省市场监督管理局专项资金安排明细表等资料；二是依据《A 省省级预算绩效运行监控管理办法》和《A 省财政厅关于开展 2021 年省级预算绩效运行监控工作的通知》，进行研讨分析，确定本次监控思路和方法；三是向各项目实施单位下发了绩效监控通知，并告知需提交的资料和填报的表格。

2. 基础信息收集阶段

收集各实施单位的项目相关资料和填报表格，通过提取资料和表格中重要信息和数据，形成项目支出绩效监控情况表。

3. 数据分析与报告撰写阶段

通过对重要信息、数据和电话访谈进行整理、汇总、分析，按照确定的绩效目标，对各项目单位实际执行情况进行分析，找出存在的偏差、问题及成效，形成跟踪结论，并撰写绩效监控报告。绩效监控报告初稿完成后，经内部复核及专家指导后，形成绩效监控报告定稿。

三、预算执行进度情况及趋势分析

依据《关于细化市场监管服务专项资金的函》《A 省财政厅关于下达 2021 年省级市场监管服务专项资金的通知》《A 省财政厅关于批复 2020 年省直部门收支预算的通知》，2021 年食品安全监管项目共安排 5 500 万元，资金来源为省级财政拨款。

其中：省局所属单位安排 1 400 万元，省本级其他部门安排 1 800 万元，市县单位安排 2 300 万元，共计 3 大实施主体，资金占比分别为 25.45%、32.73%、41.82%。从项目整体角度看，将对市（县）的转移支付视为全部到位、全部支出，截至 2021 年 7 月 31 日，食品安全监管专项资金到达项目单位 4 678.32 万元，资金到位率 85.06%，实际支出 3 055.18 万元，预算执行率为 55.55%。

但从项目的实际出发，依据各项目实施单位提交的资料，截至 2021 年 7 月 31 日，食品安全监管专项资金到达项目单位 2 746.82 万元，资金到位率为 49.94%，实际支出

809.56 万元，预算执行率为 29.47%。

截至 2021 年 7 月 31 日，按序时进度计算，食品安全监管专项资金预算执行率应为 58.33%。但受疫情影响，监控期间大部分企业未开展生产工作，抽检取样受到影响，导致实际执行进度仅为 29.47%，项目预算执行率未达到预期。

A 省产品质量监督检验院预算执行率为 18.62%，主要受疫情影响，上半年项目进展缓慢，目前已步入正轨，所有检验任务均已制定检验计划，正在按计划节点细化工作、有序进行，并建立有效的督促、考核机制，按照当前项目执行趋势分析，预计年底预算执行率可达到 85% 左右。

A 省盐产品质量监测中心预算执行率为 37.63%。一方面，受疫情影响，抽检任务开始执行的时间较晚，同时，为保障抽样人员的人身安全及相关防护措施的不断改进，抽样进度受阻。另一方面，由于首次承担省局专项任务，抽样过程及检验数据填报中遇到很多问题，一定程度上延缓了抽样进度。接下来的工作中，防疫措施常态化，在确保人员安全的前提下，进一步提高抽样效率，且随着熟练抽检平板 APP 的使用及信息输入，强化抽样过程的规范性，不断总结，提升经验，检测效率进一步提高，按照当前项目执行趋势分析，预计年底预算执行率可达到 95% 左右。

A 省口岸食品检验检测所预算执行率为 35.45%。一方面，受新冠疫情的影响，单位日常检验工作及抽检任务直至 4 月中旬才逐步开展，项目资金支出也相应延后。另一方面，由于抽检任务量较大，占全省总任务量的 40.65%，为完成抽检任务，委托第三方协助抽样，同时向第三方支付相应的服务费，但此项服务于第二季度开始，按照季度结算费用，且需与第三方核实汇总后才能支付，因此项目资金支出较少。下半年单位将加紧各项工作节奏，督促归口科室加快报销进度，预计年底预算执行率可达到 90% 左右。

市（县）部门（机构）预算执行率为 7.20%。一方面，受疫情影响，各市（县）工作开展时间较晚，基本于 4 月中旬才开展抽检工作。另一方面，省财政拨款实际到达各单位时间较晚，截至 2021 年 7 月 31 日仍有 14 个单位的项目资金尚未到位，各单位为保证年度工作目标的正常完成，只能由各单位先行垫付，很大程度上影响了预算执行率，若后期资金能尽快到位、各单位及时推进项目进展，按照当前项目执行趋势分析，预计年底预算执行率可达到 70% 左右。

综上所述，到年末，本项目预算执行率可达到 85% 左右。

四、绩效目标实现程度及趋势分析

食品安全监管专项资金项目的绩效目标实现情况从产出、效益、满意度三个维度进行考察。产出指标从数量、质量、时效、成本四个方面考量；效益从社会效益、可持续影响两个方面衡量，满意度指标从被抽检企业及群众两个层面考核，共包含 19 个三级指标。

（一）产出指标的实现情况

产出数量：食品安全评价性抽检工作根据项目实施计划于 8 月份开展，目前尚未开展该项工作；食品安全风险监测抽检工作，按照项目目标进度，截至 2021 年 7 月 31 日应完成 2 333 批次抽检工作，实际完成 2 147 批次抽检，与目标值偏差较小；食品安全抽检工作，按照项目目标进度，截至2021年7月31日应完成19 542批次抽检工作，实际完成13 696批次抽检，与目标值存在偏差。

产出质量：年初设置了全省食品安全抽检合格率、抽检结果准确率、食品安全投诉举报处置率、抽检不合格食品核查处置率、食品安全监管建议采纳率等5个三级绩效指标，经工作组通过对数据资料的收集整理、电话访谈等方式核定，各项指标完成良好，暂无偏差。

产出时效：年初在该项设置了检验不合格食品信息上报及时性、食品安全抽检任务完成及时性两个绩效目标，省局继续坚持每周发布食品安全抽检结果，今年以来，共发布食品抽检信息通告32期，公布食品抽检信息44 420批次；受疫情影响评价性抽检项目目前尚未开展工作，但已做相关部署、准备工作。

产出成本：食品抽检费用平均支出年初设定绩效目标值为小于等于3 000元/批次，通过项目组相关数据收集、梳理及分析，实际平均支出为1 300元/批次，低于年初绩效目标，且费用成本均在预算之内。

（二）效益指标的实现情况

社会效益指标：截至2021年7月31日，已有4个省辖市达到国家食品安全示范城市标准、辖区内重大食品安全事故发生数为0，达到监控目标值。

可持续影响指标：《A省省级市场监管服务专项资金管理暂行办法》中对部门职责分工、资金管理、绩效管理、监督管理、预算编制、分配和下达作出详细规定；另外，各地市主管部门出台了相应文件，保障了食品安全监管的健康发展，长效管理机制健全。依据基础信息表，部分市县抽检部门与财政部门相互配合，对项目单位资金的到位及使用情况进行督导，保障项目顺利实施，跨部门沟通协作机制有效。

（三）满意度指标实现情况

通过问卷调查，截止监控时点，被抽检企业满意度为87.45%，群众满意度为89.63%，超过设定的目标值85%，监控期无偏差。

（四）绩效情况及差异原因分析

通过上述指标分析，跟踪期内与预期存在差异的指标有：食品安全评价性抽检批次、食品安全风险监测抽检批次、食品安全抽检批次、食品安全抽检任务完成及时性等4个指标。

产生差异的原因：一是受疫情影响，所有单位工作开展时间较晚；二是市县的转移支付资金到位不及时，截至2021年7月31日，资金到位的仅6个单位，其余均未拨付到位。

（五）绩效目标完成可能性判定

通过对绩效目标的跟踪分析，我局认为，随着疫情得到控制，市场整体环境变好，各项工作步入正轨，食品安全评价性抽检任务已部署，年底有完成项目绩效目标的可能；食品安全风险监测抽检项目与目标值偏差不大，年底完成该项绩效目标的可能性是非常大的；食品安全抽检项目，与目标值存在一定的偏差，但是偏差没有很大，在及时纠偏的条件下，年底达到既定目标的可能性较大。

五、项目存在的主要问题

（一）部分单位资金到位不够及时

依据《A省财政厅关于批复2021年省直部门收支预算的通知》，省局所属单位及省本级其他部门的项目资金于2021年2月均已到位，但部分市县由于层层转移支付等原因，资金到位较晚，不能有效保障项目的顺利实施，一定程度上缩短了项目有效实施时间，导致部分项目单位的实施进度未达到绩效监控值。

（二）部分单位工作任务执行较慢

受疫情影响，大部分企业生产工作开展较晚，异地取样困难，导致抽检工作开始较晚，抽检工作推进缓慢，截至2021年7月31日，省局本级完成省抽检9 296批次，其中监督抽检任务7 152批次，风险监测任务2 147批次，评价性抽检任务刚刚部署；市县各单位的少部分工作任务按计划有序完成监控目标，但大部分工作任务进展缓慢。

（三）绩效目标设置水平有待提升

食品安全监管项目的实施单位中仅有A省盐产品质量监测中心和A省口岸食品检验检测所2家单位设置了绩效目标，剩余23家单位均只设置了工作任务。同时，现有设置的绩效目标中存在指标设置不够合理、细化的情况。

六、改进措施和有关建议

（一）加强资金监管责任意识

一是积极协调省财政厅督促市县财政部门严格落实预算安排下达主体责任，进一步优化资金拨付流程，切实加快预算拨付进度，防止滞留、截留和挪用。二是提高食品安全监管专项资金的跟踪力度，强化项目单位及时使用资金的意识，督促项目实施单位及时使用专项资金，提高资金预算执行率和项目实施进度。

（二）提高单位主体责任意识

一是落实食品安全监管项目实施主体的责任，积极督促项目实施单位及时制定，并严格落实绩效目标（或工作任务）和实施方案要求，明确双方责任约束，强化项目管理意识，确保项目实施单位在财政资金及时到位的前提下，按时保质保量地完成项目内容。二是加强对市（县）实施单位的指导，强化市（县）单位的主体责任意识，实时关注省级主管部门下达的细化分配资金的文件，依据工作任务和对应资金额，保质保量地完成年度任务。

（三）加快单位任务执行进度

一是在有效防护疫情措施下，加大人员和设备、设施投入，根据各抽检计划时间节点，保质保量完成年度任务；同时积极探索规范食品安全快检工作，加快推进各项制度发布。二是组织抽样人员、检验人员、业务管理人员集中培训，培训内容包括《食品安全抽样管理办法》《食品安全监督抽检和风险监测工作规范》等，确保抽样人员能够合法合规抽取样品、准确辨识产品类别、正确填写抽样文书，熟练使用国家食品安全抽样检验信息系统。

（四）提高单位绩效管理水平

一是加强内部预算绩效管理机制建设，进一步将绩效管理融入预算编制、执行、监督全过程，逐步构建事前评估、事中监控、事后评价的绩效管理闭环系统，实现预算绩效管理一体化，提高财政资源配置效率和使用效益。二是开展绩效管理培训。学习贯彻国家《关于全面实施预算绩效管理的实施意见》和省财政厅关于《A省省级预算绩效运行监控管理办法》等有关文件，切实提高项目实施单位对绩效目标的认识理解水平。三是加强项目专项资金绩效监控结果应用。将绩效监控的结果及时反馈给各项目实施单位，并督促其整改，建立资金分配与绩效监控结果挂钩机制，督促各项目单位加快预算执行进度和项目实施进度。

7. 绩效运行监控结果的报送审核

监控工作完成后，工作组严格按照部门自主监控的工作要求将完成的《项目支出绩效运行监控表》《绩效运行监控报告》及相关资料（包括预算执行进度相关资料、绩效目标实现程度相关资料、其他资料等）报送至省财政厅预算绩效管理处。

针对完成的绩效运行监控报告，省财政厅召集相关行业专家进行评审，根据专家评审意见，省市场监督管理局对报告进行修改完善，形成绩效运行监控报告终稿并提交。

（三）绩效运行监控的结果应用

根据绩效运行监控结果，省财政厅及时印发项目绩效运行监控结果整改通知，并限定整改期限和整改要求。

按照通知要求，省市场监督管理局积极组织落实，研究制定整改计划，明确各相关主体整改责任，并根据偏差情况，结合提出的改进建议，从以下几方面予以改进：

1. 强化监管，落实主体责任意识

省市场监督管理局作为食品安全监管的首要责任主体，既是本项目的实施单位，同时也是项目主管部门，因此，在落实实施主体责任的同时，强化监管责任落实，一是提高食品安全监管专项资金的跟踪力度，定期对预算执行情况及项目实施进度进行监控，督促项目实施单位及时使用专项资金，对阶段性实施目标不达标的单位，及时了解项目实施滞后的原因，下发督办函，以提高资金预算执行率和项目实施进度。二是强化责任考核，一方面对当前各地项目运行监控结果进行系统内公开；另一方面结合当前项目运行偏差，制定专项资金绩效考核办法，将阶段性目标完成情况及年度目标完成情况作为项目实施绩效的重要依据，并与来年预算分配挂钩，多方位加强项目实施单位责任落实。

2. 加强业务培训，提高绩效管理意识

针对当前多数项目单位绩效意识不强、未按要求设置绩效目标的情况，省市场监督管理局积极组织开展系统内部专项业务培训及自主学习，对各项目实施单位财务人员及相关业务人员就预算绩效管理实施背景及重要性、绩效目标的编制、绩效运行监控、绩效评价等内容进行全方位培训，强化预算绩效管理与预算管理的关联，使各项目单位逐步建立“预算编制有目标、预算执行有监控、预算完成有评价、评价完成有反馈、反馈结果有应用”的全过程预算管理意识；同时，在日常工作中，建立自主学习机制，积极学习《中共中央 国务院关于全面实施预算绩效管理的实施意见》和省财政厅关于《A省省级预算绩效评价管理办法》等有关文件，切实提高项目实施单位对绩效目标的认识理解水平。

除此之外，省市场监督管理局定期组织抽样人员、检验人员、业务管理人员开展集中培训，培训内容包括《食品安全抽样管理办法》《食品安全监督抽检和风险监测工作规范》《国家食品安全监督抽检实施细则》（2020 版）、抽样实施方案、抽样信息系统使用等，确保抽样人员能够合法合规抽取样品、准确辨识产品类别、正确填写抽样文书，熟练使用国家食品安全抽样检验信息系统，不断强化工作人员的业务水平。

二、部门整体支出绩效运行监控——2018 年 B 市文化局部门整体支出绩效运行监控部门基本情况

B 市文化局，正处级建制，为 B 市人民政府工作部门，下设 11 个直属机构。根据部门职责，内设艺术科、宣传法规科、新闻出版科、文化市场科、广播电视管理科、办公室、编制人事科、财务科、社会文化科、非物质文化遗产科等 10 个科室。2018 年，B 市文化局机关行政编制为 33 名，核定工勤人员编制 4 名。年末在编人员 29 人、离退休职工 49 名。

2018 年市文化局本级预算安排 1 119. 07 万元，其中：基本支出 373. 11 万元；项目支出 745. 96 万元。追加预算 1 487. 86 万元，其中：基本支出 2. 50 万元；项目支出 1 485. 36 万元。政府性基金预算财政拨款 410. 66 万元。

2018 年 B 市文化局支出预算为 1 119. 07 万元；支出预算调整为 3 017. 59 万元，其中：基本支出预算调整为 380. 72 万元，项目支出预算调整为 2 636. 87 万元；截至 2018 年 7 月 31 日，部门实际支出 849. 69 万元，预算执行率为 28. 09%，其中：基本支出 210. 82 万元，项目支出 636. 87 万元。

重点通过本案例来说明部门整体支出绩效运行监控如何实施（监控表如何填报），有关绩效运行监控的布置、绩效运行监控的结果应用与项目支出绩效运行监控类似，在此不再赘述。

（一）梳理完善绩效目标

按照前文所述有关绩效目标梳理的原则，对部门期初设定的绩效目标进行梳理完善，如部门前期未设定部门整体支出绩效目标，应按照部门整体支出绩效目标设置原则及设置思路合理设定部门整体支出绩效目标。

此案例中，B 市文化局前期未设定部门整体支出绩效目标，在开展绩效运行监控时，根据部门 2018 年年度工作计划、中长期战略规划、部门职能展开设置，完善后的绩效目标见表 4 – 13。

表 4－13　B 市文化局部门整体支出绩效目标表

一级指标	二级指标	三级指标	目标值	是否监控
投入	部门年度目标	年度工作计划明确性	明确	是
	战略规划制定	战略规划明确性	明确	是
		战略规划完整性	完整	是
	部门预算安排	在职人员控制率	≤100%	是
		重点支出安排率	≥50%	是
过程	预算执行	本年预算执行率	100%	是
		预算调整率	≤10%	是
		结转结余率	≤9%	否
		结转结余变动率	≤0	否
	财务管理	财务管理制度健全性	健全	是
		资金使用合规性	合规	是
		公用经费控制率	≤100%	是
		公用经费变动率	≤0	否
		“三公经费”控制率	≤100%	是
		“三公经费”变动率	≤0	否
	行政管理	预决算信息公开性	公开	是
		政府采购执行率	100%	是
		信息化建设水平	完备	是
		投诉机制健全性	健全	是
		政策知晓度	100%	是
	资产管理	资产管理制度健全性	健全	是
		资产管理有效性	有效	是
		固定资产利用率	100%	是
产出	产出数量	文化惠民活动完成率	100%	是
		文艺作品创作完成率	100%	是
		四院团主体建设完工率	100%	是
		广播影视工程完成情况	完成	是
		C 县图书馆、D 县文化馆总分馆制试点建设完成情况	完成	是
		文化市场监管工作完成率	100%	是
		“扫黄打非”工作完成情况	完成	是
		非物质文化遗产保护工作完成率	100%	是
		内部人员培训工作完成率	100%	是

续表

一级指标	二级指标	三级指标	目标值	是否监控
产出	产出质量	文化惠民活动覆盖范围	全市	是
		贫困地区演出场次占比	占比高于全市平均值	否
		非遗项目增长率	>0	否
		建设项目验收合格率	100%	否
	产出时效	各项工作完成及时性	及时	是
效果	部门效果	文化产业增加值占 GDP 的比重变化情况	较上年增长	否
		电视覆盖率	较上年增长	否
		广播覆盖率	较上年增长	否
		有线电视收费增长率	>0	否
		有线广播电视用户增长率	>0	否
		文化基础设施覆盖率	100%	否
		文化市场经营主体增长率	>0	是
		各项文化活动群众参与度	≥80%	是
		部门内部员工满意度	≥85%	是
	社会评价	社会公众满意度	≥85%	是
		违法违纪发生率	0	是

（二）确定绩效监控目标

对于部门整体支出绩效运行监控而言，绩效运行监控目标确定的原则与项目支出类似，即投入类、过程类、产出类指标一般可以进行监控，效果类目标视部门具体业务特点而定。

本次绩效运行监控的时点为 8 月份，即对 1—7 月份部门运行情况进行监控。根据完善后的部门整体支出绩效目标，结合 B 市文化局整体业务开展情况，确定监控时点具体监控目标。

确定的具体思路为：

（1）对于投入类指标，其重点考察部门工作计划的制定情况、预算安排情况及战略目标的制定情况等，它是部门年度工作开展的基础支撑，相关目标的完成情况直接关系到部门后续履职，在进行中期绩效运行监控时，要进行适当监控。

（2）对于过程类指标，其反映的是部门预算执行、财务管理、行政管理、资产管理等部门管理情况，体现的是部门管理水平的高低，是部门有效运转的核心，中期进行绩效监控时应该予以重点关注，但个别指标除外，如：指标“结转结余率”“结转结余变动率”，考察的是部门全年预算的结转结余情况，年中进行监控时，不具备实际意义，此时可不监控。

(3) 对于产出类指标，体现的是部门履职情况及本年工作计划的推进情况，即绩效目标的实现程度，是“双监控”的核心要点之一。在进行监控时，根据各项业务开展情况，选取恰当的指标进行监控。在此案例中，根据各项目实施计划，在监控时点，由于C县图书馆项目尚处于建设期，指标“建设项目验收合格率”暂不进行监控。

(4) 对于效果类指标，同项目支出类似，中期绩效运行监控时一般不进行监控，但也有例外，具体视情况而定。根据监控目标确定的原则，在本案例中，可监控的效果指标有“文化市场经营主体增长率”“各项文化活动群众参与度”“部门内部员工满意度”“社会公众满意度”“违法违纪发生率”，上述指标在监控时点均能够体现相关工作的阶段性效益达成情况，因此，可进行监控。

根据上述分析，确定的监控目标见表4-13。

监控目标确定之后，按照年初工作计划确定监控时点各指标的监控期目标值。当年初计划不够明确时，可依据序时进度确定。

（三）绩效运行信息的收集和分析

监控目标确定后，根据确定的监控目标，收集各监控指标在监控时点的完成情况。由于部门整体支出绩效运行监控是对部门整体支出在监控时点绩效运行情况开展的监控，体现的是部门内部的投入产出情况，反映的是部门运行管理水平高低，因此，在进行绩效运行信息收集时，相关信息多为部门内部自有数据资料，针对部分效益指标的完成情况，可能会涉及问卷调查、访谈等，如“社会公众满意度”等。实际工作中，根据确定的监控目标，选择恰当的收集方法。此案例中，除部门自有数据资料外，重点通过问卷调查获取社会公众对部门相关工作开展情况的意见及建议，反映部门履职成效。

根据获取的资料，在数据核实后，采取目标对比法，对监控时点目标值与实际值进行对比，判断偏差度，分析产生偏差的原因及后续完成的可能性和后续偏差改进的路径。

（四）填报绩效运行监控表

根据《B市市级绩效运行监控管理办法》规定的部门整体支出绩效运行监控表样式，结合绩效运行信息分析结果，填报《部门整体支出绩效运行监控表》(见表4-14)。

表 4－14

部门整体支出绩效监控情况表

（2018 年度 8 月）

部门（单位）名称	B 市文化局						
预算情况		年初预算数	调整预算数	1—7 月执行数	1—7 月执行率	全年预计执行数	全年预计执行率
	年度部门预算总额（万元）	1 119.07	3 017.59	849.69	28.09%	3 017.59	100%
	1. 资金来源： （1）财政拨款（政府预算资金）	1 119.07	3 017.59	849.69	28.09%	3 017.59	100%
	（2）单位资金						
	2. 资金结构： （1）基本支出	373.11	380.72	210.82	55.37%	380.72	100%
	（2）项目支出	745.96	2 636.87	636.87	24.15%	2 636.87	100%
年度履职目标	以推进资源型城市转型和丰富民生内涵为目的，谋求文化产业与文化事业协调联动，构建现代文化产业体系，优化文化产业格局，提高文化产业规模化、集约化、专业化、高端化发展水平，推动全市文化产业实现跨越式大发展。为实施“五五”战略，率先全面小康提供有力保障，不断满足全市人民群众日益增长的精神文化需求。						
年度主要任务	任务名称	主要内容					
	文化服务供给	提升 B 市文化品味，继续开展周末大剧院、流动图书车、农村公益电影放映、全民阅读系列活动；办好“文化大讲堂”等特色品牌讲坛；开展送书、送戏、送电影下乡文化惠民活动。					
	文化设施建设	1. 提档升级，加大示范区的创新力度，推进 C 县图书馆总分馆制、D 县乡镇文化站标准化管理； 2. 加强广播电视“村村通”、“户户通”全覆盖工程的后续管理；加大日常管理力度，切实做好广播电视无线覆盖工作；积极配合省局做好 E、F、G3 个县 23 个村的广播器材配置工作； 3. 加快推进“四院团”业务用房建设工程，争取 2018 年底前主体完工。					
	文化市场监管	1. 按照文化部推动网吧和娱乐行业转型升级文件精神，通过加强行政审批制度改革，为网吧行业转型升级创造良好的政务环境，推进跨行业联合和示范点打造，规范行业管理、服务标准和经营内容，改变网吧经营理念陈旧、经营模式单一、上网环境差等问题，推动转型升级； 2. 完成好 B 市“扫黄打非”进基层相关宣传工作，开展好“清源、净网、护苗、秋风、固边 2018”五大专项行动，确保出版物市场健康、文明、有序。					
	文艺作品创作	加强戏曲剧本创作，新创、改编、移植一批优秀舞台精品剧目。重点打造《潇洒走一回》和《后娘》（原名《母亲》）两部戏曲作品；戏剧电影《母亲》积极申报 M 省“五个一工程”奖。					
	非物质文化遗产保护	继续挖掘、保护、传承 B 市非遗项目；大力实施乡村文化记忆工程，对列入省级的第一批 12 个、第二批 40 个试点乡镇进行验收。					

续表

	一级指标	二级指标	三级指标	年度指标值	1—7月执行情况	全年预计完成情况	偏差原因分析						完成目标可能性			备注
							经费保障	制度保障	人员保障	硬件条件保障	其他	原因说明	确定能	有可能	完全不可能	
绩效指标	投入	部门年度目标	年度工作计划明确性	明确	较明确	明确		√						√		
		战略规划制定	战略规划明确性	明确	较明确	明确		√						√		
			战略规划完整性	完整	完整	完整							√			
		部门预算安排	在职人员控制率	≤100%	78.38%	≤100%							√			
			重点支出安排率	≥50%	74.16%	≥50%							√			
	过程	预算执行	本年预算执行率	100%	28.09%	100%					√	部分项目前期准备时间较长，预算执行缓慢		√		
			预算调整率	≤10%	269.65%	—					√				√	
			结转结余率	≤9%	暂不监控	≤9%							√			
			结转结余变动率	≤0	暂不监控	≤0							√			
		财务管理	财务管理制度健全性	健全	健全	健全							√			
			资金使用合规性	合规	合规	合规							√			
			公用经费控制率	≤100%	52.65%	≤100%								√		
			公用经费变动率	≤0	暂不监控	≤0								√		
			“三公经费”控制率	≤100%	51.32%	≤100%								√		
			“三公经费”变动率	≤0	暂不监控	≤0								√		

续表

	一级指标	二级指标	三级指标	年度指标值	1—7月执行情况	全年预计完成情况	偏差原因分析						完成目标可能性			备注
							经费保障	制度保障	人员保障	硬件条件保障	其他	原因说明	确定能	有可能	完全不可能	
绩效指标	过程	行政管理	预决算信息公开性	公开	预算公开，决算尚未批复	公开							√√			
			政府采购执行率	100%	100%	100%							√			
			信息化建设水平	完备	完备	完备							√			
			投诉机制健全性	健全	健全	健全							√			
			政策知晓度	100%	73.65%	100%					√			√		
		资产管理	资产管理制度健全性	健全	健全	健全							√			
			资产管理有效性	有效	有效	有效							√			
			固定资产利用率	100%	100%	100%							√			
	产出	产出数量	文化惠民活动完成率	100%	20.10%	100%					√	受演出人员限制，部分演出未能如期开展		√		
			文艺作品创作完成率	100%	60.00%	100%							√			
			四院团主体建设完工率	100%	按进度推进	100%							√			
			广播影视工程完成情况	完成	按进度推进	完成							√			
			C县图书馆、D县文化馆总分馆制试点建设完成情况	完成	按进度推进	完成							√			

续表

	一级指标	二级指标	三级指标	年度指标值	1—7月执行情况	全年预计完成情况	偏差原因分析						完成目标可能性			备注
							经费保障	制度保障	人员保障	硬件条件保障	其他	原因说明	确定能	有可能	完全不可能	
绩效指标	产出	产出数量	文化市场监管工作完成率	100%	100%	100%							√			
			“扫黄打非”工作完成情况	完成	完成预定计划	完成							√			
			非物质文化遗产保护工作完成率	100%	按计划顺利推进	100%							√			
			内部人员培训工作完成率	100%	0	100%					√		√			
		产出质量	文化惠民活动覆盖范围	全市	全市	全市							√			
			贫困地区演出场次占比	占比高于全市平均值	暂不监控	占比高于全市平均值								√		
			非遗项目增长率	>0	暂不监控	>0								√		
			建设项目验收合格率	100%	暂不监控	100%							√			
		产出时效	各项工作完成及时性	及时	比较及时	及时					√			√		
	效果	部门效果	文化产业增加值占GDP的比重变化情况	较上年增长	暂不监控	较上年增长								√		
			电视覆盖率	较上年增长	暂不监控	较上年增长								√		
			广播覆盖率	较上年增长	暂不监控	较上年增长								√		

续表

	一级指标	二级指标	三级指标	年度指标值	1—7月执行情况	全年预计完成情况	偏差原因分析						完成目标可能性			备注
							经费保障	制度保障	人员保障	硬件条件保障	其他	原因说明	确定能	有可能	完全不可能	
绩效指标	效果	部门效果	有线电视收费增长率	>0	暂不监控	>0								√		
			有线广播电视用户增长率	>0	暂不监控	>0								√		
			文化基础设施覆盖率	100%	暂不监控	100%							√			
			文化市场经营主体增长率	>0	0.91%	>0							√			
			各项文化活动群众参与度	≥80%	60.81%	≥80%					√			√		
			部门内部员工满意度	≥85%	82.27%	≥85%					√			√		
		社会评价	社会公众满意度	≥85%	83.78%	≥85%					√			√		
			违法违纪发生率	0	0	0							√			

第五章

预算绩效评价

预算绩效评价是全面实施绩效管理，构建全方位、全过程、全覆盖预算绩效管理体系的重要内容，是绩效管理的核心环节。科学的绩效评价能够提供可靠的信息支撑，帮助主管部门发现项目或部门运行过程中存在的问题与不足，为之后的决策提供依据。与绩效管理的其他环节相比，预算绩效评价运用的方法更加全面、步骤更加繁多、方式更加多元、工作量更加繁重。本章内容以预算绩效评价概述展开，主要介绍项目支出单位自评、项目支出绩效评价及部门整体支出绩效评价三种评价形式的工作开展流程及注重点，将评价案例贯穿于整个工作流程。

第一节 预算绩效评价概述

一、预算绩效评价内涵

（一）预算绩效评价概念

预算绩效评价（以下简称“绩效评价”）是指财政部门和预算部门根据设定的绩效目标，运用科学、合理的绩效评价指标、评价标准和评价方法，对财政支出的经济性、效率性和效益性进行客观、公正的评价。

其中，绩效评价的经济性是资源投入和使用过程中成本节约的水平和程度及资源使用的合理性，在绩效评价中主要关注财政支出的成本控制；绩效评价的效率性是指组织经营活动过程中投入资源与产出成果之间的对比关系，在绩效评价中主要关注投入和产出的对比和工作的时效性；绩效评价的效益性指财政支出后产生的各种效果，主要包括经济效益、社会效益、生态效益等。

（二）预算绩效评价主体

目前，预算绩效评价由财政部门统一组织，按照职责权限建立单位自评、部门评价和财政评价相互衔接、分级负责的评价主体工作机制。

1. 财政部门

财政部门的职责是负责财政绩效评价工作的组织和管理。包括负责拟定绩效评价制度办法，指导本级预算部门（单位）和下级财政部门开展绩效评价工作；会同有关部门对单位自评和部门评价结果进行抽查复核，督促部门充分应用自评和评价结果；根据需要对本级预算部门、下级财政部门支出实施绩效评价或再评价，强化评价结果反馈和应用。

2. 预算部门

预算部门的职责是负责本部门项目的部门评价、单位自评的组织和管理。包括负责制定本部门绩效评价办法，组织部门本级和所属单位开展自评工作，汇总自评结果，加强自评结果审核和应用；具体组织实施部门评价工作，强化评价结果反馈和应用。积极配合财政评价工作，落实评价整改意见。

3. 预算单位

按照“谁支出、谁自评”的原则负责本单位预算绩效评价工作的实施。包括按照要求组织开展本单位的绩效自评工作，对自评结果的真实性和准确性负责，自评中发现的问题要及时进行整改。

除财政部门、预算部门和预算单位以外，第三方机构和专家已广泛参与以绩效评价为主的预算绩效管理的多个环节和领域，成为推动全面实施预算绩效管理的重要力量，对强化预算管理、提升绩效评价的独立性和可信度、加强社会监督和扩大公众参与发挥着积极作用。在绩效评价过程中，第三方机构和专家存在以下职责：

第一，第三方机构。根据财政或预算部门（单位）的委托，严格执行合同约定条款，并依照国家相关法律法规、行业规范、绩效评价的原理及方法和其他相关标准，独立完成评价业务，具体包括：配合财政部门和预算主管部门开展绩效评价工作，开展前期调研，充分了解与绩效评价有关的政策文件及资料；设计科学合理的绩效评价工作方案和指标体系；开展现场调研，确保调查点位充足、程序规范、方法科学、取数准确；按时完成绩效评价报告，并对评价报告全部内容的真实性、完整性和合理性负责。

第二，专家。财政部门、预算部门（单位）开展绩效评价时，为提高绩效评价工作质量，通常会进行专家咨询和评审。主要包括：邀请专家对绩效评价工作方案的完整性和评价方案中指标体系、指标权重、访谈提纲、调查问卷及现场调研的开展方式等关键问题进行指导，避免出现评价重点偏差、评价指标设计不够合理、访谈调研不符合实际等问题；委托专家对绩效评价报告进行评审，针对报告的完整性、评价指标选取的有效性、报告结论的合理性等方面进行专业评审，以提升报告质量，保证绩效评价结果的有效性。

（三）预算绩效评价相关要素

1. 预算绩效评价范围

绩效评价的对象是纳入本级政府预算管理的一般公共预算、政府性基金预算、国有资本经营预算支出。同时涉及预算资金的相关管理活动，如政府投资基金、政府和社会资本合作（PPP）、政府采购和政府购买服务、政府债务项目等也纳入绩效评价的范围中。

2. 预算绩效评价原则

绩效评价应当遵循以下基本原则：

（1）科学公正，绩效评价应当运用科学合理的方法，按照规范的程序，对项目绩效进行客观、公正反映。

（2）绩效相关，评价结果应当清晰反映绩效目标的实现情况以及预算支出和绩效之间的对应关系。

（3）激励约束，绩效评价结果应与预算安排、政策调整、改进管理实质性挂钩，体现奖优罚劣和激励相容导向，实现有效要安排、低效要压减、无效要问责。

（4）公开透明，绩效评价结果应依法依规公开，并自觉接受社会监督。

3. 预算绩效评价形式

（1）根据评价主体划分，绩效评价分为绩效自评和外部评价两种形式。绩效自评是指预算部门（单位）对预算批复的绩效目标完成情况进行自我评价，包括纳入政府预算管理的所有项目支出和部门支出，自评内容主要包括总体绩效目标、各项绩效指标完成情况以及预算执行情况。

外部评价包括财政部门评价（以下简称“财政评价”）和预算部门评价（以下简称“部门评价”）。部门评价是指预算部门根据相关要求，运用科学、合理的绩效评价指标、评价标准和方法，对本部门项目组织开展的绩效评价。财政评价是财政部门对预算部门的项目或部门整体支出组织开展的绩效评价。财政评价和部门评价的内容主要包括决策情况、资金管理和使用情况、相关管理制度办法的健全性及执行情况、实现的产出情况、取得的效益情况和其他相关内容。

（2）根据评价内容划分，绩效评价分为项目支出绩效评价（以下简称“项目评价”）、部门整体支出绩效评价（以下简称“部门整体支出评价”）、财政政策支出绩效评价和政府财政运行情况综合绩效评价四种评价形式。

项目评价是指预算部门对某个特定项目支出进行绩效评价。根据评价时间节点，项目评价分为实施期评价和实施后评价两种。实施期评价是指项目开工之后到项目实施中某个时间节点进行评价，评价重点为确定项目活动达到预期计划的程度，这类评价一般发生在实施期较长的跨年度项目中；实施后评价是在项目竣工结束一段时间后进行的评价，评价重点是项目实施结束后产生经济、社会效益等。

部门整体支出评价是指对预算部门（含部门本级及其下属单位）所有财政支出的经济性、效率性、效果性和公平性进行客观、公正的综合评判，包括财政部门安排给本级预算部门及其下属单位的所有财政性资金。项目评价和部门整体支出评价的评价区别详见表5-1。

表 5－1　　项目评价和部门整体支出评价对比表

评价要素	项目评价	部门整体支出评价
对象	预算部门的某个特定项目支出	预算部门（含部门本级及其下属单位）所有财政支出
内容	项目决策情况	部门目标设定情况
	资金管理和使用情况	部门管理制度健全性及执行情况
	相关管理制度办法的健全性及执行情况	部门（单位）职能履行、履职效果
	实现的产出情况	年度工作重点任务实施情况
	取得的效益情况	—
实施主体	财政部门、预算主管部门、预算单位	财政部门、预算主管部门
绩效评价指标	决策	投入
	过程	过程
	产出	产出
	效益	效果

财政政策支出绩效评价是指对政策制定、政策实施和政策效果等方面系统性地反映政策决策、管理和绩效等方面内容进行绩效评价，为完善政策提供依据。一般对到期延续政策、涉及重大调整的政策，组织开展重点评价；对于到期延续的政策，到期前半年开展政策评价，根据政策评价结果，确定项目是否延续，并相应调整预算安排和政策规定；对于涉及重大调整的政策，提前开展政策绩效评价，根据绩效评价结果，完善政策调整的范围、标准等内容。

政府财政运行情况综合绩效评价是指对各级政府收支预算进行绩效评价的形式，旨在推动提高收入质量和财政资源配置效率，增强财政可持续性。当前，关于财政政策支出绩效评价和政府财政运行情况综合绩效评价的相关工作，中央及各地尚处于试点阶段，暂未形成较为成熟的评价体系，本书不再对财政政策支出绩效评价进行更进一步的讨论，对政府财政运行情况综合绩效评价重点通过专栏的形式对个别地区的先进做法进行展示。

专栏 5－1

北京市区级财政运行综合绩效评价指标概述

2020 年，北京市财政局会同中央财经大学组成团队对市 16 个区财政运行情况实施了综合绩效评价，形成了反映各区财政运行状况的综合绩效评价报告。

绘制财政运行“体检表”

围绕财政运行“收、支、管、平、效”五个环节，从财政保障、财源建设、成本控制、管理规范、运行成效五个方面，本着“全面覆盖、统筹兼顾、问题导向、容易获取”的原则，工作组研究制定了《北京市区级财政运行综合绩效评价指标手册》。具体内容包括：保障能力、成本节约、运行成效、规范管理。

按照上述指标，工作组采集了 16 个区 2016—2020 年 7 100 多项财政运行数据，最终将五项指数合成财政运行状况及效能总指数，形成从财政运行微观指标到合成指数的排行榜，一张各区财政运行的“体检表”由此生成。

树立财政运行“风向标”

此次评价在对上述各项分析的基础上，结合应用场景和背景变量，选取相关指标合成指数，从以下几个方面树立了财政运行的“风向标”。一是观察财政运行保障能力强弱。二是衡量组织努力程度。三是展示财政支出经济性。四是分析财政运行效率。五是研判财政可持续与风险。

创新财政运行“度量衡”

本次评价在传统绩效评价方法的基础上，创造性地使用指数评价法、数据包络分析（DEA）法等方法，提高了评价的客观性和科学性。

指数评价法。包括单项指标分值计算、单项指标分值分析、单项指标分值排序、赋予指标权重、单项标准分计算、各区排名等。

数据包络分析法。此次评价采用该方法分析基本公共服务均等化的投入产出比，用于反映各区在实现“七有”“五性”相对投入规模和管理水平状况，为今后深入研究公共服务标准、财政支出标准和成本定额标准提供了向导。

规范绩效评价“流程图”

通过各区开展自评、现场调研、组织评价、结果上报与反馈的流程。工作组依据评价意见撰写评价报告，形成各区分报告和总报告，上报市政府。市财政局将各区评价分报告及时反馈给各区，建立反馈整改机制。将评价结果运用于预算分配和政策调整，提出优化支出结构，调整市区体制、完善转移支付分配政策的建议。

探索结果运用“知行责”

此次财政运行综合绩效评价通过开展基础分析，生成各区财政运行绩效指数，客观反映各区财政运行状况和相对位置。围绕财政运行综合绩效的经济性、效率性、效益性、公平性和可持续性问题，为建立区级财政运行综合绩效监测与评价系统奠定了基础；为进一步研究将财政运行综合绩效结果运用到预算管理，实现成本定额标准、财政支出标准和公共服务标准相衔接等提供了依据①。

二、预算绩效评价意义

（一）预算绩效评价是预算绩效管理的核心

预算绩效管理是以提高财政支出经济、社会和政治效益为目标，将绩效理念融入预算编制、执行、监督、评价和问责的全过程，是实现科学理财、推动公共管理科学化的重要抓手。绩效评价作为预算绩效管理的重要环节，是以事实为依据，对财政资金产出和效果的经济性、效率性和效益性进行客观评价，通过绩效评价结果反馈与整改，贯穿于财政资金支出安排、执行全过程，是科学理财的起点，是预算绩效管理的基石。

（二）预算绩效评价是财政监督的重要手段

财政监督是财政部门在财政分配过程中，对国家机关、企事业单位、社会团体和其

① 王文庚，曹堂哲．北京市区级财政运行综合绩效评价指标概述［N］．中国财经报，2021－03－20（007）．DOI：10.28053/n.cnki.nccjb.2021.000708.

他组织或个人涉及财政收支、财务收支、国有权益以及其他有关财政管理事项的监督。绩效评价作为政府绩效管理的组成部分，是对财政支出行为过程及其结果进行客观、公正的评价和反馈，是对绩效目标实现程度及效果的监督，是督促被监督主体达到预期绩效的监督过程，是财政监督的重要手段。

（三）预算绩效评价是现代预算制度的重要内容

党的十九大报告提出："建立全面规范透明、标准科学、约束有力的预算制度，全面实施绩效管理。"作为全面实施预算绩效管理的关键环节，绩效评价是做好预算工作的重要抓手，可有效提升预算工作的制度化、规范化、科学化水平，促进各部门严格遵守预算制度，对提高财政资金的规范高效运作程度、增加财政资金的使用效果和效益、促进政府财力的可持续发展以及有效转变政府职能等都具有重大意义。

（四）预算绩效评价是国家治理体系和能力现代化的内在要求

绩效评价是优化财政资源配置、推动财政资金聚力增效、提高公共服务供给质量的关键举措，是增强政府公信力和执行力、提高人民群众满意度的有效途径，是建设高效、责任、透明政府的内在要求，对推进国家治理体系和治理能力现代化发挥着不可替代的重要作用。

三、预算绩效评价工作流程

绩效评价的评价过程分为布置、实施和结果应用三个阶段，包括确定绩效评价对象、成立相关评价小组、收集绩效评价相关资料和数据、结果反馈和应用等环节（见图5－1）。

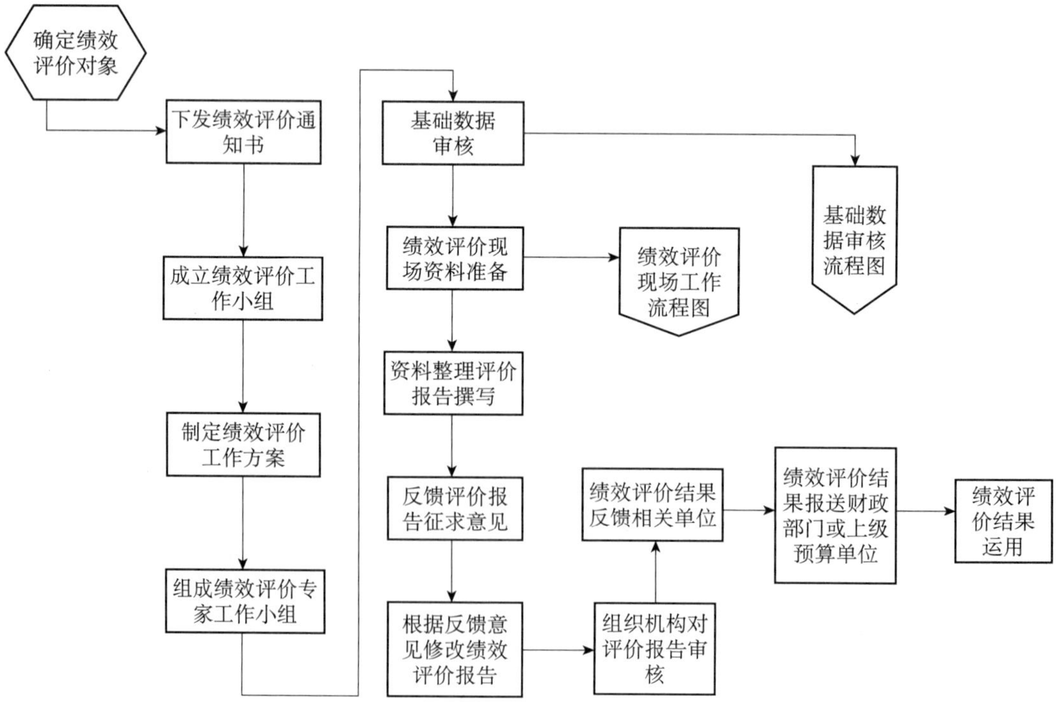

图5－1　预算绩效评价流程

（一）布置阶段

1. 确定绩效评价对象和范围

根据预算管理要求，确定绩效评价对象，包含评价对象的名称、时间范围、来源和用途等内容。

2. 成立评价工作组

财政部门、预算部门可自行组织开展评价，也可根据需要委托第三方机构或组织相关领域专家实施。工作组成员应符合利益关系回避的相关规定，人员数量、专业结构及业务能力应满足评价工作需要，并保证成员稳定。工作组应邀请或聘请一定数量的相关行业或领域专家参与评价。

3. 研究制订绩效评价工作方案

（1）开展前期调研。通过座谈、调研等方式，明确本次评价目的，了解被评价对象及相关单位业务情况，收集相关资料，全面了解项目决策、绩效目标设置、预算安排、实施内容、组织管理等情况，为编制评价方案奠定基础。

（2）梳理评价对象情况，明确评价要点。针对评价对象的决策、预算资金申请批复和使用情况、绩效目标设置情况、实施内容等方面梳理相关资料，根据项目情况明确评价要点。

（3）设计指标体系。评价工作组应与相关单位充分沟通，在项目绩效目标的基础上，考虑完整性、重要性、相关性、可比性、可行性、经济性和有效性等因素，科学设置绩效评价指标，合理分配指标权重，明确评价标准，充分体现和客观反映项目绩效状况。不同投向或不同类型的项目应分别设置个性指标。

①设置绩效评价指标。绩效评价指标是衡量绩效目标实现程度的考核工具，评价指标确定应当符合以下要求：与评价对象密切相关，能够全面反映项目决策、项目和资金管理、产出和效益；优先选取最具代表性、最能反映产出和效益的核心指标，精简实用；指标内涵应当明确、具体、可衡量，数据及佐证资料应当可采集、可获得；同类项目绩效评价指标和标准应具有一致性，评价结果可比较；个性指标应体现项目特点，准确、客观反映评价对象绩效。

②确定绩效评价标准。绩效评价标准是衡量绩效指标完成程度的标尺，一般包括计划标准、行业标准和历史标准等。绩效评价标准应根据相关法律法规、项目绩效目标及相关管理办法，清晰、准确确定，具有明确指向和可操作性，不得模糊表述。

③确定指标权重。指标权重是指某一指标在评价指标体系中的赋分比重。评价工作组应根据各项指标在评价体系中的重要程度，合理设置各指标权重。同一评价对象处于不同实施阶段，指标权重应体现差异性。

（4）确定评价方式、编制社会调查方案。

①财政和部门评价原则上应采取现场和非现场评价相结合的方式。非现场评价是对被评价部门单位提供的项目相关资料和数据资料进行分类、汇总、分析和评价。非现场评价应覆盖所有资金使用单位和项目预算资金。

现场评价是采取现场勘察、询查、复核等方式，进一步核实、查证、分析、论证有关情况和问题，进行评价。现场评价范围根据具体评价要求确定。对管理层级少、资金使用单位数量少、地域相对集中的项目，应实现现场评价全覆盖，不再开展非现场评价，也可以先开展非现场评价收集基础资料，再全覆盖调研。

②编制社会调查方案。社会调查方案是针对具体评价项目涉及的利益相关方开展各种形式调查的工作计划。应根据项目情况，确定是否开展社会调查。社会调查方案应明确调查目的、调查对象范围、样本数量、调查方式、抽样方法，设计调查问卷内容和访谈提纲等。

（5）制定工作方案。在前期工作基础上，与财政或部门、单位充分沟通，制定评价实施方案。评价实施方案应符合可行、全面和简捷高效原则，评价内容、方法、步骤和时间节点安排科学合理，具有可操作性。

（二）实施阶段

1. 收集绩效评价相关数据资料，并进行现场调研、座谈

（1）资料收集与核查。评价工作组要在全面收集绩效评价相关资料的基础上，根据评价工作方案，对已收集的资料进行分类整理、审查和分析，确保资料真实、完整和有效。

（2）现场调研、座谈。根据评价方案确定的现场评价抽样范围，进行调研访谈、资料核查、实地勘察、社会调查和分析评价：

①调研访谈。听取了解项目或部门整体绩效目标设定及完成程度、管理制度建立及落实、预算编制及支出执行、财务管理、政府采购和政府购买服务、资产管理、项目产出和效益等情况形成访谈记录。必要时，应组织利益相关方参加的座谈会。

②资料核查。现场查阅资料，检查和核实被评价部门单位填报的数据和资料。

③实地勘察。现场勘查并记录项目或部门整体的产出数量、质量和效果等绩效相关数据资料。

④社会调查。需要进行社会调查的，采取访谈、发放调查问卷等方式，对项目实施效果和利益相关方满意度等进行摸底调查。

2. 核实有关情况，分析形成初步结论

（1）分析评价。依据现场收集资料、访谈记录、会议纪要、现场勘查记录和调查问卷等相关资料，分析评价并形成现场评价结果。

（2）形成评价初步结论。根据工作底稿、评价指标体系、工作记录等情况，形成评价初步结论。对现场评价全覆盖的，依据现场评价有关情况，分析形成初步评价结论。对按一定比例抽样开展现场评价的，应全面梳理、汇总现场评价和非现场评价情况，进行综合分析，主要根据现场评价情况形成评价结论。

3. 撰写绩效评价报告

认真研究分析被评价部门单位意见，撰写绩效评价报告。评价报告应全面反映评价基本情况，说明评价工作组织实施情况，依据工作底稿、工作记录等，对照评价指标体系，全面客观分析支出绩效状况，做出具体绩效分析和结论。对绩效主要问题的分析，要数据准确、内容完整、案例详实、依据充分、分析透彻、结论无误，所提建议应具有针对性、可行性和应用性。

评价报告应包括以下内容：

（1）基本情况：①项目或部门概况。项目概况包括项目背景、主要内容及实施情

况、资金投入和使用情况等；部门概况包括部门职能、机构设置、人员情况、部门收支决算和部门重点工作任务等。②项目绩效目标。包括总体目标和阶段性目标。

（2）绩效评价工作开展情况：①绩效评价目的、对象和范围。②绩效评价依据。③评价指标体系。④绩效评价原则、评价方法和标准。⑤绩效评价工作过程。

（3）综合评价情况及评价结论（附相关评分表）。

（4）绩效评价指标分析。

（5）主要经验及做法、存在的问题及原因分析、有关建议和其他需要说明的问题。

（三）结果应用阶段

1. 报告论证

召开包括被评价部门单位、相关专家参加的论证会，对评价报告的完整性、逻辑性、合理性、充分性及所提意见和建议的针对性、可操作性、可实现程度等征求意见。被评价部门单位和专家提出对评价结果有重大影响的意见，应提交书面说明。

2. 提交绩效评价报告

根据论证意见，对评价报告进行修改和完善，在规定时间内提交评价报告终稿及被评价部门单位书面反馈意见。

3. 建立绩效评价档案

存档资料应包括但不限于：评价项目基本情况和相关文件、评价实施方案、委托评价协议（合同）、基础数据（资料）表、评价工作底稿及附件、会议纪要、访谈记录、现场勘查记录、调查问卷、调查问卷统计结果、绩效评价指标体系及评分表、绩效评价报告、问题清单及所反映问题的佐证材料等。

4. 绩效评价结果应用

财政部门和预算部门应在绩效评价工作完成后，及时将评价结果反馈被评价部门（单位），并明确整改时限；被评价部门（单位）应当按要求向财政部门或主管部门报送整改落实情况。

各部门应按要求将部门评价结果报送本级财政部门，评价结果作为本部门安排预算、完善政策和改进管理的重要依据；财政评价结果作为安排政府预算、完善政策和改进管理的重要依据。原则上，对评价等级为优、良的，根据情况予以支持；对评价等级为中、差的，要完善政策、改进管理，根据情况核减预算。对不进行整改或整改不到位的，根据情况相应调减预算或整改到位后再予安排。

各级财政部门、预算部门应当按照要求将绩效评价结果分别编入政府决算和本部门决算，报送本级人民代表大会常务委员会，并依法予以公开。

第二节 项目支出绩效评价——单位自评

项目是部门和单位预算管理的基本单元，预算支出以项目形式全部纳入项目库，实施项目全生命周期管理。目前预算绩效评价多以项目支出评价为主。2018 年 8 月 1 日，在《中共中央 国务院关于全面实施预算绩效管理的意见》(中发〔2018〕34 号) 中提出："通过自评和外部评价相结合的方式，对预算执行情况开展绩效评价。"同年 11 月 8 日，《财政部关于贯彻落实〈中共中央 国务院关于全面实施预算绩效管理的意见〉的通知》(财预〔2018〕167 号) 强调："加快实现政策和项目绩效自评全覆盖……逐步推动预算部门和单位开展整体绩效自评"，时隔仅三个月，中央部门对自评政策的要求从"要开展自评"快进到"加快政策和项目绩效自评全覆盖"，项目自评工作在预算绩效评价中的地位愈加重要。

一、项目支出绩效评价概述

（一）项目支出绩效评价的对象和形式

项目支出绩效评价是指财政部门、预算部门和单位，依据设定的绩效目标，对项目支出的经济性、效率性、效益性和公平性进行客观公正的测量、分析和评判。

根据评价主体的不同，项目支出绩效评价分为单位自评、财政评价和部门评价。单位自评是指预算部门组织部门本级和资金使用单位，对预算批复下达的项目绩效目标完成情况，进行自我评价的预算绩效管理活动，侧重于绩效目标完成情况的自我检查。部门评价是指预算部门运用科学、合理的绩效评价指标、评价标准和方法，对本部门的项目组织开展绩效评价的预算绩效管理活动。财政评价是指财政部门对预算部门的项目组织开展的绩效评价。财政评价和部门评价侧重于财政资金使用效益或政策实施效果的全面反映。

（二）项目支出绩效评价的主体及职责

项目的主管部门一般是项目支出绩效评价的组织管理主体，负责项目支出绩效评价的组织和开展。在单位自评过程中，财政部门是单位自评的组织和管理主体，负责指导预算部门（单位）开展单位自评，会同有关部门对单位自评结果进行抽查复核。预算部门（单位）是单位自评的责任主体。预算部门负责本部门自评工作的组织与管理，并按照本级财政部门对绩效自评工作的部署和要求，对所属预算单位的绩效自评工作进行指导和监督。预算单位具体负责本单位自评工作的实施与开展。

在财政评价和部门评价过程中，财政部门和预算部门是评价的组织和管理者，负责组织开展具体项目的绩效评价工作，出具评价结果，同时督促被评价部门或被评价单位充分应用评价结果。被评价部门或被评价单位负责配合财政评价或部门评价工作，落实评价整改意见。

（三）项目支出绩效评价的范围

项目支出绩效评价的评价范围为预算部门（单位）的项目支出。其中单位自评范围为纳入本级政府预算管理的所有项目支出。财政评价的评价对象需根据工作需要，优先选择贯彻落实党中央、国务院重大方针政策和决策部署的项目，覆盖面广、影响力大、社会关注度高、实施期长的项目。部门评价对象根据工作需要，优先选择部门履职的重大改革发展项目，随机选择一般性项目。原则上应以 5 年为周期，实现部门评价重点项目全覆盖。

二、单位自评相关要素

（一）单位自评内容

单位自评由预算部门（单位）根据年初设置的项目绩效目标进行评价，主要内容包括项目总体绩效目标、各项绩效指标完成情况以及预算执行情况；同时，对未完成绩效目标或偏离绩效目标较大的项目要分析并说明原因，研究提出改进措施。

（二）单位自评结果呈现形式

根据中央部门与地方部门的单位自评工作开展情况，预算部门（单位）一般需向财政部门提交每个被评价项目的项目支出绩效自评表和项目支出绩效自评报告。部分省、市财政部门要求预算部门（单位）在填报项目支出绩效自评表的基础上，不再针对每个项目单独出具项目支出绩效自评报告，而是出具项目支出总结报告，总体反映本部门（单位）的项目支出自评结果。

（三）单位自评工作开展时点

单位自评时点的选择一般以预算年度为周期，在一个财政年度结束后，财政部门开始部署单位自评工作，要求预算部门（单位）对上一年度的项目支出开展自评。

（四）单位自评工作开展原则

1. 履行部门主体责任。预算部门（单位）是本部门（单位）预算资金绩效管理的责任主体，需加强对本部门及所属预算单位绩效自评的组织管理，对绩效自评结果的真实性、及时性负责。

2. 实现绩效自评全覆盖。预算部门（单位）要按照财政部门的要求，组织对本部门（单位）的所有项目开展绩效自评，确保绩效自评覆盖率达到100%。

3. 确保评价真实客观。预算部门（单位）对照年初预算设定的绩效目标及指标值，对应填报年度实际完成值。绩效自评要实事求是，确保数据准确、分值合理、结果客观，严禁刻意抬高分数、弄虚作假。

三、单位自评工作流程

绩效自评工作分为自评准备阶段、自评开展阶段和结果报送阶段共三个阶段。在自评准备阶段过程中，每个财政年度结束以后财政部门会向预算部门（单位）下达开展自评工作的通知，明确自评范围。预算部门（单位）根据本部门、单位情况组织安排相关人员，拟定自评方案并开展预算部门（单位）的自评工作。

（一）自评准备阶段

1. 财政部门发布绩效自评通知

每个财政年度结束后，财政部门根据当年的工作安排，组织本级预算部门开展单位自评工作，以通知的形式下达自评工作任务，明确自评对象范围、各方职责、工作要求、结果报送和应用等内容。

（1）明确自评对象和范围。确定单位自评的评价范围，即哪些项目支出需要进行自评。按照中央及各地有关绩效自评管理办法规定，单位自评的对象主要为一般公共预算所支持的项目支出。

（2）明确各方职责。确定财政部门、预算部门（单位）在单位自评过程中的各方职责和工作安排。本节第一部分已表述过相关内容，在此不再赘述。

（3）明确工作要求。即明确自评工作内容、方法和结果报送，财政部门向预算部门（单位）明确该次自评工作的评价范围和内容，指导预算部门（单位）采取适用的评价方法，并对自评结果的呈现形式和报送时间节点做出要求。

（4）明确自评结果应用的形式。财政部门对各预算部门（单位）的自评结果进行复核，并根据预算部门（单位）的自评工作开展情况给予相应的奖励和惩罚措施。

2. 预算部门开展自评准备工作

根据“谁支出，谁自评”的原则，预算部门应成立绩效自评工作小组，形成以财务处室负责组织管理、各业务处室和预算单位具体开展的工作机制，并拟定工作方案。工作方案中，主要明确项目自评工作的责任主体、自评整体时间进度计划等内容。

（二）自评开展阶段

在自评开展阶段中，预算部门（单位）根据财政部门的要求确定各项指标的权重分值，对项目开展自评分析，填写年度总体绩效目标、具体绩效指标完成情况和预算执行情况，按照计算规则对各项指标进行评判打分，对未完成绩效目标或超过年初设定的绩效指标值较多的情况进行原因分析和说明，研究制定整改措施。

1. 指标分值分配情况

在项目自评中，根据《项目支出绩效评价管理办法》（财预〔2020〕10 号），单位自评指标的权重由各单位根据项目实际情况确定。原则上预算执行率和一级指标权重统一设置为：预算执行率 10%、产出指标 50%、效益指标 30%、服务对象满意度指标 10%。如有特殊情况，一级指标权重可做适当调整。二级、三级指标应当根据指标重要程度、项目实施阶段等因素综合确定，准确反映项目的产出和效益。

2. 确定各项指标和总体绩效目标的完成情况

项目的各项指标数据常见获取方式主要有以下几种：一是查阅相关书面资料；二是下级单位上报；三是社会调查。预算部门（单位）应采取相应的工作方法开展数据获取工作。根据各项绩效指标的完成情况和财政部门对于定性指标完成情况的要求汇总项目总体绩效目标的完成情况，并填报绩效自评表中指标的实际完成值。

3. 计算指标得分、填写偏差原因分析及改进措施

完成指标值数据统计后，预算部门（单位）根据财政部门“各项绩效指标完成情况，对照各项三级绩效指标的年度指标值，逐项填写全年实际完成值。完成指标值的，按照完成值与指标值的比例计分。如需分类汇总，以资金额度为权重，对分值进行加权平均计算”的相关内容要求，开始对各项指标进行评分。

4. 生成自评报告

预算部门和预算单位将项目自评结果汇总并根据此次绩效自评工作开展情况，生成项目自评报告，内容包括：

（1）项目概况，包括项目实施内容、资金安排、绩效目标下达情况等内容。

（2）绩效目标完成情况分析，包括资金到位、执行、管理情况分析，总体绩效目标完成情况和具体绩效指标的完成情况分析。

（3）偏离绩效目标的原因和下一步改进措施，包括总体绩效目标和绩效指标未完成原因，下一步改进措施，项目实施中存在的问题、原因和改进措施。

（4）绩效自评结果拟应用和公开情况，主要为部门对自评结果的计划应用情况和自评结果公开程度情况。

（5）其他需要说明的问题。

（三）结果报送和应用阶段

在结果报送和应用阶段中，预算部门（单位）汇总自评结果并报送至财政部门，财政部门组织相关人员对评价的全面性、完整性和评价结果的真实性、准确性进行复核。财政部门根据预算部门（单位）自评工作开展质量的优劣进行相应的奖励或惩处。

1. 结果报送阶段

预算部门（单位）按照要求向财政部门报送项目自评结果，项目自评结果包含项目的项目绩效自评表和项目自评报告，所有自评结果均需要附带相关佐证材料。

2. 结果复核阶段

财政部门在自评结果报送完毕后，对预算部门（单位）的绩效自评结果进行抽查，根据项目资金量，核对具体项目自评结果的真实性、准确性和自评工作的完整性和质量。

3. 结果应用阶段

财政部门将单位自评结果作为编制预算、完善政策和改进管理的重要依据。预算执行率偏低、绩效自评等级为中和差的项目，要单独说明原因，提出整改措施，并在预算编制、分配资金时从严从紧安排。对未按要求开展单位自评、自评结果与实际情况出入较大或绩效自评等级为差的项目予以通报，从紧从严安排预算或取消预算安排。对使用财政资金低效无效并造成重大损失、单位自评弄虚作假且情节严重、抽查复核结果与自评结果出入较大的，应按照有关规定对相关责任人问责。

四、案例分析：2019 年 A 单位全民活动场地建设补助项目

为深入贯彻落实《中共中央国务院关于全面实施预算绩效管理的意见》（中发〔2018〕34 号），某省全面开展绩效管理工作。2019 年该省财政厅首次全面推行开展省级部门的绩效自评工作，下发绩效自评通知如下：

省财政厅关于开展 2018 年度省级预算绩效自评工作的通知

省直各部门、各单位：

为健全绩效评价常态化机制，强化部门预算绩效管理主体责任，提高财政资金使用效益，现就开展 2018 年度省级预算绩效自评工作有关事项通知如下：

一、绩效自评对象

项目单位自评的对象是 2018 年度省级财政批复绩效目标的所有项目。

二、绩效自评的组织实施

项目单位自评由省级部门组织资金使用单位实施。资金使用单位根据批复的项目

绩效目标，收集项目绩效目标实现程度、预算执行进度等资料，填报项目单位自评表（见附件1），由各部门汇总形成本部门项目单位自评报告（见附件2）。

对未完成绩效目标或超过年初设定的绩效指标值较多（20%及以上）的项目，应在总结报告中逐个说明项目情况、偏差原因和整改措施。

三、绩效自评内容和方法

（一）预算执行率，根据全年预算总额（A）和资金使用单位执行数（B），计算预算执行率（B/A）。

（二）年度总体绩效目标完成情况，对照年初设定的年度总体绩效目标，填报全年实际完成情况。

（三）各项绩效指标完成情况，对照各项三级绩效指标的年度指标值，逐项填写全年实际完成值。定性指标根据指标完成情况分为达成预期指标、部分达成预期指标并具有一定效果、未达成预期指标且效果较差三档，分别按照该指标对应分值区间100%—80%（含）、80%—60%（含）、60%—0%合理确定分值。

定量指标与年初指标值相比，完成指标值的，计该指标所赋全部分值；对完成值高于指标值较多（20%及以上）的，要分析原因，如果是由于年初指标值设定明显偏低造成的，要按照偏离度适度调减分值；未完成指标值的，按照完成值与指标值的比例计分。如需分类汇总，以资金额度为权重，对分值进行加权平均计算。

（四）绩效自评采取打分评价的形式，满分为100分，项目单位自评原则上一级指标分值统一设置为：产出指标50分、效益指标30分、服务对象满意度10分、预算资金执行率10分。

四、自评结果报送

自评结果由各省级部门负责报送。项目单位自评结果通过进行网上填报。纸质报告及附表加盖公章后于4月15日前提交省财政厅。

五、自评结果应用

各部门、各单位要对绩效自评中发现的问题认真分析原因、明确责任，积极落实整改，确保绩效目标保质保量实现。要将绩效自评结果与预算安排相结合，优化支出结构，切实提高资金使用效益。要加大绩效信息向社会公开力度，将绩效自评结果随部门决算公开。

省财政厅将组织对自评结果进行抽查复核，重点复核绩效自评的全面性、完整性，结果的真实性、准确性。根据抽查情况，对于自评工作认真、自评报告质量较高的，给予通报表扬；对于自评工作不重视、自评报告质量较差的，给予通报批评，并建议适当扣减下年度部门预算。

2019年2月5日

收到通知后，A单位对全民活动场地建设补助项目进行了绩效自评。该项目概况如下：为不断满足广大老年人健身的需求，A单位坚持把场地建在群众身边、方便老年人活动的原则，贯彻示范性、引导性、多功能、高水平的建设要求，引导全省28个市县为老年人建设活动场地，项目类型为补助市县的建设类项目，项目内容为建设 27 个场地，并补助全省 28 个市县共建设 80 个活动场地。A 单位根据项目情况在 2018 年设置的项目绩效目标如表 5－2 所示。

表 5－2　　全民活动场地建设补助项目绩效目标表

项目名称	全民活动场地建设补助项目			
主管部门及代码				
实施单位	A 单位			
项目资金（万元）			年初预算数	
	年度资金总额		5 000	
	其中：当年财政拨款		5 000	
	上年结转资金		0	
	其他资金		0	
年度总体目标	预期目标			
	年度目标：1. 建设各类场地设施数 27 个以上； 2. 五动机制基层活动补助市县数 28 个以上； 3. 老年基层健身中心活动补助场地数 80 个以上。			
绩效指标	一级指标	二级指标	三级指标	年度指标值
	产出指标	数量指标	建设各类场地设施数	≥27 个
			五动机制基层活动补助市县数	≥28 个
			老年基层健身中心活动补助场地数	≥80 个
		质量指标	各类建设一次性验收合格率	100%
			各类补助达标率	100%
		时效指标	新建完成时效性	100%
			各类补助及时率	100%
		社会效益指标	各类场地设施覆盖率	＝100%
			维修设施改善情况	大幅改善
			“五动工作”促进情况	有所促进
			场地健身功能完善情况	功能完善
		可持续影响指标	档案管理制度健全性	健全
	满意度指标	服务对象满意度指标	居民满意度	90%

（一）分配权重分值

A 单位根据省财政厅“产出指标 50 分、效益指标 30 分、服务对象满意度 10 分、预算资金执行率 10 分”的一级指标权重分配要求，并根据重要性原则，确定了二级指标和三级指标权重。

1. 确定三级指标权重分值

在全民活动场地建设补助项目中，除预算资金执行率外的产出指标、效益指标、满意度指标 3 个一级指标中，满意度指标仅包含 1 个三级指标，因此满意度指标的权重分值无需再分配。由于全民活动场地建设补助项目属于建设补助类项目，A单位认为从重要性上来看，产出指标中数量指标 > 质量指标 ≥ 时效指标，效益指标中社会效益指标 > 可持续影响指标，初步确定产出指标中的数量指标20分，质量指标15分，时效指标15分；效益指标中社会效益指标20分，可持续影响指标10分。同理，A单位根据各分项占总项目的资金比重和重要性原则，确定了三级指标的分值权重。各指标分值权重分配最终结果见表5－3。

表5－3　全民活动场地建设补助项目指标分值权重分配情况

一级指标	分值	二级指标	分值	三级指标	分值
产出指标	50	数量指标	20	建设各类场地设施数	10
				活动补助市县数	5
				中心活动补助场地数	5
		质量指标	15	各类建设一次性验收合格率	10
				各类补助达标率	5
		时效指标	15	新建完成时效性	10
				各类补助及时率	5
效益指标	30	社会效益指标	20	各类场地设施覆盖率	5
				维修设施改善情况	5
				“五动工作”促进情况	5
				场地健身功能完善情况	5
		可持续影响指标	10	档案管理制度健全性	10
满意度指标	10	服务对象满意度指标	10	群众满意度	10

2. 确定指标完成情况

A单位梳理了本项目的各项绩效指标，通过以下几种数据获取方式确定各项指标数据实际完成情况：（1）查阅相关书面资料；（2）市县上报；（3）社会调查。各项指标数据获取方式见表5－4。

表5－4　各项指标数据获取方式

一级指标	二级指标	三级指标	数据获取方式
预算资金执行率	—	—	查阅财务数据
产出指标	数量指标	建设各类场地设施数	查阅竣工资料，统计数据
		活动补助市县数	市县上报
		中心活动补助场地数	市县上报
	质量指标	各类建设一次性验收合格率	查阅竣工资料，统计数据
		各类补助达标率	市县上报
	时效指标	新建完成时效性	查阅竣工资料，统计数据
		各类补助及时率	市县上报

续表

一级指标	二级指标	三级指标	数据获取方式
效益指标	社会效益指标	各类场地设施覆盖率	查阅竣工资料，统计数据
		维修设施改善情况	市县上报
		“五动工作”促进情况	市县上报
		场地健身功能完善情况	市县上报
	可持续影响指标	档案管理制度健全性	市县上报
满意度指标	服务对象满意度指标	群众满意度	社会调查

A 单位确定各项指标数据获取方式后，立刻采取相应的工作方法开展数据获取工作，约 7 个工作日后，相关数据已统计完毕。根据各项绩效指标的完成情况和财政部门对于定性指标完成情况的要求“定性指标根据指标完成情况分为达成预期指标、部分达成预期指标并具有一定效果、未达成预期指标且效果较差三档”，A 单位汇总项目总体绩效目标的完成情况，并填报绩效自评表中指标的实际完成值。

（二）计算指标得分、填写偏差原因分析及改进措施

A 单位完成指标值数据统计后，开始对各项指标进行评分。对于定量指标，A 单位采用实际完成值和年度指标值的对比计算分值，如“建设各类场地设施数”指标，该项指标实际得分 =（实际完成值 ÷ 年度指标值）× 权重分值 = 27 ÷ 27 × 10 = 10（分）；对于定性指标，A 单位采用分值区间判断指标分值，如“维修设施改善情况”指标，A 单位根据市县上报情况和各类场地的修缮情况，判断该指标实际完成情况为达成预期指标且完成比例量化为 100%，因此该指标得分 = 完成比例 × 权重分值 = 5 × 100% = 5（分）。各项指标计算得分方式见表 5-5。

表 5-5　全民活动场地建设补助项目指标得分表

三级指标	年度指标值	实际完成值	分值	计算方式	最终得分（最高不超过权重分值）
建设各类场地设施数	≥27 个	27	10	（实际完成值 ÷ 年度指标值）× 权重分值	10
活动补助市县数	≥28 个	28	5	（实际完成值 ÷ 年度指标值）× 权重分值	5
中心活动补助场地数	≥80 个	80	5	（实际完成值 ÷ 年度指标值）× 权重分值	5
各类建设一次性验收合格率	100%	100%	10	（实际完成值 ÷ 年度指标值）× 权重分值	10
各类补助达标率	100%	100%	5	（实际完成值 ÷ 年度指标值）× 权重分值	5
新建完成时效性	100%	52%	10	（实际完成值 ÷ 年度指标值）× 权重分值	5.2
各类补助及时率	100%	100%	5	（实际完成值 ÷ 年度指标值）× 权重分值	5
各类场地设施覆盖率	=100%	100%	5	（实际完成值 ÷ 年度指标值）× 权重分值	5

续表

三级指标	年度指标值	实际完成值	分值	计算方式	最终得分（最高不超过权重分值）
维修设施改善情况	大幅改善	达成预期指标（100%）	5	完成比例×权重分值	5
“五动工作”促进情况	有所促进	达成预期指标（100%）	5	完成比例×权重分值	5
场地健身功能完善情况	功能完善	达成预期指标（100%）	5	完成比例×权重分值	5
档案管理制度健全性	健全	未达成预期指标且效果较差（50%）	10	完成比例×权重分值	5
群众满意度	≥90%	93.00%	10	（实际完成值÷年度指标值）×权重分值	10

根据得分情况，全民活动场地建设补助项目中，“新建完成时效性”和“档案管理制度健全性”未得到指标权重分值的全部分值。A单位根据统计结果分析，填写偏差原因分析及改进措施如下：

“新建完成时效性”，偏差原因分析：各类场地设施新建共27项，截至2018年底，已有14块场地建成并投入使用，占比52%，当年投资，当年见效。其他13个项目于2019年2月完成。改进措施：督促各地加快工程进度，保障项目有序开展进行，预计2019年6月底前全部投入使用。

“档案管理制度健全性”，偏差原因分析：各市县对购置的相关器材进行了报备和资产入库，但未针对项目设立相关档案管理制度。整改措施：根据单位自身现有管理制度建设情况，注重对工程后续管理、各类项目档案管理、突发情况应急处理等方面的制度建设，增强制度建设的完备性。

（三）生成项目自评报告

A单位根据项目的资金执行情况和自评结果，结合此次绩效自评工作开展情况，生成项目自评报告，内容如下：

2018年度全民活动场地建设补助项目支出绩效自评报告

为切实做好2018年度绩效自评工作，进一步规范我单位预算资金管理，促进我单位整体提升预算绩效管理工作水平，根据《省财政厅关于开展2018年度省级预算绩效自评工作的通知》要求，我单位高度重视，严格落实绩效评价工作程序，认真核查相关资料，开展我单位的项目支出绩效自评工作。现将全民活动场地建设补助项目自评结果报告如下：

一、项目概况

2018年度全民活动场地建设补助项目预算资金5 000万元，项目实施内容为根据老年健身场地面积、健身功能、老年活动项目开展情况、经常活动人数，制定补助标准，协助28个市、县共建设27个活动场地，补助80个老年健身场地。2018年项目绩效目标批复如下表所示：

2018年度全民活动场地建设补助项目绩效目标表（略）

二、绩效目标完成情况分析

2018年度全民活动场地建设补助项目自评得分90.02分，具体情况如下：

（一）资金管理情况。2018年度全民活动场地建设补助项目预算资金5 000万元，资金已于2018年3月全部到位，截至2018年12月31日，预算资金5 000万元已全部执行，预算执行率100%。

（二）绩效目标达成情况。2018年度全民活动场地建设补助项目共包含4个一级指标、7个二级指标和13个三级指标。其中共有11个指标全部达到预期目标，有2个指标未能完全达成预期目标，分别为新建完成时效性和档案管理制度健全性。

三、偏离绩效目标的原因和下一步改进措施

根据得分情况，全民活动场地建设补助项目中，“新建完成时效性”和“档案管理制度健全性”未得到指标权重分值的全部分值。A单位根据统计结果分析，填写偏差原因分析及改进措施如下：

“新建完成时效性”，偏差原因分析：各类场地设施新建共27项，截至2018年底，已有14块场地建成并投入使用，占比52%，当年投资，当年见效。其他13个项目于2019年2月完成。改进措施：督促各地加快工程进度，保障项目有序开展进行，预计2019年6月底前全部投入使用。

“档案管理制度健全性”，偏差原因分析：各市县对购置的相关器材进行了报备和资产入库，但未针对项目设立相关档案管理制度。整改措施：根据单位自身现有管理制度建设情况，注重对工程后续管理、各类项目档案管理、突发情况应急处理等方面的制度建设，增强制度建设的完备性。

四、绩效自评结果拟应用和公开情况

我单位将加强绩效评价结果的应用，将绩效评价结果与预算安排相结合，优化资金支出结构，切实提高资金使用效益；加大绩效信息向社会公开力度，将绩效自评结果随部门决算公开，接受群众监督；要求各工作责任部门进一步分析绩效目标未完成的原因，提出建设性整改措施，并督促整改落实，推进我省体育事业健康发展。

五、其他需要说明的问题

我单位在绩效自评工作开展中意识到，单位绩效管理水平有待提高，因此我单位需加强绩效管理学习，提高绩效指标设置科学合理性。一是设置绩效目标时，认真考虑项目实施内容和年度工作目标，加强对绩效目标设置专业论证，提高绩效目标设置科学性；二是绩效指标体系设置需结构完整，产出、效益和满意度指标缺一不可，全面衡量项目实施内容及效果；三是加强对我单位工作人员的绩效管理培训；四是全面开展我单位绩效管理工作。

专栏 5－2

绩效自评中易出现的问题和前瞻

根据中共中央国务院《关于全面实施 预算绩效管理的意见》（中发〔2018〕34 号）中“全覆盖”要求，采取各部门广泛开展自评的方式，可以将整体绩效评价工作量进行分解，达到“全覆盖”要求，绩效自评工作在绩效评价中占据着相当重要的地位，是绩效评价的主要形式。

绩效自评重点在于自我评价。一个财政年度的工作结束后，预算部门、预算单位都希望部门、单位上年度工作能够取得一个好的成绩，得到一份好的自评结果。在缺乏有效监管的情况下，这种希冀往往使部门在自评过程中缺乏真实性和客观性，让自评成为一个自我夸奖的过程，流于形式，失去了绩效自评本身的效果。受绩效自评功能的局限，在评价工作中还存在一些问题，如部分项目绩效目标设置不合理、部分项目执行率偏低、部分项目产出效果不明显、个别项目绩效自评结果客观性不足、绩效自评结果公开比例较低等。如何解决上述问题，使绩效自评工作发挥其应有的效果，需各级部门各司其职，共同解决。

从目前绩效工作的情况来看，想要解决上述问题，首先要推动有关部门积极整改，推动预算绩效自评工作科学化、制度化和常态化，压实预算部门和资金使用单位的绩效主体责任；其次，加强审计和监督，并逐步加大财政评价特别是第三方评价的力度，通过开展多种形式绩效评价，持续提升财政资源的配置效率和使用效益，扎实推动国家治理体系和治理能力现代化建设。同时，应加大部门绩效自评报告的公开力度。所谓“阳光是最好的防腐剂”，通过加大部门绩效自评报告的公开力度，可以广泛借助民众的力量，让更多的人参与对部门的监督工作之中，倒逼部门提高自评报告的质量。同时，通过公开，可以实现省与省之间、市与市之间、县与县之间相同部门相关项目之间工作情况的相互比较，从而督促落后部门改进管理，减少腐败、低效事件发生率①。

第三节 项目支出绩效评价——财政评价和部门评价

财政评价和部门评价是在单位自评的基础上开展的，具有一定的监督约束作用，与单位自评相比，部门评价的广度降低但深度提高，强调重点项目的全覆盖而不是所有项

① 王路．绩效自评的意义与方式探讨［J］．财政科学，2019（2）：94－98；邓淑莲，杨志安，徐志等．聚焦项目支出绩效评价管理新规［J］．财政监督，2020（4）：29－42.

目的全覆盖。部门评价与财政评价的深度如何在绩效评价工作中体现？两者与自评工作过程中有哪些不同？基于此，本节重点从评价流程及具体操作方面介绍财政部门和预算部门绩效评价工作的开展。

一、财政评价和部门评价要素

（一）财政评价和部门评价内容

财政评价和部门评价的内容，包括对项目绩效目标的设定情况，资金投入和使用情况，为实现绩效目标制定的制度、采取的措施，绩效目标的实现程度及效果等。原则上以某一特定年度预算为基础，着眼于多年度资金使用绩效开展评价。对跨年度项目，可根据情况适当拓展1—2年进行总体或阶段性评价。

（二）财政评价和部门评价的实施主体责任及分工

财政评价中，财政部门是绩效评价组织管理主体，组织实施财政重点项目评价，协调被评价部门（单位）按照评价要求准备相关资料，对绩效评价指标设置和绩效评价报告提出意见建议，并对第三方机构的工作质量进行考核。被评价部门（单位）负责按照要求提供评价所需资料、参与指标体系设计、填报基础数据表、配合实地调研、协调相关领域业务专家参与论证等，确保高效有序完成有关工作。第三方机构应按委托方要求开展前期调研，充分了解与项目绩效评价有关的政策文件及资料；设计绩效评价工作方案和指标体系，根据财政厅有关处室的意见及时进行修改和完善；开展现场调研，确保调查点位充足、程序规范、方法科学、取数准确；撰写绩效评价报告，根据财政部门及专家意见及时进行修改和完善。

部门评价中，预算部门是绩效评价组织管理主体，组织实施本部门的项目评价，协调被评价单位或业务部门按照评价要求准备相关资料，对绩效评价指标设置和绩效评价报告提出意见建议，按要求向财政部门报送部门评价结果。被评价单位或业务部门与第三方机构职责与财政评价相似，不再赘述。

（三）财政评价、部门评价与单位自评的差异

财政评价、部门评价与单位自评在实施主体、评价对象范围、评价重点等方面存在不同，具体差异见表5-6。

表5-6　财政评价、部门评价与单位自评差异表

	单位自评	部门评价	财政评价
实施主体	预算部门（单位）	预算部门	财政部门
评价范围	纳入部门预算管理的所有项目支出	优先选择部门履职的重大改革项目，随机选择一般性项目	根据工作需求，优先选择贯彻落实中央、国务院、各级政府重大方针政策和决策部署的项目

续表

	单位自评	部门评价	财政评价
实施主体	预算部门（单位）	预算部门	财政部门
评价重点内容	项目总体绩效目标	决策情况	
	各项指标完成情况	资金管理和使用情况	
	预算执行情况	相关管理制度的建设及执行情况	
	偏离绩效目标较大项目的原因分析及改进措施	实现的产出	
		取得的效益	
	其他需要说明的问题	其他相关内容	

二、财政评价和部门评价流程

与绩效评价实施流程相似，项目支出绩效评价的评价过程也分为准备阶段、实施阶段和结果提交三个阶段：

（一）准备阶段

1. 确定绩效评价对象和范围

2. 成立评价工作组

3. 研究制订绩效评价工作方案

（1）开展资料收集和前期调研工作。通过座谈、调研等方式，明确本次评价目的，了解被评价对象及相关单位业务情况，收集相关资料，全面了解项目决策、绩效目标设置、预算安排、实施内容、组织管理等情况。在制定工作方案过程中应注意以下内容：沟通对接的对象应尽量全面，工作组需要明确评价意图和需求，使沟通内容和信息无遗漏，沟通效率更高。收集相关资料过程中，评价工作组根据绩效评价的需要，确定收集资料内容并向被评价单位发送资料清单，资料清单表述应尽量精确、针对性强，同时要重视资料提交的日期和时效性。如某项目资料清单中出现“项目预算管理相关材料”“能够反映项目事实绩效的相关资料”等表述，这些表述过于模糊，会让资料提供者“无从下手”。一般情况下，关于项目预算管理资料，会细化年度、预算编制、预算批复、决算、项目支出明细账等内容；绩效资料也会有针对性地列明具体需要哪方面的资料，绩效评价通用资料清单如表5－7（实际评价过程中可根据评价对象的实际情况和内容进行调整）。

表5－7　绩效评价资料需求表（财政评价和部门评价）

序号	文件类型	
1	政策相关	国家及省（市、县）出台有关政策办法
2		相关规划意见
3	资金相关	资金管理办法、财务管理办法等
4		年度预算资金的申请、拨付、审批等文件
5		年度预算资金的相关财务报表、支出明细、会计账簿
6		年度预算资金的项目经费决算表、审计报告等
7		年度绩效目标表
8		其他预算资金管理文件（预算编制、测算依据，项目实施过程中与资金相关的请示、汇报、批示、会议纪要等材料）

续表

序号	文件类型	
9	管理相关	部门制定的相关管理制度、内部控制制度、职能文件等
10		项目可行性研究报告、立项专家论证意见、项目评审报告
11		部门年度工作计划及工作目标
12		年度项目实施方案（按预算批复细化的实施计划）
13		年度相关会议纪要及会议记录
14		年度工作总结、述职报告、项目绩效报告等
15		项目招投标文件、与相关方签订的合同，工作记录、采购记录、验收报告等（涉及政府采购的项目）
16		年度相关统计的上报月报、年报等业务数据、财务数据
17		年度内部检查、纪检、监察等部门的报告
18		主管部门、资金使用单位绩效评价（或自评）报告，自评表
19		反映项目完成情况、项目实施效果的证据资料
20	其他	其他未在上面列明的与此次评价项目相关的资料

（2）明确评价要点。针对评价对象的决策、预算资金申请批复和使用情况、绩效目标设置情况、实施内容等方面梳理相关资料，根据项目情况明确评价要点。在项目支出绩效评价中，不同类型项目的评价侧重点有所不同（见表5-8）。

表5-8 不同项目的评价侧重点

项目类型	评价要点
运行维护类项目	重点对运行成本、管理效率、履职效能、社会效应、相关群体满意度进行评价
奖补引导类项目	重点对投入方式、奖补标准的合理性、引导效果、可持续性、相关群体满意度进行评价
购买公共服务类项目	重点对购买方式的合规性、成本的合理性、服务质量、相关群体满意度进行评价
建设投资类项目	在验收环节，重点围绕产出数量、质量、时效等目标实现程度、项目建设期管理措施的有效性进行评价；在项目验收后三年内重点对相关群体满意度、社会效益、生态效益及其可持续性进行评价
政策补贴类项目	重点对政策目标的合理性、补贴对象认定的准确性、政策补贴发放的达标情况和及时性、政策补贴的社会效益进行等方面进行评价

（3）制定评价指标体系。按照《项目支出绩效评价管理办法》（财预〔2020〕10号）中项目支出绩效评价指标体系框架设计指标，按照决策、过程、产出、效益四个一级指标内容细化设计指标。一般来说，产出、效益权重总和不低于60分。在确定指标权重过程中，实施期间的评价应更加注重决策、过程和产出；实施期结束后的评价应更加注重产出和效益。

项目支出指标体系模板参考表5-9（模板来自《项目支出绩效评价管理办法》）。

表 5-9　项目支出绩效评价指标体系参考

一级指标	二级指标	三级指标	指标解释	指标说明
决策	项目立项	立项依据充分性	项目立项是否符合法律法规、相关政策、发展规划以及部门职责，用以反映和考核项目立项依据情况	评价要点：①项目立项是否符合国家法律法规、国民经济发展规划和相关政策；②项目立项是否符合行业发展规划和政策要求；③项目立项是否与部门职责范围相符，属于部门履职所需；④项目是否属于公共财政支持范围，是否符合中央、地方事权支出责任划分原则；⑤项目是否与相关部门同类项目或部门内部相关项目重复
		立项程序规范性	项目申请、设立过程是否符合相关要求，用以反映和考核项目立项的规范情况	评价要点： ①项目是否按照规定的程序申请设立；②审批文件、材料是否符合相关要求；③事前是否已经过必要的可行性研究、专家论证、风险评估、绩效评估、集体决策
	绩效目标	绩效目标合理性	项目所设定的绩效目标是否依据充分，是否符合客观实际，用以反映和考核项目绩效目标与项目实施的相符情况	评价要点： （如未设定预算绩效目标，也可考核其他工作任务目标） ①项目是否有绩效目标； ②项目绩效目标与实际工作内容是否具有相关性； ③项目预期产出效益和效果是否符合正常的业绩水平； ④是否与预算确定的项目投资额或资金量相匹配
	绩效目标	绩效指标明确性	依据绩效目标设定的绩效指标是否清晰、细化、可衡量等，用以反映和考核项目绩效目标的明细化情况	评价要点： ①是否将项目绩效目标细化分解为具体的绩效指标； ②是否通过清晰、可衡量的指标值予以体现； ③是否与项目目标任务数或计划数相对应
	资金投入	预算编制科学性	项目预算编制是否经过科学论证、有明确标准，资金额度与年度目标是否相适应，用以反映和考核项目预算编制的科学性、合理性情况	评价要点： ①预算编制是否经过科学论证； ②预算内容与项目内容是否匹配； ③预算额度测算依据是否充分，是否按照标准编制； ④预算确定的项目投资额或资金量是否与工作任务相匹配
		资金分配合理性	项目预算资金分配是否有测算依据，与补助单位或地方实际是否相适应，用以反映和考核项目预算资金分配的科学性、合理性情况	评价要点： ①预算资金分配依据是否充分； ②资金分配额度是否合理，与项目单位或地方实际是否相适应

续表

一级指标	二级指标	三级指标	指标解释	指标说明
过程	资金管理	资金到位率	实际到位资金与预算资金的比率，用以反映和考核资金落实情况对项目实施的总体保障程度	资金到位率＝(实际到位资金÷预算资金)×100% 实际到位资金：一定时期（本年度或项目期）内落实到具体项目的资金。预算资金：一定时期（本年度或项目期）内预算安排到具体项目的资金
		预算执行率	项目预算资金是否按照计划执行，用以反映或考核项目预算执行情况	预算执行率＝(实际支出资金÷实际到位资金)×100% 实际支出资金：一定时期（本年度或项目期）内项目实际拨付的资金
	资金管理	资金使用合规性	项目资金使用是否符合相关的财务管理制度规定，用以反映和考核项目资金的规范运行情况	评价要点：①是否符合国家财经法规和财务管理制度以及有关专项资金管理办法的规定；②资金的拨付是否有完整的审批程序和手续；③是否符合项目预算批复或合同规定的用途；④是否存在截留、挤占、挪用、虚列支出等情况
	组织实施	管理制度健全性	项目实施单位的财务和业务管理制度是否健全，用以反映和考核财务和业务管理制度对项目顺利实施的保障情况	评价要点： ①是否已制定或具有相应的财务和业务管理制度； ②财务和业务管理制度是否合法、合规、完整
		制度执行有效性	项目实施是否符合相关管理规定，用以反映和考核相关管理制度的有效执行情况	评价要点： ①是否遵守相关法律法规和相关管理规定；②项目调整及支出调整手续是否完备；③项目合同书、验收报告、技术鉴定等资料是否齐全并及时归档；④项目实施的人员条件、场地设备、信息支撑等是否落实到位
产出	产出数量	实际完成率	项目实施的实际产出数与计划产出数的比率，用以反映和考核项目产出数量目标的实现程度	实际完成率＝(实际产出数÷计划产出数)×100% 实际产出数：一定时期（本年度或项目期）内项目实际产出的产品或提供的服务数量。 计划产出数：项目绩效目标确定的在一定时期（本年度或项目期）内计划产出的产品或提供的服务数量
	产出质量	质量达标率	项目完成的质量达标产出数与实际产出数的比率，用以反映和考核项目产出质量目标的实现程度	质量达标率＝(质量达标产出数÷实际产出数)×100% 质量达标产出数：一定时期（本年度或项目期）内实际达到既定质量标准的产品或服务数量。既定质量标准是指项目实施单位设立绩效目标时依据计划标准、行业标准、历史标准或其他标准而设定的绩效指标值
	产出时效	完成及时性	项目实际完成时间与计划完成时间的比较，用以反映和考核项目产出时效目标的实现程度	实际完成时间：项目实施单位完成该项目实际所耗用的时间。 计划完成时间：按照项目实施计划或相关规定完成该项目所需的时间

续表

一级指标	二级指标	三级指标	指标解释	指标说明
产出	产出成本	成本节约率	完成项目计划工作目标的实际节约成本与计划成本的比率，用以反映和考核项目的成本节约程度	成本节约率＝[（计划成本－实际成本）÷计划成本]×100% 实际成本：项目实施单位如期、保质、保量完成既定工作目标实际所耗费的支出。 计划成本：项目实施单位为完成工作目标计划安排的支出，一般以项目预算为参考
效益	项目效益	社会效益	项目实施对社会发展所带来的直接或间接影响情况	项目实施产生的直接或间接社会效益，可根据项目实际情况有选择地设置和细化
		经济效益	项目实施对经济发展所带来的直接或间接影响情况	项目实施产生的直接或间接经济效益，可根据项目实际情况有选择地设置和细化
		生态效益	项目实施对生态环境所带来的直接或间接影响情况	项目实施产生的直接或间接生态效益，可根据项目实际情况有选择地设置和细化
		可持续影响	项目后续运行及成效发挥的可持续影响情况	项目后续运行及成效发挥的可持续影响，可根据项目实际情况有选择地设置和细化
		满意度	社会公众或服务对象对项目实施效果的满意程度	社会公众或服务对象是指因该项目实施而受到影响的部门（单位）、群体或个人。一般采取社会调查的方式

在指标设计过程中，应避免出现以下问题：

①指标体系与评价重点脱节，未充分反映评价所要解决的关键问题。

②指标体系对预算编制、资金配置等预算管理改革的焦点问题关注和侧重不够。

③指标数量过多、过杂、过繁，个性指标未能充分体现项目特点和差异化特征，有明显的“格式化”、“模板化”和照抄照搬的痕迹。

④指标分值权重设置标准、依据和方法模糊，随意性强，或存在一刀切平均分配现象，未充分体现评价的重点和指标的导向意义。

⑤评分规则表述模糊，不够细化、量化、规范化，自由裁量空间大。评价标准的选取和确定不够科学，评分规则与分值权重不匹配，导致得分计算复杂、细碎，甚至是循环小数等问题。

（4）编制社会调查方案。根据绩效评价需求选择项目采取现场评价或非现场评价的形式，在初步了解项目内容的基础上，根据项目情况明确调查目的、调查对象范围、样本数量、调查方式、抽样方法，设计调查问卷内容和访谈提纲等内容，编制社会调查方案。此部分应注重以下几类问题：一是调研点位数量或覆盖面不足，导致调研结果不具有代表性。二是调研访谈问题比较笼统、宽泛，未触及关键和实质；问卷设计不够严谨，问卷内容比较单一；基础数据表格式、口径不统一等，导致调研结果无法满足评价分析的需要。三是调研方式方法选择不恰当，或机械套用特定的方式方法。四是对调研发现未能及时总结分析，遗漏关键信息。

（5）制定工作方案。评价工作方案主要包括以下内容：

①项目概况：项目概况包括项目立项、项目预算、项目计划、项目组织管理等；政

策概况包括政策制定的背景、意义和作用、政策内容、政策变化（修订）情况、资金来源、使用情况、政策的管理内容实施情况、政策的组织架构情况等。

②项目绩效目标。包括总体绩效目标和具体绩效指标等。

③评价思路。评价目的和依据、评价对象和范围、评价方法选择等。

④绩效评价指标体系。指标体系设计思路、指标体系、各指标定义、评分标准和评分细则。

⑤社会调查、组织实施。资料清单等及基础数据表等。

⑥其他需要说明和解决的问题。

（二）实施阶段

1. 收集绩效评价相关数据资料，并进行现场调研、座谈等

（1）资料收集与核查。在前期资料收集的基础上，根据项目的具体特点进一步收集项目管理、产出、效益方面的相关资料，并与各种公开数据资料进行比对，核查分析资料的真实性、完整性和有效性，为项目评价提供基础。

（2）现场调研、座谈。根据项目情况，采取适用的方式对项目具体的管理方、受益方进行调研或座谈，通过直观感受和项目相关方的感受对项目进行进一步的研判。

2. 根据评价方案确定的现场评价抽样范围，进行调研访谈、资料核查、实地勘察、社会调查和分析评价

核实有关情况，分析形成初步结论，在形成结论过程中，应注意以下问题：

（1）是否按工作方案实施，有无遗漏，未按计划实施的原因是否报备。

（2）评价活动是否按规范程序开展，各项记录是否清晰、完整。

（3）收集的事实和数据资料是否相关、真实、有效、可靠和准确。

（4）是否按要求对收集的资料进行整理、核实和确定。

（5）对事实和数据资料的分析是否合理，提炼的问题和得出的结论依据是否充分，是否与评价重点和关键问题相对应，是否对问题产生的原因认识到位。

（6）绩效评价指标评分是否合理、客观，是否有充分的理由和依据，评价结果是否公正。

（7）评价结论汇报材料是否精炼、准确。

（8）对相关单位反馈意见是否开展认真研究和识别。

3. 撰写绩效评价报告项目支出绩效评价报告应包括以下内容：

（1）基本情况。①项目概况。包括项目背景、主要内容及实施情况、资金投入和使用情况等。②项目绩效目标。包括总体目标和阶段性目标。

（2）绩效评价工作开展情况。①绩效评价目的、对象和范围。②绩效评价依据。③评价指标体系。④绩效评价原则、评价方法和标准。⑤绩效评价工作过程。

（3）综合评价情况及评价结论（附相关评分表）。

（4）绩效评价指标分析。①项目决策情况。②项目过程情况。③项目产出情况。④项目效益情况。

（5）主要经验及做法、存在的问题及原因分析、有关建议和其他需要说明的问题。

绩效评价报告有以下方面常见问题，需要极力避免：

（1）报告内容缺乏逻辑性，多是对各方面材料、素材、文字的堆积，“前后句不搭、上下文不连”。

（2）报告缺乏专业性，对政策特点、财政业务、行业知识把握不准、理解不深，“说外行话”。

（3）绩效评价指标扣分与揭示的问题缺乏衔接，评价结论与评价分值不相匹配。

（4）对发现的问题和相关数据资料缺乏系统分析和呈现，对报告支撑有限，造成报告内容空洞、缺乏“说服力”。

（5）问题提出与对问题的分析不够一致。

（6）对策建议针对性不强，不具有可操作性。

（7）报告语言不够简明，出现口语化情况，语言把握能力不强。

（8）报告未按规定的格式规范写作，缺乏基本写作素养。

（三）结果提交阶段

档案保存期限根据相关要求而定，一般评价基础数据表、评价报告、调查问卷统计结果、问题清单等重要资料保存期限为 10 年，其他资料保存期限为 5 年。

三、案例分析：2020 年 A 区抗疫特别国债资金绩效评价（财政评价）

项目背景：为应对新冠肺炎疫情影响，统筹推进疫情防控和经济社会发展，2020 年 6 月，财政部决定发行 2020 年抗疫特别国债。该国债资金全部转移给地方，并建立特殊转移支付机制，资金直达市县基层、直接惠企利民，主要用于基础设施建设和抗疫相关的支出。在基础设施建设方面：须用于有一定资产收益保障的基础设施建设项目，重点用于公共卫生体系建设；在抗疫相关支出方面：须推进抗疫工作的开展，预防重大疫情发生工作，主要用于保就业、保基本民生、保市场主体，包括支持减税降费、减租降息、扩大消费和投资等。同月，财政部出台《财政部关于印发〈抗疫特别国债资金管理办法〉（财预〔2020〕57 号）》，为抗疫国债资金的使用提供了制度保障。至 2020 年 7 月 30 日，2020 年抗疫特别国债共计发行 1 万亿元。

2020 年 7 月 3 日，A 区财政局接到通知后，根据区内民生和抗疫工作情况，安排抗疫特别国债资金分别用于重大区域规划相关基础设施建设、重大疫情防控救治体系建设、公共卫生体系建设和城镇老旧小区改造四个方面，保障区内扎实做好“六稳”工作、落实“六保”任务。

（一）项目准备阶段

2020 年 8 月，区财政局组建抗疫特别国债项目绩效评价工作组，召开项目启动会，与各子项目对应业务科室的相关负责人了解项目基本情况。根据项目启动会了解的情况，评价组制定绩效评价工作计划，梳理评价所需资料清单，并将资料清单提供给各业务科室。评价组根据前期项目启动会及业务科室提供的资料，制定项目绩效评价工作方案，通过小组内部讨论后，修改完善后确定方案最终稿。评价组对项目的内容了解如下：

1. 项目实施内容

2020 年 A 区抗疫特别国债资金主要用于四大类 5 个子项目的建设，具体完成情况详见表 5 - 10。

表 5 - 10　　2020 年 A 区抗疫特别国债资金子项分类表

序号	分类	项目名称
1	重大区域规划相关基础设施建设	A 区市民文化中心建设
2	重大疫情防控救治体系建设	A 区总医院实验室建设
		A 区总医院公共卫生医学中心建设
3	公共卫生体系建设	A 区总医院乡镇卫生院建设
4	城镇老旧小区改造	A 区老旧小区综合改造工程

2. 项目预算及支出情况

A 区财政局共收到 2020 年抗疫特别国债资金 10 000 万元，截至 2020 年 12 月 31 日共实际执行 7 233.25 万元，各子项目预算金额与支出金额明细见表 5 - 11。

表 5 - 11　　2020 年 A 区抗疫特别国债资金预算及执行情况　　金额单位：万元

项目名称	项目单位	预算金额	执行金额	预算执行率
A 区市民文化中心建设	市民文化中心指挥部	7 238	5 131.74	70.90%
A 区总医院实验室建设	A 区总医院	80	76.24	95.3%
A 区总医院公共卫生医学中心建设	A 区总医院	140	87.18	62.27%
A 区总医院乡镇卫生院	A 区总医院	250	0	0
A 区老旧小区综合改造工程	A 区老旧小区综合改造工程指挥部	2 292	1 938.09	84.56%
合计		10 000	7 233.25	72. 33%

3. 项目绩效目标

项目总目标：应对新冠肺炎疫情影响，统筹推进疫情防控和经济社会发展，积极推进抗疫工作的开展，预防重大疫情发生，保就业、保基本民生、保市场主体、保基层运转，保障抗疫特别国债资金投资具有一定的资产收益。项目具体指标详见表 5 - 12。

表 5 - 12　　项目绩效目标表

一级指标	二级指标	三级指标	目标值
产出指标	产出数量	市民中心场馆建设数量	5 个
		医疗设备购买数量	3 台
		A 区总医院医学中心隔离病房改造数量	40 间
		老旧小区改造数量	42 个
		补贴拆除防盗网户数	972 户
	产出质量	市民中心竣工验收合格率	100%
		医疗设备质量达标率	100%
		隔离病房改造质量达标率	100%

续表

一级指标	二级指标	三级指标	目标值
产出指标	产出质量	老旧小区改造工程质量达标率	100%
		拆除防盗网补贴标准	≤100 元/每平方米
	产出时效	市民中心竣工验收及时率	100%
		A 区总医院项目完成及时率	100%
		老旧小区改造完成及时率	100%
		拆除防盗网补贴发放及时率	100%
效益指标	社会效益	市民办事需求满足情况	提高
		A 区总医院核酸日均检测数量	600 份
		A 区总医院同时隔离救治人数	≥40 人
		居民生活水平提升情况	提升
		小区配套便民设施设立完善情况	完善
	可持续影响	医疗设备预计使用年限	≥3 年
		医院工程维修响应时间	4 小时内
		老旧小区组织实施机制健全性	健全
满意度指标	服务对象满意度	市民中心受益群众满意度	≥85%
		A 区总医院医护人员满意度	≥85%
		老旧小区改造受益群众满意度	≥85%

4. 评价指标体系

评价组了解到 A 区总医院乡镇卫生院开工时间在 2021 年，因此暂不评价此子项目。根据其他子项的实施情况，评价组进行了资料全面梳理、现场调研访谈，将定量指标和定性指标有机结合，科学系统地设置共性指标，认真梳理、提炼针对项目特点的个性指标，突出最具代表性、关键性的核心指标，提升了指标体系的系统性、相关性、重要性。

项目指标体系从决策、过程、产出、效益四个方面进行分析，由 4 项一级指标、11 项二级指标、37 项三级指标构成。指标体系权重共计 100 分，其中决策 15 分，过程 25 分，产出 30 分，效益 30 分。指标体系大致内容如下：

（1）决策类指标权重 15 分，包括项目立项、绩效目标、资金安排 3 个二级指标。其中项目立项包括立项依据充分性、立项程序规范性 2 个指标；绩效目标包括绩效目标合理性、绩效指标明确性 2 个指标；资金安排包括预算编制科学性、资金分配合理性 2 个指标。

（2）过程类指标权重 25 分，包括组织管理、资金管理 2 个二级指标。其中组织管理包括项目实施管理制度健全性、项目实施管理制度执行有效性 2 个指标；资金管理包括资金到位率、预算执行率、资金使用合规性、财务监控有效性 4 个指标。

（3）产出类指标权重 30 分，包括产出数量、产出时效、产出质量 3 个二级指标。其中产出数量包括市民中心场馆建设完成率、医疗设备购买完成率、隔离病房改造项目完成率、老旧小区改造完成率、补贴拆除防盗网完成率 5 个指标；产出质量包括市民中心竣工验收合格率、医疗设备质量达标率、隔离病房改造项目质量达标率、老旧小区改造工程质量达标率、拆除防盗网补贴标准达标率 5 个指标；产出时效包括市民中心竣工验收及时率、A 区总医院项目完成及时率、老旧小区改造完成及时率、拆除防盗网补贴发放及时率 4 个指标。

（4）效益类指标权重 30 分，包括社会效益、可持续影响、满意度 3 个二级指标。其中社会效益包括市民办事需求满足情况、核酸检测能力提升情况、隔离能力满足情况、居民生活水平提升情况、小区配套便民设施设立完善情况 5 个指标；可持续影响包括医疗设备预计使用年限、医院工程维修响应时间、老旧小区组织实施机制健全性 3 个指标；满意度包括市民中心受益群众满意度、A 区总医院医护人员满意度、老旧小区改造受益群众满意度 3 个指标。

（二）项目实施阶段

项目实施阶段主要包括实地访谈、收发基础数据表、汇总和分析数据、完善并确定实地调研方案、撰写实地调研通知、培训实地调研人员、实地调研、综合评价、交换意见等过程。评价组根据收集的数据及对项目的了解情况，形成实地调研方案，并按照实地调研方案对项目具体实施单位进行实地调研，调研内容包括访谈、核对基础信息、问卷调研等。评价组结合调研情况和评价工作方案确定的评价指标、评价标准和评价方法，对评价对象进行全面的定量定性分析和综合评价，形成了评价结论。

1. 确定调研方案

评价组在了解子项目情况后，根据子项目内容，确定对受益对象的调查内容，并形成实地调研方案。以市民服务文化中心子项为例：

A 区市民文化服务中心受益群众调研计划

一、调查对象与调查内容

（一）调查对象

本次调研对象为 A 区市民文化服务中心受益群众。

（二）调查内容

调查问卷内容包括：

1. 基本信息：受益群众办理业务内容、办理业务频率、了解办理业务场所的途径。

2. 基本问题：受益群众办理业务是否实现“只跑一次”等。

3. 满意度问题：受益群众对便民服务中心的政务服务环境情况、一体化办事流程、智能化设备使用便捷性、工作人员服务水平、服务中心建设规划的满意程度。

4. 开放性问题：受益群众对便民服务中心管理和发展的建议。

二、调查方法与调查方式

（一）调查方法

针对上述问题对相关对象开展问卷调查，具体问卷见附录 1。

（二）调查方式与问卷发放、回收

本次调查采用线下纸质问卷和网络问卷相结合的调查方式，向A区市民文化服务中心受益群众发放纸质问卷和提供电子问卷二维码，其次由调查对象进行填写并提交，最后回收问卷并进行统计分析。

三、调研安排

根据项目进度，评价组于2021年2月22—23日对A区市民文化服务中心受益群众发放问卷并进行统计分析。

2. 综合分析形成评价结论

评价组在实地调研后，根据工作底稿、评价指标体系、工作记录等情况和实地调研情况，梳理相关资料和数据形成评价结论如下：

（1）总体绩效。A区抗疫特别国债资金项目实施以来，安排抗疫特别国债资金用于重大区域规划相关基础设施建设、重大疫情防控救治体系建设、公共卫生体系建设和城镇老旧小区改造，并及时拨付资金至项目实施单位，推动了民生实事，实现了惠企利民，为本地区经济恢复增长创造了良好环境。但是，从项目的绩效评价过程来看，仍存在一些问题和不足，如项目绩效目标设置不够合理、绩效指标不够明确、子项目工程验收不够及时等。

（2）具体得分情况。根据评价指标体系，评价组通过对项目决策科学、合理性，过程管理规范性、时效性，专项资金使用效益、运行效率及其产出效益进行全面综合评价，A区抗疫特别国债资金项目绩效评价总体得分为83.67分，项目评价级别为“良”。

决策指标包括3个二级指标以及6个三级指标，总分值15分，得9.20分，得分率为61.33%。主要扣分项为绩效目标合理性、绩效指标明确性和预算编制科学性。过程指标包括2个二级指标以及6个三级指标，总分值25分，得20.92分，得分率为83.68%。主要扣分项为项目实施管理制度执行有效性、预算执行率和财务监控有效性。产出指标包括3个二级指标以及14个三级指标，总分值30分，得23.85分，得分率为79.50%。主要扣分项为市民中心竣工验收合格率、市民中心竣工验收及时率。效益指标包括3个二级指标以及11个三级指标，总分值30分，得29.7分，得分率为99%。

（三）结果提交阶段

结果提交阶段主要包括确定报告征求意见稿、资料归档等过程。

（1）评价组依据综合评价、交换意见及项目相关资料，向专家征求绩效评价报告意见，专家对评价报告的完整性、逻辑性、合理性、充分性给予肯定，对部分指标的考察方向、评分细则等内容提出书面意见，并反馈至评价组。

（2）评价组根据论证意见，对评价报告进行修改和完善，并于5个工作日内提交修改结果和报告终稿。

（3）建立绩效评价档案，评价组将评价过程中所收集的资料、评价实施方案、委托评价协议（合同）、基础数据（资料）表、评价工作底稿及附件、会议纪要、访谈记录、现场勘查记录、调查问卷、调查问卷统计结果、绩效评价指标体系及评分表、绩效评价报告、问题清单及所反映问题的佐证材料等汇总，保存电子档案和纸质档案，同时移交区财政局。

第四节
部门整体支出绩效评价

为进一步提高预算管理水平，加大预算绩效管理力度，近几年，中央及部分地方财政部门开展了部门整体支出绩效评价试点。随着各地的不断探索，部门整体支出绩效评价制度体系不断完善，试点范围不断扩大，但目前全国尚未形成统一的部门整体支出绩效评价指标体系框架。本节通过部门整体支出绩效自评和部门整体财政重点评价两方面来介绍部门整体支出绩效评价的有关内容。

一、部门整体支出绩效评价概述

（一）概念

部门整体支出绩效评价是指评价主体根据设定的绩效目标，运用科学、合理的绩效评价指标、标准和方法，对一个部门或单位在一定时期内所有财政预算资金，包括基本支出、项目支出等，所带来的产出和效果进行的评判。

（二）评价形式和内容

部门整体支出绩效评价分为部门整体支出绩效自评和部门整体支出财政评价两种形式。每年年度预算执行完成后，预算部门（单位）要对年度整体支出绩效目标完成情况进行自评价，财政部门根据管理需要，选择部门（单位）整体支出开展重点评价，对部门（单位）的自评结果进行抽查或开展再评价。

部门整体支出财政评价的内容包括部门目标设定情况、部门管理制度建设及执行情况、年度工作重点任务完成情况、部门（单位）职能履行、履职效果等。其中，部门目标设定情况包括部门年度履职目标的制定情况、部门绩效目标的设定情况等。部门管理制度建设及执行情况包括预算管理、财务管理、绩效管理等情况。年度工作重点任务实施情况包括年度目标的实现情况和年度主要任务工作的完成情况。部门（单位）职能履行、履职效果包括经济效益、社会效益、环境效益、社会公众满意度等。

部门整体支出绩效自评需预算部门（单位）对照绩效目标和设定的具体指标，结合相应目标的完成程度，填报部门整体支出绩效自评表，对于目标偏差超过一定比例的指标（包括未达标和超标，具体比例数值由各地财政部门规定），逐条说明原因，提出改进措施。在填报绩效自评表后，应形成部门整体支出绩效自评报告。绩效自评报告内容包括部门整体绩效目标的设置情况、目标完成情况、对实际绩效偏离目标的原因分析以及对绩效问题的改进措施等。

二、部门整体支出绩效自评工作流程及案例分析

（一）部门整体支出绩效自评工作流程

部门整体支出绩效自评与项目支出单位自评的工作流程相似，分为自评准备阶段、自评开展阶段和结果报送阶段共三个阶段。在自评准备阶段过程中，每个财政年度结束后财政部门向各预算部门、单位下达开展自评工作的通知，明确自评范围及工作要求等。预算部门、单位根据本部门、单位情况组织安排相关人员，拟定自评方案并开展本部门、单位的自评工作。

其中，部门内部职责中，一般以部门内部的财务部门为部门整体自评工作的统筹管理主体，各业务部门和预算单位配合共同开展工作。

具体内容可参照本章第二节内容，在此不再赘述。

（二）案例分析：2019 年某省体育局部门整体支出绩效自评

某省体育局接到省财政部门通知后，开展部门整体支出绩效自评工作。省体育局财务处负责本部门的部门整体自评工作，各业务处室和预算单位共同配合根据部门整体支出绩效自评表可看出，部门整体支出绩效自评表分为预算情况、年度总体目标及年度主要任务、具体绩效指标三部分。

1. 预算情况

预算情况指部门年度预算总额，从预算资金来源分类，包括当年的财政性资金和其他资金。财政性资金指当年财政部门批复的全部预算资金，其他资金包括往年结转结余、其他收入来源的资金等。从资金使用结构分类，包括基本支出和项目支出（见表 5－13）。

表 5－13　　省体育局预算情况表

预算情况	部门预算总额（万元）		年初数	全年数	全年执行数	分值	执行率	得分
			1 020.00	1 225.00	1 100.91	10	89.87%	8.99
	资金来源	财政性资金	1 000.00	1 200.00	1 075.91		89.66%	
		其他资金	20.00	25.00	25		100%	
	资金结构	基本支出	200.00	180.00	180		100%	
		项目支出	820.00	1 025.00	920.91		89.84%	

2. 年度总体目标及年度主要任务

年度总体目标及年度主要任务是预算部门按照确定的职责，利用部门所管理的全部预算资金在一定期限内预期达到的总体产出和效果（见表 5－14）。

表 5－14　　省体育局年度总体目标及年度主要任务表

	预期目标
年度目标 1	政府主导、部门协同、社会投入、逐步形成社会参与的全民健身活动多元化发展态势
年度目标 2	稳步提升竞技体育水平，始终以全运会、亚运会、奥运会备战工作为牵引，着力在提升后备人才队伍建设、竞技人才培养等方面下功夫，竞技体育水平得到有效提升

续表

预期目标	
年度目标 3	深入推进以体教结合为主的多部门合作，不断完善青少年体育公共服务体系建设，推动全省各类青少年体育组织的建设与发展
任务名称	主要内容
竞技体育项目	不断完善训练模式，做好日常训练工作；承接体育比赛；积极参加体育赛事并取得名次；及时开展暑期培训，做好人才选拔、储备及输送工作
青少年体育训练项目	深入推进以体教结合为主的多部门合作，不断完善青少年体育公共服务体系建设，推动全省各类青少年体育组织的建设与发展
群众体育项目	搭建体育健身的大众参与平台，积极构建体育公共服务体系，大型体育场免费或低收费开放，引导居民增强健身意识，持续推进全民健身活动的发展
其他体育发展项目	专项用于辅助全民健身、青少年体育训练、竞技体育等项目开展所需经费，促进体育强省建设

3. 具体绩效指标

具体绩效指标分为共性指标和个性指标。共性指标是指适用于所有部门的指标，主要包括工作目标管理、预算和财务管理、绩效管理等方面的指标。个性指标是指针对部门和行业特点确定的适用于不同部门的指标，多用于衡量预算部门（单位）工作的任务目标完成情况、预期实现效益、社会满意度等。省体育局部门整体支出绩效自评表中共有 3 个一级指标、7 个二级指标和 35 个三级指标。一级指标包括投入管理指标、产出指标和效益指标三个；二级指标包括工作目标管理、预算和财务管理、绩效管理、重点工作完成等 7 个指标；三级指标包括年度履职目标相关性、工作任务科学性、预算执行率等 35 个三级指标。其中，投入管理指标为共性指标，产出指标和效益指标为个性指标。

4. 设置个性指标的指标说明

由于个性指标未预设指标说明，无法通过一定的标准判断该项指标的完成情况和得分，因此省体育局要对个性指标设置指标说明。以产出指标中的“体育产业发展”为例，省体育局根据自身工作情况，设置该项指标的指标说明为“开展 2018 年度体育产业统计工作。”省体育局可通过此项工作的完成情况判断该指标的完成情况和得分情况。

5. 出具自评结果

由于部门整体支出绩效自评的分配权重分值、确定各项指标和总体绩效目标的完成情况、计算指标得分、填写偏差原因分析及改进措施等步骤与项目自评的步骤相似，因此不在此处赘述。省体育局完成部门整体自评表，并生成部门整体自评报告，报告内容如下：

省体育局 2018 年度部门整体预算绩效自评报告

一、基本情况

（一）部门年度总目标及主要任务

省体育局（以下简称我单位）是主管全省体育工作的省政府直属正厅级机构，

内设财务处等15个处室，共有19个财政拨款单位，其中：6个行政单位（局本级），7个行政机关事业单位，4个全供事业单位，1个差供事业单位，1个自收自支单位。

2018年，我单位根据部门职责与当年部门工作计划，依据多项政策文件，结合2018年部门整体绩效目标表中内容，梳理出以下年度工作目标和任务（见表5-13）。

（二）部门年度整体预算绩效目标、绩效指标设定情况

省体育局根据2018年度工作计划，按照《省财政厅关于做好滚动编制省级2019—2021年财政规划的通知》文件要求，制定部门年度整体预算绩效目标表。

二、绩效自评工作开展情况

按照《省财政厅关于开展2018年度省级预算绩效自评工作的通知》要求，我单位高度重视2018年度部门整体支出绩效自评工作的开展，下发开展绩效自评工作的通知，建立绩效自评领导机制，将此项工作列入重要日程。此次绩效自评范围包括局本级在内的19个财政预算拨款单位，由财务处牵头开展自评工作，本次绩效自评流程按照材料准备、数据统计分析、报告撰写等三个阶段组织实施。

（一）绩效自评材料准备阶段

我单位财务处和相关业务处室负责人员认真研读《省财政厅关于开展2018年度省级预算绩效自评工作的通知》，做好相关材料的准备工作，按照有关通知文件要求，认真收集、查阅、核实有关数据资料，按时完成资料收集工作。

（二）数据统计分析

为直观了解我单位各直属单位实际工作的完成情况，提升优化资源分配的公平性和合理性，我单位按照工作安排组织相关绩效自评工作人员采取书面材料集中审核的方式、实施结果与申报绩效目标相比较，按照定量、定性指标标准，对19个二级单位和各市、县上报的绩效自评资料进行核查、统计及分析。

（三）绩效自评报告撰写阶段

我单位根据19个二级单位和各市、县各自上报的绩效自评表等相关数据资料，经我单位绩效自评工作人员整理、分析材料、汇总数据，计算各指标分值；按照财政厅框架内容要求，形成自评结论及报告初稿；经过工作小组内部讨论修改后，反馈给相关部门征求意见，根据反馈意见反复修改完善，形成最终绩效自评报告。

三、综合评价结论

我单位此次绩效自评得分88.75分，评价等级为“良”，其中，预算执行率得分9.00分，投入管理指标23.81分，产出指标23.94分，效益指标32.00分。

四、绩效目标实现情况分析

（一）部门资金情况分析

1. 资金到位情况与资金执行情况

我单位2018年年初预算资金50 000万元，经年中追加与项目调整，增加预算资金20 000万元，全年预算资金总额70 000万元；全年实际执行65 000万元，预算执行率92.86%。

2. 资金管理情况

我单位根据《中华人民共和国会计法》《党政机关厉行节约反对浪费条例》和《省实施〈党政机关厉行节约反对浪费条例〉办法》，参照省会议费、差旅费、培训费等财经法规制度，制定了完善的内部财务管理制度。2018 年，我单位根据《中华人民共和国预算法》《中华人民共和国预算法实施条例》《彩票公益金管理办法》等有关法规政策，结合省体育局实际，制定了《省体育局预算管理办法（试行）》进一步加强了我单位在预算管理方面的制度建设。

2018 年，我单位按规定流程使用资金。项目资金支出 1 万元以上金额由业务和财务处长、业务和财务分管局长签字，5 000 元至 1 万元之间金额由业务和财务处长签字，5 000 元以下金额由财务或业务处长签字。预决算信息公开及时有效，资产管理规范，未出现截留、挤占、挪用、虚列支出情况。

（二）项目绩效指标完成情况分析

1. 预算执行情况分析

2018 年预算资金总额 70 000 万元，资金执行数为 65 000 万元，预算执行率为 92.86%，该指标权重分值 10 分，得 9.29 分。

2. 投入管理指标完成情况分析

我局依据多项政策文件设立工作目标，工作目标管理有效，各项管理制度执行到位，资金使用合规，“三公经费”控制在预算内，投入管理情况良好，该项指标权重 30 分，得 25 分。

3. 产出指标完成情况分析

我局重点工作完成率 95%，受新冠疫情影响，部分比赛未能如期举办和参加，该项指标权重 25 分，得 23 分。

4. 效益指标完成情况分析

我局中心运动员的成绩得到了有效提升，疫情防控常态化下，我局认真做好青少年竞技组竞赛筹备工作，积极落实全民健身国家战略，推进体育强省建设，逐步形成社会参与的全民健身活动多元化发展态势，该项指标权重 35 分，得 35 分。

五、发现的主要问题和改进措施

（一）主要问题

部门预算编制不够准确，年底结算时出现彩票公益金收入超出预算的情况。同时，上年超收资金在年初核算后一般在 6 月前调整追加纳入当年预算，对我单位预算调整率影响很大，也一定程度影响我单位预算执行进度。

（二）改进措施

我单位今后将严格执行财政预算管理规定，进一步强化预算管理，一是加强预算编制，增强预算编制的完整性、科学性和准确性。二是加强预算执行，加快执行进度，减少年末资金结转，提高预算执行率。三是突出绩效导向，硬化预算绩效管理约束，提高资金使用效率。四是强化监督，加强对本级部门与下级单位的预算执行监管。五是建立健全制度体系，积极修订完善相关资金管理办法。

六、绩效自评结果拟应用和公开情况

我单位高度重视绩效评价结果的应用工作，按照文件要求开展绩效自评工作，及时向省财政厅报送绩效自评报告，接受上级部门的监督，并将根据绩效评价结果采取如下工作措施：

以评价结果应用为目标，坚持报告与预算编制相结合。为加强绩效评价结果的应用，根据《省级预算绩效评价结果应用管理办法》等文件要求，及时向省财政厅上报2018年度部门整体支出绩效自评报告和自评结果，并将绩效评价结果作为重要参考依据，应用于部门年度预算编制工作。

6. 结果报送阶段

省体育局按照要求向省财政厅报送部门整体支出绩效自评结果，包括部门整体支出绩效自评表和部门整体支出绩效自评报告以及相关佐证材料。

省财政厅在省级预算部门自评结果报送完毕后，对省体育局的绩效自评结果进行核查，核对其自评结果的真实性、准确性和自评工作整体的完整性和质量。

三、部门整体支出财政重点评价工作重难点及案例

（一）部门整体支出财政重点评价工作重难点

部门整体支出财政重点评价评价的重点一般为该部门或单位在一定时期内运用所有财政预算资金所带来的产出和效果是否达到应当履行职责的要求，或者在满足目前履职要求的前提下，是否尽到了尽量节约资金的职责。因此，与单纯的项目支出绩效评价相比，部门整体支出绩效评价覆盖面更广、评价层次更深，对部门（单位）日常运行管理的要求也更高。

部门整体支出财政重点评价过程中，应重点对部门职能、职责进行梳理，整理并总结部门的职能定位、中长期规划和年度工作计划，以部门当年年度工作计划为出发点，梳理与之相匹配的预算明细构成，对应近三年相关工作的延续和变化情况，分析评价当年度部门职能履行程度和目标实现情况。部门整体支出评价的重点在于以下几个方面：

（1）确认年度部门工作任务，对部门职责、战略目标、部门中长期规划、年度工作任务及要求、年度工作计划与目标、规划、要求的关联程度进行确认。

（2）梳理部门内部管理制度及存量资源，整理相关内控制度、分类整理部门存量资产并分类整理部门年末人员编制情况。

（3）确认当年度整体支出评价重点，分类整理部门年度工作计划、分析确定当年的评价重点、设计个性指标体系。

（4）实施部门整体支出评价，进行合规性、规范性核查，根据指标体系进行打分，得出最终评分及结论。

目前的行政管理体系中，大部分部门职能复杂、业务内容多样，财政支出的规模较大、内容较多，加之缺乏统一健全的部门整体支出绩效评价制度，部门整体支出财政重点评价工作具体开展过程中应注重以下重点：

（1）细化个性评价指标。根据被评价部门的所属行业、部门职能划分等方面，进

一步细化个性评价指标，凸显被评价部门的履职效能，使评价指标体现更加科学、合理、可行。

（2）加强预算支出与部门整体绩效的对应关系。部门整体预算支出分为项目支出和基本支出两种类型，项目支出一般与单位履行特定的职责相关，其绩效目标指标的提炼、归类难度相对较低。而基本支出由于主要用于维持人员和机构正常运转，产出指标模糊，很难与部门整体支出绩效目标建立明确的对应关系。因此评价过程中，评价组应注重各项预算支出与年度工作任务、绩效目标之间的对应关系。

（3）采取合理方法量化部门整体效益。政府部门有社会公共管理的职能，其产出和效益主要以社会效益为主，最终作用于部门以外的广大社会公众，因此具有正外部性的特点，部分效益的显现还具有滞后性，难以用数学、统计方法进行测算或者计量，因此采取合理的办法量化部门整体效益是评价重难点之一。

（二）案例分析：2017 年广东省农业厅部门整体支出绩效评价

1. 确定年度部门工作任务

（1）梳理部门基本情况。根据《广东省人民政府办公厅关于印发广东省农业厅主要职责内设机构和人员编制规定的通知》（粤府办〔2016〕31 号），广东省农业厅的内设机构、人员编制和部门职能为：广东省农业厅为省人民政府组成部门，设 16 个内设机构，共 211 名机关行政编制（其中行政编制 132 名、执法编制 25 名、省委农办 48 名、纪委派驻 6 名），主要职能职责共 16 大类。

（2）梳理年度任务。根据年度总体年度工作计划、部门职能、部门规划内容等内容，梳理年度任务如下：

①年度总体工作。认真贯彻落实党的十九大精神，深入学习贯彻习近平新时代中国特色社会主义思想特别是总书记“三农”思想，贯彻落实中央农村工作会议、全国农业工作会议以及省委十二届二次、三次全会，全省乡村振兴工作会议的部署要求。

②年度重点工作任务。根据国家农业部、广东省委省政府的部署，围绕 2017 年度工作目标，在加强政策制度供给、优化农业结构布局、培育新型经营主体、强化农业科技支撑、发展新产业新业态、推进农业绿色发展、强化质量安全监管、夯实农业发展基础、深化农业农村改革等方面安排了 9 项重点工作任务（见表 5－15）。

表 5－15　省农业厅 2017 年度重点工作任务

序号	重点工作任务（完成期限均为 2017 年底前）
1	出台实施政策性文件；完善和落实强农惠农富农政策；加强农业法治建设
2	实施“藏粮于地、藏粮于技”战略；大力发展特色优势产业；加快发展畜禽标准化规模养殖和草地畜牧业；推进粮食生产功能区、重要农产品生产保护区划定工作
3	推进千家省重点农业龙头企业培育和百家涉农企业上市计划；大力培育新型职业农民
4	实施农业科技创新联盟专项；实施现代种业提升工程；加强种质资源保护和开发利用
5	打造产业融合平台；推进农村“双新双创”；加快发展农产品加工；拓展农业功能
6	扎实开展化肥农药使用零增长行动；推进畜禽养殖废弃物资源化利用；扎实推进农产品产地土壤污染防治

续表

序号	重点工作任务（完成期限均为2017年底前）
7	坚持“产”“管”“控”并举，推进标准化生产，加强农业综合行政执法，大力健全病死畜禽无害化处理、动物疫病监测预警体系
8	推进高标准农田建设；划定全域永久基本农田；加快发展农机装备设施；推进信息进村入户试点省、农业大数据试点省、农业电子商务试点省“三省联创”
9	加快推进农村土地确权；推进农村集体产权制度改革；推进金融保险支农创新

（3）梳理年度绩效目标。结合部门职能和年度任务情况，梳理部门工作目标并制定绩效目标如下：

关于年度总体目标：坚持以习近平新时代中国特色社会主义思想为指导，围绕建设广东特色农业现代化的目标，突出构建现代农业产业体系、生产体系、经营体系三大任务，加快农业调结构转方式，全面深化农业农村改革，着力健全“5+1”全链条（产业链、创新链、组织链、资金链、安全链、服务链），努力推动农业增产增效有新突破、农民持续增收有新进展、农村发展活力有新增强。推进农业供给侧结构性改革，加快三次产业融合发展，加快推进科技创新驱动发展，农业农村经济实现稳中有进，农业农村改革加快发展。具体工作目标如表5-16所示。

表5-16　省农业厅2017年部门整体支出绩效目标情况表

序号	绩效目标	指标数据
1	完成国家农业部、省委省政府省人民代表大会常委会交办的重点工作任务	工作任务完成率100%
2	推进农业供给侧结构性改革	总体工作和重点工作完成率100%
3	加快三次产业融合发展	总体工作和重点工作完成率100%
4	加快推进科技创新驱动发展	总体工作和重点工作完成率100%
5	主要经济指标保持增长	稳中求进，全省农林牧渔业总产值、增加值保持增长
6	农牧业生产稳定发展	努力将全省粮食总产量稳定在1 300万吨左右；大宗经济作物增产增效；以“减猪稳鸡、发展牛羊”为方向调整畜牧结构，畜牧业总体回暖
7	农业新业态蓬勃涌现	全省80%以上的市与京东等知名电商平台达成战略合作，85%左右的县建立了大宗农产品电子商务交易平台
8	科技创新驱动发展	建设省级农业科技创新联盟、农业科技成果转化公共服务平台、农业科研项目储备库等创新创业服务平台，支持20个现代农业产业技术体系建设创新团队

2. 梳理部门内部管理制度及存量资源

（1）梳理部门预决算情况。根据部门年度预算、决算资料文件，梳理部门整体的预决算情况、部门预算支出。

根据《关于批复2017年省级部门预算的通知》（粤财预〔2017〕26号），2017年省农业厅年初预算总支出为 28 032.33 万元（不含省级专项资金）；《关于批复 2017 年度省级部门决算的通知》（粤财库〔2018〕20 号）和 2017 年省农业厅部门决算报表，省农业厅 2017 年支出调整预算数为 77 165.88 万元（包括省级专项资金留省本级使用部分，详见表 5－20），支出决算数为 77 570.77 万元。

表 5－17　　2017 年省农业厅部门预算支出安排表　　单位：万元

项目（按支出性质和经济分类）		年初预算数	调整预算数	决算数
基本支出	人员经费	14 513.76	22 926.01	22 324.04
	日常公用经费	2 139.37	1 998.85	1 909.86
项目支出	基本建设类项目	—	—	
	行政事业类项目	11 379.20	49 539.04	50 491.41
经营支出		—	2 701.98	2 845.46
合计		28 032.33	77 165.88	77 570.77

省农业厅 2017 年部门整体支出决算数为 77 570.77 万元（支出结构详见表 2－3）。其中：本年收入合计 74 010.74 万元，年初结转和结余 12 341.69 万元，本年支出合计 77 570.77 万元，年末结转和综合结余 8 222.08 万元（见表 5－18）。

表 5－18　　省农业厅 2017 年度部门实际支出情况表　　单位：万元

支出项目（按功能分类）	支出调整预算数	支出决算数
一般公共服务支出	628.52	582.81
社会保障和就业支出	6 920.85	6 627.00
医疗卫生与计划生育支出	217.07	192.63
节能环保支出	10 089.01	10 089.01
城乡社区支出	350.00	55.00
农林水支出	58 839.32	59 894.42
金融支出	121.11	121.11
其他支出	—	8.79
合计	77 165.88	77 570.77

（2）梳理部门内控制度。对省农业厅的预算资金、收入、支出、资产、采购、合同、基建、决策等内部管理及控制制度进行梳理，判断。

3. 确定评价重点、设计个性指标体系

根据上述梳理内容，根据指标体系框架确定部门整体支出评价的个性指标，并完成评价指标体系，评价指标体系见5－19。

表5－19　　评价指标体系表

一级指标	二级指标	三级指标	指标解释	评分标准
名称（分值）	名称（分值）	名称（分值）		
预算编制情况（28）	预算编制（18）	预算编制合理性（5）	考核部门（单位）预算的合理性，即是否符合本部门职责、是否符合省委省政府的方针政策和工作要求，资金有无根据项目的轻重缓急进行分配	1. 部门预算编制、分配符合本部门职责、符合省委省政府方针政策和工作要求的，得1分；2. 部门预算资金能根据年度工作重点，在不同项目、不同用途之间分配合理的，得1分；3. 专项资金编制细化程度合理，未出现因年中调剂导致部门预决算差异过大的问题；4. 功能分类和经济分类编制准确，年度中间无大量调剂，项目之间是未频繁调剂的，得1分；5. 部门预算分配不固化，能根据实际情况合理调整（如不存在项目支出完成不理想但连年持续安排预算的情况等），得1分
		预算编制规范性（5）	考核部门（单位）预算编制是否符合省财政当年度有关预算编制的原则，例如在规范性和细致程度方面是否符合要求等	符合省财政当年度有关预算编制的原则和要求的，符合专项资金预算编制和项目库管理要求的，得5分；发现一项没有满足的扣1分，扣完为止。本指标由评价组对照相应年度的省级预算编制文件和部门（单位）的部门预算，根据实际情况评定。省级部门预算编制文件是指由省财政厅印发的省级预算编制工作方案和年度省级部门预算编制工作通知以及其他与部门预算编制相关的文件和制度
		财政拨款收入预决算差异率（4）	反映部门（单位）收入预算编制的准确性	财政拨款收入预决算差异率＝（收入决算数－收入调整预算数）÷收入调整预算数×100%（取绝对值）。差异率＝0，本项指标得满分；每增加5%（含）扣减0.5分，直至扣完为止
		提前下达率（4）	反映部门是否按要求提前申请下达其主管的一般性转移支付和专项转移支付	除自然灾害等突发事件处理的资金和据实结算的体制补助等特殊项目外，提前下达一般性转移支付比例应达90%、提前下达专项转移支付比例应达70%等。一般性专项转移支付提前下达比例达到90%的，得2分；未达到的提前下达比例的，按比例扣分。专项转移支付提前下达比例达到70%的，得2分；未达到的提前下达比例的，按比例扣分①
	目标设置（10）	绩效目标合理性（5）	部门（单位）所设立的整体绩效目标是否依据充分，是否符合客观实际，用以反映和评价部门（单位）设立的绩效目标与部门履职和年度工作任务的相符性	1. 整体绩效目标能体现部门（单位）"三定"方案规定的部门职能的，得1分；2. 整体绩效目标能体现部门（单位）中长期规划和年度工作计划的，得1分；3. 整体绩效目标能分解成具体工作任务的，得1分；4. 整体绩效目标与本年度部门预算资金相匹配的，得1分；5. 部门申报的项目有进行可行性研究和充分论证的，得1分；对上述5项标准，没有完全符合的，可酌情扣分

① 无转移支付需提前下达的部门，该指标不考核，相应的分值平均调整至预算编制合理性、预算编制规范性、绩效目标合理性、绩效目标明确性四项指标中去，各项指标得分按原标准评分后乘以1.2。

续表

一级指标 名称（分值）	二级指标 名称（分值）	三级指标 名称（分值）	指标解释	评分标准
预算编制情况（28）	目标设置（10）	绩效指标明确性（5）	部门（单位）依据整体绩效目标所设定的绩效指标是否清晰、细化、可量化，用以反映和考核部门（单位）整体绩效目标的明细化情况	1. 绩效指标中包含能够明确体现部门（单位）履职效果的社会经济效益指标的，得 2 分；2. 绩效指标具有清晰、可衡量的指标值的，得 1 分；3. 绩效指标包含可量化的指标的，得 1 分；完全没有可量化的指标的，不得分；4. 绩效目标的目标值测算能提供相关依据或符合客观实际情况的，得 1 分。 对上述 4 项标准，没有完全符合的，可酌情扣分
预算执行情况（42）	资金管理（24）	部门预算资金支出率（5）	部门（单位）部门预算实际支付进度和既定支付进度的匹配情况，反映和考核部门（单位）预算执行的及时性和均衡性	本指标得分 = 本指标满分分值 × 全年平均执行率 其中：全年平均执行率 = $\sum$（每个季度的执行率）÷4；分季执行率 = 当季部门预算资金支出进度 ÷ 该季序时进度 × 100% 预算执行均衡性考核的资金范围不含当年 12 月下达的资金
		结转结余率（3）	部门（单位）当年度结转结余额与当年度预算总额的比率，用以反映和考核部门（单位）对结转结余资金的实际控制程度	结余结转率 = 年末财政拨款结转和结余决算数 ÷（年初财政拨款结转和结余收入决算数 + 一般公共预算财政拨款决算数 + 政府性基金预算财政拨款决算数）× 100% 1. 结余结转率 ≤ 10% 的，得 3 分；2. 10% < 结余结转率 ≤ 20% 的，得 2 分；3. 20% < 结余结转率 ≤ 30% 的，得 1 分 4. 结余结转率 > 30% 的，得 0 分
		国库集中支付结转结余存量资金效率性（3）	部门（单位）的财政存量考核中国库集中支付结转结余存量资金的变动情况	部门财政存量资金变动率 =（当年年末存量资金规模 ÷ 上一年度年末存量资金规模 − 1）× 100% 1. 部门财政存量资金变动率 ≤ −15% 的，得 3 分；2. 部门财政存量资金变动率 ≤ −10% 但是大于 −15% 的，得 2 分； 3. 部门财政存量资金变动率 ≤ 0 但是大于 −10% 的，得 1 分； 4. 部门财政存量资金变动率 > 0 的，不得分； 5. 部门财政存量资金变动率上年度为 0 的，本年度继续为 0 的，得 3 分。 存量资金效率性指标评分时不含科研项目（课题）及当年 12 月下达的资金
		政府采购执行率（2）	部门（单位）本年度实际政府采购金额与年度政府采购预算的比率，用以反映和考核部门（单位）政府采购预算执行情况	本指标得分 = 本指标满分分值 × 政府采购执行率 其中：政府采购执行率 =（实际采购金额合计数 ÷ 采购计划金额合计数）× 100% 如实际采购金额大于采购计划金额则本项不得分。政府采购预算是指采购机关根据事业发展计划和行政任务编制的并经过规定程序批准的年度政府采购计划

续表

一级指标	二级指标	三级指标	指标解释	评分标准
名称（分值）	名称（分值）	名称（分值）		
预算执行情况（42）	资金管理（24）	财务合规性（4）	反映部门（单位）资金支出规范性，包括资金管理、费用支出等制度是否严格执行；会计核算是否规范反映是否存在支出依据不合规、虚列项目支出的情况；是否存在截留、挤占、挪用项目资金情况	1. 预算执规范性 1 分，按规定履行调整报批手续或未发生调整的，且按事项完成进度支付资金的得满分，否则酌情扣分。 2. 事项支出的合规性 1 分，资金管理、费用标准、支付符合有关制度规定的得满分，超范围、超标准支出，虚列支出，截留、挤占、挪用资金的以及其他不符合制度规定支出的，视情节严重情况扣分，直至扣到 0 分。 3. 会计核算规范性 1 分，规范执行会计核算制度得满分，未按规定设专账核算，或支出凭证不符合规定，或其他核算不规范的，视具体情况扣分。 4. 重大项目支出经过评估论证和必要决策程序的得 1 分，否则酌情扣分
		资金下达合规性（3）	反映部门下达其主管的一般性转移支付和专项转移支付的及时性以及批复下属单位预算的及时性。无转移支付的部门，本项指标不考核，3 分分值调整至“部门预算资金支出率”指标	1. 转移支付部分：按规定，一般性转移支付和专项转移支付需分别在省人民代表大会批复预算后的 30 日和 60 日内正式下达；对于中央转移支付，需在收到后 30 日内正式下达。 转移支付部分得分 = 在要求时限内下达的转移支付资金 ÷ 经省人民代表大会批复的转移支付资金 ×1.5 分。 2. 部门预算：按规定，部门在接到财政部门批复的本部门预算后，15 日内向所属各单位批复预算。部门预算部分得分：按时批复的得 1.5 分；每超过一天扣 0.5 分，扣完 1.5 分为止；未批复的不得分。本指标总得分 = 转移支付部分得分 + 部门预算部分得分。如被评价部门没有主管的转移支付资金，则转移支付部分分值计入部门预算部分，每超过一天扣 1 分，扣完为止[①]
		预决算信息公开性（4）	主要考核部门（单位）在被评价年度是否按照政府信息公开有关规定公开相关预决算信息，用以反映部门（单位）预决算管理的公开透明情况	1. 部门预算公开得分： （1）按规定内容、在规定时限和范围内公开的，得 2 分。 （2）进行了公开，但未达到时限、内容或范围要求的，得 1 分。 （3）没有进行公开的，得 0 分。 （4）涉密部门经批准不需要公开相关信息的，计 2 分。 2. 部门决算公开得分： （1）按规定内容、在规定时限和范围内公开的，得 2 分。 （2）进行了公开，但未达到时限、内容或范围要求的，得 1 分。 （3）没有进行公开的，得 0 分。 （4）涉密部门经批准不需要公开相关信息的，计 2 分。 本指标得分 = 部门预算公开得分 + 部门决算公开得分

① 无转移支付资金的部门，本项指标不考核，3 分分值调整至“部门预算资金支出率”指标，即“部门预算资金支出率”指标总分为 8 分。

续表

一级指标 名称（分值）	二级指标 名称（分值）	三级指标 名称（分值）	指标解释	评分标准
预算执行情况（42）	项目管理（7）	项目实施程序（2）	反映部门（单位）所有项目支出实施过程是否规范，包括是否符合申报条件；申报、批复程序是否符合相关管理办法；项目招投标、调整、完成验收等是否履行相应手续等	1. 项目的设立及调整按规定履行报批程序，得1分；2. 项目招投标、建设、验收等或方案实施严格执行相关制度规定的，得1分； 评价时发现有项目不符合上述条件的，酌情扣分
		项目监管（5）	反映部门（单位）对所实施项目（包括部门主管的省级专项资金和专项经费分配给市、县实施的项目）的检查、监控、督促等管理等情况	1. 资金使用单位或基层资金管理单位建立有效管理机制，且执行情况良好的，得2分；2. 各级业务主管部门按规定主管的专项资金和专项经费实施开展有效的检查、监控、督促整改的，得3分（需提供检查底稿或其他材料证明，否则不得分）；如被评价年度部门主管的省级专项资金绩效评价等级有低或差的，本项不得分。 评价时发现有项目不符合上述条件的，酌情扣分
	资产管理（5）	资产管理安全性（2）	部门（单位）的资产是否保存完整、使用合规、配置合理、处置规范、收入及时足额上缴，用于反映和考核部门（单位）资产安全运行情况	1. 资产配置合理、保管完整，账实相符的，得1分； 2. 资产有偿使用及处置收入及时足额上缴，得1分
		固定资产利用率（3）	部门（单位）实际在用固定资产总额与所有固定资产总额的比例，用以反映和考核部门（单位）固定资产使用效率程度	1. 比率≥90%的，得3分； 2. 90%>比率≥75%的，得2分； 3. 75%>比率≥60%的，得1分； 4. 比率<60%的，得0分
	人员管理（2）	财政供养人员控制率（2）	部门（单位）本年度在编人数（含工勤人员）与核定编制数（含工勤人员）的比率	1. 比率≤100%的，得2分； 2. 比率>100%的，得0分
	制度管理（4）	管理制度健全性（4）	部门（单位）是否制订并严格执行了相应的预算资金、财务管理和预算绩效管理制度等，用以反映部门的管理制度对其完成主要职责和促进事业发展的保障情况	1. 部门制订了财政资金管理、内部财务、内部控制等制度的，得1分；2. 上述资金、财务和内控制度制度得到有效执行，能提供相关佐证材料的，得1分；3. 部门制订了本部门预算绩效管理制度的得1分；4. 部门落实了预算绩效管理制度，在本级及下属单位开展绩效评价等工作，能提供相关佐证材料的，得1分

续表

一级指标名称（分值）	二级指标名称（分值）	三级指标名称（分值）	指标解释	评分标准
预算使用效益 30	经济性（4）	公用经费控制率（4）	部门（单位）本年度实际支出的公用经费总额与预算安排的公用经费总额的比率，用以反映和考核部门（单位）对机构运转成本的实际控制程度	1. “三公”经费实际支出数≤预算安排的三公经费数，得2分，否则不得分；2. 日常公用经费决算数≤日常公用经费调整预算数，得2分，否则不得分
	效率性（9）	重点工作完成率（3）	部门（单位）完成党委、政府、人民代表大会和上级部门下达或交办的重要事项或工作的完成情况，反映部门对重点工作的办理落实程度	重点工作完成率＝重点工作实际完成数÷重点工作总数×100% 重点工作是指省委、省政府、省人民代表大会、中央相关部门交办或下达的工作任务。 本指标得分＝重点工作完成率×3①
		绩效目标完成率（3）	部门（单位）整体绩效目标中各项目标的完成情况，反映部门整体支出绩效目标的实现程度	绩效目标完成率＝部门整体支出绩效目标申报表中已实现目标数÷申报目标数×100% 本指标得分＝绩效目标完成率×3
		项目完成及时性（3）	反映部门（单位）项目完成情况与预期时间对比的情况	所有部门预算安排的项目均按计划时间完成的，得3分；部分项目未按计划时间完成的，本指标得分＝已完成项目数÷未完成项目数×3
	效果性（10）	社会经济环境效益（10）	反映部门（单位）履行职责对经济发展、社会发展和生态环境所带来的直接或间接影响	根据部门（单位）“三定”方案确定的职责，实际并结合绩效目标设立情况，有选择地设置个性化绩效指标，且通过绩效指标完成情况与目标值对比分析，进行核定得分。社会、经济、环境三个方面的效益，根据部门工作的性质，至少选择一个方面。可以从两个角度对效益进行评价：1. 部门管理的行业和领域对的主要指标能否体现部门当年履职的效果。主要指标均体现效果的，得5分；只有部分指标体现效果的，酌情扣分。2. 部门当年主要的项目支出是否实现了预期的效果，由评价方对照部门的支出项目进行评分。所有项目都能体现效果的，得5分；只有部分项目体现效果的，酌情扣分
	公平性（7）	群众信访办理情况（3）	反映社会公众或部门（单位）的服务对象对部门履职效果的满意度	1. 设置了便利的群众意见反映渠道和群众意见办理回复机制的，得1分；2. 当年度所有群众信访意见均有回复，得1分，否则按比例扣分。3. 回复意见均在规定时限内的，得1分，否则按比例扣分
		公众或服务对象满意度（4）	反映社会公众或部门（单位）的服务对象对部门履职效果的满意度	社会公众或服务对象是指部门（单位）履行职责而影响到的部门、群体或个人，一般采取社会调查的方式。 如难以单独开展满意度调查的，可参考省统计部门的数据、年度省直民主评议政风行风评价结果等数据，或者参考群众信访反馈的普遍性问题、本部门或权威第三方机构的开展满意度调查等进行合理的评分

① 重点工作完成率可以参考省府督查室或其他权威部门的统计数据（如有）。

4. 形成评价结论，撰写评价报告

通过现场和非现场核查、基础数据资料收集等形式，根据评分标准对部门整体各项指标进行打分和评价，形成评价结论。指标分析完成后，根据各项指标的得分结果，分析项目中的经验亮点和不足之处，形成文字表述，完成评价报告。

依据既定的评价指标体系，综合评定广东省农业厅部门整体支出的整体绩效得分为85.60分，绩效等级为“良”。各项评价指标分析如下：

（1）预算编制情况。包括预算编制、目标设置2个二级指标，指标分值28分，评价得分24.53分，得分率为87.61%。

（2）预算执行情况。包括资金管理、项目管理、资产管理、人员管理、制度管理等5个二级指标，指标分值42分，评价得分33.62分，得分率为80.05%。

（3）预算使用效益。包括经济性、效率性、效果性、公平性等4个二级指标，指标分值30分，评价得分27.45分，得分率为91.50%。

具体指标分析以二级指标预算编制为例：

预算编制。该二级指标涵盖以下4个三级指标，指标分值18分，评价得分15.77分，得分率87.61%。

（1）预算编制合理性。指标分值5分，评价得分4.25分，得分率85.0%。省农业厅及下属预算单位按照《关于开展2017年度省级部门预算编制工作的通知》（粤财预〔2016〕177号）和有关预算管理的基本要求，根据保障部门履行职能职责和日常工作以及国家农业部和省委、省政府安排的重点工作任务，结合部门实际情况编制2017年部门预算，基本符合本部门职能职责和符合省委、省政府的方针政策以及工作任务需求。但部分项目支出执行结果不理想，年末存在结转和结余，预算的科学性有待提高，扣0.75分。

（2）预算编制规范性。指标分值5分，评价得分4.5分，得分率90.0%。省农业厅及下属预算单位能够严格按照省财政厅有关年度预算编制的文件和制度，编制报送2017年度部门预算文件，经“二上二下”程序，获得省财政厅的批复，具体内容见《关于批复2017年度省级部门预算的通知》（粤财预〔2017〕26号）。但预算收入编制不够完整，2017年出租出借收入307万元未列入部门预算，扣0.5分。

（3）财政拨款收入预决算差异率。指标分值4分，评价得分4分，得分率100%。根据2017年度省农业厅部门决算报表数据：财政拨款收入预决算差异率=（收入决算数64 733.04万元－收入调整预算数64 733.04万元）÷收入调整预算数64 733.04万元×100%=0，不扣分。

（4）提前下达率。指标分值4分，评价得分3.02分，得分率75.5%。省农业厅能够按照有关省级财政资金转移支付管理办法，编制和提交转移支付财政资金分配方案，配合省财政厅将2017年度农业发展和农村工作专项资金等专项转移支付及时下达。一是一般性转移支付全部按要求提前下达。二是专项资金225 375万元，其中政策性农业保险80 443万元提前下达，专项转移支付提前下达率为35.7%，未达到70%的要求，按比例扣0.98分。

主要绩效：省农业厅能够根据履行职能职责需要，按照省财政厅的有关要求编报

2017 年度部门预算、决算。在预算执行过程中，继续完善和落实相关管理制度，从管理机制上规范预算资金的使用管理，较好保障了 2017 年各项工作任务的顺利实施。但是，在部门整体支出的预算编制、执行和管理过程中，仍存在一些不足。依据省级部门整体支出绩效评价指标体系和评分标准，综合评定 2017 年省农业厅部门整体支出绩效得分为 85.60 分，绩效等级为"良"。

存在问题：

（1）部门预算编制的合理性和完整性有待提高。一是"三公"经费项目预算与实际支出差异较大，准确性有待提高。二是专项转移支付提前下达率偏低。三是预算收入编制不够完整。

（2）预算执行和资金管理有待加强。一是 2017 年部门预算年度平均支出进度为 51.98%，预算执行的及时性和均衡性有待提高。二是结转结余率为 35.14% 偏高。三是个别下属预算单位存在不合规支出情况。

（3）全省农业发展和农村工作仍存在短板。

一是农村土地产权需进一步规范。农村土地确权工作压力仍然较大，确权成果质量有待提高；集体产权制度改革任务复杂繁重，土地经营权流转行为有待进一步规范。

二是农业综合效益不高。农业生产步入高成本阶段，新型经营主体整体实力不强，农业生产规模化、组织化、产业化水平有待提高。

三是农业基础设施较薄弱。东西两翼和粤北山区农业基础设施仍然薄弱，农机装备、设施农业、农业社会化服务发展滞后。

四是科技支撑有待加强。科技支撑作用、农业科研与转化应用、"产学研"一体化、科技成果转化率等有待提高。

改进建议：

第一，进一步完善部门整体支出绩效管理机制。一是在预算编制环节，结合部门职能、年度重点工作任务等，分类设定预算绩效目标，并在数量、质量、时间进度上加以细化和量化。二是在预算执行方面，做好绩效跟踪与预算执行动态监控，在保障资金安全性、规范性的同时，注意抓好预算支出进度，特别是做好项目支出的规划和前期准备工作，加快项目实施进度，进一步提高预算执行率。三是协调解决好资金管理部门与业务管理部门、厅本部与直属预算单位之间的权责关系，明晰各部门单位在预算绩效管理中的责任。建立健全制度化、体系化、常态化的预算编制、支出管理和结果考核工作机制。

第二，加强对直属事业单位的管理。一是将直属单位深度融入省农业厅部门整体支出绩效管理体系。省农业厅直属单位较多，直属单位编准编实编好预算、做好预算执行、强化绩效管理是全厅预算绩效管理工作的重要基础。二是完善和落实内部管理制度，加强定期预算执行情况统计报告，强化过程监管，组织开展定期不定期的检查，提升预算绩效管理质量。

第三，深化改革促进农业农村工作发展。一是集体产权制度改革。推进农村土地确权登记颁证攻坚，推进农村集体产权制度改革的实施，落实农村承包地"三权分置"制度。二是深化农业供给侧结构性改革。调优农业区域布局，发挥气候资源、生物资源、消费市场、经济实力的优势，大力发展富民兴村产业，做优传统产业，做强特色产业，做大新兴产业。大力培育新型经营主体，大力创建现代农业产业园。三是强化农业科技创新支撑，加强科技创新体系、成果转化应用体系、农技推广服务体系建设。顺应农业农村经济发展阶段转变，坚持质量兴农、绿色兴农、品牌强农，推动农业由增产导向转向提质导向，提高农业质量效益和竞争力。四是形成市场导向，发挥市场的决定性作用，以市场需求引领农业结构调整、农村三次产业融合发展，使农业供给体系质量效率与城乡居民消费协同升级。五是深化农业农村改革。把体制机制创新作为着力点，激活市场、激活要素、激活主体，培育新型职业农民，培育发展新动能，把促进农民增收作为中心工作。

第六章

预算绩效管理结果应用

全面实施预算绩效管理是党中央、国务院作出的重大战略部署，是政府治理和预算管理的深刻变革，对于推进国家治理体系和治理能力现代化具有重要意义。2018 年 9 月，中共中央、国务院印发了《关于全面实施预算绩效管理的意见》（以下简称《意见》）。《意见》提出：“健全绩效评价结果反馈制度和绩效问题整改责任制，加强绩效评价结果应用。”

第一节 预算绩效管理结果应用概述

一、预算绩效管理结果应用的内涵

（一）预算绩效管理结果

预算绩效管理作为一种以结果为导向的预算管理模式，强调责任主体和应用预算绩效管理结果，建立结果与资金分配和问责的联系，从而提高资金的使用效益以及促进行政治理能力的提升。预算绩效管理结果主要是指在分配预算的基础上关注绩效、评价绩效，根据预算绩效目标的实现程度，基于一定的评价标准和评价方法进行绩效考量并输出的内容，此结果会作为下一年预算安排的参考。预算绩效管理结果包含了对各个环节技术性问题的独立考察，是我国基于西方绩效预算管理理念和实施方法，结合我国绩效预算实践活动情况的概括。

（二）预算绩效管理结果应用

预算绩效评价结果应用是财政部门、预算部门（单位）等通过多种途径充分运用绩效管理结果，并将其转化为提高预算资金使用绩效的具体活动。从全过程预算绩效管理运行过程分析，我国预算绩效管理结果应用分别呈现出事前绩效评估结果应用、事中绩效运行监控结果应用、事后绩效评价结果应用的模式。预算绩效管理结果应用的对象包含在事前绩效评估、绩效目标管理、绩效运行监控及绩效评价工作中，所形成的数据、报告、结果、结论等绩效信息，涵盖了预算绩效管理全过程。预算绩效结果的应用是预算绩效管理能否取得成效的关键性因素。

1. 事前预算绩效评估结果应用

事前预算绩效评估是财政部门和预算部门结合相关部门（单位）客观性资料（如项目概括、职能方向、部门规划、事业计划等内容），利用量化指标对项目立项的必要性、可行性、绩效目标合理性、预算编制合理性等方面进行客观、公正地评估，输出事前绩效评估结果，为项目投入和运行提供基本依据。通过事前预算绩效评估结果应用，有利于源头上锁定和督促责任主体，监督责任主体行为，把控资金分配和使用，完善指标体系和实施流程，从而优化财政资源配置、提高预算管理水平、提升公共服务质量，推进“责任政府”和“效率政府”的建设。

2. 事中绩效运行监控结果应用

在项目资金运行期间（尤其是中长期项目），预算部门（单位）依据科学的量化指标对项目资金执行的预期绩效进行衡量和估算，从而输出绩效运行监控结果：一方面，进一步落实项目支出责任，及时纠偏；另一方面，将绩效运行监控结果作为事后绩效评价的重要参考依据，以完善预算管理，调整财政支出结构，实现公共资源的合理配置。

3. 事后绩效评价结果应用

事后绩效评价结果应用是各级财政部门和预算部门（单位）实施全过程预算绩效管理的主要关注节点。根据各级财政部门和预算部门（单位）开展预算绩效管理实践情况分析，事后绩效评价结果应用主要包括为预算资金分配提供参考与依据、预算绩效问责和预算绩效评价结果公开三个方面。

从执行绩效评价过程来看，事后绩效评价结果是支出部门预算资金使用效益的体现，依托评分、评级为表现形式，以绩效评价报告（预算部门：自评报告）为载体的预算绩效信息（见图6－1）；从构建现代预算管理体系来看，预算绩效评价结果的形成是一个“三上二下”的提交、反馈过程（见图6－2），以绩效评价报告（财政部门：再评报告）为载体的预算绩效信息。

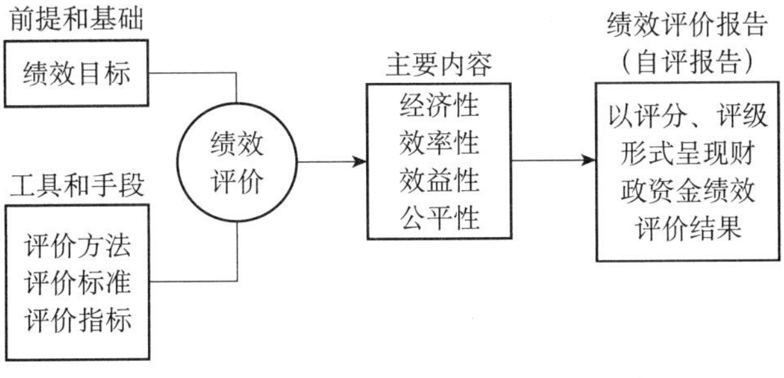

图6－1　预算绩效评价结果（自评报告）

例如，广西壮族自治区按照评分等级针对不同的绩效评价结果决定调增或是调减预算资金安排，广西壮族自治区在安排2019年预算时，根据制定办法中有关绩效评价结

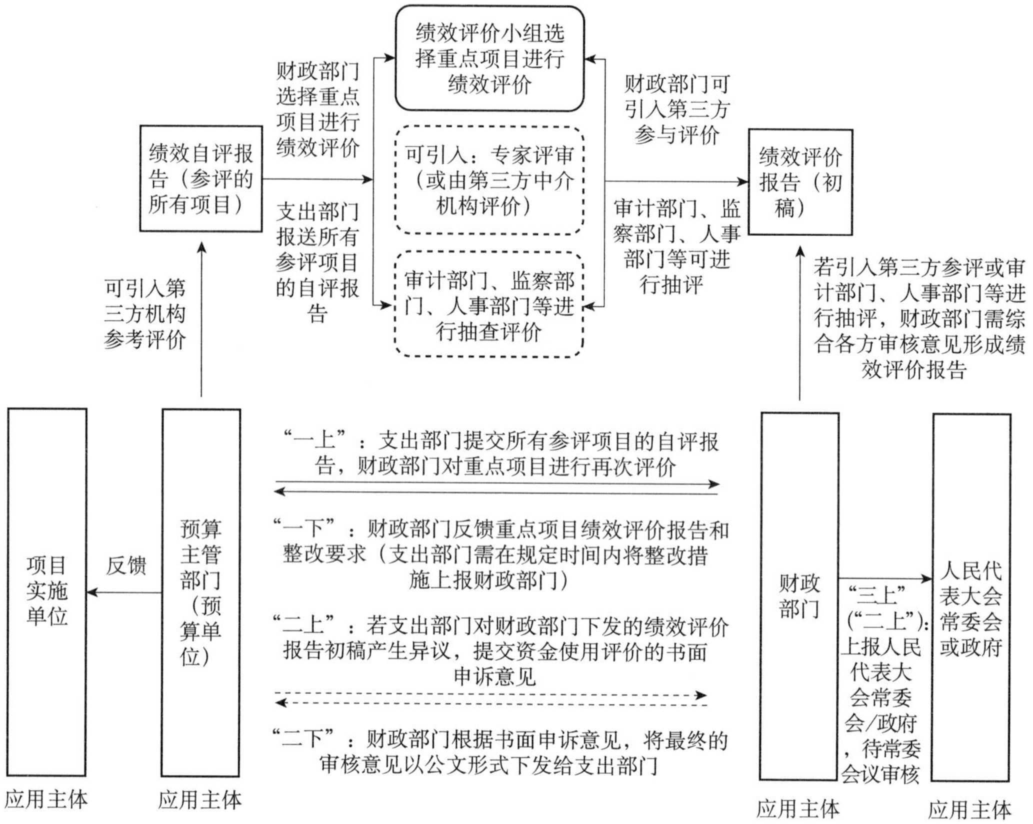

图 6-2 “三上二下”提交、反馈流程

果与预算安排结合的相关规定，针对 2018 年预算绩效评价结果调减了 2019 年部门预算 2 996 万元；河北省财政厅根据 2011 年下发的《河北省预算绩效管理问责办法（试行）》，针对资金使用以及绩效管理问题，对“全省小型农田水利建设项目”和“省级信息化建设专项资金项目”的负责主体进行了通报批评和追缴违规资金的行政处罚；自 2012 年起，上海财政部门门户网站每年定期公布部门重点项目绩效评价结果；自 2020 年起，北京市要求市级部门在决算中至少公开一个绩效自评报告和一个绩效自评表。

二、预算绩效管理结果应用的基础理论

（一）PDCA 循环理论

1. PDCA 循环理论的基本原理

PDCA 循环管理理论的宗旨是把各项工作按照计划（Plan）阶段、实施（Do）阶段、检验（Check）阶段、新一轮管理跟进和调整（Action）阶段进行循环管理，以提高工作的质量管理。同时，P（Plan）（A_0）是第一轮次循环的结果跟进和调整，也是第二轮次循环管理的起点，经过 D（Do）、C（Check）、A（Action）完成一个完整的循环；A（Action）（P_1）是第二轮次循环结果的根据和调整，亦是第三轮次循环管理的起点，经过 D_1（Do）、C_1（Check）、A_1（Action）循环管理进入另一个新阶段，呈阶梯形上升，通过周而复始的管理过程，实现质量管理的不断提升（见图 6-3）。

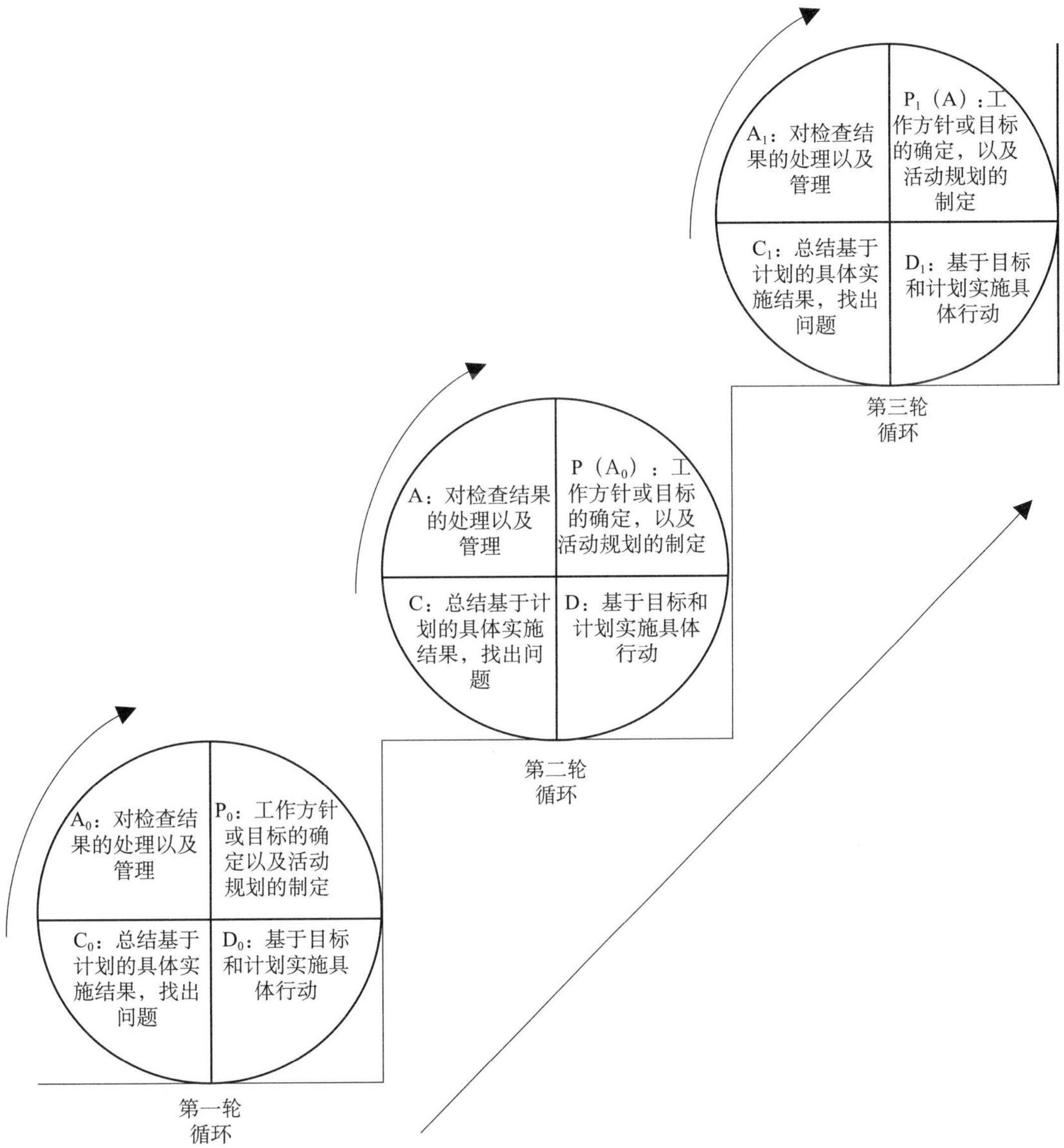

图 6－3　PDCA 循环管理

2. PDCA 循环理论与全过程预算绩效管理结果应用

为预算绩效管理工作形成闭合循环，利用计划（Plan）阶段、实施（Do）阶段、检验（Check）阶段以及新一轮管理跟进和调整（Action）阶段，形成以全过程预算绩效管理为基础，输出全过程预算绩效管理结果为落脚点，最大限度加强预算绩效管理结果应用为目标，奖优罚劣、实现公共责任和社会监督为衡量标准，围绕实施计划（Plan）——全过程预算绩效管理、执行（Do）——全过程绩效管理结果的输出、检查（Check）——全过程绩效管理结果的提交、反馈与整改、纠正（Action）——加强全过程绩效管理结果应用等步骤的全过程预算绩效管理结果应用实施框架。

（二）激励约束理论

1. 激励约束理论的基本原理

激励约束理论即激励约束主体根据组织目标、人的行为规律，通过采取合适的方式，激发责任主体内在动力，使其迸发出积极性、主动性和创造性，朝着激励主体和责任主体所期望目标前进的过程。在一定的环境条件下，激励主体为组织达成某种目标利用适当的物质激励或精神激励方式激发责任主体的内在积极性以朝着所期望的目标努力。与此同时，责任主体也要对其行为结果负责，其行动要受到相应的约束，如道德约束、经济约束、行政约束等。只有结合两者，调动责任主体的积极性，才能实现集体利益和公共利益最大化。

2. 激励约束理论与全过程预算绩效管理结果应用

在我国政府预算绩效管理体系下，预算绩效管理结果是行政绩效管理结果指标的一部分，因此，获取良好的预算绩效管理结果可以提升部门的工作完成率，由此给个人带来的精神激励和物质激励是确定的；在此情况下，参评人员对于参与预算绩效管理以及使用预算绩效管理结果的积极性很高。例如当财政部门组织第三方对支出部门资金使用情况进行绩效评价时，财政部门的目标是在满足公共产品和公共服务提供的前提下控制支出，而支出部门的目标是申请更多的预算拨款。为了在“一上一下”的提交反馈过程中与第三方绩效评价结果保持一致，支出部门需要主动与第三方评价机构进行沟通；若对其评价报告结果质疑，为了不影响自己绩效评价结果质量从而减少项目拨款，支出部门会再次与第三方评价机构进行沟通协调，并向财政部门提出申诉，经过沟通协调最终形成较为满意的绩效评价结果。若绩效评价结果不理想，在激励约束方案确定以及识别绩效噪声的前提下，责任主体（部门/个人）会因为不理想的绩效评价结果受到一定的行政约束与物质约束。因此，为了获得相应的物质奖励/精神奖励，责任主体会努力工作，积极改进绩效，提高资金的使用效益，从而推动全过程预算绩效管理结果应用工作（见图6－4）。

三、预算绩效管理结果应用的重要地位

预算绩效管理是政府绩效管理的重要组成部分，是财政科学化精细化管理的重要内容。党的十八届三中全会提出要深化预算绩效管理改革，建立现代财政制度，实施全面规范、公开透明的预算制度。新修订的《预算法》也将“讲求绩效”作为预算原则写入其中，并强调在预算的编制、审批、执行、监督、决算、信息公开等环节要体现预算绩效管理的理念和内容。预算绩效管理结果的应用是预算绩效管理能否取得成效的关键性因素。预算绩效管理结果的应用是改进财政支出管理、增强支出责任意识、提高财政资金使用效益的重要激励手段。建立一套与财政支出预算相结合、多渠道应用预算绩效管理结果的有效机制，对合理配置公共资源、优化财政支出结构、提高财政资金使用绩效具有十分重要的意义。

（一）绩效管理结果与预算结合，有利于强化预算管理的绩效导向

绩效预算作为一种以结果为导向的预算管理方式，是将事业发展目标和绩效指标纳入部门预算，由财政部门根据绩效评价结果，核定部门实现其职能和事业目标所需要的

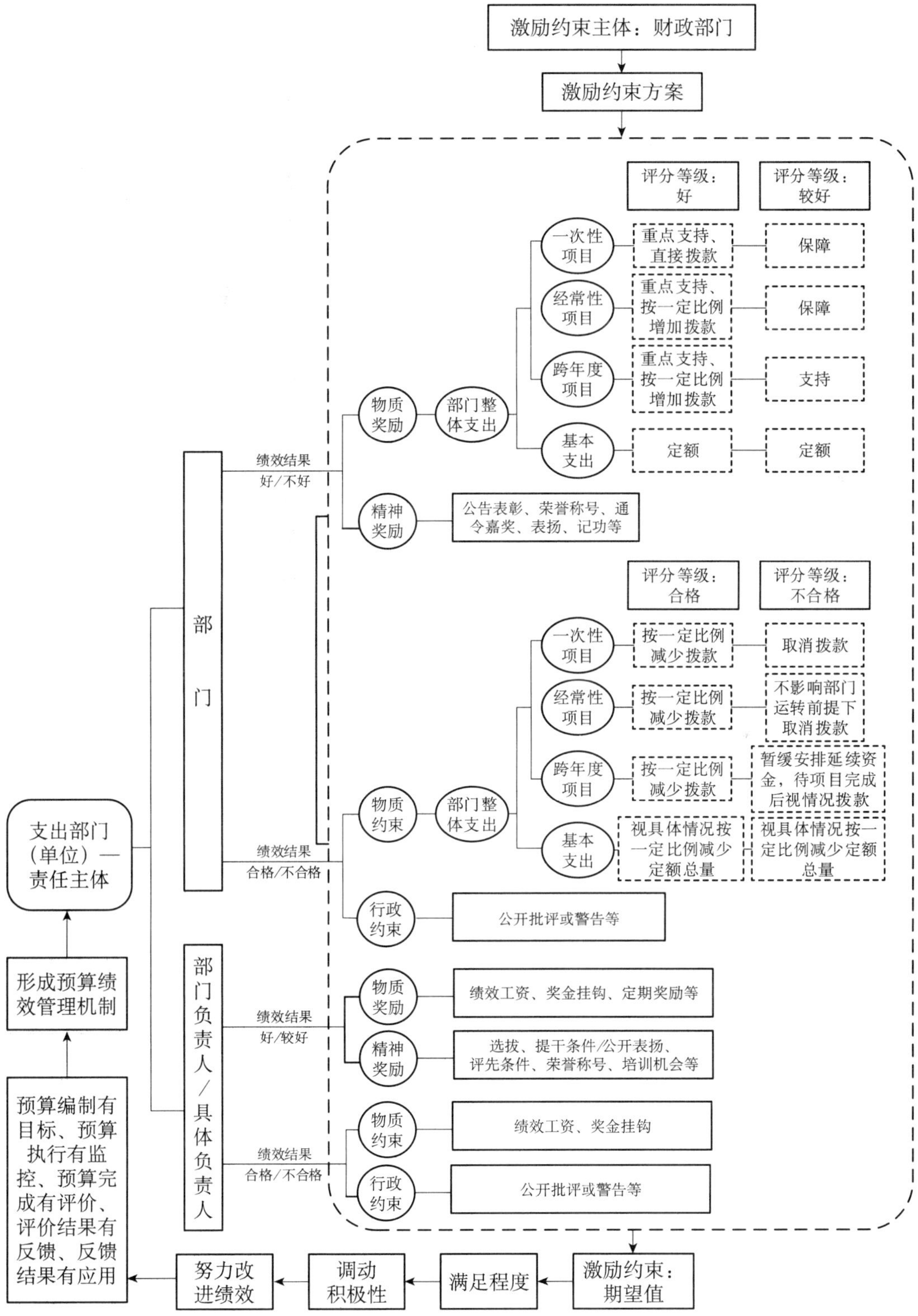

激励约束主体：财政部门
激励约束方案
评分等级：好
评分等级：较好
一次性项目
重点支持、直接拨款
保障
经常性项目
重点支持、按一定比例增加拨款
保障
跨年度项目
重点支持、按一定比例增加拨款
支持
基本支出
定额
定额
物质奖励
部门整体支出
绩效结果好/不好
精神奖励
公告表彰、荣誉称号、通令嘉奖、表扬、记功等
评分等级：合格
评分等级：不合格
一次性项目
按一定比例减少拨款
取消拨款
经常性项目
按一定比例减少拨款
不影响部门运转前提下取消拨款
跨年度项目
按一定比例减少拨款
暂缓安排延续资金，待项目完成后视情况拨款
基本支出
视具体情况按一定比例减少定额总量
视具体情况按一定比例减少定额总量
物质约束
部门整体支出
绩效结果合格/不合格
行政约束
公开批评或警告等
部门
支出部门（单位）——责任主体
形成预算绩效管理机制
预算编制有目标、预算执行有监控、预算完成有评价、评价结果有反馈、反馈结果有应用
部门负责人/具体负责人
绩效结果好/较好
物质奖励
绩效工资、奖金挂钩、定期奖励等
精神奖励
选拔、提干条件/公开表扬、评先条件、荣誉称号、培训机会等
绩效结果合格/不合格
物质约束
绩效工资、奖金挂钩
行政约束
公开批评或警告等
激励约束：期望值
满足程度
调动积极性
努力改进绩效

图 6－4　激励约束机制

预算规模。实行这种管理模式，在一定程度上使公共部门提供公共物品的绩效水平影响预算决策和资金分配，强化了对公共部门提高绩效的激励机制，从而有利于源头上增强预算编制的准确性、科学性和合理性，促进财政资金的有效利用。

（二）落实整改反馈制度，有利于规范项目管理

通过预算绩效管理发现预算支出项目管理中存在的各种问题并提出建议，同时将管理结果及时反馈相关部门，敦促责任单位整改，并要求相关单位将整改结果向财政及相关管理部门汇报，接受相关部门的核查。这不仅有利于预算单位改进项目管理、提高管理水平，更有利于预算单位规范财政支出行为，提高资金的使用效果。

（三）公开绩效结果信息，有利于发挥公众监督作用

《政府信息公开条例》要求县级以上各级人民政府及其部门在各自职责范围内主动公开公务信息。对财政支出绩效结果实行信息公开，有利于发挥公众对政府部门财政支出的监督作用，促使公共部门不断提高行政效率、改善财政资金管理。

（四）实施绩效问责制，有利于推动政府部门改革

通过将预算绩效结果纳入政府问责体系中，建立约谈、诫免等机制，对预算部门在预算资金的申请、监管和使用中由于工作失职等主观原因所造成的资金无效、低效等情况，追究相关部门及其工作人员的绩效责任，有助于推动政府部门改革创新，促进财政资金正确高效使用，从而建立效能型政府。

四、预算绩效结果应用的体系构成

（一）全过程预算绩效管理结果应用实施框架

从完善预算绩效管理机制角度分析，全过程预算绩效管理是将绩效理念和方法与预算管理全过程相融合，逐步实现“预算编制有目标、预算执行有监控、预算完成有评价、评价结果有反馈、反馈结果有应用”的预算绩效管理机制；从建立全过程预算绩效管理链条来看，全过程预算绩效管理是实现对职能部门（单位）财政资金事前、事中和事后绩效管理，实现建立绩效评估机制（开展事前绩效评估，将评估结果作为申请预算的必备条件），强化绩效目标管理（加强绩效目标审核，将绩效目标与预算同步批复下达），监控绩效运行（事中）过程（建立预算执行监控机制，对问责政策或项目资金暂缓或停止预算拨款），事后绩效评价和评价结果应用（对预算完成情况进行效益评价，并根据评分和等级结果改善项目管理、实施绩效问责、作为资金分配的重要依据等）等目标的预算管理模式。

为最大限度加强预算绩效管理结果应用，全过程预算绩效管理应从建立全过程预算绩效管理链条角度分析，不断丰富和拓展事前、事中和事后绩效管理各阶段的内容，形成不同阶段侧重点不一，全过程跟踪事前、事中和事后绩效管理结果应用情况，形成全过程预算绩效管理结果应用模式（见图6－5）。

（二）事前绩效评估结果应用

事前绩效评估重在关注项目立项的必要性及“预算”与“绩效”的匹配性。由于不涉及项目的具体实施，相比于事后的绩效评价，事前绩效评估就显得简单易行，评估结果与预算安排之间的联系直接清晰，应用阻力较小，效果更加明显。《意见》指出：

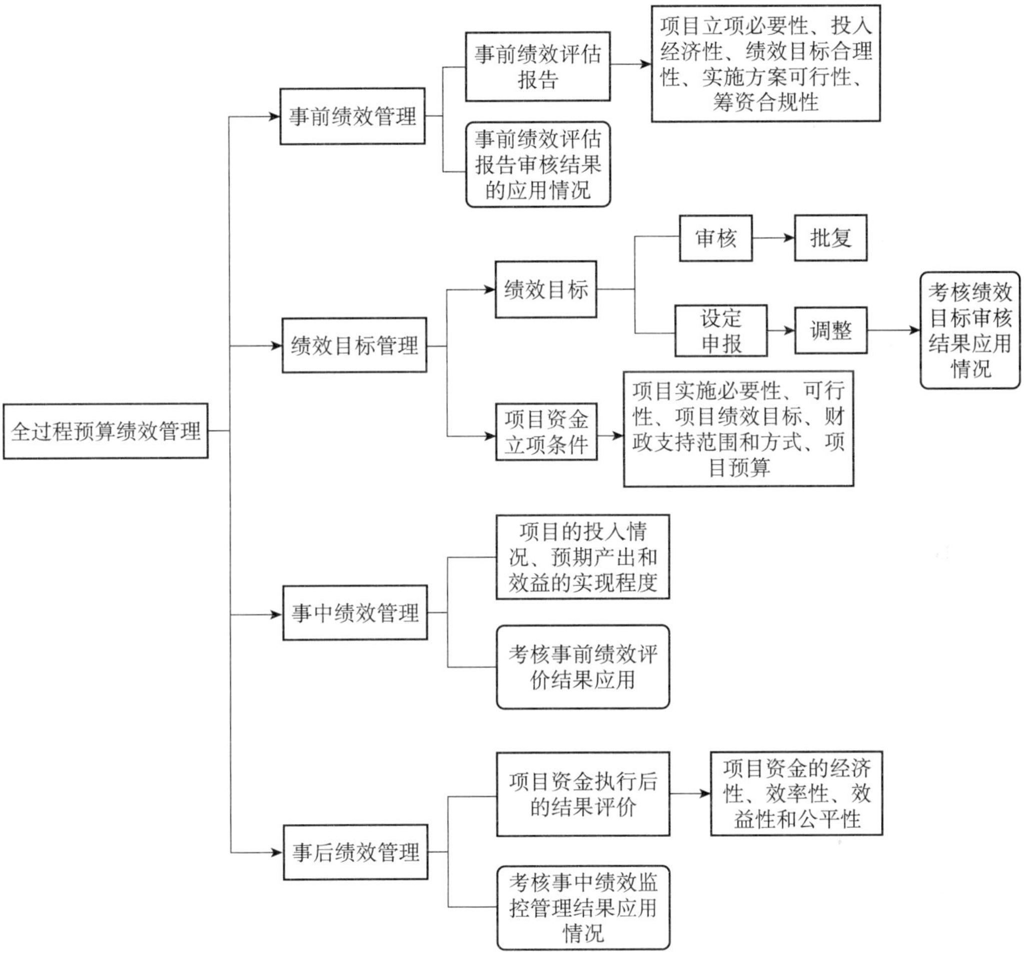

图 6－5　全过程预算绩效评价结果应用实施框架

“各部门各单位要结合预算评审、项目审批等，对新出台重大政策、项目开展事前绩效评估，重点论证立项必要性、投入经济性、绩效目标合理性、实施方案可行性、筹资合规性等，投资主管部门要加强基建投资绩效评估，评估结果作为申请预算的必备要件。”

建立事前绩效评估机制，重点在于从源头培养并树牢预算部门和单位履职尽责的绩效管理意识，使得预算部门和单位在安排项目和编制预算时，认真考虑花钱做事的必要性、可行性、合规性与效益性，要做到绩效与预算相匹配，避免拍脑袋决策和项目仓促上马。因此，对于论证不充分、无法有效支撑评估结论的，出具书面审核意见后予以退回；对事前绩效评估报告审核通过且确有必要的政策和项目，在年度预算安排时予以统筹考虑。如果提交的事前绩效评估报告缺乏项目实施方案、项目预期目标及预算编制等内容，则说明该项目并未认真规划、考虑成熟，仓促安排难以取得好的绩效。因为好的“绩效”说明的是一定投入下的产出和效果最大化，或者说是一定产出和效果下的投入最小化。如果不合适的项目安排了预算，或者一个项目安排了超过合理需求的预算，都违背绩效匹配的原则。前者可以说是财政资金错配，支持了非必需的项目，降低了配置效益，后者也可以说是钱多好办事，浪费财政资金，降低了使用效益。

项目资金事前评估考核与事后评价考核都是对预算决策和资金的投入使用起到引导和支撑作用的管理方法，但从绩效理念形成角度分析，两者对于绩效理念形成所产生的力度和承受的机会成本存在显著差异。事后评价侧重于评价结果形成后对新一轮绩效理念的形成，事前评估结果的输出将会为项目资金申报、项目执行和追踪评价、项目完成和产出、效果评价提供基础和保障，也会加强预算主管部门及责任人员的绩效意识和责任意识，对于职能部门而言，若项目事前评估结果较好，则投入资金开展活动；若结果较差，则向上级主管部门汇报，并协商沟通是否相应调整项目资金的申请。从节约成本角度分析，依据项目事前评估结果调整预算决策和资金的投入使用所耗费的机会成本远低于依据事后绩效评价结果对项目或部门整体所产生的影响成本。

（三）绩效目标审核结果应用

绩效目标的编制与审核过程，也是量化目标实现程度的过程，审核通过的绩效目标，可以作为设置绩效评价核心的“绩”和“效”评价指标的依据。财政部于2015年5月21日印发的《中央部门预算绩效目标管理办法》（财预〔2015〕88号）第二十九条中明确规定：“中央部门及所属单位应按照批复的绩效目标组织预算执行，并根据设定的绩效目标开展绩效监控、绩效自评和绩效评价”。在事前预算绩效管理阶段，考核预算部门（单位）是否根据绩效目标审核结果调整项目资金，是否对不按规定编报绩效目标的责任主体进行相关处置，一方面，可减少不必要的资金支出；另一方面，锁定和督促责任主体行为以有效运行项目资金。

（四）绩效运行监控结果应用

作为全过程预算绩效管理中的重要一环，绩效运行监控是绩效目标管理的延伸和绩效评价的前置，在预算绩效管理中具有承前启后的重要作用。绩效运行监控以绩效目标管理和事前绩效评估为基础，分析查看绩效目标的实现状况，并据此作出相应的预算执行调整，从而服务于后续的管理决策，是事后绩效评价的基础，监控结果可以作为绩效评价的重要参考。例如，对于一些重大项目，考虑到后续绩效评价的需要，在前期的绩效监控中就可以重点关注项目实施进展的一些情况，并做好监控记录和分析。这样做一方面会大大减轻后续绩效评价的工作量；另一方面也会让绩效评价具有更加坚实的绩效信息支持，增强评价结果的说服力和应用性。

（五）事后绩效评价结果应用

事后绩效评价结果应用情况的度量，为项目运行实际绩效的考察提供了参考依据。尤其对于政策性较强、周期长或者是金额较大的项目，当对其运行过程进行监控且对资金的投入、使用以及产出和效果的显现情况进行评价，若评价结果不理想，应及时上报相关部门，或是与相关负责人协商调整资金的后续安排，甚至是项目停止运行，以终止不必要的成本耗费，在已排除“客观噪声”的前提下，可追责项目负责人。因此，在事后绩效评价阶段，预算主管部门或财政部门需考察事中绩效评价结果应用情况，如将项目执行情况向上级汇报、是否根据项目执行情况相应调整预算资金、是否对项目执行不到位的相关主体进行处置等。

另外，预算绩效评价结果包括项目支出绩效评价结果、部门整体支出绩效评价结果和政府综合支出绩效评价结果，三者之间呈现层层递进与逐级包容的关系（如图6-6所示）。根据我国预算绩效评价工作的发展现状，将项目支出绩效评价结果作为预算绩效评价结果应用研究基础和重点，可从大方向上把握好资金的使用效益，为部门（单位）支出绩效评价以及综合支出绩效评价的效益分析奠定科学准确的分析依据。

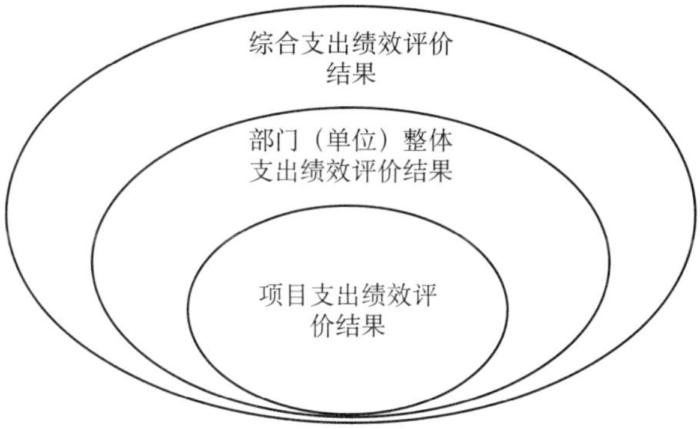

图6-6　关系图

第二节
预算绩效管理结果应用的形式

一、反馈与整改

（一）内涵及适用范围

绩效考核结果反馈是预算绩效管理的重要组成部分，是事前、事中、事后闭环中的一个重要环节。在事前绩效评估环节，财政部门对论证不充分、无法有效支撑评估结论的绩效评估报告可以予以退回；对建议调整完善后予以支持的政策和项目，及时反馈主管部门，主管部门在规定时间内予以调整完善后报送财政部门。在事中绩效监控环节，财政部门和主管部门对被评价部门（单位）的整改情况及时进行跟踪，及时将异常情况反馈给主管部门，并督促主管部门限期整改；主管部门将自行监控过程中发现的问题及时反馈给相关单位，提出纠偏措施，落实整改责任。在事后绩效评价环节，评价单位应及时将评价结果反馈给被评价部门（单位），将关于在资金使用、资金管理和项目执行方面存在的问题和缺陷明确指出，并提出整改意见，责成被评价单位或项目执行单位及时整改。同时明确整改期限，被评价部门（单位）应当按要求向财政部门和主管部门报送整改落实情况。

以财政部门为主体开展的绩效评价，根据绩效评价对象的不同，财政部门应及时将评价结果和整改要求书面反馈给被评价部门（单位），同时送达绩效评价报告；以主管部门为主体开展的绩效评价，主管部门应及时将评价结果反馈至具体被评价单位。被评价部门（单位）自收到绩效评价报告之日起在规定时间内，根据评价结论及整改要求，制定整改措施，报送财政部门和主管部门。被评价部门（单位）制定整改措施应坚持问题导向，针对评价反映的问题，通过加强绩效目标管理、完善制度办法、提高预算管理水平等具体措施进行整改。财政部门对发现问题不及时整改或整改不到位的，相应调减预算或整改到位后再予以安排。

（二）工作流程

以绩效评价环节为例，被评价部门（单位）在政策或项目结束时，将预算绩效自评报告提交给财政部门及主管部门（“一上”）。各级财政部门及主管部门可以在评价工作结束后的规定期限内，成立绩效评价小组，以反馈文件或反馈书等形式将绩效评价结果（项目绩效情况、存在问题及相关建议）和整改要求反馈给评价对象，并督促其整改（“一下”）。若预算单位对反馈意见产生异议，向财政部门提交资金使用评价的书面申诉意见（“二上”），财政部门根据书面申诉意见，将最终的审核意见以公文形式下发给支出部门（“二下”）。若预算单位对反馈建议无异议，财政部门上报人民代表大会常委会/政府，待常委会议审核（“三上”）。评价对象在收到反馈文件或反馈书之日起规定时限内对其政策或项目进行完善并根据反馈结果调整预算资金，及时整改。在积极整改之后，评价对象需要将整改落实情况报送财政部门或主管部门。具体流程见图 6－7 和图 6－8。

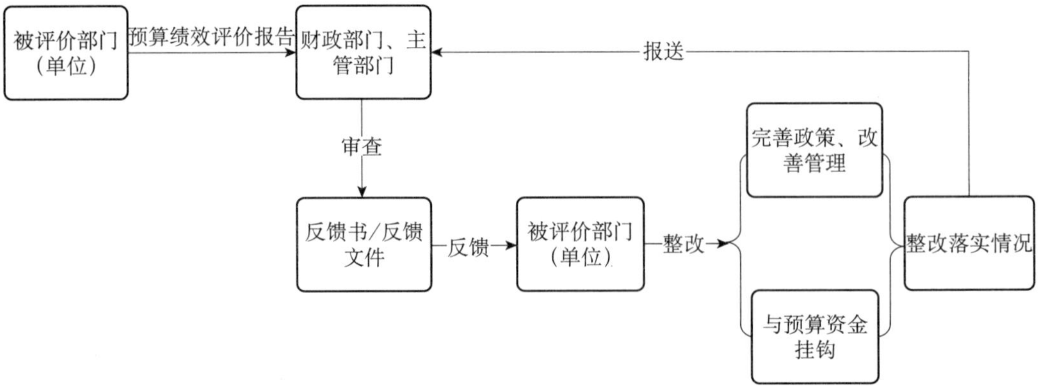

图 6－7 预算绩效评价结果反馈整改机制

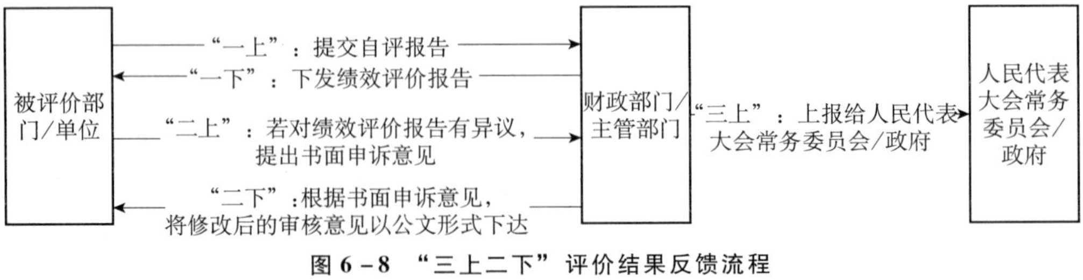

图 6－8 “三上二下”评价结果反馈流程

（三）具体要求

在预算绩效评价结果的反馈与整改过程中，财政部门或主管部门会对反馈期限和整改期限提出要求，具体要求要看各级政府的具体规定。例如，北京市要求被评价部门

（单位）自收到绩效评价报告之日起 60 日内，根据评价结论及整改要求，制定整改措施，报送市级财政部门（预算管理处室）和主管部门；湖北省省级预算绩效评价结果应用要求省直部门应当在收到财政评价结果通知后，将摘要版送主要负责同志审签，根据主要负责同志批示要求和财政评价结果进行整改，并在 90 日内将经主要负责同志审阅的应用情况，报送省财政厅。

二、报告与公开

（一）内涵及适用范围

预算绩效报告是按照一定格式编写、披露政府预算评价结果的报告文件。各级财政和部门的预算绩效管理结果主要以预算绩效报告的形式体现，绩效评价报告应当依据充分、分析透彻、逻辑清晰、客观公正。

预算绩效公开，是对预算绩效评价的相关信息进行公开，包括政策法规、绩效目标、评价指标体系、绩效评价报告、评价结果及反馈情况等预算绩效评价过程中所使用或涉及的所有相关信息的公开，以增加预算透明度，并进一步提高资源转化为公共物品和服务的效率。

（二）报告机制

根据全过程预算绩效管理链条，预算绩效报告分为绩效评估报告、绩效监控报告、绩效评价报告。各个环节的报告都应当依据充分、内容完整、数据准确、分析透彻、逻辑清晰。一般情况下，预算绩效报告具体格式由财政部门统一制定。其中，绩效评价报告是财政部门和预算部门主要关注点，应当包括以下主要内容：（1）绩效评价指标体系和评价标准；（2）为实现绩效目标所采取的主要措施；（3）绩效目标的实现程度；（4）存在问题及原因分析；（5）评价结论及建议。同时，绩效评价报告按照评价对象可以具体分为：部门整体预算绩效评价报告、政策预算绩效评价报告、项目预算绩效评价报告。

1. 部门整体预算绩效评价报告

部门整体预算绩效评价报告是以整个部门为评价主体，对本部门所有预算收支进行综合绩效评价而形成的报告。通常包括部门概况、部门整体支出规模及使用方向、部门整体支出管理及使用情况、绩效评价工作情况、部门整体支出绩效情况、预算绩效评价等部分。

2. 政策预算绩效评价报告

政策预算绩效评价报告是以某项政策为评价主体，对这项财政政策的基本情况、实施情况、政策绩效情况等做出评价。

3. 项目预算绩效评价报告

项目预算绩效评价报告是指财政部门、预算部门和单位，依据设定的绩效目标，对某个具体的财政项目支出进行经济性、效率性、效益性和公平性评价而形成的报告。

财政部门及预算部门的绩效评价报告随同年度决算向政府、人民代表大会常委会报告并公开。绩效评价结果应按照政府信息公开有关规定，在一定范围内逐步公开。绩效评价报告纳入依申请公开文件目录。

（三）公开机制

当前我国预算绩效公开应用较广的两种方式是网站专栏设置和绩效评价报告公开。绩效管理专栏主要是各地方政府设置在财政厅（局）官方网站的用于对外公布预算绩效相关信息的发布平台，绩效评价报告是财政部门和资金使用部门依据绩效目标和相关评价标准通过对项目绩效和资金绩效进行评价形成的书面报告。

预算绩效公开的信息不仅指预算绩效报告的内容，还包括在预算绩效管理过程中所使用或所涉及的所有相关信息，如相关政策依据、政策目标、绩效评价指标体系、绩效评价成本、绩效评价结果及反馈情况等。以重庆市为例，财政部门负责公开以下市级预算绩效信息：(1) 市级预算绩效管理制度及绩效指标体系；(2) 组织开展的绩效评估总体情况；(3) 部门整体和重点专项绩效目标编制总体情况；(4) 组织开展的绩效运行重点监控总体情况；(5) 组织开展的绩效自评总体情况；(6) 重点绩效评价计划、实施情况及结果。部门（单位）负责公开本部门（单位）以下预算绩效信息：(1) 本部门（单位）的预算绩效管理制度；(2) 牵头制定的本行业、本领域的绩效指标体系；(3) 部门（单位）整体绩效目标；(4) 起草制定的影响财政收支的政策的绩效目标、绩效评价结果以及绩效评估、运行监控情况；(5) 实施或组织实施的重点专项一级项目的绩效目标、绩效评价结果以及绩效评估、运行监控情况；(6) 其他按规定应该公开的内容。

专栏 6－1

美国政府预算信息的公开方式、内容和公开途径

美国主要基于《政府绩效与成果法案》相关规定，通过编制和提交战略计划、年度绩效计划、年度绩效报告，与预算编制、执行和完成过程进行衔接，形成全过程预算绩效评价结果应用模式。资金运行前期，编制战略计划，确定部门长期目标，结合试点项目评估和询证预算方法从源头上把控资金使用效益，减少无效项目预算申请；在预算执行前编制和提交年度绩效计划，确定优先项目，且为每个绩效目标制定相应责任人员；选择试点项目进行评价，检验部门编制年度绩效计划的能力，并根据评价结果决定是否调整预算程序或取消项目；同时，建立联邦项目库，由审计署统一对各部门的部门项目或活动进行审计，相关预算部门则根据审计结果消减与整合项目申请，从源头上节约资金的使用；资金执行完成后进行评价，将年度绩效报告、绩效计划和下一年度预算方案提交至总统预算和管理办公室，最终由总统预算和管理办公室和国会决定是否调整预算。

三、与预算挂钩

《中华人民共和国预算法实施条例》（新修订）第二十条要求："绩效评价结果应当按照规定作为改进管理和编制以后年度预算的依据。"将绩效目标审核结果、事前绩效管理评价结果、事中绩效监控结果以及全过程预算绩效评价结果与资金分配建立联系，可带动各预算部门（单位）绩效意识和责任意识的提升、对预算绩效管理工作的重视，从而实现与预算评价结果与预算编制的有效结合。利用预算绩效评价结果应用通用型指标，考核绩效目标审核结果、事前绩效管理评价结果、事中绩效监控结果，并根据评价结果及时调整预算资金，若绩效目标审核结果、事前绩效管理评价结果、事中绩效监控结果理想，则继续按照规定流程执行预算资金，若绩效目标审核结果、前期绩效管理评价结果、事中绩效监控结果较差，则应及时发现问题，寻找原因，与主管部门商量对策，在报经财政部门同意的前提下，及时调整项目资金，甚至取消项目运行。具体而言，分为以下几类：

（一）绩效评估结果与项目设立衔接

事前绩效评估是财政部门和预算部门结合相关部门（单位）的资料（如项目概况、职能方向、部门规划、事业计划等内容），利用量化指标对项目立项的必要性、可行性、绩效目标合理性、预算编制合理性等方面进行客观、公正地评估，输出事前绩效评估结果，为项目投入和运行提供基本依据。事前绩效评估及评估结果的应用，是评价环节、评价结果应用的前移，有利于源头上锁定和监督责任主体行为，把控资金分配和使用，完善指标体系和实施流程，从而优化财政资源配置、提高预算管理水平、提升公共服务质量，推进“责任政府”和“效率政府”的建设。例如北京市明确要求市级财政部门根据不同的评估结果，在预算安排中进行应用，对于事前绩效评估核减的预算资金，由市财政从预算部门的年度预算控制数中相应核减。浙江省财政厅将事前绩效评估结果与政策、项目设立挂钩，规定新出台重大政策、项目应按规定组织事前绩效评估，评估结果作为预算安排的重要参考依据，未组织绩效评估的，或绩效评估审核结论为不予支持的，原则上不得立项和纳入项目库。

（二）绩效监控结果与预算调整衔接

在项目资金运行期间（尤其是中长期项目），预算部门（单位）依据科学的量化指标对项目资金执行的预期绩效进行衡量和估算，从而输出绩效运行监控结果：一方面，进一步落实项目支出责任，及时纠偏绩效目标；另一方面，将绩效运行监控结果作为事后绩效评价的重要参考依据，以完善预算管理，调整财政支出结构，实现公共资源的合理配置。例如浙江省财政厅将绩效运行监控情况与预算执行挂钩，预算绩效管理责任主体根据绩效运行监控信息，对存在严重问题的预算单位或政策、项目，及时调整、暂缓或停止预算拨款，督促单位整改落实。

（三）绩效评价结果与年度预算衔接

针对一次性项目，可根据评分等级调整下一年度资金，若评价等级为“好”，财政部门可视实际需要对同类或新增项目资金进行重点支持；若评价等级为“较好”，财政部门可视具体情况对该类资金予以保障；若评价等级为“合格”，原则上对该类项目按一定比例减少安排；若评价等级为“不合格”，则视项目实际情况决定取消安排该类项目资金安排。

针对经常性项目，若评价等级为“好”，财政部门可视实际需要重点支持或按一定比例增加预算资金安排；若评价等级为“较好”，财政部门可视具体情况，对该类资金予以保障；若评价等级为“合格”，原则上对该类项目按一定比例减少安排；若评价等级为“不合格”，则视项目实际情况，在不影响部门正常运转的基础上取消资金安排。

针对跨年度项目，若评价等级为“好”，财政部门可视实际需要重点支持或按一定比例增加延续性资金安排；若评价等级为“较好”，财政部门可视实际需要对下一年度的延续性预算资金予以支持；若评价等级为“合格”，原则上对延续性资金按一定比例减少投入，若评价等级为“不合格”，暂缓安排延续性资金，待项目整改完成后视具体情况安排预算资金。

（四）部门整体评价结果与部门经费衔接

对于部门整体支出，有条件的地方政府可以开展部门整体支出绩效评价，其中，基本支出评价结果为“合格/不合格”的，可适当减少其定额总量，对于连续几年部门整体支出绩效评价结果为“优或良”的，可考虑增加预算部门预算资金；若绩效评价结果达不到规定档次、与绩效目标发生偏离、出现低效或无效财政资金使用等情况，财政部门可根据部门整体情况对相关人员进行追责。

（五）转移支付评价结果与资金分配衔接

转移支付资金评价结果能够反映出政府转移支付资金的使用情况、绩效情况等，对转移支付资金管理方面得出较为清晰的结论，可为进一步改进转移支付政策实施提供数据支撑。上级政府可以依据转移支付资金评价结果来衔接对下级政府的转移支付资金分配。

专栏6－2

重庆市有关绩效评价结果与预算资金挂钩情况

重庆市为有效运用监督检查结果和绩效评价结果，激励约束市级各部门、各区县提高财政使用资金使用效益，印发《重庆市市级预算安排与监督检查和绩效评价结果挂钩办法的通知》（渝府办发〔2019〕3号），依据奖惩结合原则、公开公平原则和分类挂钩原则建立了市级部门整体绩效评价结果、区县财政运行情况综合绩效评价结果与预算安排的联系，如表6－1所示。

表6－1　　重庆市有关绩效评价结果与预算资金挂钩情况

		排名前3	排名后5
		奖励	惩罚
综合评价	部门整体绩效评价	公用经费及一般性项目支出之和的5%，最高不超过500万元	
	区县财政运行情况综合绩效评价结果	一般性转移支付中的均衡性转移支付下达2 000万元	一般性转移支付中的均衡性转移支付扣减2 000万元
单项评价	部门整体绩效评价	公用经费及一般性项目支出之和的5%，最高不超过500万元	
	区县财政运行情况综合绩效评价结果	一般性转移支付中的均衡性转移支付下达300万元	一般性转移支付中的均衡性转移支付扣减300万元

资料来源：《重庆市市级预算安排与监督检查和绩效评价结果挂钩办法的通知》（渝府办发〔2019〕3号）。

四、衔接考核问责

预算绩效问责是行政问责的深化和发展，是预算绩效管理工作与行政问责相结合的产物。从理论上看，开展绩效管理工作是实行绩效问责制的前提和基础，获取的绩效管理结果是实施问责的科学依据和追责凭据；根据发现的问题对相关部门及责任人员进行追责并及时整改既可以发挥绩效管理工作的功能，又能促进预算绩效管理体系的良性循环，具体见图6－9。

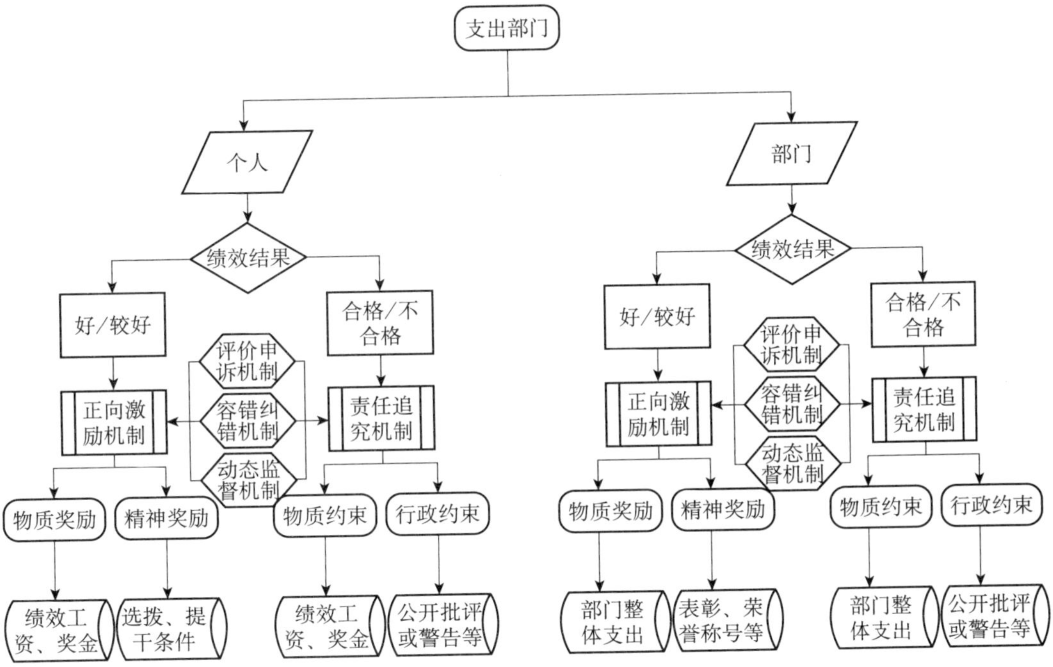

图6－9 预算绩效评价与考核问责的衔接流程

绩效管理结果与考核问责的衔接大致上可以分为两种形式：（1）干部考核；（2）部门考核。预算绩效的问责与政府行政考核、个人绩效考核相挂钩，当个人、部门的预算绩效结果为好/较好时，绩效管理与考核问责的衔接便会形成正向激励机制。具体表现为预算绩效结果为好或者较好的干部、部门将会得到物质奖励以及精神奖励。当个人、部门的预算绩效结果为合格/不合格时，绩效管理与考核问责的衔接便会形成责任追究机制。具体表现为预算绩效结果为合格或者不合格的干部、部门将会受到物质约束以及精神约束。物质奖励及约束主要表现为与干部绩效工资和奖金的挂钩，与部门预算资金的挂钩；精神奖励主要表现为对干部、部门的公开表扬、给予荣誉称号等；精神约束则体现为对干部、部门的通告批评或警告、取消评选先进资格等。绩效考核的激励约束措施会倒逼被评价单位所涉及干部、部门主体的主观动机及行为选择，激励他们增强绩效理念与责任意识，努力改进绩效，提高资金的使用效益。此外，在预算绩效与考核问责的衔接中，还有评价申诉机制、容错纠错机制、动态监督机制以督促考核问责的公正性、客观性、真实性。

五、其他方式

绩效评价结果应用还包括推动科学制定成本定额、支出标准体系；与内控内审、财会监督相互衔接；推进管理改进、政策优化；评价结果共享制度等内容。

（一）推动科学制定成本定额、支出标准体系

绩效评价结果的应用促使政府建立一套多元化的绩效评价体系以反映财政支出绩效的全貌。多元化的绩效评价体系包括科学的成本定额、支出标准体系。成本定额管理目标与绩效考核评价指标的有效结合，能够推动成本预算的执行，同时也是加强成本预算管理执行力度的关键。支出标准细则的确立与绩效考核评价指标的有效结合，能够推动预算支出的执行，同时也是从支出角度加强预算管理执行力度的关键。从成本以及支出两端核算政府预算绩效能够推进预算绩效结果的有效性、真实性、科学性。

（二）与内控内审、财会监督相互衔接

在预算绩效评价结果的“三上二下”的反馈过程中，预算绩效评价可与内控内审、财会监督相互衔接。被评价部门、单位在提交自评报告前，在整个预算实施的事前事中都可以进行自我的内控内审，以提高资金的利用效率，优化绩效评价结果。在被评价部门/单位上交自评报告给财政部门/单位后，财政部门除了组建绩效评价小组外，还可以委托财会方面专家（第三方中介机构）参与评价，或邀请审计部门、监察部门、人事部门等进行评价，最终形成支出绩效评价结果，如图 6－10 所示。

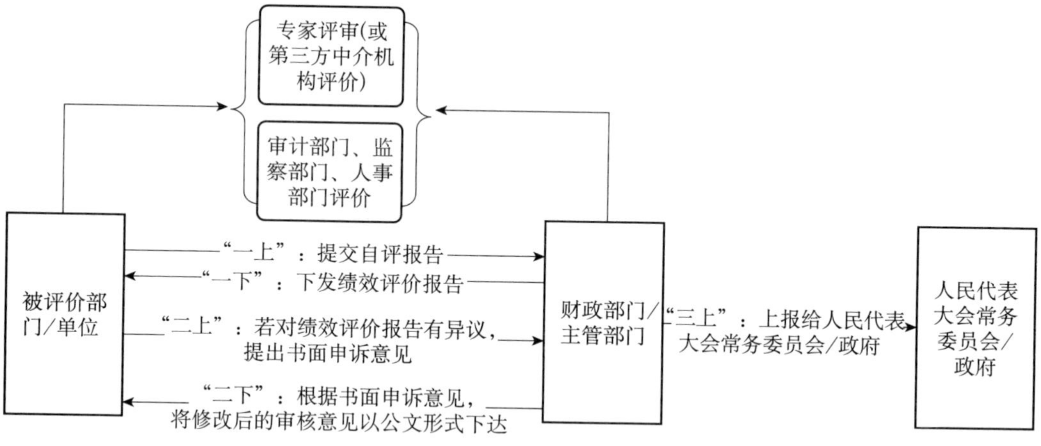

图 6－10　预算绩效评价与内控内审、财会监督的衔接流程

（三）推进管理改进、政策优化

作为国家治理体系和治理能力的重要组成，政府绩效管理除绩效评价之外，也具备价值引导、战略预测和促进能力建设的复合功能，从而实现政府绩效管理从“工具理性”向“价值理性”的升华。从宏观层面看，作为国家的治理基础和重要支柱，财政的改革发展必须要为国家治理体系和治理能力现代化服务。预算绩效评价结果的应用促使各级政府优化绩效评价结果应用机制、提升财政资金的配置效益、将财政资金投入到效率更高和公共价值更高的项目和方向，进而影响资源分配，改变财政资金管理模式。同时倒逼政府绩效管理的改进，让政府的各个部门树牢绩效意识，以绩效评价结果应用

为抓手，合力推进，促进政策的优化。

（四）评价结果共享制度

构建评价结果共享制度，有利于为相关利益主体提供交流平台；对于预算部门（单位）和财政部门，预算绩效评价结果为以后年度部门预算编制和财政资金安排提供了依据，也为完善财政管理方式提供了参考；对于业务部门来说，共享制度的关键作用在于相关部门能及时掌握项目的进展状况，这有利于部门间的沟通配合，并形成监督机制，确保评价结果的公开、公正；对于第三方评价结构来说，共享制度有助于专业评价人员了解部门的职能和项目背景，增加对资金政策性导向的绩效考量。

第七章

预算绩效管理监督

预算绩效管理监督不同于传统的财政监督，而是以预算绩效理念统领财政管理工作，是一个从预算决策、预算编制、预算执行、绩效评价到评价结果应用的全面监督。按照《关于全面实施预算绩效管理的意见》要求，预算绩效管理监督要逐步实现对预算全方位、全过程、全覆盖的有效监控，监督链条延伸至绩效目标、绩效运行跟踪监控、绩效评价、评价结果反馈及应用等方面，财政监督的重点由事后监督转变为预算全过程监督。最终提高财政资金决策分配与使用的绩效。本章内容共由三节构成，具体包括预算绩效管理内部监督，预算绩效管理外部监督和第三方机构预算绩效评价业务监督。

第一节 预算绩效管理内部监督

一、预算绩效管理内部监督的内涵

预算绩效管理内部监督是指按照预算绩效管理的要求，对预算绩效目标、预算编制、预算执行、绩效评价和结果应用等方面的全过程监督。监督的重点从合规性检查向合规性与绩效监督并重转变，监督工作重心由事后监督向事前监督、事中监督聚焦，形成包含预算决策、预算编制、预算执行、绩效评价及评价结果应用的全过程、全方位和全覆盖的绩效监督机制。

预算绩效管理内部监督作为预算绩效管理监督的重要组成部分，在预算绩效管理监督过程中起着不可替代的作用。它与外部审计、人民代表大会监督、纪检监督等外部监督以及第三方机构监督是相辅相成、不可分割的。在全面实施预算绩效管理的过程中，需要预算绩效管理内部监督、外部监督以及第三方机构监督的全方位参与，预算绩效管理内部监督为其他监督的顺利实施提供基础条件；其他监督为预算绩效管理内部监督的有效执行提供外部保障。

二、预算绩效管理内部监督的主要环节

（一）预算编制环节的绩效评估

1. 绩效目标的审核

绩效目标的审核是预算编制的环节之一，它不是独立于预算管理之外的单独系统，而是紧紧围绕预算编制工作，密切融入预算管理的各个环节，是对预算管理流程的丰富和发展，根本目的是提高预算编制质量，为预算编制提供依据。目前绩效目标的审核主要是财政部门根据部门战略规划、事业发展规划、项目申报依据等内容，通过引入专家、委托第三方等方式，综合分析相关项目以往年度目标任务完成情况、专项资金绩效评价情况、投入产出标准、部门预算控制数等，建立和完善部门预算滚动项目库，对项目实施必要性、可行性、项目预算的合理性、项目绩效目标等方面进行充分论证，设置与预算相匹配的绩效指标、指标值，旨在预算管理中强调绩效目标的导向作用，提高资金的使用效益，以合理的预算投入实现财政资金效益最大化。

绩效目标的审核内容主要包括以下方面：一是项目安排的必要性。主要评价项目是否符合公共财政支出的范围，是否符合国家产业政策和发展方向等。二是项目实施的可行性。主要评审项目是否制定实施方案，实施方案的条件是否具备，是否与财力状况相匹配，投入产出比是否合理。三是财政投入的准确性。主要评审项目预算安排与公共财政要求是否一致，财政资金支持方式是否合规，地方财政当前和后续承受能力是否允许。四是绩效目标的规范性。评审绩效目标与部门职能是否一致，目标是否可衡量可考核可验证，是否按财政部门规定程序申报。

2. 预算编制规范的评估

预算编制的质量，不仅影响预算编制环节的有效性，还会影响财政资金的分配和使用效率，并最终影响财政政策的贯彻和落实。因此，加强对预算编制规范的评估有利于提高预算编制环节进行绩效评估的准确性严谨性。在实际工作中，通过建立对预算编制的评估体系，从编制预算的合法性、真实性、完整性、科学性、稳妥性等方面入手，分为实体性评估和程序性评估两部分，分别就编报时限、编报口径、编报科目使用、编报说明、资料报备、审核配合等进行全方位的评估；结合年度地方财政预算支出、项目支出、政府事权配套落实情况，重点分析年度预算编制、调整、预算之外的项目支出等内容与政府事权年度预算安排是否一致；在重点支出和重大投资项目的安排规则方面，明确是否有健全的预算支出定额标准体系以保障财政资源优化配置、合理使用；明确预算编制结构，评估其制定是否贴合实际，项目资金是否优先保障重点，使预算编制更加精准规范、高质高效。结合预算评估发现的问题，在剔除不合理预算的同时，以通报、扣减来年预算等方式对相关单位进行警示，增强预算单位高质量编报预算的自觉性，切实提高预算编制质量。

（二）预算执行环节的绩效监控

1. 预算绩效目标实现进度的实时监控（预算执行情况监督）

绩效监控是指在预算执行过程中，财政部、中央部门及其所属单位依照职责，对预

算执行情况和绩效目标实现程度开展的监督、控制和管理活动。在预算绩效监控过程中采用目标比较法，用定量分析和定性分析相结合的方式，将绩效实现情况与预期绩效目标进行比较，对目标完成、预算执行、组织实施、资金管理等情况进行分析评判。

预算绩效运行监控内容主要包括：（1）绩效目标完成情况。一是预计产出的完成进度及趋势，包括数量、质量、时效、成本等；二是预计效果的实现进度及趋势，包括经济效益、社会效益、生态效益和可持续影响等；三是跟踪服务对象满意度及趋势。（2）预算资金执行情况，包括预算资金拨付情况、预算执行单位实际支出情况以及预计结转结余情况。（3）重点政策和重大项目绩效延伸监控。必要时，可对重点政策和重大项目支出具体工作任务开展、发展趋势、实施计划调整等情况进行延伸监控。具体内容包括：政府采购、工程招标、监理和验收、信息公示、资产管理以及有关预算资金会计核算等。

2. 绩效监控中异常问题的处理（纠偏、整改、报告、问责等）

在开展预算绩效监控过程中，按照“谁支出，谁负责”的原则，预算执行单位（包括部门本级及所属单位，下同）负责开展预算绩效日常监控，并定期对绩效监控信息进行收集、审核、分析、汇总、填报；分析偏离绩效目标的原因，并及时采取纠偏措施。预算执行单位在收集预算绩效信息的基础上，要对偏离绩效目标的原因进行分析，对全年绩效目标完成情况进行预计，并对预计年底不能完成目标的原因及拟采取的改进措施作出说明。各预算部门通过绩效监控信息深入分析预算执行进度慢、绩效水平不高的具体原因，对绩效监控中发现的绩效目标执行偏差和管理漏洞，应及时采取分类处置措施予以纠正：

（1）对于因政策变化、突发事件等客观因素导致预算执行进度缓慢或预计无法实现绩效目标的，要本着实事求是的原则，及时按程序调减预算，并同步调整绩效目标。

（2）对于绩效监控中发现严重问题的，如预算执行与绩效目标偏离较大、已经或预计造成重大损失浪费或风险等情况，应暂停项目实施，相应按照有关程序调减预算并停止拨付资金，及时纠偏止损。已开始执行的政府采购项目应当按照相关程序办理。

（3）对绩效监控过程中发现的财政违法行为，依照《中华人民共和国预算法》《财政违法行为处罚处分条例》等有关规定追究责任，报送同级政府和有关部门作为行政问责参考依据；发现重大违纪违法问题线索，及时移送纪检监察机关。

（三）预算决算环节的绩效评价

1. 预算绩效评价

预算绩效评价作为预算绩效管理的一项重要工作，是指财政部门和预算部门（单位）根据设定的绩效目标，运用科学、合理的绩效评价指标、评价标准和评价方法，对财政支出的经济性、效率性和效益性进行客观、公正的评价。各级财政部门和各预算部门（单位）是绩效评价的主体。绩效评价的对象包括纳入政府预算管理的资金和纳入部门预算管理的资金。按照预算级次，可分为本级部门预算管理的资金和上级政府对下级政府的转移支付资金。评价指标构建是绩效评价的关键技术和难点，绩效评价指标分为共性指标和个性指标。共性指标是适用于所有评价对象的指标。主要包括预算编制和执行情况、财务管理状况、资产配置、使用、处置及其收益管理情况以及社会效益、经济效益等。个性指标是针对预算部门或项目特点设定的，适用于不同预算部门或项目的业绩评价指标。共性指标由财政部门统一制定，个性指标由财政部门会同预算部门制定。建立健全重点绩效评价常态机制，对重大政策和项目定期组织开展重点绩效评价，不断创新评价方法，提高评价质量。

2. 预算绩效评价结果的应用

绩效评价结果的应用是全过程预算绩效管理改革落到实处、发挥实效的关键。各级财政部门要建立绩效评价结果与预算安排和政策调整挂钩机制，按照奖优罚劣的原则，对绩效好的政策和项目原则上优先保障，对绩效一般的政策和项目要督促改进，对低效无效资金一律削减或取消，对长期沉淀的资金一律收回，并按照有关规定统筹用于亟需支持的领域。健全绩效评价结果反馈制度和绩效问题整改责任制，形成反馈、整改、提升绩效的良性循环。根据绩效评价结果，加强绩效监督问责，财政部门和审计机关对本级各部门和下级政府预算绩效情况进行评价或审计监督，对绩效自评结果的真实性和准确性进行审核监督。对失职失责、浪费国家资财的人员，要依纪依法追责问责；推进绩效评价结果的信息公开，建立预算绩效信息报告制度，将绩效目标、绩效评价结果等绩效信息定期报送同级政府。逐步建立绩效目标、绩效评价结果随同预决算报送同级人民代表大会及其常委会制度。不断加大绩效信息向社会公开力度，主动接受社会监督。

三、预算绩效管理责任

（一）财政部门的责任

财政部门承担着预算管理、财政监督等重要职能，随着绩效管理的引入，财政部门成为推动预算绩效管理改革的关键。一般而言，财政内设绩效管理部门作为统筹组织机构，与财政内其他业务管理处室共同完成预算绩效管理工作。绩效管理部门负责从整体上拟定预算绩效管理的工作规划、规章制度和相应的技术规范，组织、指导本级预算部门、下级财政部门的绩效管理工作等。业务管理处室由于负责对口预算部门（单位）的部门预算管理工作，因此承担着绩效目标审核、配合绩效管理处室开展绩效跟踪和绩效评价工作、结果应用等职责。目前财政部门在责任管理模式上主要有以下三种常见模式：模式一，财政内部专设绩效管理机构，全面统筹管理辖区内的预算绩效管理工作。其优势在于专事专管，有利于绩效管理权责的明确和落实，是当前我国采用最普遍的一种模式。模式二，由财政部门预算管理处室主导绩效管理的相关工作。该模式的优势在于预算管理和绩效管理同时开展、充分融合，便于两项工作的统一管理和工作效率的提升。模式三，由财政部门其他相关处室主导预算绩效管理的相关工作，如预算评审中心、财政监督处室等。该模式有利于预算绩效评审、绩效监督的实现，也有助于预算绩效评价应用反馈的落实。具体到预算绩效管理的每个环节，绩效管理部门和业务管理处室的职责有差异也有配合：在绩效目标管理环节，绩效管理部门负责制定组织绩效目标申报工作、对绩效目标的完整性进行审核，业务管理处室则负责审核绩效目标的准确性，双方共同开展重点项目的目标论证；在绩效跟踪管理环节，绩效管理部门负责下达年度跟踪任务要求、指导预算单位开展绩效跟踪，业务管理处则负责跟踪结果审核、整改任务落实；在绩效评价管理环节，绩效管理部门制定绩效评价工作操作规程、下达年度评价任务要求、组织开展评价、进行结果公开等，业务管理处室对评价结果给予审核并落实结果应用等。

（二）预算主管部门的责任

预算主管部门根据自身管理需要及财政部门工作要求，负责制定本部门预算绩效管理的相关制度、工作计划、配套措施；组织实施本部门的预算绩效管理工作。预算主管部门在预算绩效管理工作中的主要职责包括了以下几个方面：(1) 在编制预算时就必须要考虑到绩效目标，并确立精确的绩效目标；(2) 在预算执行过程中如果碰到有需要申请调整预算的，需同步调整绩效目标，并与调整预算一同上报；(3) 对财政部门进行的预算绩效评价工作给予积极的配合。预算主管部门应当设立工作小组负责预算绩效管理具体工作，并确定分管领导，将绩效理念融入部门业务中去，更好地在预算部门内组建起更加高效、科学的预算绩效管理责任体系。

（三）预算资金使用部门的责任

预算单位是财政预算资金的主要用款单位，对财政支出预算绩效负有最直接、最主要责任，因此负责实施本单位的预算绩效管理工作，包括编报绩效目标、对预算执行进行绩效监控、绩效自评价等。预算资金使用部门是本部门预算编制和执行的主体，应对本部门资金使用效益负责；同时，推进预算绩效管理工作需要部门的广泛参与，因此，预算资金使用部门也是预算绩效管理的实施主体。

四、预算绩效管理工作考核机制

（一）对预算部门（单位）预算绩效管理工作的考核

对预算部门（单位）预算绩效管理工作的考核主要考核预算编制质量、预算执行及预算绩效管理方面的工作开展情况。具体考核内容包括：基础工作情况，如组织保障、制度建设和宣传培训；事前绩效评估情况；绩效目标管理情况；预算编制质量；预算执行情况；绩效运行监控情况；绩效评价情况；绩效信息公开情况等。具体考核形式是财政部门对预算单位上报的数据信息、说明材料和自评材料进行审核，必要时对相关数据及工作情况进行核实调查，综合形成评定分数，确定考核结果，并对预算绩效管理工作考核结果以适当方式予以公开。对考核名次靠前的预算单位予以表彰，对考核名次靠后的可以进行约谈并责令限期整改。

（二）对下级财政部门预算绩效管理工作的考核

对下级财政部门预算绩效管理工作的考核主要考核各财政部门预算绩效管理基础工作、事前绩效评估、绩效目标、绩效运行监控、绩效评价、绩效信息公开及改革创新等方面的工作开展情况。具体考核内容包括：基础工作情况，如组织保障、制度建设、信息系统、宣传培训和其他；事前绩效评估情况；绩效目标管理情况；绩效监控管理情况；绩效评价管理情况；绩效信息公开情况；其他加减分项等。具体考核形式是财政部门对下级财政部门上报的数据信息、说明材料和自评材料进行审核，必要时对相关数据及工作情况进行核实调查，综合形成评定分数，确定考核结果，并对预算绩效管理工作考核结果予以公开。对考核名次靠前的财政部门予以表彰，对考核名次靠后的可以进行约谈并责令限期整改。

第二节
预算绩效管理外部监督

一、预算绩效管理外部监督的内涵

我国目前的预算绩效监督，是一种以财政部门为核心的行政监督形式。行政监督的优势在于它的专业性。由于财政部门是管理政府财政资金的专职部门，对于各项业务比较熟悉，容易掌握和跟踪资金流向及用途等相关信息，并且部门工作人员大部分都具有财会方面的专业知识，这些优势条件使财政部门能够较好地发挥一个监督者的角色。但是，以财政部门为中心的行政监督形式也存在着局限性。由于受政府的统一领导，其行政隶属关系可能导致在实施监督时，有来自行政机关方面的干扰和阻力。在预算单位是其他政府职能部门的情形下，由于受到同级政府的领导以及平时形成的业务上的关系，可能导致对监督的公正性和执行力度产生影响。而且，财政部门作为财政资金流动的控制部门，其活动也需要来自其他方面力量的监督。因此，与财政部门为主的内部行政监督方式相对应，应当构建一种预算绩效的外部监督形式。

预算绩效管理的外部监督，是指除财政部门等行政机构以外的主体对预算单位的财政预算资金使用效果进行的监督。在我国以人民代表大会制度为根本政治制度的国情背景下，各级人民代表大会及其常委会作为各级立法机关，是实现我国预算绩效外部监督的一种重要力量。此外，社会公众参与预算绩效监督，尤其是以独立的第三方的姿态介入监督，也是一种非常重要的外部监督形式。

二、预算绩效管理审计监督

（一）政府预算绩效审计监督

政府绩效审计是政府审计机关和审计人员，依照有关法规和标准，综合运用各种技术和方法，对政府机构、公共投资项目和公共资源的经济性、效率性和效果性进行审计评价的活动，即由国家审计机关实施的对公共部门尤其是政府部门（机构）的绩效审计。

在政府的公共管理领域，公众对政府责任有三个方面的基本要求：期望政府能够更多地承担公共服务职能，提供公众所需要的各项公共服务；期望政府以最经济的手段，花最少的钱，提供更优质的服务，因为政府为公众提供的各种服务所需资金主要来源于公众缴纳的税费，可以说公众对其所享受的公共服务是自行买单；公众对政府提供公共服务的真实性、经济性和效益性享有知情权和监督权。公众对政府的上述责任要求能否充分落实，不仅取决于政府履行职责的决心和态度，更需要有一整套行之有效的绩效管理体制来保证，其中，预算绩效审计是不可或缺的重要内容。除此之外，我国各级政府的预算收支范畴在陆续扩大，面对预算资金的逐年增长，如何高效、合理地运用这笔庞大的预算资金，如何将资金在各部门之间科学分配以及如何使每笔资金效率最大化成为国家、政府和人民越来越关心的问题。预算绩效审计开始进入人们的视线，对预算绩效审计的研究，西方国家进展较早，在各方面都取得了比较丰富的成果。我国于2003年开始启动预算改革，在后来进行了包括收支两条线、政府采购、国库集中支付制度、部门预算以及规范预算编制程序等在内的多项制度改革，构建了良好的制度环境，成效显著，为预算绩效审计的发展铺垫了道路。

（二）部门和单位预算绩效审计监督

新公共管理运动后，各国都提倡政府将权力下放到各个部门，分权而治。孙克竞指出："政府部门有广义和狭义之分，广义的政府部门是包括国家权力机关、国家行政机关和国家司法机关在内的所有国家机关的组成机构的总称，狭义的政府部门则是构成国家行政机关的组成机构的总称。地方政府部门主要包括社会协调部门、公共事务管理部门、政法部门、专业管理部门、监督检查部门等。"

为了解决传统预算支出管理模式中存在的种种弊端，进一步细化预算，提高预算的完整性，在21世纪到来之前，财政部提出了以建立部门预算、国库集中收付和政府采购三项制度为核心的公共财政改革框架。1999年9月财政部公布的《改进2000年中央预算编制的意见》中正式提出："改革后，部门预算就是以部门为单位进行编制，经财政部门审核后报人民代表大会审议通过，反映部门所有收入和支出的预算。其中不仅包括预算内收支，还包括预算外收支以及政府性基金。除此之外，部门预算还要求各项目要落实到具体项目和具体单位，从最基本的预算单位开始编制，逐级审核，逐级汇总，将责任落实到各个具体的政府部门。"由此可见，实行部门预算后，预算编制的范围扩大了，内容细化了，完整度也提升了。部门预算还克服了从前代编预算的盲目性，提升了财政的透明度，现在人们对"谁使用了纳税人的钱""具体为纳税人提供了哪些公共服务"等情况一目了然。

在这种背景下，部门预算执行审计也就应运而生。部门预算执行审计是指：审计机关依照国家法律、行政法规等规定，对本级各部门（含直属单位）预算执行及其他财政收支的真实、合法和效益情况进行的审计监督。

（三）政策和项目预算绩效审计监督

政府政策是政府为了增进社会整体经济福利、改进国民经济运行状况、实现既定政策目标，制定并有计划地运用相关政策工具以解决经济社会问题的指导原则和措施。为了促进地方经济的发展、提高地方产业的竞争力、实现经济的可持续发展等目标，地方政府需要在服从国家经济、社会发展的总体战略目标和中央总体宏观政策的前提下，制定推动本地发展的政策措施。为了对政策执行、实施效果进行全方位的评价，在发现问题时能及时、准确地作出判断并提出应对措施，从而达到政策制定和实施系统在执行中改进、在实施中提高的目的，实施政策绩效审计成为一种有效的解决路径。政策绩效审计有时效性、持续性、针对性等特点。

政府投资项目绩效审计是一种由独立审计机构依照特定的审计程序和方法，搜集各类审计证据，对所审政府投资项目按照既定的绩效标准进行审核、评价，以确定项目消耗资源是否经济合理，项目投入产出是否高效，项目运行结果是否达到预期，是否注重对自然资源及环境的保护，是否对服务或产出的分配公平合理，并对审计中发现的问题提出改进建议的审计活动。

（四）财政部门落实全面实施预算绩效管理情况的审计监督

1. 财政绩效审计的概念

理论界对财政资金绩效审计的界定划分为狭义和广义两个范畴。从狭义的角度来看，财政资金绩效审计是对财政资金的经济性、效率性以及效果性进行审计评价。狭义的财政资金绩效审计从审计项目立项到审计目标、审计内容、审计方法、审计报告均独立设计并实施。从广义的角度来看，在当前违法违规现象较普遍的情况下，合规审计也是绩效审计的内容之一。有的学者认为，所有财政资金审计项目，包括预算执行审计，财政专项资金审计，领导干部经济责任审计等都应属于财政资金绩效审计。

2. 开展财政资金绩效审计的意义

（1）有助于推进国家治理体系和治理能力现代化。财政是国家治理的基础和重要支柱。财政资金在各个领域配置的情况，反映着党委和政府工作的重心，财政资金绩效一定程度上是国家治理情况的表现。为进一步提高财政资源的配置效率，促进积极财政政策效益发挥更大的作用，不断完善国家治理体系与提升治理能力，促进政府职能的更好实现，必须深入推进财政资金绩效审计。

（2）有助于提高财政资源配置效率。当前我国经济发展面临新的风险挑战，国内经济下行压力加大，财政收支矛盾更加突出，如何提高财政资金使用效率已经成为创新宏观调控的重要内容，也是财政资金绩效审计关注的重点。审计中，应更关注支出结构的调整优化情况，财政资金统筹使用情况，存量资金的盘活情况，通过加大财政资金效果和项目效益的审计力度，加快预算执行，推动财政资金发挥作用。

（3）有助于推动重大政策措施落地见效。政策作为执政党意志的表现，充分反映了一个国家治国理政的水平，支持深化供给侧结构性改革，继续支持打好三大攻坚战的重大财政支出政策，是对党中央、国务院重大决策部署落实的具体化、财政化。通过对这类财政资金的绩效审计，可以促进政策的落地见效。

三、预算绩效管理人民代表大会监督

（一）人民代表大会预算审查监督的发展历程

自1979年政府恢复向全国人民代表大会作预算报告以来，人民代表大会预算监督进入一个新时期，经过多年持续改革，不断建章立制，中国人民代表大会预算监督体系得以逐步完善，监督能力日益增强，监督效力不断提升。根据不同时期人民代表大会预算监督的改革重点，改革开放以来中国人民代表大会预算监督的进程大体分为如下三个阶段。

1. “基础设施建设”阶段（1979—1991年）

第五届全国人民代表大会以来，全国及地方各级人民代表大会的工作逐步进入正轨，审查批准预算、听取预算执行情况报告是人民代表大会预算监督的主要内容。在这一阶段，恢复并逐渐加强专门委员会工作，通过《全国人民代表大会议事规则》，加强人民代表大会预算监督法制建设，人民代表大会预算监督的机构和制度建设得以加强。

但总体而言，这一时期的人民代表大会预算监督还处于初级阶段，基本符合“前预算时代”的特征。

2. 体系形成阶段（1992—2011 年）

这一阶段以 1992 年党的十四大召开为起点，至党的十八大召开为止。总体来看，这一阶段的人民代表大会预算监督和政府预算改革呈现出良性互动关系，政府预算改革不断推进，人民代表大会预算监督体系也日益成熟，预算监督能力不断提升。这一阶段，《中华人民共和国预算法》《中华人民共和国政府采购法》《中华人民共和国监督法》以及加强中央预算审查监督的决定相继颁布，全国人民代表大会常委会预算工作委员会正式设立，中央地方人民代表大会积极探索预算监督新方式，预算监督法制建设进一步加强，人民代表大会预算监督体系不断完善。

3. 全面深入阶段（2012 年至今）

党的十八大以来，我国进入全面深化改革、逐步实现国家治理体系和治理能力现代化、加快建设中国特色社会主义事业、实现社会主义现代化强国建设目标的新时代，人民代表大会预算监督也进入创新监督机制、全面深化拓展的新阶段，呈现出新特征，逐步实现由程序性监督向实质性监督转变。

（二）新时代人民代表大会预算绩效监督的挑战

1. 人民代表大会预算绩效监督规范有待深化

如今，“花钱必问效、无效必问责”的绩效理念已经深入政府理财的各个部门和领域。但预算绩效管理在中国仍处在起步阶段，除了应有的绩效监督程序和形式外，人民代表大会代表在预算审批和决算审查的过程中，如何运用绩效推动预算决策，这方面的规范仍有待进一步深化。在制度规范方面，部分地方人民代表大会已经出台了针对预算绩效监督的实施办法和工作方案，但在总体层面尚未出台类似规范性文件，这在一定程度上限制了人民代表大会预算绩效监督的进一步深化。因此在法律完善的基础上，相关实施指南的制定就显得非常重要。指南内容可以包括人民代表大会绩效监督的项目筛选方法、监督指标设置、跟踪监督内容以及绩效监督报告格式及公开范围等多方面的具体内容，从而明确监督重点，制定监督规范，形成更加科学和精确的人大预算绩效监督体系。

2. 人民代表大会预算绩效监督资源的整合

人民代表大会预算绩效监督需要在绩效信息采集、数据整合以及监督方法上，与多部门和机构进行资源的整合。一方面，在日常监督中，不少地方在监督方式上仍然使用惯性思维，主要以听取汇报、报送资料为主，很少综合运用专项审计、聘请第三方进行评估、满意度测评等多元化监督方式，不利于真实把握预算运行情况。人民代表大会预算绩效监督应该充分运用绩效信息和监督资源，从而得到更加专业且审慎的监督结果。另一方面，在人民代表大会预算绩效监督中，相关预算资源使用和预算绩效信息的可获得性有限，这在一定程度上限制了预算绩效监督的发展。因此，如何充分整合资金使用部门、财政部门以及审计部门的绩效资源，也是需要攻克的重要难题。

3. 人民代表大会预算绩效监督应用新技术的挑战

如今，大数据、人工智能等新兴技术的发展，日益深刻地影响着从私人部门到公共部门的各个领域，影响着企业营销战略、社会舆论走向、公共决策选择等多个方面。“十三五”规划纲要中就明确提出“实施国家大数据战略”，把大数据作为基础性战略资源，加快推动数据资源共享开放和开发应用。其中，政府数据共享公开、大数据产业发展以及数据资源安全保护等问题，都是新时代面临的新课题。此外，如何运用大数据的数据采集、存储、分析以及数据可视化功能，实现在各层级、各部门之间的数据共享，实现预算执行的绩效实时监督，实现自动化的预算绩效评价，同时增加预算绩效公开渠道，实现更广泛意义上的社会监督，这都是新技术背景下人民代表大会预算绩效监督的重要发展方向。

（三）新时代人大预算绩效监督的应对

1. 人民代表大会预算绩效监督的专业化

目前，各级人民代表大会在机构设置上已初步具备预算绩效监督的有效实施条件。从人民代表大会内设机构看，随着从中央到地方人民代表大会专门委员会和工作委员会的相继设立，1983 年 3 月，全国人民代表大会设立财政经济委员会，这一专门委员会的成立为加强人民代表大会及其常委会工作，提高人民代表大会预算监督效能发挥了重要作用。1998 年 12 月，全国人民代表大会常委会决定设立预算工作委员会，专司预算审查监督工作。截至目前，大多数省份在人民代表大会常委会下设立预算工作委员会，并逐渐向下级延伸。

为了进一步提升人民代表大会预算绩效监督能力，专业的人员培训是必不可少的。人民代表大会可以尝试设立专门的预算绩效监督办公室，培养专业的预算绩效管理人才。目前人民代表大会预算绩效监督多采取专家评审、委员投票等形式进行后监督，这是在人大内部绩效评价人员较为欠缺的情况下，较为快速和节约的做法。但部分委员对预算绩效管理领域并不完全熟识，外聘专家的能力也良莠不齐，因此专门的机构和人才培养是至关重要的。

2. 人民代表大会预算绩效监督的协同化

在预算绩效管理的不断发展中，财政部门的预算绩效评价以及审计部门的绩效审计都取得了明显的进步。在温岭市人民代表大会的预算监督实践中，也出现了人民代表大会将重点预算项目委派给财政部门和审计部门进行绩效评价和绩效审计，并通过持续跟踪辅以调查的形式，对绩效评价进行监督。但在人民代表大会与财政部门、审计部门等多元主体的协同过程中，仍然需要进一步考虑规避利益相关方寻租风险、增强监督的独立性和客观性等方面的问题。

一方面，财政部门在多年来的预算绩效评价中，形成了较为完善的预算绩效目标编制流程、预算绩效评价指标库、预算绩效评价方法以及指标权重设置等方面的经验。在人民代表大会预算绩效监督的过程中，由于目前各支出部门进行绩效评价的方式，通常是绩效自评、部门评价或者专家评价之后，由评价人员撰写报告，人民代表大会如果仅仅依靠听取绩效评价报告来监督预算绩效，往往并不能避免主观因素。尤其是对于某些地方领导的“钦定项目”，即使绩效结果欠佳，也往往对之无可奈何，这就更加助长了个别支出部门“有恃无恐”的气焰。因此，人民代表大会预算绩效监督应该充分发挥其作为外部评价主体的独立性，参与绩效评价工作，借助财政部门已有的绩效指标体系

（包括指标内容、指标解释、目标值、标准值以及权重设置等）和评价方法，主动开展绩效评价工作。

另一方面，审计部门也是预算绩效管理中的重要外部主体，在绩效审计的发展过程中，绩效的概念已经融入项目、政策以及预算执行审计的过程当中。因此，考虑到审计部门的外部主体特征，可以由人民代表大会委派审计部门对重点项目和政策进行绩效审计，形成的绩效审计报告和整改意见，应该直接上报人民代表大会进行审查。在绩效审计结果的基础上，人民代表大会再对项目和政策实施进一步的抽查和监督，这样既节省了人民代表大会预算绩效监督的人力和物力，也更加具有专业性。

3. 人民代表大会预算绩效监督的信息化

有效监督的前提是掌握充分的信息。进入 21 世纪以来，信息化和网络化的进程不断加快，公民获取信息的便利性不断提高，国家电子政务工程建设和信息安全技术水平提高，为预算联网监督提供了技术支撑和安全保障。2014 年新修订《预算法》和一系列预算改革的推进为预算联网监督提供了法律和制度基础。广东等地人民代表大会与财政信息的共享实践，为预算联网监督提供了成功经验。2017 年 12 月，全国人民代表大会预算联网监督系统（一期）正式上线试运行，该系统能实现对财政预算和部门预算的全口径全过程多层次监督，可以进行专题监督和多维度分析，进一步推动预算公开透明，加强对政府全口径预算决算的审查和监督。今后，可以在预算编制审批阶段加入对绩效目标的导入和审查，保证后续监督和评价工作可以对标绩效目标。在绩效跟踪监督过程中，随着资金的使用而及时获取绩效信息，在“预算联网监督系统”中引入大数据等新兴技术，运用传感器、检测仪等实时监测设备，实现对于预算资金使用客观数据的动态传输。进而，根据上传的数据以及导入的绩效评价指标进行自动化的监督评价。这样，既节省了人民代表大会预算绩效监督所需要投入的技术人员和评价成本，也在一定程度上增强了监督结果的客观性。

在后续“预算联网监督系统”的完善中，也可以考虑与财政部门、审计部门和资金使用部门形成联网数据库，从而保证数据的一致性和真实性。并尝试将“预算联网监督系统”的数据从省市内的数据共通扩大到全国范围内的实时共享，消除各地区和各部门之间的信息孤岛，形成横向可比、纵向可以追溯的资金使用数据集合平台。同样，系统内的数据也需要对社会和公众进行公开，以方便社会监督。

四、预算绩效管理纪检监督

（一）纪检监察监督权责界定

纪检监察机关包括中国共产党的纪律检查委员会和行政监察机关。

纪律检查委员会是党的部门，通常简称“纪检委”或“纪委”，党的中央纪律检查委员会在党中央领导下进行工作，是全国纪律检查的最高机关，党的地方各级委和基层纪委接受中央纪委领导，在同级党委和上级纪委双重领导下开展工作。根据《中国共产党章程》规定，纪律检查委员会的主要任职责是：对党员干部遵守党纪党规、党内各项纪律等情况进行监督检查；通过开展廉政教育、正面激励，引导党员干部坚定理想信念；严肃查处党内违纪干部、腐败分子，协助同级党委加强反腐败和党风廉政建设。

行政监察机关属于政府序列部门，是对政府部门及公务人员执行法律法规及其他规定的监督检查机关，《中华人民共和国行政监察法》（以下简称《监察法》）明确规定，行政监察机关的职责为：“检查国家行政机关在遵守和执行法律、法规和人民政府的决定、命令中的问题；受理对国家行政机关及其公务员和国家行政机关任命的其他人员违反行政纪律行为的控告、检举；调查处理国家行政机关及其公务员和国家行政机关任命的其他人员违反行政纪律的行为；受理国家行政机关公务员和国家行政机关任命的其他人员不服主管行政机关给予处分决定的申诉，以及法律、行政法规规定的其他由检察机关受理的申诉；法律、行政法规规定由监察机关履行的其他职责。”基本格局是，“县级以上地方各级人民政府监察机关负责本行政区域内的监察工作，对本级人民政府和上一级监察机关负责并报告工作，监察业务以上级监察机关领导为主。

党的十四大以后，党中央决定党的纪律检查机关和国家行政监察机关合署办公，中央纪委、监察部合署。纪委和行政监察机关实行一套工作机构、两个机关名称的体制，合署办公后的纪委是党的监督机关，在党章赋予的权限内行使其纪律检查和监察两种职能。

（二）纪检监察监督与财政监督的协作

加强纪检监察监督与财政监督的协作，要健全财政监督与监察监督权责配置边界关系，在保持各自相对独立性基础上，构建派驻财政监察与政府财政监督间紧密配合、通力协作的运行机制，更好地发挥财政监督问责功能。

一方面，要在《监察法》基础上，进一步明确纪检监察派驻财政纪检监察组与财政检查监督机构的法定职能地位与职责划分关系。《监察法》规定了监察机关办理职务违法犯罪案件时可与相关行政执法部门互相协调配合与互相制约监督的原则。但这些规定还有待根据派驻财政部门开展纪检监察的特殊情况结合起来，针对当前派驻财政部门开展纪检监察监督存在的现实问题进一步深化改革，不断完善派驻财政部门纪检监察工作机制，通过建立健全两者之间的定期工作会商、重要情况通报、重要线索联合排查、重要事项联合处置等机制，督促财政部门领导班子认真履行对财政监管责任，发现重要问题及时向纪委、监委报告，根据群众举报、申诉和相关移送线索，共同调查核实财政部门领导班子及干部的违纪问题线索与案件，对财政部门各级领导班子履行全面从严治党主体责任不力、造成严重后果的责任部门和责任个人提出可行的行政问责建议。由于派驻财政纪检监察机构根据授权行使相应纪检监察权限，加强纪检监察派驻财政监察组的垂直管理，剥离了派驻机构与财政部门的依附关系，增强纪检监察派驻机构的独立性和权威力，使其能够充分履行对财政部门主要负责人履职情况的检查考核和业务监督职能。这将进一步促进派驻纪检监察组职能更加优化、权责更加协同、监督更加有力、运行更加高效，提高派驻监督质量，把制度优势转化为治理效能。

另一方面，要在《监察法》基础上，进一步健全问责机制的流程管理，提升纪检监察派驻财政部门纪检监察组的可问责性。为了实现问责常态化目标，必须不断强化流程管理，明确案件受理过程、研判问题筛选流程，改进信访举报核查处理方法，加强对派驻纪检机构重要问题线索和查办案情况的统筹管理，构建纪检监察与财政监管适度分离却又密切联系的双重问责机制，不断增强监督全覆盖和有效性。派驻财政部门纪检监察组对照监督职责清单细化制定监督措施，主要包括逐项细化分解职责清单，厘清职责边界，强化责任担当，增强监督的针对性，从组织系统化、实施标准化、考评规范化、问责制度化等方面入手，不断完善制度体系。派驻财政纪检监察组受纪委监委直接领导，对被监督单位进行重点监督，定期开展专项督查，对腐败违纪问题严肃处理。为了有效强化派驻财政部门纪检监察组监督力度，有必要对监察监督进行绩效考核，探索建立结果导向的绩效考核方式，通过优化考核方法与评价标准，构建派驻财政纪检监察组的奖惩激励机制和责任约束机制，抑制派驻干部的监察监督权力寻租风险，增强派驻纪检监察工作的积极性。

（三）纪检监察监督与审计监督的协同

在反腐败斗争中，离不开纪检监察部门和审计部门，其中纪检监察部门在反腐败的斗争中担任着重要的角色，是反腐败斗争中的主要部门。而相对于纪检监察部门而言，审计部门不是主要的部门，但它能够对腐败现象起到了一定的监督作用，能够从根源上防止腐败现象的发生，所以这两个部门对于反腐败斗争而言是缺一不可的。两个部门之间的职能不同，但是可以相互融合起来，相互配合工作，能够有效地促进反腐败工作的开展。

纪检监察监督与审计监督协同的意义：

首先，审计监督与纪检监察监督的主体和目标具有趋同性。审计机关和纪检监察机关都是党委直接领导下的政治机构，作为不同的监督主体，他们被赋予了不同的监督权限，在进行监督时会受到权限或手段的限制，因此两者要紧密合作力求形成监督合力。在推进全面从严治党的大背景下，两者监督的目标具有统一性。从工作目标看，两者虽然作为独立的机构和部门分别开展工作，其工作性质、主要职责和工作方式各有不同，内容各有侧重，但在贯彻党的路线方针政策，落实党中央决策部署，确保党中央政令畅通令行禁止等方面，两者使命职责高度一致。因此，把审计监督与纪检监察监督有效贯通起来，加强协作配合，发挥各自优势，必将形成更强的监督合力。

其次，审计监督与纪检监察监督的方式和手段具有互补性。从作用方式上看，纪检监察部门在领导干部政治表现、工作作风及生活作风等方面发挥的监督作用较大，而审计部门在其经济方面发挥的监督作用较大。从结果处理上看，审计监督重在揭示问题，提出对策建议，但对查处的问题缺乏刚性措施，而纪检监察部门重在查处问责。如果把审计监督与纪检监察监督有效融合，不仅审计监督可丰富纪检监察的监督手段，为纪检监察部门查处大案要案提供更加科学、可靠的依据，而且纪检监察部门可为审计部门查处经济案件提供可靠线索，促进两者技术和手段有效融合，实现优势互补，既能使监督重点突出、事半功倍、规避风险，又能形成强大监督合力，对违法违纪行为形成更加强烈的震慑。

（四）健全绩效问责机制

改革开放以来，我党在大力发展经济的同时，坚持加强党的自身建设，注重发挥纪检监督机制的作用，确保了中国特色社会主义建设化的顺利发展，并取得重大成就。但是，腐败问题依然严峻复杂，因此，应健全绩效问责机制。

各级党委或政府讨论事项一般是集体作出决定，而出现问题时有时会法不责众，无人担责。责任追究只有落实到人，必须有应负责的人才行。而且，有些决策出现的问题并不是立马就显示出来的，存在一定的滞后性，原来负责的领导干部或者会发生变动，这样责任追究就很难去执行。因此，必须建立终身责任追究制度，不仅要让权力的拥有者敬畏权力，更要让权力的行使者承担终生的权力责任，这样才能确保责任的权威性。

第三节 第三方机构预算绩效评价业务监督

一、第三方机构预算绩效评价业务监督的背景与内涵

（一）第三方机构预算绩效评价业务监督的背景

自 2017 年党的十九大报告提出“建立全面规范透明、标准科学、约束有利的预算制度，全面实施预算绩效管理”以来，全方位、全过程、全覆盖的全面预算绩效管理格局逐步形成，也对绩效评价发展转变提出了新的更高要求，引入第三方机构开展专业、独立、全面的绩效评价工作模式应运而生。

党中央、全国人民代表大会、国务院高度重视第三方机构参与预算绩效管理问题，社会公众和第三方机构也密切关注。2018 年 9 月中共中央、国务院印发的《关于全面实施预算绩效管理的意见》明确要求“引导和规范第三方机构参与预算绩效管理，严格执业质量监督管理。”2020 年 6 月，全国人民代表大会财经委在审议 2019 年中央决算草案时，明确提出“规范第三方机构绩效评价”。为贯彻落实党中央、国务院决策部署，2021 年 1 月，财政部印发《财政部关于委托第三方机构参与预算绩效管理的指导意见》（财预〔2021〕6 号），指出预算部门或单位委托第三方机构参与预算绩效管理，是全面实施预算绩效管理的重要举措，是推动加强预算管理、提高财政资金使用效益的有效手段。

为进一步引导和规范第三方机构参与预算绩效评价，切实提高绩效评价执业质量和水平，财政部于近日印发了《第三方机构预算绩效评价业务监督管理暂行办法》（以下简称《办法》），从受托方角度对第三方机构从事绩效评价业务进行引导和规范，系列举措将有利于贯彻落实党中央、国务院关于加强财会监督和全面实施绩效管理的要求，有利于促进从事绩效评价的第三方机构健康发展，不断提升绩效评价的科学性、公正性和可信度。

（二）第三方机构预算绩效评价业务监督的内涵

第三方机构是指依法设立并向各级财政部门、预算部门和单位等管理、使用财政资金的主体（以下统称委托方）提供预算绩效评价服务，独立于委托方和预算绩效评价对象的组织。“第三方”的适用范围比较宽广，我国常见的第三方机构主要有第三方评估、第三方审计、第三方代理、第三方咨询、第三方检测或认证、第三方监理、第三方

公共服务等。其具体包括专业咨询机构、会计师事务所、资产评估机构、律师事务所、科研院所、高等院校等。

预算绩效评价服务是指第三方机构接受委托方委托，对预算绩效评价对象进行评价，并出具预算绩效评价报告的专业服务行为。

政府通过第三方管理机制可以充分地利用各项社会资源，优化政府的对内管理、增强政府的技术力量、辅助政府对外的管理及服务，提高政府的管理质量。同时，第三方机构剥离了政府的部分职能，打破了政府“既当裁判员，又当运动员”的局面，由第三方公平、公正、公开地履行，有利于遏制腐败现象的滋生和推动简政放权的进程，有利于提升政府的公信力。

二、加强第三方机构预算绩效评价业务监督的举措

（一）明确预算绩效评价相关方权利和责任

明确预算绩效评价相关方权利和责任的举措主要包括：第三方机构在委托方和被评价对象提供工作便利条件和相关资料情况下独立完成委托事项，对所出具预算绩效评价报告的真实性和准确性负责；委托方和被评价对象对其提供材料的真实性、准确性负责；财政部门依法依规对第三方机构及其工作人员从事预算绩效评价业务进行管理和监督。

《办法》在具体条款中分别明确了第三方机构、委托方和被评价单位、财政部门的权利与责任，这为全面规范预算绩效评价工作中的各方行为提供了有效的法律依据。首先，第三方机构的责任是接受委托并依法开展评价工作。《办法》要求第三方机构应遵守法律、法规等规定，按照独立、客观、规范的原则开展工作，配合财政部门的监督与管理，不得有违法违规行为，同时第三方机构及其工作人员的合法权益受到法律保护，不受任何组织和个人的非法干预。其次，委托方需要在遵守政府采购和政府购买服务规定的基础上，择优选择第三方机构，在确保国家秘密和信息安全的前提下，合理确定评价事项和具体范围，必须对其所提供材料的真实性、准确性负责。被评价单位必须对提供材料的真实性、准确性负责，不得违法干涉第三方机构及其工作人员的独立评价工作等。严格合同管理，强调依法保护各方权益的制度建设思路。最后，财政部门不仅负有对第三方机构的管理和监督责任，而且还肩负业务培训和指导任务，财政部对省级及其以下政府监管机构监管业务负监督和指导的责任。

（二）设立绩效评价“主评人”制度

设立绩效评价“主评人”制度，其要求第三方机构设定“主评人”制度，压实“主评人”责任，由专业能力突出和具有良好职业道德的“主评人”对绩效评价业务进行把关和控制，推动第三方机构绩效评价工作质量的提升。

此次《办法》的一大亮点是设立预算绩效评价主评人制度。该制度的确立，不仅要求第三方机构绩效评价团队核心成员应当具有良好的职业道德和专业能力，而且“第三方机构出具预算绩效评价报告应当由其主评人签字确认”的规定，直接压实了绩效评价的工作责任主体，形成了有效的绩效评价责任约束机制，从而建立了清晰的由机构向个人延伸的第三方机构预算绩效评价问责机制和链条。同时，要求由自身综合素质高、

专业能力强的“主评人”为预算绩效评价工作把关，能够切实推动绩效评价工作质量的提升。因此，这一制度的建立，可以有效促使第三方机构优选更高素质、更高专业度的人员作主评人，督促绩效评价主评人以更加认真负责和科学严谨的工作态度进行绩效评价工作，进而推动预算绩效评价工作质量不断提高。

（三）规范第三方机构预算绩效评价工作程序

《办法》对签订委托合同、成立工作组、实施现场调查、出具绩效评价报告、上传报告信息、资料归档和保护信息安全等绩效评价流程和相关工作要求进行了明确规定。首先，明确第三方机构提交实施方案的具体内容，包括人员配置、时间安排、评价的目的、内容、依据、方法、指标体系、评价标准、样本确定、调查问卷、资料清单以及工作纪律等。其次，明确实施方案评议方法，包括专家组评议法，专家组一般由委托方代表、第三方机构代表、预算绩效评价个人专家、被评价领域行业专家等共同组成。再次，明确具体实施组织方法和重要工作流程，第三方机构可以使用现场调查和资料收集整理等方法，利用座谈、调研、问卷等方式展开工作，并且必须有严格的报告复核、复查流程和内控机制。最后，明确归档管理工作内容和责任，对第三方机构和委托方提出相关要求。

（四）推进建立预算绩效评价第三方机构信用管理平台

《办法》的另一大亮点就是有关财政部门户网站“预算绩效评价第三方机构信用管理平台”的规定，即第三方机构自领取营业执照或者法人证书之日起，可以通过财政部门户网站“预算绩效评价第三方机构信用管理平台”录入本机构相关基本信息，因此，绩效评价委托方和社会公众可通过信用管理平台查询第三方机构信用信息。除基本信息外，要将主评人的相关信息、合作的预算绩效评价专家信息、签署或参与的主要预算绩效评价项目信息、不良诚信记录和3年内在预算绩效评价活动中重大违法记录信息等全部录入。可以说，通过第三方机构信用管理平台，将第三方机构的信息归集、信息查询、信息使用进行集中管理，既有利于第三方机构在平台上展示自身预算绩效评价的业务实力和过往业绩，也有利于委托方进行比选和择优确定第三方机构。预算绩效评价第三方机构信用管理平台形成的第三方机构数据库，对促进提升预算绩效评价工作质量会起到重要的基础支撑作用。

三、建立第三方机构评价业务质量监管机制

（一）建立第三方机构评价业务质量标准体系

建立科学合理、公开透明的第三方机构绩效评价执业质量评价标准体系，有利于财政等主管部门加强第三方机构监督，提高其评价工作质量，服务于全面预算绩效管理。根据第三方机构开展预算支出绩效评价的实际情况，其职业质量评价标准体系主要包括执业成果质量评价标准体系和执业过程质量评价体系。

执业成果质量评价标准体系，主要评价第三方评价机构向财政部门提交的绩效评价报告及其相关材料的质量。可从准确性、全面性、真实性等方面设置相应的评价指标，对其进行评价，以确定其对财政部门全面预算绩效管理的价值，是否达到政府采购物有所值的目标。准确性是指第三方评价机构提交的绩效评价报告及其相关材料，是否真实

反映了被评价单位的预算支出绩效的实际情况，评价的分数和等级是否准确，评价结论能否为财政部门预算绩效管理决策提供准确、有价值的依据。全面性是指第三方评价机构在开展绩效评价的过程中，是否包括了被评价单位预算资金使用的各个环节、各个方面，有无遗漏；如存在没有发现的问题、分析论证是否透彻等。真实性是指第三方评价机构提交的绩效评价报告及其相关材料是否存在弄虚作假和人为操作的情况，是否能够提供具有完备性、规范性的工作底稿；任何评估得分是否有相应的数据支撑并能够确保数据的可靠性和准确性等。

执业过程质量评价体系，是指对第三方机构在开展绩效评价业务过程中质量控制与水平的评价指标体系。主要包括：绩效评估方案和方法是否科学、合理、可行；所使用绩效评价体系是否科学、合理、可行；绩效评价人员知识结构、专业水平和综合素质是否满足评估工作需要；绩效评价组织管理及工作纪律是否完善、执行是否严格；评价工作人员在工作中能否与财政部门、被评价单位有效沟通；在评价工作是否出现重大失误和违法违纪行为；是否保质保量按时完成绩效评估方案。

（二）完善第三方机构选聘机制

在明确第三方机构绩效评价执业质量评价标准体系的基础上，严格按照政府采购、政府购买服务等相关的程序与法律法规的需要，不断完善和健全科学、合理的第三方机构选聘机制。从第三方机构的视角来看，选聘机制的建立能够有效遏制第三方机构的恶性竞争，防止出现“劣币驱逐良币”的现象，优化第三方机构营商环境，降低第三方机构尤其是优质的第三方预算绩效评价机构的竞争成本，培育更适合第三方绩效评价机构发展的“土壤”；从委托方的视角来看，选聘机制的建立，有利于规范委托方选聘行为，抑制和制止贪污腐败行为，防范政府官员与第三方机构的官商勾结，获取非法利润，损害公共利益。从目前第三方选聘机制的实际情况来看，需要重点做好以下几方面工作：

1. 进一步完善利益冲突回避制度

财政部门可通过审查历年财政各项收支审计报告、必要的社会调查等途径，确定并度量投标机构与委托方、预算绩效管理对象之间的独立性，取消与委托方和预算绩效管理对象存在高度利益关联关系的第三方机构参与该项目投标资格。

2. 综合考量第三方机构质量

除了利用第三方机构不良执业记录筛选诚信机构外，还应充分考虑参与投标的第三方机构绩效评价执业质量历年考核得分，有效利用监管工作成果，优先考虑具有长期稳定执业质量的第三方机构。

3. 保证第三方机构选聘工作充分竞争

进一步建立和完善资历复查机制，多重保障确保第三方具备执业合格资历且开展充分竞争。原则上以招投标的方式选聘，参与竞争的机构至少在 3 家以上。

4. 制止恶性竞争

加强对各投标方的监管，指导第三方机构之间公平竞争，防止有关机构之间为了争取市场、挤占市场份额而进行恶性低价竞争，甚至零元成交，预防第三方机构相互勾结，维护市场正常秩序。

（三）建立第三方机构违法违规处罚制度

第三方机构在财政预算支出绩效评价中具有十分重要的作用和地位，但由于其追求利润最大化的内在属性，也需要严格管理，规范其执业行为，赏罚分明，保证绩效评价工作质量，才能更好地满足全面实施预算绩效管理的需要。

对于在执业过程中，第三方机构未能按要求及时完成绩效评价任务、评价质量不高、难以满足财政部门全面实施预算绩效管理等情况，财政部门应及时对第三方机构相关责任人给予批评、约谈警告，督促其提高工作质量，完成绩效评价任务。对于屡教不改、绩效评价质量难以保障的第三方机构，予以及时清退，在一定时期内不得参加财政部门选聘第三方机构的招投标；因工作失误造成财政部门损失的，可按合同规定追究其赔偿责任；对于第三方机构存在信息造假、徇私舞弊、贿赂以及受贿等重大违法违纪行为，将该机构及相关责任人纳入社会信用体系黑名单，予以处罚；构成犯罪的，依法追究相关责任人刑事责任。对于科研院所、高等院校等国有事业单位发生上述违法违规行为的，向其主管部门及时反映情况，给予有关责任人党纪政纪处分。

通过严格的奖罚激励机制，逐步形成第三方机构参与财政预算绩效管理的良好生态环境，优胜劣汰，吸引更多的优质第三方机构为财政预算绩效评价服务。

（四）完善财政部门监管第三方机构的基础制度

为加强财政部门对第三方机构的监督管理，提高其执业质量，满足全面实施预算绩效管理的需要，进一步完善各项监管基础制度，为监督管理提供明确的依据、标准，主要包括以下几方面：

一是完善对第三方机构的政府采购制度。以《政府采购法》及其实施条例为基础，建立专门的预算绩效评价第三方机构政府采购管理制度。就第三方机构的采购标准、采购方式、采购程序、法律责任等问题作出明确规定，以保障选择优质的第三方机构，为全面实施预算绩效管理服务。

二是健全对第三方机构的服务质量标准制度。对第三方机构在绩效评价执业过程中的各个环节、各个方面应达到的质量要求，提出明确的定量、定性规定。

三是进一步完善监管信息公开制度。一方面，可以学习国家审计部门的联网审计战略，使财政与审计、监察等部门进行横向联合，尝试跨部门、跨行业的数据关联分析；同时积极探索开展中央、省、市、县纵向互通的联网预算绩效管理平台，努力构建一个实时监控、动态监测的在线预算监督系统。另一方面，要建立全面、个性化、信息准确的数据库，既要考虑当地实际发展情况，因地制宜，设立个性化指标，也要有便于统一计算的口径，以对所有的财务数据进行归纳整理和系统分析，从而达到监管和评价的效果。各级财政部门应建立全国联网的预算绩效评价结果信息平台，优化信息获取渠道，及时公布各类不同执业水平的第三方机构名单，特别是典型的违法违规案例及机构，自觉接受社会各界监督，提高预算绩效评价的公信度，也是预防贪污腐败、玩忽职守等违法违规行为的重要方式，有助于强化各级财政部门之间的工作协同，打破信息壁垒，优化营商环境。

四是建立第三方机构从业人员培训指导制度。强化第三方机构绩效评价监管，应通过法律形式对第三方的权责进行明确规定，加强对第三方机构人员的培训和业务指导，通过对第三方机构的预算绩效评价结果进行考核，对评价成绩优异的第三方机构进行加薪奖励、表彰并给予下一年度参与评价的资格；对结果不佳的机构进行相应的罚款、资格取消、通报批评等，帮助其熟悉国家财政预算绩效评价的政策、制度和相关技术，树立正确的职业道德观念，全面提升从业人员政治素质、业务素质、伦理道德素质，为全面预算绩效管理服务。

五是建立第三方机构履职情况及执业质量评价档案记录制度。通过保存和记录第三方机构的绩效评价报告及其他档案资料，一方面可以发挥查询功能，对第三方机构以往年度的工作失误、违法违纪行为进行查证；另一方面可以为预算绩效评价的理论研究提供实际案例材料，进一步提高理论水平，为预算绩效评价实践提供指导。

六是建立第三方机构执业质量奖罚制度，健全激励约束机制。明确对各类违法违纪机构处罚的标准以及对评价质量优质机构的奖励、优惠政策和标准，形成良好的激励约束机制，优胜劣汰，鼓励优质的第三方机构积极参加预算绩效管理。只有奖励明确且有吸引力，处罚机制严厉且便于执行，才能从根本上对相关部门形成激励约束，最大限度地规范预算绩效评价的第三方市场。

七是建立严格的绩效问责机制。只有绩效问责制有效实施，才能对部门形成有力威慑，实现预算绩效激励约束机制的高效运转。各地应尽快建立起包括问责范围、问责主客体、预算资金使用等方面的严格预算绩效问责制度，要加强约束力，赏罚分明、层层跟进。对于跨部门、跨领域的项目，在项目申请、事前评估阶段就应对总体工作进行详细规划，明确各部门执行该项目的职责和分工，在项目实行中不得随意更改，以规避双方就问题相互推诿的情况。对于不合规定的项目和在预算绩效管理中发现的问题，各地方政府应当出台更加具体、更富有针对性和更具有可操作性的整改要求，对项目整改的细节进行规定，要求各单位及时上交并完成新的整改规划。对于预算绩效不佳的单位和个人，也要给予公开的追责处分。同时，在大数据背景下，完善问题追责机制，对其事后的项目整改进行实时监督和跟踪问责，确保不出现“烂尾”的项目，合理安排预算资源。

八是建立第三方机构的统计分析制度。建立专门的第三方机构参加预算绩效评价的统计分析制度，在《中国财政年鉴》等统计信息中公布参加机构数量、等级、名单、招投标情况、绩效评价业务量、奖励、违法违纪等信息，能够全面反映第三方机构参加预算绩效评价的总体规模、实际效果情况，分析预测其发展趋势，为财政部门的决策服务。

第八章

预算绩效管理技术保障

全面实施预算绩效管理是一项牵一发而动全身的系统性改革工程，有赖于预算绩效指标和标准体系、数据获取与分析方法、信息化平台、第三方机构参与等系列技术保障，这些技术保障状况直接关系到预算绩效管理的提质增效。由于预算绩效呈现多样性、复杂性、外部性的特征以及大数据技术、市场环境等客观条件的制约，无论是预算绩效指标和标准体系的构建，还是预算绩效信息的获取与分析，无论是预算绩效管理信息化建设，还是第三方机构业务的质量控制，都尚处于初步探索阶段，需要理论界与实务界予以积极回应。本章重点论述了全面有效实施预算绩效管理的关键技术保障。第一节阐述了预算绩效指标和标准体系的构建思路、分类、内容及应用，并结合案例探讨了加快建设预算绩效指标和标准体系的路径。第二节阐述了预算绩效评价方法及数据获取方法，分析了综合打分制方法的运用、局限性及拓展思路，介绍了成本—效益分析法、数据包络分析法等的科学运用。第三节阐述了预算绩效管理信息化建设现状、平台构建及应用以及充分利用大数据的途径与体现。第四节从规范要求和质量评估对第三方机构预算绩效管理业务的质量控制进行了研究。

第一节　预算绩效指标和标准体系构建

预算绩效指标和标准体系是实施预算绩效管理的基础和核心。中共中央、国务院《关于全面实施预算绩效管理的意见》（中发〔2018〕34号）明确指出："健全预算绩效标准体系。各级财政部门要建立健全定量和定性相结合的共性绩效指标框架。各行业主管部门要加快构建分行业、分领域、分层次的核心绩效指标和标准体系，实现科学合理、细化量化、可比可测、动态调整、共建共享。"这对财政部门建立共性绩效指标框架、行业主管部门构建核心绩效指标和标准体系提出了明确要求。通过构建覆盖主要行业领域、指标科学合理、标准清晰明确的绩效指标和标准体系，使得绩效指标设定更加科学合理，可以满足不同主体不同目的的应用需求，指导预算单位与第三方机构工作开展，保证绩效管理工作方向的精准性，提高同类项目绩效评价指标体系的一致性和可比性，为提高预算绩效管理的科学性和专业性及质量提供有力支撑。

一、预算绩效指标和标准体系构建概述

绩效指标是绩效目标的分解、细化和量化。设置好的预算绩效指标体系能够较好体现绩效目标的实现意图和实现程度，不仅服务于建设项目库、编制部门预算，更是实施绩效监控、开展绩效评价的重要基础和依据。从绩效指标适用范围来看，预算绩效指标可分为共性指标和个性指标。共性指标是适用于所有评价对象的指标，主要包括预算编制和执行情况，财务管理状况，资产配置、使用、处置及其收益管理情况以及社会效益、经济效益等，一般由各级财政部门统一制定，是规范开展预算绩效管理的基础。个性指标是针对预算部门或项目特点设定的、体现不同支出方向的、分行业分领域的业绩评价指标，一般由财政部门会同行业主管部门制定，是深入进行预算绩效管理的关键。从全方位预算绩效管理格局来看，预算绩效指标体系可分为政府预算指标体系、部门和单位预算指标体系、政策和项目预算绩效指标体系。

绩效标准是指衡量绩效指标完成情况的基准工具，是设定绩效指标具体数值时的依据或参考标准以及明确相对应的绩效指标需要达到的基本要求，体现了绩效判断的方向。设置好的预算绩效标准体系能够通过发挥量尺定标的重要作用，为整个预算活动提供必要的锚定。从广义上来看，绩效标准涉及与预算绩效密切相关的各类标准，除了计划标准、行业标准、历史标准、国际标准等，还包括支出标准、管理标准、公共服务标准等。支出标准是指对预算事项合理分类并分别规定的支出预算编制标准，包括法定标准、固定标准、暂定标准。管理标准是指预算项目全生命周期的管理流程与作业标准。公共服务标准是指公共服务供给要达到的数量、质量等要求，如国家发展和改革委员会等 21 个部门发布的《国家基本公共服务标准（2021 年版）》。

预算绩效指标和标准体系是全面实施预算绩效管理的关键技术问题，能够将绩效管理过程中诸多纷繁复杂的业务要求转变为简单明确的操作指南或运用说明，更好地推动政府预算绩效管理工作由虚到实、由繁到简、由零散到系统、由经验到科学的转变。预算绩效指标和标准体系的构建应遵循简便和高效的导向，且与基本公共服务标准、部门预算项目支出标准等衔接匹配，突出结果导向，重点考核实绩。

二、预算绩效指标体系的构建

（一）总体思路

预算绩效评价涉及层次多、行业多、分布领域广，不同的行业领域、不同的评价对象、不同的评价目的，都会使预算绩效指标的设计和选择迥然有异。但是，无论是哪类预算绩效指标体系，其构建都遵循大体一致的基本原则和设计路径。一般而言，预算绩效指标的确定应当遵循以下原则：

一是相关性原则。绩效指标与评价对象密切相关，与绩效目标有直接的联系，能够

正确反映目标的实现程度。选取指标时首要明确评价重点，充分梳理反映评价所要解决的关键问题，充分体现项目特点和差异化特征，避免与评价对象脱节。

二是重要性原则。优先使用最具部门（单位）或行业代表性、最能反映评价要求的核心指标，精简实用。同时应当对预算编制、资金配置等预算管理改革的焦点问题予以关注和侧重，如资金投入合理性、资金配置标准、资金统筹力度等。

三是系统性原则。根据预算绩效层次构建系统反映财政支出决策、过程及所产生的结果的指标体系，同类项目绩效评价指标和标准应具有一致性，便于评价结果相互比较。

四是量化易评原则。指标内涵应当明确、具体、可衡量，难以量化的，可采用定性表述，但应具有可衡量性，可使用分析评级（好、一般、差）的评价方式评判。数据及佐证资料应当考虑现实条件和可操作性，尽可能可采集、可获得，简便易行，避免过多、过杂、过繁。

对于预算绩效指标体系设计，一般可以通过以下三个步骤来完成：首先，确定绩效目标，即总任务、总产出、总效益等。其次，分解细化指标，分析、归纳总体绩效目标，细化任务清单，参照现有指标体系共性框架，一般是基于资金管理流程按照“决策（投入）—实施（过程）—产出—效果（效益）”设计一级指标，以“4E”原则确定评价指标的关键因素，分析投入资源、开展活动、质量标准、成本要求、产出内容、产生效果，设置绩效指标。具体指标要求简洁明确、通俗易懂，如“房屋修缮面积”“设备更新改造数量”“验收合格率”等。对应的指标解释应明确反映该指标衡量的具体内容、计算方法和数据口径等。最后，加强指标衔接。强化一级绩效目标的统领性，二级指标是一级指标的细化和具体化，反映一级部分任务和效果。加强一级、二级绩效指标之间的有机衔接，确保任务相互匹配、指标逻辑对应、数据相互支撑。

（二）项目支出绩效指标体系

预算项目支出是财政支出的重要组成部分，虽然具有多样性与复杂性，但相对于政府预算绩效和部门（单位）整体支出绩效而言，容易量化，可操作性强，因而也是当前开展绩效评价较为普遍的领域。目前项目支出绩效指标体系构建基本达成共识，即基于逻辑模型设计，依照“如果投入……那么产出……”的因果逻辑关系设计相关指标体系。《项目支出绩效评价管理办法》（财预〔2020〕10号）中关于项目支出绩效评价指标体系框架（参考）是由决策、过程、产出、效益四个一级指标和十个二级指标构成，是当前各级政府开展各类项目支出绩效评价的基本框架。项目支出绩效指标体系可分为共性项目绩效指标体系、分行业分领域绩效指标体系。

1. 共性项目绩效指标体系

共性项目绩效指标体系用于衡量各政府部门共性支出的产出和效果，其构建是实现预算绩效管理规范化的重要基础，由财政部门来建设，适用主体包括各级财政部门、业务主管部门、预算单位、第三方机构等，服务于绩效目标管理、绩效运行监控和绩效评价等绩效管理各项重点工作。财政部门通过规范化通用性项目的绩效指标体系，横向比较本地区各部门间的一般性项目绩效完成情况，从而对同类项目的投入—产出效益有较为整体的把握，同时为基本支出标准的调整、基本经费分配提供参考思路。财政部预算司发布的《分行业分领域绩效指标和标准体系（2019 年版）》中的共性项目绩效指标体系包括会议培训、政策研究、新闻宣传、大型活动、国际交流合作、国际组织会费、基建工程、设备购置、信息系统建设运维、科研项目、监督检查、纪检监察等 12 类共计 131 条绩效指标，广东、陕西、山东等不少地区已经构建了共性项目支出绩效指标体系，为开展全过程预算绩效管理提供了技术支撑和基本依据。以设备购置类为例，在进行共性指标设计时，可以设计购置设备数量、政府采购率、设备质量合格率、采购完成及时率等的共性产出指标，在效益上可以设计设备利用率、设备使用年限等指标体现共性效果，构建绩效指标体系如下表 8－1 所示。

表 8－1　设备购置类项目支出绩效指标体系（共性）

项目类别	一级指标	二级指标	三级指标
设备购置类	决策	项目立项	立项依据充分性
			立项程序规范性
		绩效目标	绩效目标合理性
			绩效指标明确性
		资金投入	预算编制科学性
			资金分配合理性
	过程	资金管理	资金到位率
			预算执行率
			资金使用合规性
		组织实施	管理制度健全性
			制度执行有效性
	产出	产出数量	购置设备数量
			政府采购率
		产出质量	设备质量合格率
			安装工程验收合格率
			设备故障率
		产出时效	采购完成及时率
		产出成本	成本节约率
	效益	社会效益	设备利用率
		可持续影响	设备使用年限
		满意度	使用人员满意度

2. 分行业分领域绩效指标体系

财政项目支出支持的方向种类繁多，且项目支出绩效目标设置与具体项目联系密切，还应区分不同资金所在行业、领域产生的核心绩效，建立合理的分行业分领域绩效指标和标准体系。这是项目支出绩效特征的重要体现，是科学高效开展预算绩效管理工作的基础，是保障绩效评价结果科学、合理、公正的重要前提。通常情况下，每一行业领域都有其独特的工作内涵和支出特点，支出方向、支出重点和支出目标各具特色，对其产出与效果的考核也必然存在一定的差异。可以以政府收支分类科目的支出功能分类为框架，从部门职能出发，结合行业发展政策和项目绩效目标，设置一般公共服务类、公共安全类、教育类、科学技术类、文化旅游体育与传媒类、社会保障和就业类、医疗卫生类、自然资源类、节能环保类、农业农村类、林业类、水利类、交通运输类、经济发展类、城乡与住房建设类、市场监管类、邮政类、海洋与渔业类、应急管理类等个性指标体系，各级各部门可根据资金使用方向对照政府收支分类科目编码定向选取绩效指标。纵向上，按照财政部印发的指标框架设置一级、二级指标，根据不同预算支出对象的特点设置绩效指标和标准，如图 8－1 所示。

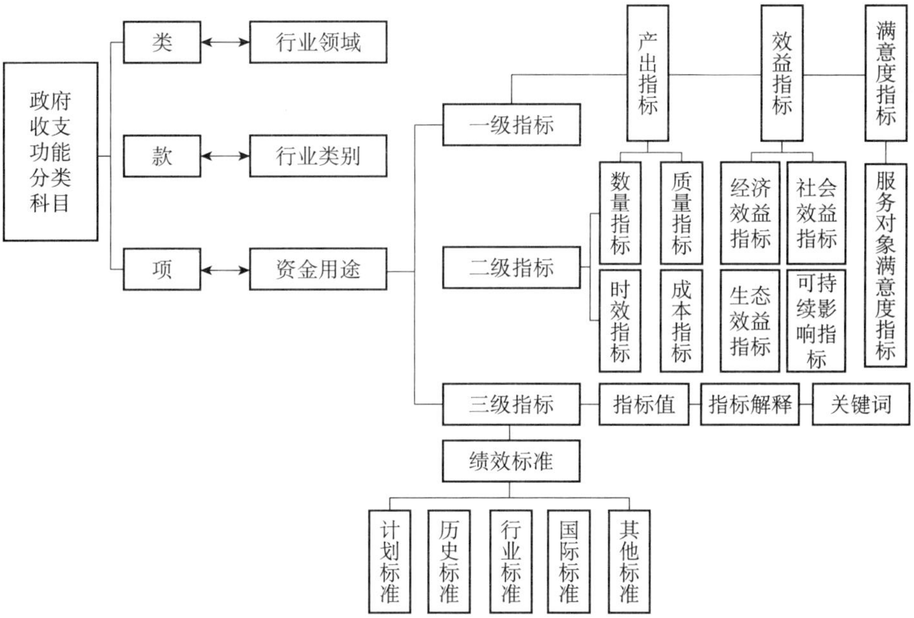

图 8－1 分行业分领域绩效指标和标准体系框架

当前不少地区也进行了探索和构建，如广东省在全国率先制定了专门的《财政预算绩效指标库》，共计收录 20 个行业大类、52 个子类、277 个资金用途、2589 个绩效指标；2020 年陕西省构建分行业分领域项目绩效指标和标准体系共涉及 17 个行业领域、96 个行业类别，636 个资金用途和 10151 条指标。财政部预算司编制的《分行业分领域绩效指标和标准体系（2019 年版）》，其指标体系涉及 16 个行业领域、73 个行业类别、360 个资金用途和 3000 余条指标。以科学技术绩效评价个性化指标体系构建为例，可划分为科学技术管理事务、基础研究与应用研究、技术研究和开发、社会科学、科学技术普及、科技重大项目和其他科学技术支出等行业类别，进而根据资金用途和项目特征设计出个性指标体系。如科学技术行业领域中的“基础研究和应用研究”，可根据资金用途分为科学基金项目资助管理项目和高技术研究项目，分别设计个性指标如表 8－2 所示。

表 8-2 基础研究和应用研究类项目支出绩效指标体系（个性）

行业类别	资金用途	一级指标	二级指标	三级指标
基础研究和应用研究	科学基金项目资助管理	产出指标	数量指标	资助项目数量
				完成项目数量
			质量指标	原创性前沿科学成果案例个数
				资助项目对学科领域的覆盖率
				重点资助项目结项优良率
			时效指标	项目申请与立项按期完成率
		效益	社会效益指标	项目创新及成果应用满足重大需求的典型案例
				资助项目成果获得高影响力论文的比例
			可持续影响指标	资助科研人员人次
				带动基础研究投入多元化
			满意度指标	服务对象满意度指标
	高技术研究	产出	数量指标	新立重点项目数量
				科研装备自主创新能力项目数量
				高质量、高素质人才引进与培养人数
			质量指标	院重点实验室达标率
		效益	社会效益指标	培养创新交叉团队数量

（三）部门整体支出绩效指标体系

部门整体支出是指部门为履行职责所分配、使用、管理的财政资金，包括基本支出和项目支出。不同于项目支出绩效评价，部门整体支出绩效评价具有综合性和全面性的特点，部门整体绩效评价指标体系构建难度更大。其构建应遵循“4E”理念，依据国家法律法规、国民经济和社会发展总体规划、部门职责和中长期规划、财政管理重点目标与任务等，围绕部门和单位职责、行业发展规划，以预算资金管理为主线，统筹考虑资产和业务活动，从运行成本、管理效率、履职效能、社会效应、可持续发展能力和服务对象满意度等方面，衡量部门和单位整体及核心业务实施效果。

部门整体支出绩效指标分为共性指标和个性指标，共性指标是指适用于所有部门的指标，主要包括预算执行情况、财务管理情况、资产使用处置情况、人员编制情况等方面的指标，由财政部门根据相关政策统一制定。2013 年，财政部印发的《预算绩效评价共性指标体系框架》附件二为“部门整体支出绩效评价共性指标体系框架”，包括投入、过程、产出和效果四个一级指标和七个二级指标（见表 8-3）。个性指标是指针对部门和行业特点确定的适用于不同部门的指标，多用于衡量预算部门（单位）工作的产出和效果等，其中核心指标是能够持续反映部门（单位）履行核心职能的产出和效果的指标，由财政部门和预算部门（单位）共同协商制定。

表 8－3　部门整体支出绩效评价共性指标体系框架

一级指标	二级指标	三级指标
投入	目标设定	绩效目标合理性
		绩效指标明确性
	预算配置	在职人员控制率
		“三公经费”变动率
		重点支出安排率
过程	预算执行	预算完成率
		预算调整率
		支付进度率
		结转结余率
		结转结余变动率
		公用经费控制率
		“三公经费”控制率
		政府采购执行率
	预算管理	管理制度健全性
		资金使用合规性
		预决算信息公开性
		基础信息完善性
	资产管理	管理制度健全性
		资产管理安全性
		固定资产利用率
产出	职责履行	实际完成率
		完成及时率
		质量达标率
		重点工作办结率
效果	履职效益	经济效益
		社会效益
		生态效益
		社会公众或服务对象满意度

近些年，各地在部门单位预算绩效指标体系构建上都有所探索和积累。如上海市于2019年印发《上海市市级预算部门（单位）整体支出绩效管理办法（试行）》（沪财绩〔2019〕19号），要求在编制部门整体支出绩效目标时应突出重点、细化量化并且合理可行，要反映出部门为履职所获得的财政资金的使用效益，包括投入管理指标、产出指标、效果指标和满意度指标四个一级指标，其中，投入管理指标包括预算编审管理、预算执行管理、部门结转结余资金管理、国库管理、预算绩效管理、预决算信息公开管理、财政监督管理、政府采购管理、资产管理等二级指标；产出指标包括数量指标即重

点任务的完成数量，如就业人数增加5000人，质量指标指重点任务的完成质量，如重大工程验收合格率100%，时效指标指重点任务的完成时效，如应急处置响应时间10分钟之内；效果指标包括经济效益指标、社会效益指标、生态效益指标，是指部门履职和重点任务所达到的效果，如PM2.5同比下降20%。具体指标的设置应结合实际，既可以集中反映某项重点任务的单项绩效指标，也可分析提炼形成某类重点任务综合绩效指标，如部门重点任务完成率等。

总体来看，部门整体支出绩效指标体系尚处于起步和探索阶段，共性指标虽然初成框架，但各地实践中采用的共性框架形式多样，并非都采取投入—过程—产出—效果的一级指标。而分部门的个性指标建设急需完善，有的将科室主要职能设置为指标而后汇总，有的将主要项目支出指标加总，有的采用代表性指标，个性指标不能很好地反映部门绩效的总体情况。目前，为全面实施预算绩效管理，不少地区如广东、辽宁、湖北等省份已经正在积极探索构建部门整体支出绩效指标体系。广东省财政厅选取"基础较好、代表性强"的省教育厅、省生态环境厅、省交通运输厅等10个部门作为试点，按照"部门核心职能—任务指标—大事要事—预算项目—核心指标"的逻辑链条进行梳理，形成"一个部门一套核心指标"。

（四）政府预算绩效指标体系

政府预算绩效管理属于全方位预算绩效管理的最高阶，其指标体系的构建目前还属于前沿领域。2013年，财政部印发的《预算绩效评价共性指标体系框架》附件三为"财政预算绩效评价共性指标体系框架"，包括投入、过程、产出和效果四个一级指标和预算安排、预算执行、经济效益、社会效益、生态效益和社会公众满意度六个二级指标，具体包括人员经费保障率、民生支出占比、预算平衡性、资金结转率、非税收入占比、城镇居民人均可支配收入变动率、空气质量变动率等。但实践层面开展政府预算绩效评价少之甚少。2018年，中共中央、国务院发布《关于全面实施预算绩效管理的意见》明确指出："实施政府预算绩效管理。将各级政府收支预算全面纳入绩效管理。各级政府预算收入要实事求是、积极稳妥、讲求质量，必须与经济社会发展水平相适应，严格落实各项减税降费政策，严禁脱离实际制定增长目标，严禁虚收空转、收取过头税费，严禁超出限额举借政府债务。各级政府预算支出要统筹兼顾、突出重点、量力而行，着力支持国家重大发展战略和重点领域改革，提高保障和改善民生水平，同时不得设定过高民生标准和擅自扩大保障范围，确保财政资源高效配置，增强财政可持续性"。当前北京、山东、辽宁等地正在探索开展对下级政府财政运行综合绩效评价工作，构建了政府财政运行综合绩效指标体系。以北京市为例，2021年初，北京市财政局发布了《北京市区级财政运行综合绩效评价指标手册》，其中的指标框架由5个一级指标、16个二级指标、35个三级共性指标组成，并适度进行动态调整。5个一级指标分别是财政保障能力、成本节约、运行成效、财源建设、管理规范。具体来看：

财政保障能力指标，分析各区财政保障政府履职和政府运行方面的财力总量、结构、平衡与风险等方面的情况，涵盖收入情况、支出情况、收支平衡三个方面，回答各区"钱是否够用"的问题。可以通过对刚性支出、债务支出、上级补助收入、财政自给率、财力缺口等指标进行分析，区分为正向指标和负向指标，合成各区自主财力保障能力指数。

成本节约指标，将成本管控理念运用于政府财政运行的各个层面，反映各区在行政运行、城市运行、民生保障、重大投资和重大项目等方面成本控制情况，回答各区“支出是否节约”的问题。

运行成效指标，反映各区财政支出支撑各区功能定位、落实重大政策、推动经济社会发展、促进公共服务均等化等方面的有效性，回答各区财政运行“效果是否显著”的问题。

财源建设指标，反映各区涵养财源、增强发展内生动力等方面的努力程度和客观效果，采用北京市财源建设考核评分结果，包括财源建设制度健全性、涵养财源情况和收入完成情况等方面。

规范管理指标，反映各区财政管理的合规性和规范程度，回答各区“管理是否规范”的问题，包括依法理财考核、预算绩效管理考核、年度审计报告披露问题等方面。

三、预算绩效标准体系的构建

（一）总体思路

在选定绩效指标之后，就需要确定指标的标准值。在预算绩效管理过程中，绩效标准通常以基准值和目标值的形式展现，并与指标保持一致。总体而言，构建科学合理的预算绩效标准体系应当坚持有据可依，根据相关政策法规、部门职责、战略规划、相关政策制度办法等设定指标标准，突出结果导向，与基本公共服务标准、项目支出标准和其他现有标准做好衔接，每项指标都出处明确、依据充分，做到指标标准可采集、可衡量、可比较。《项目支出绩效评价管理办法》（财预〔2020〕10号）中指出绩效评价标准通常包括计划标准、行业标准、历史标准等，用于对绩效指标完成情况进行比较。财政部预算司编制的《分行业分领域绩效指标和标准体系（2019年版）》中还列有国际标准，综合绩效标准分类如表8－4所示。

表8－4　绩效标准分类

类别	具体解释	举例
计划标准	党中央和国务院文件、政府工作报告、各类规划、部门正式文件、有关会议纪要提及的计划或考核要求等	义务教育阶段生均公用经费基准定额为小学650元，初中850元（2021年）
历史标准	历史年度完成值，可参考近三年绩效指标平均值、上年值、历史极值等	积极引导地方扩大普惠性学前教育资源持续增加（较上年度）
行业标准	已公布的行业标准明确的指标数据或统一的技术要求和规范。包括行业国际标准、行业国家标准、行业省级标准等	与基本公共服务标准相匹配，如适龄儿童免疫规划疫苗接种率达到90%以上（2021年）；晴雨24小时预报准确率国际标准为85%
预算支出标准	主要用于成本指标的取值，不得超出规定的预算支出标准设置目标值	市内交通费按出差自然（日历）天数计算，每人每天80元包干使用
其他标准	其他来源及数据口径的参考标准、类似项目的情况等	采取标杆管理，如南京以“北上广苏杭”为标杆，日照以“苏锡通”“青烟威”为标杆

（二）预算绩效标准设置

设置预算绩效标准首要是设置好绩效目标值标准，因为在开展预算绩效管理中，财政部门或者预算单位建立绩效标准基本都以已经设置的绩效目标为信息参考来源，已建立的绩效标准反过来又成为测量预算资金或者项目绩效目标完成情况的重要标尺。若预算绩效目标标准值设置过高或者过低，不仅无法有效指导预算编制，同时也会导致事后的绩效评价结果产生所谓的“绩效差距”或者“绩效结果偏差”等现象。因此，只有科学合理地设置预算绩效目标值，才能保证预算绩效评价结果的真实性、准确性和合理性。

预算绩效目标值设定主要依据或参考计划标准、行业标准、历史标准或财政部和业务主管部门认可的其他标准。《中央部门项目支出核心绩效目标和指标设置及取值指引（试行）》（财预〔2021〕101 号）规定的预算绩效目标值取值常用的方式包括：

一是直接证明法，指可以根据外部权威部门出具的数据、鉴证、报告证明的方法，通常适用于常见的官方统计数据等。

二是情况统计法，指按规定口径对有关数据和情况进行清点、核实、计算、对比、汇总等整理的方法，多数产出指标适用于本方法。

三是情况说明法，对于定性指标等难以通过量化指标衡量的情况，由部门根据设置绩效目标时明确的绩效指标来源和指标值设定依据，对指标完成的程度、进度、质量等情况进行说明并证明，并依据说明对完成等次进行判断。

四是问卷调查法，指运用统一设计的问卷向被选取的调查对象了解情况或征询意见的调查方法，一般适用于满意度调查等。部门可以根据必要性、成本和实施可行性，明确由实施单位在项目实施过程中开展。

五是趋势判断法，指运用大数据思维，结合项目实施期总体目标，对指标历史数据进行整理、修正、分析，预判项目在全生命周期不同阶段的数据趋势。对于正向指标但逐年下降的和逆向指标但逐年上升的数据值，可采取极值法或平均值。

此外，绩效目标值标准的设置必须确保明确、相对具体和可衡量，避免出现诸如“持续提升社会服务能力”“强化预算资金使用效益”等较为模糊和宏观的描述，应尽可能将其与历史标准相比、与同类型同行业的绩效标准相比、与部门的客观绩效产出相比，明确究竟提升了多大幅度的社会服务能力以及预算资金使用效益究竟强化了多少等标准，一般用完成程度即百分比或具体数值表示。还要综合考虑各数据来源的优缺点及数据质量，可供利用的数据来源包括各类统计年鉴、权威机构调查（统计）、业务统计数据、业务记录、业务评判、社会调查数据以及媒体舆论等。

在预算编制过程中，可以成本测算为基础建设且运用支出标准，实现预算绩效控制。推进预算支出标准体系建设，首先要明确划分支出分类体系，可从经济分类入手，在原有的款级分类基础上，结合实际支出的商品和服务内容进行分类，然后分别对每一类别确定支出标准。其次，采集与分析历史支出数据，主要依据历史支出数据，采用全面调查和重点调查相结合的方式，对各单位前三年各类支出数据进行搜集和整理，并应用专门开发的大数据分析软件进行数据处理和数据挖掘，掌握各单位所有分类支出的历史数据，从而确定支出标准。最后，科学设定标准参数和调整权限，建立预算支出标准动态管理机制。北京市在推进全成本预算绩效管理改革中，明确要求健全支出标准，以完善北京市市级项目支出标准体系为目标，打造分行业、分领域、分类分档的项目支出标准库。通过成本绩效分析，各部门将形成具有本部门特色的项目支出标准。市级项目支出标准体系将进一步完善，形成包括市级通用支出标准、行业定额标准以及各部门特色的项目支出标准三个层次的整体支出标准体系。由此，财政支出将更加科学标准规范，进一步提升财政资金效益。

在预算绩效评价过程中，评价标准是确定评价结果的基本标尺，关键是建立不同评分模型及其相应参数设定规则。目前大多数地区或者预算单位在关于绩效评价指标中的绩效标准设置方面仍处于探索阶段，存在更多依据“自上而下”的计划标准、效益指标的绩效标准相对缺乏等问题。对此在推进建设预算绩效指标和标准体系时应明确设置绩效标准值与目标值，确保绩效结果的可量化性与有效性。从全国来看，还应推进不同省份、同一省份各地市之间共性绩效指标与标准体系的统一，以解决目前存在的绩效标准框架、要素、量纲以及依据不统一的问题，提高绩效评价结果的横向可比性。其中，财政部预算司编制的《分行业分领域绩效指标和标准体系（2019 年版）》中设置有绩效标准，但并不齐全，主要以计划标准和历史标准为主，如教育领域普通教育行业的支持学前教育，具体见表 8－5。

表 8－5　　支持学前教育绩效指标和标准体系

绩效指标					绩效标准				
一级指标	二级指标	三级指标			计划标准	历史标准	行业标准	国际标准	其他标准
		内容	性质	单位					
产出指标	数量指标	全国普惠性学前教育资源覆盖率	≥	%	76%（2019 年）80%（2020 年）	69%（2018 年）			
产出指标	数量指标	新建幼儿园数量	≥	所	8000（2019 年）	5000（2018 年）			
产出指标	数量指标	全国公办园在园幼儿占比	≥	%	50%（2020 年）	前三年目标完成数			
产出指标	数量指标	资助家庭经济困难幼儿入园数	≥	万人次	400（2019 年）	400（2018 年）			
效益指标	社会效益指标	全国学前三年毛入园率		%	83%（2019 年）	79%（2018 年）			
效益指标	社会效益指标	积极引导地方扩大普惠性学前教育资源			持续扩大（2019 年）	持续增加（2018 年）			
效益指标	社会效益指标	引导地方提高学前教育普惠保障水平			有效提高（2019 年）	有效提高（2018 年）			

续表

绩效指标					绩效标准				
一级指标	二级指标	三级指标			计划标准	历史标准	行业标准	国际标准	其他标准
		内容	性质	单位					
满意度指标	服务对象满意度指标	师生满意度	≥	%	85%（2019 年）	85%（2018 年）			
满意度指标	服务对象满意度指标	家长满意度	≥	%	85%（2019 年）	85%（2018 年）			

此外，加强绩效标准的持续动态调整，保障绩效标准的合理设置，并对较难量化的绩效标准适时加以剔除或精细化处理，尽量杜绝模糊性表述，如“视完成情况酌情扣分”“超额完成给予一定加分”等表述，避免自由裁量空间较大，影响评价的客观性。未来可以充分利用大数据平台等信息技术，通过搜集记录存储各地区历年的绩效情况信息，为预算绩效标准的设定提供全面的数据来源，为预算绩效标准的数据挖掘方法提供基础，提高预算绩效标准设定的科学性和合理性。

（三）预算绩效标准应用

预算绩效标准的设置实质上就是提供一个信息库，用于指导和规范预算编制、预算执行以及预算评价。在预算绩效管理环节，目标值标准、支出标准与评价标准可以单独使用，也需注重结合应用。预算申报环节，预算部门可参考支出标准编制项目预算明细，同时可参考目标值标准设定绩效指标目标值，但只有结合支出标准与目标值标准，才能构建起目标值与预算规模的匹配关系，才能提高目标值设定的合理性；在绩效评价环节，预算部门（单位）自评或者第三方机构评价可以参考评价标准进行绩效指标评分，但评分标准要与目标值结合，才能提高绩效评分客观性与统一性。

预算绩效标准体系的应用应注重公平性。由于各区域之间发展水平的差异，即便是同一行业相同的绩效指标体系，在进行区域比较时也未必能得出科学合理的结论。对于经济发展水平不同的地区来讲，进行同一行业的绩效评价容易出现评价结果偏低的现象，如“新建幼儿园建筑面积”指标的成本标准在不同城市存在较大差异，因此要注重针对不同的地方政府层级或者不同区域进行适应性改进，合理引进分地区型绩效指标与标准体系，进行区域内部以及区域之间的横向和纵向比较，并实施标杆管理，使得绩效评价结果更具公平性和有效性。

四、预算绩效指标和标准体系建设路径

2018 年以来，我国预算绩效管理取得较大进展，指标体系建设也取得了明显的成绩。目前，财政部已经制定并实施《项目支出绩效评价管理办法》《政府和社会资本合作（PPP）项目绩效管理操作指引》，两者附有共性指标框架。财政部预算司编制的《分行业分领域绩效指标和标准体系（2019 年版）》涉及 16 个行业领域、73 个行业类别、360 个资金用途和 3000 余条指标及标准。地方财政部门也积极推进分行业、分领域绩效指标体系和标准体系建设，如北京市、上海市、广东省、浙江省、山东省等发布了

各构建的绩效评价指标和标准体系。然而，相较于纷繁复杂的公共项目和政策、众多的公共部门以及层级和地域不同的政府，目前的预算绩效指标体系建设还只是刚刚开始。综合当前各级各地探索经验，总结预算绩效指标和标准体系建设路径大体包括统筹规划、多元参与；示范引领、共建共享；促进融合、强化应用；完善管理、动态调整。

（一）统筹规划，多元参与

财政支出所具有广泛性、多样性、复杂性的特征，决定了绩效评价指标和标准体系建设是一项艰巨、复杂的系统工程，涉及信息采集、指标审核、成果应用、动态调整等多项工作。一般由财政部门统筹谋划、有序推进，负责预算绩效指标和标准体系建设的整体规划，建立绩效指标总体框架和共性指标体系。行业主管部门按照指标库建设的路径和规定格式要求，梳理、提炼本部门履职所涉及的重大政策和重点项目的核心指标（聚焦产出和效果指标），负责构建本部门分行业、分领域、分层次的核心绩效指标和标准以及本部门整体支出绩效指标体系。在此基础上由财政部门牵头对各部门所梳理形成的绩效指标，按照一定的规则进行分行业分领域归类和管理，以初步形成本地区分行业分领域的绩效指标和标准体系。同时，可充分利用行业协会、科研院所、中介机构等在绩效评价指标体系设置中的研究成果。或通过政府购买服务的方式，委托第三方机构开展指标和标准体系设定的研究探索。或聘请第三方机构，对各部门绩效指标体系建设进行全程技术指导，组织专家评议论证，力求指标体系客观实用，体现挑战性、指导性、合理性和前瞻性。如湖北省将2020年作为“绩效指标和标准体系攻关年”，湖北省财政创新工作方式，联合湖北省市场监督管理局，按照地方标准制订相关要求，组建预算绩效管理标准化工作组推进绩效指标和标准体系建设。工作组成员既有高校从事理论研究的专家学者，也有第三方机构长期工作在一线的实操人员；既有省直部门的财务处长，也有监管中介机构的协会领导；既有省市县预算管理机构的同志，也有标准化技术机构的同志，囊括了当前参与预算绩效管理的各方面人员，助推绩效指标和指标体系建设更加系统、更加科学、更加权威。

（二）示范引领，共建共享

国家层面的《分行业分领域绩效指标和标准体系（2019年版）》是在财政部的统一组织下，由各中央部门和地方共同研究编制，也将由各级财政共同使用和维护，动态更新完善。各地财政部门应结合预算绩效管理工作实际，参照财政部指标体系模板搭建绩效指标体系框架，全面搜集、充分借鉴先进省市的预算绩效指标和标准体系库，按照示范引领、共建共享的原则，结合行业和地方特色，与行业主管部门共同建立分行业分领域绩效指标和标准体系，不仅在形式和内容规范化，而且确保客观实用性，满足财政部门、行业主管部门和单位、第三方机构等参与预算绩效管理的多方主体共享使用。以湖北省为例，省财政厅和预算绩效管理标准化工作组采取示范引领的方式，选择工作基础好、主动意愿高的省教育厅、省交通运输厅、省经济和信息化厅、省民政厅、省公安厅、省农业农村厅等6个省直部门开展示范试点。再如辽宁省财政为了方便及规范使用，在预算一体化平台中，按不同项目类型，预置了多套指标模板，实现了项目绩效指标体系“一键使用”和“模板化”管理。还按照“统一标准、分级管理”的原则，在预算管理一体化平台中分市县设置绩效指标库。一方面，将省级指标库提供各市县作为参考，打破数据壁垒，实现信息共通共享；另一方面，引导各市县结合自身实际和特点，按照全省统一的标准，逐步建立符合自身需求、体现区域特色、数据准确、普遍认可的绩效指标和标准体系。

（三）促进融合，强化应用

预算绩效指标和标准体系作为推动预算与绩效管理相融合的重要纽带，始终贯穿于预算绩效管理全过程。在预算编制阶段，预算单位依托指标和标准体系填报绩效目标，财政部门通过调取标准值、历史值与填报值比对等方式加强绩效目标审核，有效解决绩效目标设置和审核依据不足等问题。在预算执行和监督阶段，开展绩效监控和评价时将绩效指标值与实际完成情况进行综合比对，科学判断财政资金项目的绩效情况，并将指标实际值收录到指标库中，为后续预算绩效管理工作提供参考。强化预算绩效指标和标准体系的实际应用，切实发挥其效益。如广东省为预算绩效管理提供绩效大数据支撑，一是可以通过类型检索，直接抽取可用指标，在开展“促进就业创业发展专项资金”重点绩效评价时，从对应指标分类中直接抽取16项个性化指标，将绩效标准值、历史值与专项资金实际效益进行对比，显著提高了评价质量。二是通过关键词搜索，形成各功能指标集。在推进“三大攻坚战”和开展财政扶贫资金动态监控过程中，通过指标检索可形成《污染防治绩效指标集》和《精准脱贫绩效指标集》。三是通过评价结果与预算编制挂钩，提高指标科学性。对评价结果为“中”“低”“差”的资金项目，除补助到个人的民生项目外，一律压减预算安排，通过建立绩效硬约束，倒逼指标和标准体系更加科学合理。

（四）完善管理，动态调整

预算绩效指标和标准体系应是一个开放的体系，实行动态管理，根据宏观政策方向、部门和地区发展规划、基本公共服务标准等调整变化，及时修正和更新，反映经济社会发展各方面最新政策和工作要求。预算绩效指标和标准体系建成后，各级财政部门还应建立健全指标入库、调整和退库机制，实行动态管理，随着具体工作中心和侧重点的不同而不断发展和完善，防止指标和标准固化，促使绩效指标和标准更加灵活、准确。国家层面的预算绩效指标和标准体系应由各级财政将共同使用和维护，动态更新完善，持续提升预算绩效指标和标准的科学性、完整性和准确性。地方层面的预算绩效指标和标准体系建成后，可由财政部门或财政部门与预算部门共同维护，定期由第三方机构进行系统地升级维护。

第二节 预算绩效评估评价方法及创新

随着绩效管理改革的推进与深入，“预算绩效是可以数量化测度的”这一理念已日益成为广泛共识。预算绩效管理实践中，在完成预算绩效指标和标准体系构建后，面临的就是数据的获取、评价方法的选择、各指标权重确定等关键问题。中共中央、国务院

《关于全面实施预算绩效管理的意见》（中发〔2018〕34号）明确指出："创新评估评价方法，立足多维视角和多元数据，依托大数据分析技术，运用成本效益分析法、比较法、因素分析法、公众评判法、标杆管理法等，提高绩效评估评价结果的客观性和准确性"。可以说，选取科学合理的预算绩效评估评价方法是分析预算绩效状况、解决绩效可比性的关键，关系到绩效评估评价结果的客观性和准确性，也关系到预算绩效事前评估、绩效运行监控、预算绩效评价工作的开展水平。

一、预算绩效评估评价方法概述

事前绩效评估与事后的预算绩效评价涉及绩效评价方法的选用，均须遵循简便有效的原则，根据评估评价的目标、主体、对象及其具体情况采用一种或多种方法。基本程序是在确定好预算绩效指标和标准体系之后，通过对各层次指标进行合理赋权，获取数据并遵循一定的评分规则得出相应的评价结果，一般采取综合打分制。一般而言，财政部门对绩效评价方法的选择做出统一的适用原则和标准，对相同类型的项目尽可能采取一致的评价方法，以便进行横向比较；同时各具体评价主体也需深入了解项目的特性，结合财政部门的要求选择相适应的评价方法，也可在允许范围内采用个性化的评价方式，保证评价结果的准确性和实用性。

（一）常用绩效评估评价方法

绩效评估评价方法是指用于分析绩效数据，得出评价结论的各种经济分析、评估和评价方法。常用的绩效评估评价方法包括成本效益分析法、比较法、公众评判法、因素分析法、最低成本法、标杆管理法等，不同的评价主体选择评价方法往往会存在差异，而不同绩效评价方法的侧重点及应用节点也有所不同（见表8－6）。

表8－6　常用绩效评估评价方法及应用

绩效评估评价方法	内涵	应用
成本效益分析法	将投入与产出、效益进行关联性分析的方法	最适合于成本和收益都能准确计量的项目评估评价，可用于备选方案的比较，绩效水平的比较等
比较法	将实施情况与绩效目标、历史情况、不同部门和地区同类支出情况进行比较的方法	操作上相对简便，主要适用于财政项目资金管理等评价标准的确定较为复杂的项目，是预算单位自评最常用的方法
公众评判法	通过专家评估、公众问卷及抽样调查等方式进行评判的方法	适用于无法直接用指标计量其效益的评价维度，具有民主性、公开性
因素分析法	指综合分析影响绩效目标实现、实施效果的内外部因素的方法	利用统计指数体系，分析投入产出各个因素影响程度，适用于大部分公共项目评价
最低成本法	在绩效目标确定的前提下，成本最小者为优的方法	适用于某些成本易于计算而效益不易计量的财政支出项目，如社会保障支出项目
标杆管理法	指以国内外同行业中较高的绩效水平为标杆进行评判的方法	

（二）预算绩效数据获取方法

当前普遍应用的预算绩效评价资料收集方法有：报告或文件、案卷研究、访谈、座谈会、问卷调查、实地调研等，针对其各自的优缺点遵循灵活务实的原则选择最优方案。预算绩效数据的主要来源包括：各级各类统计数据，如GDP、常住人口、在校学生数、基本医疗保险参保率等；预算部门（单位）业务统计、记录、评判，如培训人数、网站访问量、完成课题数，能够反映项目情况的音像、视频资料以及项目成效、工作效果等定性指标；权威机构调查（统计），如基本科学指标数据库（ESI）高校学科排名、科学引文索引（SCI）收录论文数等；问卷调查报告、媒体舆论，如满意度等。

实际工作中，一般采取现场调研和非现场调研相结合的方式进行：前者采取查看、访谈、问卷等方法获取信息，需要制定科学有效的社会调查方案；后者主要有提交资料清单、基础数据表等方法。绩效评价应当选择一定数量的样本进行。原则上，样本总量可按照资金额度或市县（项目）个数的20%确定，样本个体可采取分类、分层抽样的办法确定，应当具有广泛代表性。可以根据评价对象及目的，适当增加样本总量，直至实现全覆盖。收集数据资料时，应注意符合以下要求：一是完整。内容全面，无遗漏，范围齐全，时间连续。二是准确。这是最重要最基本的要求，准确反映实际情况，各指标间无矛盾，各数据无不合理现象。三是及时，应有明确的时间限制。四是适用，能反映本质问题；五是经济，要以最低的费用获取最多的信息。

获取数据后就需要进行数据整理与分析，首先要对所获取的信息要去粗存精、去伪存真、由此及彼、由表及里地进行分析判断，作出客观评价。然后结合各项目特点，采取统计方法了解数据的分布与变化，建立数学模型，进行回归分析、相关分析等，利用信息化软件，从资金类别、区域分布、发展趋势、支持方向等维度开展深度分析，为预算绩效质量评价奠定基础。此外，随着技术的发展，预算绩效数据获取和分析还可采用新的信息挖掘工具，如数据挖掘、数据库知识发现、数据组合处理法等，当前诸如交通、医疗、住房、教育、农村农业等领域的不少项目预算绩效评价均进行了探索运用。

二、综合打分制绩效评估评价方法及运用

（一）方法介绍

综合打分制方法是当前我国预算绩效评估评价中最普遍采用的方法。自财政支出绩效评价试点开始，到全面预算绩效管理下的绩效评估评价，无论是事前绩效评估，还是单位自评、部门评价抑或财政评价，都普遍采用了综合打分制绩效评价的方法。该方法以其标准化、透明化、简单易行等特点在预算绩效评价推广中发挥了重要的作用，并广泛存在于农业、教育、社会福利、科技等各个领域。

综合打分制绩效评估评价方法无须考虑评价指标体系量纲标准化的问题，而是将多维绩效整合于单一的指标化的方法体系中，采用逐项打分的方法，评价绩效目标的完成情况，并将多维绩效得分加总，形成定量的绩效评价结果，最终以分数或分档的形式体现。其评价过程一般分为三个步骤：第一，根据收集、整理的证据和设定的打分标准，对各项评价指标进行赋权，即确定各级指标分值权重；第二，制定绩效指标赋分规则，评定各项指标得分，并对每个评价维度的各项指标得分进行加总，算出评价对象的总体

得分；第三，根据总分及分档设置标准，确定受评对象的绩效等级。

综合打分制绩效评估评价的做法逻辑清晰，可比性强、操作简便。但是，也存在不可回避的局限性，如“一刀切”的指标体系和将管理绩效与产出绩效等多维指标融为一体的操作，难以体现绩效实质和绩效战略目标；容易出现评价尺度差异较大，难以将评价对象的关键信息或问题揭示出来；并不能真正揭示投入—产出—效益的逻辑问题，“绩效”失真等。这就需要在绩效评估评价加权求和基础方法上探索新的分析方法作为补充关键信息之用。如可以引入“网状多维度评分结构”对项目进行事前绩效分析和评估，通过将每个二级评分指标中的“内部因素”和“外部因素”进行整合，与一级指标共同形成二维的网状评分结构，最终的评价结果通过“内因”和“外因”两个方面进行展示，使评估结果更立体、准确。

（二）方法运用的要点

综合打分制绩效评估评价方法关键要点在于指标分值权重和指标赋分规则。不少地区出台的事前绩效评估和绩效评价相关政策文件中，对指标框架、指标分值权重和指标赋分规则进行了或多或少的规定，如表 8－7 所示。

表 8－7　部分政策文件关于绩效指标分值权重的规定

类别	政策文件	指标框架	指标分值权重	指标赋分规则
事前绩效评估	《北京市市级财政支出事前绩效评估管理办法》（京财绩效〔2019〕2129 号）	项目类与政策类，均到二级指标	一级、二级均有	无
	《河南省省级预算项目政策事前绩效评估管理办法》	三级指标	无	无
项目绩效评价	《项目支出绩效评价管理办法》（财预〔2020〕10 号）	三级指标	对单位自评、财政和部门绩效评价的指标分值权重进行原则性规定	对单位自评指标赋分规则进行了规定
	《北京市项目支出绩效评价管理办法》（京财绩效〔2020〕2146 号）	三级指标	统一设置一级指标分值权重（原则上），对二级、三级指标进行原则性规定	对单位自评指标赋分规则进行了规定
	《浙江省项目支出绩效评价管理办法》（浙财监督〔2020〕11 号）	三级指标	对部门评价与财政评价绩效指标分值权重进行原则性规定	对单位自评指标赋分规则进行了规定
政策绩效评价	《上海市市级财政政策预算绩效管理办法（试行）》（沪财绩〔2019〕20 号）	三级指标	统一设置一级指标分值权重（原则上），对二级、三级指标进行原则性规定	无
部门整体预算绩效评价	《广东省省级部门整体支出绩效评价管理办法》（粤财绩〔2017〕13 号）	三级指标	一级、二级、三级均有	有
	《重庆市市级部门整体绩效管理办法（试行）》（渝财绩〔2019〕18 号）	原则性规定	共性指标 30 分；个性指标 70 分	无

1. 绩效指标分值权重

指标分值权重，即解决指标的重要性排序及加总问题，是多指标综合评价中难以绕开的话题。统计学界对赋权问题做了很多探讨，开发了许多确定权重的统计方法，归纳起来，有主观赋权法和客观赋权法两大类：前者主要有直接评分法、专家评分法、成对比较法、对比排序法等；后者主要有主成分分析法、熵值法、因子分析法、变异系数法、秩和比法等等。由于预算绩效本身较为特殊，事前评估和事后绩效评价中绩效指标分值权重的确定大多数主要是结合政策规定，按照指标重要程度、项目实施阶段等因素综合确定，具有比较强的主观性和不确定性，很难像自然科学或者工程科学那样实现精准的量化。

关于事前绩效评估，作为一项正在探索中的改革，各地关于绩效指标分值权重确定的规定各不相同。目前河南、安徽、海南、福建等地出台的关于事前绩效评估的政策文件中均未对绩效指标分值权重进行规定，而湖北省关于事前绩效评估的政策文件附件中的“湖北省省级预算事前绩效评估指标框架”给出了一级指标的分值，北京、山西等地关于事前绩效评估政策文件附件中的“财政支出项目事前评估评分标准体系”和“财政支出政策事前评估评分指标体系”均列出一级指标、二级指标、评估要点及分值，指标框架一致，但指标分值权重存在差异（见表8-8）。

表8-8　部分地区关于项目事前绩效评估绩效指标分值权重的规定

一级指标	赋分		二级指标	赋分	
	北京市市级	山西省省级		北京市市级	山西省省级财政
立项必要性	20	30	政策相关性	5	8
			职能相关性	5	8
			需求相关性	5	7
			财政投入相关性	5	7
投入经济性	20	20	投入合理性	10	10
			成本控制措施有效性	10	10
绩效目标合理性	20	15	目标明确性	10	8
			目标合理性	10	7
实施方案有效性	20	20	实施内容明确性	6	6
			实施方案可行性	7	7
			过程控制有效性	7	7
筹资合规性	20	15	筹资合规性	10	5
			财政投入能力	5	5
			筹资风险可控性	5	5

关于项目绩效评价，各级各地大体上都明确了绩效指标“突出结果导向，原则上产出、效益指标权重不低于60%”的规定。财政部2020年印发的《项目支出绩效评价管

理办法》中规定，单位自评指标的权重原则上是统一设定的，分为预算执行率10%、产出指标50%、效益指标30%、服务对象满意度指标10%，如有特殊情况，一级指标权重可做适当调整。二级、三级指标应当根据指标重要程度、项目实施阶段等因素综合确定，准确反映项目的产出和效益。而财政和部门评价指标的权重根据各项指标在评价体系中的重要程度确定，应当突出结果导向，原则上产出、效益指标权重不低于60%。同一评价对象处于不同实施阶段时，指标权重应体现差异性，其中，实施期间的评价更加注重决策、过程和产出，实施期结束后的评价更加注重产出和效益。

关于政策绩效评价、部门（单位）整体支出绩效评价、财政运行综合绩效评价，国家层面目前尚未出台明确的政策文件，各地实践仍处于初步探索阶段，绩效指标框架及指标分值权重的确定也各不相同，大体上均是遵循预算绩效管理相关政策原则性规定，根据指标的重要性原则进行设置。

2. 绩效指标赋分规则

确定绩效指标分值权重后，需要制定绩效指标赋分规则。首先，根据评估评价对象和绩效指标考察方向情况，明确各指标的赋分规则。综合理论和实践，赋分方法大体上分为直接赋分、按重要性均等赋分、按重要性差异赋分、按评判等级赋分、按线性规则赋分、按区间赋分并设置及格门槛和按比例赋分并设置及格门槛等等，满意度赋分方法也并不完全统一，一般是按照区间赋分的，具体如表8-9所示。对于不同类型的绩效指标应当选择适合的赋分方法。然后，建立起指标与评分规则之间的勾稽关系，确保同一个指标在应用过程中只用一种评分规则。最后，获取并分析资料与数据，按照评分规则测算出某个指标的得分。

表8-9　绩效指标赋分常用规则

赋分方法	内涵	举例
直接赋分	依据要素具备情况进行有无判断，符合要求的得满分，不符合要求的不得分或者扣相应的分数	项目有绩效目标，得满分；无绩效目标，不得分
按重要性均等赋分	多个要素的重要性均等，依据相同权重赋分	预算编制科学性得分要素有：预算编制经过论证；预算内容与项目实际内容匹配；预算额度测算依据充分，按标准编制；预算确定的项目资金量与工作任务相匹配。具备一个得分要素，得到指标分值的25%
按重要性差异赋分	多个要素的重要性存在差异，依据其重要程度赋予不同分值	部门预算公开得分规则：按规定内容、在规定时限和范围内公开的，得2分；进行了公开，但未达到时限、内容或范围要求的，得1分；没有进行公开的，得0分；涉密部门经批准不需要公开相关信息的，计2分
按评判等级赋分	依据指标完成程度进行多级判断，并就不同级别赋予不同分值，主要适用于情况说明类的定性指标	基本达成目标、部分实现目标、实现目标程度较低三个档次，并分别按照该指标对应分值区间100%—80%（含）、80%—60%（含）、60%—0%合理确定分值
按线性规则赋分	以目标值为满分点，评分依据业绩值进行递增或递减	财政拨款收入预决算差异率为0，得满分；每增加5%（含）扣减0.5分，直至扣完为止

续表

赋分方法	内涵	举例
按区间赋分，并设置及格门槛	以目标值为满分，依据影响程度设置临界点，低于或超过临界点按照区间赋予不同分值	预算执行率，项目完成且执行数控制在年度预算规模之内的，得满分 10 分；项目尚未完成，预算执行率小于 100% 且大于等于 80% 的得 7 分，小于 80% 且大于等于 60% 的得 5 分，小于 60% 的不得分
按比例赋分，并设置及格门槛	以目标值为满分，依据影响程度设置临界点，低于或超过临界点按照比例赋予不同分值	完成率小于 60% 为不及格，不得分；大于等于 60% 的，按超过的比重赋分，计算公式为得分 =（实际完成率 - 60%）÷（1 - 60%）× 指标分值
满意度赋分	对服务对象、受益群体的满意程度询问调查，一般按照区间进行赋分	满意度大于等于 90% 的得 10 分，满意度小于 90% 且大于等于 80% 的得 8 分，满意度小于 80% 且大于等于 60% 的得 5 分，满意度小于 60% 不得分

项目绩效评价中的单位自评往往采用定量与定性评价相结合的比较法进行赋分。对于定量指标赋分，通过与年初指标值相比，完成指标值的，记该指标所赋全部分值；对完成值高于指标值较多的，要分析原因，如果是由于年初指标值设定明显偏低造成的，要按照偏离度适度调减分值；未完成指标值的，按照完成值与指标值的比例记分。对于定性指标赋分，按评判等级赋分，根据指标完成情况分为达成年度指标、部分达成年度指标并具有一定效果、未达成年度指标且效果较差三档，分别按照该指标对应分值区间 100%—80%（含）、80%—60%（含）、60%—0% 合理确定分值。

三、成本—效益分析法及运用

（一）方法介绍

成本—效益分析法是指将投入与产出、效益相关联，通过开展成本核算，并对全部成本和效益进行对比来评估评价项目（政策）投入价值，以实现投入最小的成本获得最大的收益为目标的分析方法。最早由 19 世纪法国经济学家朱乐斯·帕帕特提出。随后美、英等国逐步将成本效益分析框架运用到政府活动的管理和评价中，如 20 世纪 30 年代美国对洪水控制法案和开垦法案进行的成本效益分析，并在 80 年代将该分析方法全面纳入重要政策的决策过程；20 世纪 60 年代起英国对铁路等公共投资项目开展成本效益分析。

目前成本—效益分析已经成为政府预算管理领域的重要方法。其中，卡尔多—希克斯标准是成本—效益分析的主流方法，优势在于成本—效益分析是为了解决问题提供答案，而不是为了争论继续提供信息，要素分析详见表 8 - 10。在预算绩效评价中，不确定因素的估测技术是运用成本—效益分析法的核心和关键，比如社会折现率已经在一些国家食品安全与环境保护的风险评估领域得以应用。对于政府而言，运用成本—效益分析法能够克服传统政治问题解决过程中的三个缺陷，即信息贫乏、思维混乱及无力的解释，压缩暗箱操作及非理性决策的空间，发挥自我纠偏的优势，增强政府的公信力。

表 8-10　　卡尔多—希克斯标准补偿变差要素分析

支付意愿（WTP）	处于不利地位一方的支付意愿，为了获利或避免损失所承担的最大不利
接受补偿意愿（WTA）	处于有利地位的一方的接受意愿，即让渡优势而接受损害的最低补偿意愿
收益（Benefit）	（1）收入：支付意愿，积极追求改变的付出，补偿变差是有限的。 （2）返还的损失：接受补偿意愿，补偿变差是无限的
成本（Cost）	损失：接受补偿意愿，若消极追求改变，所愿意接受的补偿变差是无限的，若积极追求改变，补偿变差是有限的

成本—效益分析法操作过程大致分为五步：第一步，明确绩效目标和方案；第二步，分析各方案的成本和效益；第三步，量化并对比分析各方案的成本和效益；第四步，深入分析各方案的成本和效益；第五步，选择最优方案。运用成本—效益分析法关键在于对成本进行归集、对效益进行评定。成本主要包括资金、资产、人力资源等有形和无形投入，效益包括经济效益、社会效益、内部管理效益进而可持续效益等综合效益。《中央部门项目支出核心绩效目标和指标设置及取值指引（试行）》（财预〔2021〕101 号）要求：项目支出首先要强化成本的概念，加强成本—效益分析。对单位成本无法拆分核算的任务，可设定分项成本控制数。对于具有负外部性的支出项目，还应选取负作用成本指标，体现相关活动对生态环境、社会公众福利等方面可能产生的负面影响，以综合衡量项目支出的整体效益。其中，成本包括经济成本、社会成本和生态环境成本等，效益包括经济效益、社会效益、生态效益等。

成本—效益分析法在公共决策过程中发挥着重要作用，可用于某项预算支出的各备选方案的比较，通过对各备选方案的成本和收益进行计算，得出每个方案的净收益，最终选取净收益最大或收益率最高的方案。在对相同类别的不同预算支出项目进行横向比较时，或者不同地区的比较时，也可采用成本—效益分析法。通过考核财政支出的绩效水平，分析绩效差异产生的原因，提出改进绩效的方法，从而促进预算资金使用效率的提升。应当注意，在公共部门中成本—效益分析法就并不适合所有支出项目的评估，特别是那些成本和收益无法用货币明确计量表示的项目。在选用该方法时，必须基于项目的同等重要性为前提，避免一些必要项目被否定。

（二）应用实例：英国就业促进项目“减少福利需求者——求职津贴”绩效评估

英国的新经济组织发布的《地方伙伴成本收益分析指南中》（以下简称《指南》）介绍了成本—收益分析方法（CBA 模型）应用于政策评估的框架，同时包含了对 18 个具体案例的成本—收益分析的过程，解释了 CBA 模型是如何将财政效益和社会经济效益货币化的和如何随着时间的推移将这些收益在不同的机构之间进行分配的。以英国劳动和养老金部（DWP）的就业促进项目“减少福利需求者——求职津贴”（Reduced Benefits claimants-Jobseeker's Allowance，JSA）为例，结合单位成本数据库中的相关数据说明在指南框架下成本—收益分析的方法是如何运用的。

《指南》将干预政策的成本收益分析过程分为输入端和输出端，输入端包括未经处理的成本数据和收益数据，输出端主要是通过折现和相关的调整因子处理后的可供分配的社会经济净效益。具体过程如下所述：

1. 成本核算

在核算成本时，需要将当前的服务和支持方式分解为如下四个阶段，如表 8 - 11 所示。

表 8 - 11　成本核算的四个步骤

识别与参与	关键机构：英国劳动和养老金部（DWP）和卫生服务局（NHS）。 影响范围：包括政策作用范围内所有的劳动年龄人口
评估	目标受益人口：指政策范围中所有失去工作能力，依赖求职津贴的个人。 "就业促进项目"通过增加就业的劳动力人口数量带来影响。求职津贴（JSA）作为失业劳动人口的主要福利，是劳动和养老金部的一项的支出，同时节省和申请、发放求职津贴有关的运营成本；再就业人口通过劳动可以创造经济效益且增加所有税和国民保险等收入；就业提升社会整体卫生健康水平，减少卫生健康部的医疗支出
干预	"就业促进项目"实施
总结回顾	项目结束实施后需要回顾项目取得的成果

资料来源：HM Treasury.《地方伙伴成本收益分析指南》(*Cost Benefit Analysis Guidance for Local Partnerships*) [R], 2014.

项目团队按需要按顺序分别列出每个阶段的发生成本的机构以及每个机构产生的成本类型（包括经营活动成本、投资活动成本、公益活动成本）。此方法能够帮助项目团队核算项目实施过程中哪些机构承担什么类型的成本依据成本大概于何时发生。如果一项服务由几个不同的部门提供，则项目成本是根据提供联合服务的成本计算的，并且根据机构承担的服务在总体中所占的比例将成本分摊给各个部门。

《指南》规定：通过成本核算的范畴主要指通过项目简化服务和避免重复带来的成本节约，这些节省应从项目的运营成本中扣除。CBA 注重"比较"，当考虑成本的时候，应更加关注实施新干预模式的边际成本。为了评估项目的实施是否可以有效降低成本，需要对提供服务的新交付模式（CDM）的边际成本和没有采取任何干预之前普通模式（BAU）的边际成本进行比较。对于"就业促进项目"，实施干预之后和未干预状态下主要的边际成本变化来自于需要求职津贴人数的变化。求职者津贴是英国发放给失业人员的主要福利，满足以下两种条件其中之一便可以申请：第一种是基于地区，申请者为通用信用服务区居民即可；第二种是基于贡献，即申请津贴者在过去两年中支付国民保险 1 并达到一定额度后予以发放。表 8 - 12 为每新增一个求职津贴的需求者给劳动和养老金部带来的边际成本。

表 8 - 12　新增 JSA 需求者带来的边际成本

成本名称	单位	金额（£）	注释
夫妻均超过 18 岁——最高付款项	每对每星期	111	发放金额可能会根据年龄，收入和储蓄情况而有所不同
单身，年龄不超过 24 岁——最高付款项	每人每星期	56	发放金额可能会根据年龄，收入和储蓄情况而有所不同

续表

成本名称	单位	金额（£）	注释
单身，年龄超过 25 岁——最高付款项	每人每星期	70	发放金额可能会根据年龄，收入和储蓄情况而有所不同
处理每个新增求职津贴需求的成本	每项申请	78	新的索赔涉及与申请人和第三方（例如前雇主）的多次互动，例如，收集证据以根据福利政策规定和避免欺诈策略验证身份和资格并处理对所做出决定的任何申诉
管理现有求职津贴的成本	每项申请	386	这笔费用包括在求职津贴发放期间每两周进行一次的可能影响获取福利资格的合规性检查以及对潜在欺诈和错误的调查；它还包括每两周进行一次付款情况的查询
合同签署费用	每人	9	为了继续获得求职者津贴或国家保险，接受补助者需要每两周到指定网站（JobCentre）上完善和人求职状况。劳动与养老金部产生网站维护和信息审查等成本
求职咨询服务	每人	54	顾问团队为失业者提供就业支持，产生的成本包括发出邀请，进行面试，获取职位空缺信息，提供劳动力市场计划（例如工作计划，工作准入和培训计划），跟进并保持此人的劳动力市场记录

注：表中数据基于 2017—2018 年的价格水平。资料来源：Job-Seekers Allowance（GOV. UK，April 2019）；Transactions Explorer，GOV. UK。

2. 收益核算

“就业促进项目”带来的收益主要可以分为两大方面：一是减少的求职津贴发放及其相关运营成本带来的收益；二是就业直接带来的经济社会效益。收益分为两大类：财政收益和公共价值。财政收益是由于特定项目（例如减少卫生服务、警察或教育费用）而给公共部门带来的节省。公共价值是衡量社会整体价值的指标，包括除了转移支付之外的所有财政福利，地方的经济净增长以及更广泛的社会福利，包括改善居民健康状况和教育程度，减少犯罪等社会收益。

财政收益往往通过公共支出的减少体现，虽然没有表现出福利的直接增加，但是我们还是需要尝试着去表示它们，因为这些效益代表了公众释放资源用于其他生产目的（即使公共支出没有减少）中得到的利益。比如减少医院急诊的人数可以释放部分员工的时间，他们可以利用这些时间从事其他活动创造出更多的价值。在这种情况下，假定财政收益等于正常经营下资源的“机会成本”，预期由拟实施的备选方案而改变，即放弃正常经营的情况下，资源的替代使用的价值。不同收益类型的划分举例如表 8 - 13 所示。

表 8 - 13　干预措施不同的收益类型举例

采取的措施	财政收益	社会收益
对有心理健康问题的劳动人口进行就业指导	就业人数增加，失业救济金支出减少	就业增加创造更多的产出； 就业帮助失业人口实现个人价值，有助于个人信心和自我认同感的建立
成立解决反社会行为的项目	减少警察、地方当局等应对突发事件所付出的成本	避免公共部门的相关机构花费时间的机会成本； 企业更多地考虑环境问题，承担社会责任； 减少当地居民对于犯罪行为的恐慌，增加认同感

续表

采取的措施	财政收益	社会收益
毒品药物防控项目	节省应对健康问题和刑事犯罪的成本，如急诊就医、长期医疗费用以及回应犯罪等	避免公共部门的相关机构花费时间的机会成本；改善个人的健康状况和预期寿命

根据英国公共部门单位成本数据库中关于“就业促进项目”产生影响的相关科目的列示，个人获得就业机会的货币化价值如表 8－14 所示。

表 8－14　　个人获得就业机会收益的货币化

		每年每个额外获得就业的人所带来的货币化收益（单位英镑）	
收益产生动因	收益的来源	财政收益	社会收益
减少福利开支	求职津贴需求减少	12 657	
提升社会经济福利	再就业创造价值		17 420

注：表中数据基于 2017—2018 年的价格水平；资料来源：英国公共部门单位成本数据库。

其中，财政收益的明细科目如表 8－15 所示。

表 8－15　　财政收益明细科目

明细科目	单位	承担成本/获取收益的机构	金额（英镑）	注释
失业者求职津贴索赔金额	每人每年	劳动和养老金部（DWP）	7 476	包括￡4 000 的求职津贴福利付款；￡2 328 的住房补贴；￡1 148 运营成本
国民税收、保险收入	每人每年	英国税务与海关总署（HM Revenue and Customs）	4 596	该科目包括所得税增加￡1 375；国民保险金增加￡1 244；雇员的国民保险费增加￡1 024；间接税增加￡1 016
健康状况提升	每人每年	卫生服务局（NHS）	585	该条目与就业对个人健康的积极影响相关。但是对此影响的货币化并非易事，因此应谨慎使用此值

注：表中数据基于 2017—2018 年的价格水平；数据来源：Working Paper 86：The Department for Work andPensions Social Cost－Benefit Analysis Framework（DWP，2010），Appendix D；全部资料来源：英国公共部门单位成本数据库。

确定所涉及的机构应该分配到的财政福利比例时应使用下列百分比：劳动与养老金部 59%，卫生服务局 5%，英国税务与海关总署 36%。

3. 输出社会经济净效益

在计算“就业促进项目”的总效益时，应该将核算出的财政收益和社会收益加总。但是需要注意的是，在加总的过程中往往会出现部分“重叠科目”，即存在转移性支付，需要我们识别相关科目并将其剔除以避免重复计算收益。上述案例中，英国海关与税务总署的税收及保险收入来自于原本享受求职津贴等福利的失业者重新就业创造的价值，劳动和养老金部节省的求职津贴以及住房补贴等福利支出的价值转移到了受补助者就业创造的价值中，因此这部分财政收益共计 10 924 英镑，包括 4 000 英镑的求职津贴福利付款，2 328 英镑的住房补贴和 4 596 英镑的国民税收、保险收入被排除在净收益的计算范围之外。社会经济总价值为 19 153 英镑（2017—2018 年度价格水平），这包括减少的劳动和养老金部的运营成本（1 148 英镑）和减少医疗保健成本（585 英镑）带来的财政收益以及净经济收益 17 420 英镑。

《指南》指出估算社会经济净收益的时候，要将各种可能不确定性以及有偏估计因素可能导致的误差，通过合理的计算体现在收益之中。《指南》给出了每份产出可能实现的最大货币化收益的通用计算公式：

收益 = 目标人数 × 参与率 × 衰减因子 × 置换率 ×（成功率 - 无谓因子）× 产出价值 ×（1 - 乐观偏误）

一是置换和替代效应（Displacement and substitution）。它是指收益的增加被其他方面收益的减少所抵消的程度。在“就业促进项目”的评估中，我们应该考虑到通过就业计划找到工作的人可能会取代其他工人。这意味着，项目参与者获得的额外工作年数的一部分可能是以非参与者失去工作为代价而获得的，而这种来自于劳动力市场的需求端（例如就业补贴）的干预带来的失业风险要高于劳动力市场的供给端（如培训）。劳动和养老金部建议将总收益调低 45% 以反映由于“就业促进项目”带来的失业问题，调整后的总收益为 19 153 ×（1 - 45%）= 10 534。在计算“就业促进项目”的净收益时还应将时间纳入考虑范围，上文计算出的 19 153 英镑的社会经济效益是基于每个受补贴者重新就业并满 12 个月的就业期计算出来的数据，但并非所有重新进入就业岗位的人都会持续工作，因为衰减因子的存在。通常情况下，未来的几年中，项目的影响力会逐渐减退，或者即便没有减弱，其他因子对该成果产生的影响也会越来越大。为了使收益分析尽可能地准确，CBA 模型要求项目团队预测何时可能出现期望的结果以及该结果将在整个受益群体中持续多久。假设“就业促进项目”每年可以支持 100 个失业人口不再依赖求职津贴并成功就业，则该项目年最大潜在产出是 100 × 10 534 = 1 053 400。如果该项目的持续时间是 5 年，总产出就是 527 万英镑。然而，预计每年接受资助的居民有一半面临广泛的就业障碍，因此在第一年重新就业的可能性很小。剩下的半也需要一些时间，对这些居民来说，就业前的平均滞后期可能是 6 个月。基于此，团队认为：25% 的最大年收益将在第一年实现，第二年是 65%，第三年是 80%。三年过后，一开始在项目支持下就业的人有可能因为劳动力市场的变化而重新失业，根据团队的分析预测，有 75% 的人在第四年成功就业，到了第五年比例下降为 70%。根据上述比率，项目五年的潜在最大收益是 332 万英镑。

二是无谓因子（Deadweight）。它是影响收益估计准确性的一个重要因素，表示在计算一个方案实施带来的收益的增加时，无论方案是否实施都会增长的部分。

三是乐观偏误（Optimism bias）。它指由于人们对于长期趋势的乐观预期和与该模式无关的其他因素的影响，评估人员对于干预措施关键参数的估计往往存在过于乐观的趋势，这些关键参数包括投资成本、运营成本、项目影响的持续时间以及收益的估计等。

四是漏损率（Leakage）。它指项目干预可能导致在项目区以外的其他人受益或导致个人移出项目区的结果的变化等。

评估人员需要根据所评估项目、政策、计划的性质特点选取合适的调整因子，经过一系列调整后的净收益数据可以通过不同年度的 GDP 平减指数调整到评估人员需要的年份与相关数据进行比较以帮助决策。

四、数据包络分析法及运用

（一）方法介绍

数据包络分析方法（Data Envelopment Analysis，简称 DEA）是根据多项投入指标和多项产出指标，利用线性规划的方法，对具有可比性的同类型单位进行相对有效性评价的一种数量分析方法。1957 年 Farrell 提出了一种具有多种输入和输出的企业综合效率、技术效率和规模效率，进而提出了根据所研究的样本群体进行加权平均而构造“有效前沿面”的具体测度方法，这形成了 DEA 模型的早期思想。1978 年美国运筹学家 A. Charnes 和 W. W. Cooper 提出了多输入—多输出的非参数分析，进而形成了基本 DEA 分析模型，即 C^2R 模型。目前 DEA 模型已广泛应用于不同行业及部门，在管理学、经济学领域中得到了大量应用，尤其是其在处理多投入—多产出型问题时，计算方便，结果直观，具有绝对优势。

DEA 的基本思路是把每一个被评价单位视为一个决策单元（DMU，decision making units），在实际运算中搜集多个同类 DMU 样本，对其参与活动的投入产出要素情况进行分析，评价各 DMU 活动管理的相对效率。DEA 并不直接对数据进行综合，因此决策单元的最有效率指标与投入指标值及产出指标值的量纲选取无关。DEA 无需任何权重假设，而以决策单元投入产出的实际数据求得最优权重，排除了很多主观因素，具有很强的客观性。因而不仅可以将待评价的决策单元进行效率排队，还能进一步指出无效单元的无效原因及改进的方向和尺度，为决策者提供更多有价值的管理信息。

DEA 方法应用步骤包括：第一，明确评价目的，选择 DMU。评价目的通常包括评价决策单位生产活动的相对有效性；评价决策单位的生产效率或规模收益状态，是否具有规模拥挤或弱拥挤迹象；为非有效决策单元生产活动的改进提供决策依据；总体目标是倾向于减少收入或控制规模，还是增加收入或扩大规模。然后选择 DMU，基本要求是 DMU 同类型，可以用 DMU 的物理背景或活动空间来判断，如是否具有相同的外部环境、相同的目标任务、相同的输入与输出指标等，也可以用 DMU 活动的时间间隔来构造，个数不宜过多。第二，建立输入输出指标体系。这是一项基础性前提工作，系统的评价指标不同，其有效性的评价结果也将不同。指标选取应当遵循目的性、精简性、关联性、多样性等原则。过多的评价指标可能会降低 DEA 评价效率，通常情况下可以用多元统计分析方法对指标进行筛选，比如指标聚类分析、相关分析、主成分分析等。第三，收集和整理数据资料。若评价指标中包括非结构化因素，需要按照可靠标准予以量化赋值。第四，选择模型进行评价。为得到不同侧面的评价信息，在可能情况下，尽量选用不同类型的 DEA 模型同时进行分析，再把分析结果相互比较。第五，评价结果。

在预算绩效评价中，DEA 模型对于相同类型的决策单位具有可行性和适用性，如部门切块资金等领域。一是 DEA 模型能匹配部门切块资金多投入—多产出特点。二是切块资金各用款单位天然具备 DMU 决策单元特点。部门切块资金的用款单位往往性质相同或相近，且从事管理活动的目标均为实现行业中长期规划制定的目标。三是 DEA 模型忽略指标权重，能有效避免权重设置产生的争议。不过在确定最终指标体系时仍有可能存在分歧，可以采用专家打分法筛选出重要性排名靠前的指标，在提高公允度的同时，保证结果的客观性。四是 DEA 模型结论可为用款单位改进管理提升效益提供建议。DEA 模型最终得出的松弛变量数值，可以为二级单位提高管理效率，节约要素投入提供参考意见。

（二）应用实例：Z 市校园足球资金项目绩效评价

对于 Z 市校园足球项目，在每年的预算安排过程中，教育部门会根据当年校园足球活动的开展计划，并参照以往年度校园足球开展活动预估当年资金需求，报财政部门审核，待人民代表大会批复当年预算后由财政部门切块下达教育部门，再由教育部门在各校园足球特色学校中进行分配。在 Z 市校园足球项目设立之初，项目预算均以固定金额形式下达各校。随着项目的持续开展，各学校考虑自身学校学生人数不同、场地大小不同等因素，纷纷向当地教育局提出追加资金申请。考虑该项目运作期间，社会反响良好，当地财政与教育部门逐步考虑按生均经费的思路增加预算安排，并依旧以切块资金形式下达各中小学。该项目涉及投入产出指标和相对效率的高低评价，运用 DEA 模型能找出投入产出中可能存在的问题，以服务于科学预算、精准预算，提高足球项目资金的使用效益。具体方法如下：

第一步：确定被评价单位，选择 DMU。相比 DEA 模型应用流程，绩效评价实务往往带有明确的目的性，在评价之初就应明确被评价单位，同时结合 DEA 模型对各 DMU 同质化的要求，在具体应用过程中应该分别就中学和小学进行评价，考虑到篇幅所限，实证过程仅围绕对校园足球特色小学开展。

第二步：建立指标库。综合收集国家部委，省、市有关部门关于该项目运作的有关文件，走进项目单位对项目受益群体或项目参与者进行调研，搜集相关指标内容；最后，召集专家和项目团队运用头脑风暴形式搜集相关指标，形成本次模型应用的指标库。

第三步：精筛指标，建立 DEA 模型指标体系。一个项目运转需要数以十计甚至数以百计的要素投入，也会产生经济、社会各方面的实际效益，然而从 DEA 模型应用角度来说，不可能每一项投入产出要素都参与运算，所以必须对要素进行去粗取精，选取关键指标参与运算。

表 8-16　　校园足球活动 DEA 指标优化结果

类别	指标
投入指标	人均教练数量
	项目资金人均投入
	体育活动课时
产出指标	学生体质达标率
	学生体质优秀率
	学校获奖次数

第四步：实地走访，搜集整理数据。通过当地财政部门、教育部门以及校方的紧密配合，按指标设计计划获取各指标的数据。

第五步：选择 DEA 经典模型及超效率模型进行分析。首先超效率分析计算结果如表 8－17 所示。各特色实验学校整体综合效率较高，B 小学、D 小学、E 小学、G 小学、J 小学、K 小学、L 小学、M 小学和 P 小学均属于 DEA 有效，E 小学的相对效率明显最高，达到了 176%，而 D 小学、G 小学和 M 小学相对效率处于第二梯队。综合效率小于 1 的 DMU 均为非效率 DMU，在管理上均由继续调整提升的空间。各学校 2016 年技术效率水平较高，表示如果将规模无效的因素去除后，在项目管理方面的技术无效导致的低效率行为。各学校规模效率比较接近，均处于较高水平。

表 8－17　　16 所学校相对效率情况

序号	学校名称	综合效率	排序	技术效率	排序	规模效率	排序
1	A 小学	0.874079	14	0.88	14	0.993	14
2	B 小学	1	7	1	1	1	1
3	C 小学	0.903125	13	0.903	13	0.999	10
4	D 小学	1.183189	3	1	1	1	1
5	E 小学	1.769377	1	1	1	1	1
6	F 小学	0.852292	15	0.854	15	0.998	12
7	G 小学	1.13213	4	1	1	1	1
8	H 小学	0.911192	12	0.911	12	0.999	10
9	I 小学	0.922201	11	0.948	11	0.972	16
10	J 小学	1.050862	6	1	1	1	1
11	K 小学	1.057966	5	1	1	1	1
12	L 小学	1	7	1	1	1	1
13	M 小学	1.237133	2	1	1	1	1
14	N 小学	0.962376	10	0.964	10	0.998	12
15	O 小学	0.832275	16	0.845	16	0.984	15
16	P 小学	1	7	1	1	1	1

从绩效管理活动本身来说，评价是手段，发现问题、解决问题，实现绩效改进是管理活动的目的。就本案例校园足球活动项目来说，教育部门决策者更关注的是如何提升项目执行能力，提升财政资金的使用效益。在这一环节，可采用 BCC 模型中的松弛变量进行分析。对于该环节综合效率为 1 的单位，其投入与产出有效，不许加以改善，故该部分仅针对剩余 7 个试点学校进行分析。将 16 所学校的投入产出指标值代入 BCC 模型，得出如表 8－18 所示的数据。

表 8－18　　16 所学校松弛变量表

序号	学校名称	综合效率	松弛变量 S_1^+	松弛变量 S_2^+	松弛变量 S_3^+	松弛变量 S_1^-	松弛变量 S_2^-	松弛变量 S_3^-
1	A 小学	0.879	0.185	2.34	0.023	0	0.032	0.728
2	B 小学	1	0	0	0	0	0	0
3	C 小学	0.903	0.941	1.938	0.016	0	0.025	0
4	D 小学	1	0	0	0	0	0	0
5	E 小学	1	0	0	0	0	0	0
6	F 小学	0.853	0.231	3.072	0.239	0.002	0	3.83
7	G 小学	1	0	0	0	0	0	0
8	H 小学	0.911	0.735	1.732	0.014	0	0.006	0
9	I 小学	0.948	0.075	1.01	0.008	0.001	0	2.134
10	J 小学	1	0	0	0	0	0	0
11	K 小学	1	0	0	0	0	0	0
12	L 小学	1	0	0	0	0	0	0
13	M 小学	1	0	0	0	0	0	0
14	N 小学	0.964	0.33	0.695	0.004	0	0.006	2.312
15	O 小学	0.845	0.257	4.063	0.027	0.028	0	1.605
16	P 小学	1	0	0	0	0	0	0

（1）S_1^+ 表示学校课时安排出现冗余，其中 7 个学校均出现了不同程度的投入冗余情况，尤其是 C 小学和 H 小学较为明显，说明这两所学校在学生学时分配上给予了校园足球项目相对较多的时间，而没有产生相对可观的效率。建议这两所学校在后期活动开展中注重科学的课时安排，合理规划文化教育和体育教育课时分配，适当减少学时投入，避免课时的浪费。

（2）S_2^+ 表示资金投入指标出现冗余，其中 7 个学校均出现了不同程度的资金投入冗余情况，尤其是 O 小学、F 小学和 A 小学，在后期的资金安排中，如果这三所学校仍提出了资金追加申请，教育部门可以考虑据此拒绝单位的追加申请，且在下年预算安排中适当压减三所学校资金预算规模，或提出项目改进建议书，提升资金使用绩效，避免财政资金的浪费。

（3）S_3^+ 表示人均教练数量指标出现冗余，从整体来看，F 小学出现了较为显著的教师数量冗余，而额外的教练数量虽然在一定程度上缓解了教师的工作强度，但是并没有带来项目效率的提升。结合 F 小学项目支出情况，评价组对学校进行调查，发现 F 小学除配备了较多的足球教练外，该校还额外聘请了一名外籍教练，但从产出角度来看，出现了一定程度的资源浪费，没有发挥出应有的效益。

综上，从 Z 市校园足球资金项目应用 DEA 模型进行绩效评价的实例来看，除需要一定的数据收集工作外，整个流程简便易行，且无需考虑各项指标的权重，人为因素影响较低，数据结果公允度高。

五、其他评价方法

高质量的预算绩效管理对绩效评价方法提出了更高要求，当前通用的综合打分制绩效评价方法某种程度上已经难以满足这一要求，成本—效益分析法、数据包络分析、层次分析法、灰色关联分析法、聚类分析法等技术要求较高、适用范围有限，因而亟待构建满足财政绩效评价管理需求的新的方法体系。综合国际实践来看，美国联邦政府以“基于证据的绩效评价方法”取代以 PART 为代表的综合打分制绩效评价方法，并已有相关成功案例值得借鉴。我国在新时代预算绩效评价方法体系改革中可借鉴“基于证据的绩效评价”理念，通过收集大量的数据、事实证据，以“基于证据 + 专家研判”的方法和高优先绩效目标评价方法等来评价绩效目标的达成情况，并强调基于绩效评价结果的管理改进。

在机构绩效评价中，可采取高优先级绩效目标评价的方法：（1）基于对机构自身使命定位的认识与理解，结合国家需求在 5 年期规划中制定 3—8 项机构层面的高优先级绩效目标，并提出实施方案。实施方案中包括高优先级绩效目标的责任人及对高优先级绩效目标的年度分解方案。（2）在绩效评价中，提出可靠的绩效测度标准与指标，定期采集评价所需的数据，开展基于数据与事实的绩效评价。在测度标准与指标的选择中，首先考虑是否存在成熟可靠的做法。如果存在，则验证该方法在本绩效评价中的可重复性；如果没有现成的方法，则需要考虑试验、开发新的方法。上述做法是为了寻求行之有效的、适合绩效目标的方法体系（见图 8 - 2）。（3）通过评价结果公开的方式接受全社会的监督。项目层面的绩效评价则成为机构层面开展高优先级绩效目标评价的基础，为机构层面的绩效评价提供数据与事实。

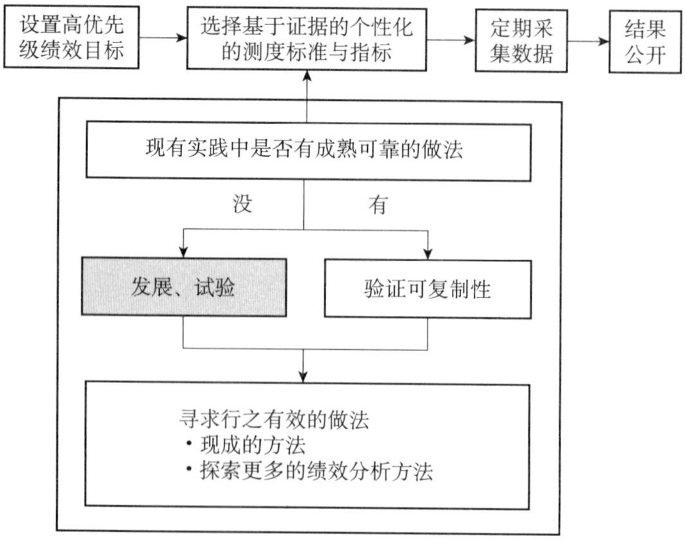

图 8 - 2　基于证据的绩效评价方法流程图

以 NSF 的绩效评价为例，2018—2022 年度，NSF 共提出 3 项机构高优先级绩效目标（见表 8－19）。其中，2019 年度，支撑高优先级绩效目标评价的基础数据和证据均来自于 NSF 项目绩效管理的《科研绩效阶段报告》。该代替了原有的项目报告，采取临时报告、年度报告、终期报告的方式描述科研项目的组织、成果、进展、影响力、经费等信息。总之，新的绩效评价方法体系以服务于绩效目标、改进绩效为目的，基于项目特点选取事实证据，采用多方专家研判的方式，判断绩效目标的完成情况并提出管理改进建议。

表 8－19　　美国国家科学基金会 2018—2022 年度高优先级绩效目标

战略愿景	高优先级绩效目标	
在科学、工程和研究等领域提升知识水平	知识	通过对于想法、人员和基础设施的投资提升知识水平
	实践	推进研究实践
提升国家解决现有及未来挑战的能力	社会影响	支持科学研究、促进合作关系，以加速创新进程，并为国家提供解决重大社会需求的能力
	STEM（科学、技术、工程、数学）劳动力	推动更强大、更多元的研究队伍的发展，提升国家科学创新能力
提升 NSF 绩效表现	人力资源	人力资源吸引、留住多元骨干人才，并充分发挥人才作用
	过程及运行	持续性提升机构运营能力

资料来源：FY 2019 annual performance report and FY 2021 annual performance plan. https://nsf. gov/about/budget/fy2021/pdf/68_fy2021. pdf.

第三节

预算绩效管理信息化建设

当今世界，信息技术已经成为时代发展的核心特征。习近平总书记指出，信息是国家治理的重要依据，要以信息化推进国家治理体系和治理能力现代化。现代预算制度建设必须充分利用好现代信息技术，以信息化手段驱动实现预算管理现代化、预算绩效管理现代化。《中共中央　国务院关于全面实施预算绩效管理的意见》（中发〔2018〕34 号）明确提出："加快预算绩效管理信息化建设，打破'信息孤岛'和'数据烟囱'，促进各级政府和各部门各单位的业务、财务、资产等信息互联互通"。当前各级各地正在推进预算管理一体化建设，以此为契机加快预算绩效管理信息化建设成为重要且必经的选择。依托全过程一体化的预算绩效管理信息系统，积极搭建大数据分析平台，将有助于切实加快推进预算绩效管理工作，全面提高预算绩效管理的规范化、标准化、自动化、智能化水平。

一、预算绩效管理信息化建设现状

伴随着预算绩效管理的理念深入和工作需求，一些地区较早探索推进预算绩效管理信息化建设。如广东省从2010年起就开始了推进财政绩效信息管理系统建设。上海市高度重视预算绩效管理信息化建设，2012年开发了“绩效评价管理信息系统”，同年还组织开发了以绩效目标管理为重要基础的预算绩效管理信息化系统。温岭市财政局也不断推进预算绩效管理信息化建设，2018年开发预算绩效管理系统一期，通过在原有的预算编制系统中嵌入财政预算绩效管理系统，实现预算绩效目标全覆盖、管理过程全对接、预算编制和绩效管理全融合。但总体来说，只有少数发达地区进行了初步探索，预算绩效信息化建设也不够完善。随着2018年《关于全面实施预算绩效管理的意见》的发布，全国各地改革探索的积极性空前高涨，预算绩效管理信息化随之发展。如2019年辽宁财政按照“框架搭建、数据积累、场景细分、持续优化”的总体建设思路，组织信息领域专家，设计建设了辽宁财政预算绩效管理系统。

与此同时，伴随着预算管理一体化建设，预算绩效管理信息化建设加快发展。2019年6月，财政部党组会议通过一体化系统建设实施方案，部署在全国推进预算管理一体化建设。各地财政部门高度重视、主动作为，自觉对标全国统一的预算管理一体化业务规范和技术标准，积极推进本地区一体化系统建设。开展系统建设的地区普遍紧跟信息技术发展趋势，不同程度运用了云平台、微服务等创新技术和理念，突破传统系统集中部署存在的性能瓶颈。截至2021年2月底，全国已经有32个省区市和新疆生产建设兵团等33个地区实现预算管理一体化系统上线运行，预算管理一体化建设初见成效。不少地区以此为契机加快了预算绩效管理信息化建设。比如2020年依托青海省预算管理一体化系统（2.0版），相继开发启用了省级绩效指标和标准体系库、绩效目标申报、财政在线审核等功能，搭建了联通预算数据和绩效数据的桥梁，初步实现了预算数据和绩效数据的互联互通，促进了预算与绩效的有机融合。辽宁省财政厅在预算管理一体化平台中，按不同项目类型，预置了多套指标模板，实现了项目绩效指标体系“一键使用”和“模板化”管理。山东省在优化事前绩效评估和绩效目标管理模块的基础上，将绩效监控、绩效自评嵌入预算管理一体化系统，推动预算绩效全链条信息化管理，与预算管理深度融合。

综上，目前全国各地都在不同程度、不同形式地推进预算绩效管理信息化建设，有些地区上线了预算管理信息化系统并不断完善升级，有些升级改造现有系统加入预算绩效模块，为预算绩效管理工作开展提供了有效技术支撑。但不少地区预算绩效管理系统并未真正实现对预算与绩效管理一体化，尚未形成全过程预算绩效管理链条，管理规范性还不够，财政部门对预算运行信息的掌握也不充分，履职尽责的能力和水平有待提升。还些有待深入探索、创新模式，提升对数据的管理能力，真正全面发挥信息化技术优势，实现预算绩效管理现代化。

二、预算绩效管理信息化平台的架构及应用

当前，各地政府以预算管理一体化契机构建预算绩效管理信息化平台，创新驱动，

通过采用开放式架构设计，与预算编制、指标下达、国库支付等财政管理系统进行无缝对接，实现项目绩效“业务流”与“资金流”双向管理，把全过程绩效管理深度融入预算管理各个环节。同时，预算绩效管理信息化平台建设致力于全过程、全方位、全覆盖的预算绩效管理机制，实现预算与绩效管理一体化，实现事前绩效评估、绩效目标管理、绩效运行监控、绩效评价与预算编制、执行、决算、监督等管理系统无缝衔接，打通预算—财务—项目—社会监督的全主体数据链，强化数据资源梳理、采集、集成和分析，实现部门之间、上下级之间信息联网和数据共享，打破“信息孤岛”和“数据烟囱”，促进各级政府和各部门各单位业务、财务、资产等信息互联互通，提高数据分析比对能力。

一是抓住核心业务一体化契机，实现业务规范源头融合。如浙江省在“基础信息”部分，进一步细化明确了绩效指标设置规范要求、增加设置了资产管理的绩效信息规范要求；在“项目库管理”部分，增加设置了项目入库时的事前绩效评估和绩效目标业务规范要求；在“预算编制”部分，增加设置了一般公共预算、政府性基金预算、国有资本经营预算的绩效目标管理业务规范要求，重点对转移支付预算上下级之间的绩效目标分解和衔接提出要求；在“预算调整和调剂”部分，增加设置了预算变动涉及绩效目标变动的管理规范要求；在“预算执行”“决算和报告”部分分别增加设置了绩效运行监控和绩效评价业务规范。由此形成了预算与绩效源头融合、闭环管理的《浙江省预算管理一体化规范实施细则》。同时，在“一体化”业务要素的代码集中，增加设置了绩效业务类型、指标库类型、指标性质、评价类型、评价方式、评价结果、监控预警类型 7 大类共 28 项绩效管理要素代码，为全省绩效数据随同预算数据省级集中、分析应用并向财政部及时传输打好基础。

二是实现预算绩效管理的全过程、智能化。财政部门着力强化预算绩效业务梳理，通过信息化建设实现对绩效管理业务的全流程支撑，构建事前绩效评估、绩效目标管理、绩效运行监控管理、绩效评价管理、绩效管理结果应用“五位一体”的全流程闭环信息化管理平台。将系统打造成集综合业务分析、数据智能比对、信息实时交互、功能灵活配置等于一体的信息化管理平台，导入分行业、分领域、分层次的核心绩效指标库，运用模板化管理、模糊匹配、智能推荐、自动获取等技术，开发项目信息智能归类、绩效目标查询分析、绩效指标智能推荐、绩效监控智能对比、自评报告智能生成、结果应用智能展示等业务规则，并将数据填报、纠错分析、层级审核等全流程嵌入绩效管理模块内，提供案例库、专家线上咨询辅导等，不断提高系统智能化、便捷化应用水平，减轻预算单位的工作压力，实现预算绩效管理工作高效率、高质量、低成本运转。

三是联通各层级，实现预算绩效管理精细化。如辽宁省预算绩效管理信息化系统按照全省大集中模式进行架构设计，支持省市县财政和业务部门三级绩效指标协同填报和监控。以转移支付资金流为纽带，将系统用户端延伸至各市、县（区），打造省市县三级联动的绩效管理新模式，实现了各级财政部门预算绩效管理工作任务“一份到底、一键置顶、一本台账、一体监控”的一体化管理模式。

四是加强前瞻性布局，实现预算绩效管理创新、协同发展。预算绩效管理信息化平台是面向包括财政部门、预算主管部门、预算单位、第三方机构、绩效从业人员、专家等相关单位和个人的在内的专业化技术工具，应服务于建设科学有效的预算决策体系、智能便捷的预算绩效管理体系、有序的社会参与和学习体系等。通过对基础数据的整合、分析、预测、评估，开展专项数据挖掘、分析与可视化展示等大数据应用，为管理和决策者提供预测、管理、监控、评价等方面的结构性、趋势性分析，增强预算绩效管理的科学性、预见性、精准性、便捷性和智能性。搭建外网服务平台，为第三方机构、专家、质控人员等提供评价服务、学习服务和质控服务，推动良性行业发展环境构建，提升预算绩效管理总体行业水平。

专栏8-1

深圳市构建“智慧财政”大平台，推动预算和绩效管理一体化

作为创建中国特色社会主义先行示范区的“改革先行者”，深圳财政部门发扬“敢闯敢试、敢为人先、埋头苦干”的特区精神，利用现代化网络信息技术，将财政管理信息平台与预算绩效管理系统对接，目前市区两级财政已率先同步建成“三全一体”的预算绩效管理体系。

一是实现预算和绩效全过程“融合式”闭环。依托深圳“智慧财政”信息系统，坚持“适应预算、服务预算、推进预算和绩效管理一体化”的建设原则，构建预算绩效管理系统，作为预算项目库核心系统的拓展和对接端口，将事前绩效评估、绩效目标管理、绩效运行监控、支出绩效评价、评价结果应用等各个模块同步嵌入到预算编制、预算执行、核算决算全流程。以预算管理大数据为支撑、以绩效为导向，通过数据建模等方式，对预算支出和政策（项目）进行全流程分析，确保预算到哪、绩效到哪，形成预算和绩效“融合式”管理闭环。

二是实现事前绩效管理与预算编制“管控式”闭环。结合现行财政项目库分级分类管理情况，推动实现事前绩效评估和绩效目标分级分类管理。首先，按照新增项目（政策）实施事前绩效评估、其他项目实行绩效目标评审的分类管理方式，从源头上将事前绩效管理要求植入预算编制“两上两下”的各个环节，做到绩效目标与部门预算同步编制、同步审核、同步批复、同步公开。其次，按照绩效目标覆盖履职类二级项目、专项资金一级项目的分级管理模式，实现绩效目标管理单位和项目全覆盖。财政部门将事前绩效评估和绩效目标评审结果作为“一下”控制数的参考依据，预算单位在“二上”时根据预算同步修改完善绩效指标内容和指标值，实现绩效指标与预算金额紧密衔接，形成“管控式”闭环管理。此外，各单位在“二上”时应结合本单位整体支出预算编制部门整体绩效目标，反映单位主要履职项目和落实重大政策的预期目标。

三是实现绩效指标变动与预算指标拨付“捆绑式”闭环。在项目库执行系统中，建立对绩效目标阶段性实现程度和预算执行进度的“双监控”模块，通过挂接预算指标下达和资金支付系统数据，实现对项目资金支付进度的实时监控。同时，各单位对当年1—7月绩效目标各项指标的实现程度进行填报，并预判后5个月整体绩效目标的实现情况。系统对实时支出进度和绩效目标实现程度以及预期完成情况（支出进度和绩效目标各占50%的比重）设置相应权重，利用加权分析形成监控结果。同时，以监控结果建立“红黄绿灯”预警机制（90分以上为“深绿”、80—90分为“浅绿”、60—80分为“黄灯”、60分以下为“红灯”），对单位上报的完成情况与原定绩效指标进行自动对比，综合评分后形成动态预警。对支出进度很慢、绩效目标出现重大调整或绩效目标预计不能完成的项目，通过“亮红灯”要求单位发起整改、调整预算或暂停项目，“亮黄灯”要重点关注、注意纠偏等。通过将资金拨付与绩效目标运行“捆绑式”管理，确保预算执行进度和绩效目标顺利实现。

四是实现单位评价与部门决算“校验式”闭环。建立部门整体支出绩效评价模块，依据各单位编制的部门整体绩效目标，在完成部门年度决算时，对部门整体支出绩效进行评价，系统自动生成部门整体支出绩效自评报表和报告，并对比年初绩效目标完成和各项资金支出情况，从“规划职能——工作任务——绩效目标”等角度，反映各部门在部门决策、管理、产出、效益方面的情况。按照“单位自评、部门评价、财政重评”的模式，分级分类建立政策、项目绩效评价功能模块。“单位自评”功能模块要求市本级所有二级预算单位依据项目支出绩效目标，填报各项绩效指标的完成情况，系统自动生成项目支出绩效自评表。“部门评价”功能模块要求一级预算单位在二级单位自评的基础上，开展重点项目和重大支出政策部门评价，按照功能区域填报的数据在系统中自动生成部门评价报告。同时，系统设置一定比例强制进行评价，5年一轮，完成所有重点项目的部门评价。在进行单位自评和部门评价的基础上，逐步构建和完善财政重评模块，并积极推进专家和第三方机构有序参与。通过搭载部门整体和项目支出绩效评价模块，建立分级分类绩效评价机制，将单位自评、部门评价和财政重评的结果融入决算环节，作为决算报告的内容或参阅材料，促使绩效评价结果与核算决算数据相互校验，倒逼各单位刀刃向内、自揭伤疤，落实预算执行和跟踪问效主体责任，主动从“要我有绩效”向“我要有绩效”转变①。

三、充分应用大数据加强预算绩效管理

大数据作为未来数据技术与科技发展的重要基础和趋势，深刻地改变着人们的生产和生活，同样也改变了人们看待事物的方式和思维。大数据是以容量大、类型多、存取速度快、价值密度低为主要特征的数据集合，它对数量巨大、来源分散、格式多样的数据进行采集、存储和关联分析，从中发现新知识、创造新价值、提升新能力，正快速发展为新一代信息技术和服务业态。2019年5月，财政部发布了《关于推进财政大数据应用的实施意见》，要求各部门推进财政大数据应用，以支撑建立现代化财政制度，这也是第一次从顶层设计层面对财政大数据的应用做出要求。对于预算绩效管理而言，大数据从思维方式、技术创新、数据采集等方面影响着预算绩效指标设计、数据采集、绩效分析，更新预算绩效管理理念、方式及方法，提升预算绩效评价数据及结果的公信力

① 沈洋．构建“智慧财政”大平台，推动预算和绩效管理一体化［N］．中国财经报，2021-07-31（007）．

和解释力，促进健全预算绩效管理机制，促进预算绩效管理的智能化。

（一）预算绩效管理中大数据的作用

预算绩效管理中大数据的作用最主要体现在两个方面：首先，拓宽预算绩效管理的数据来源。预算绩效数据是预算绩效指标设置的原材料，也是评价过程实现的重要基础，只有具备了充分的财政资金投入、产出和结果的相关数据，才能对财政资金使用情况进行绩效评价。实践中，往往由于数据可获得性制约了一些关键绩效指标的设计。据估计，小数据时代只有5%的数据是结构化的且能适用于传统数据库，剩下95%的非结构化数据都无法被利用。大数据时代的到来使得来自各领域和各种结构的数据提取成为现实，使得几乎所有的现象与行为都可以转化为数据，甚至“量化一切”，这就产生了大量的来源与形式多元的数据。移动设备、远程感应、软件日志、射频识别阅读器和无线传感器等硬件设备，为预算绩效数据的搜集提供了新方法。过去已经存在的以非数字化形式存储的信息（历史档案、视频影像、设计图纸等）及呈现公民情绪、兴趣和观点的个性化互联网数据，也成为预算绩效评价中结果数据的重要来源。此外，大数据是互联网、物联网、自媒体、智能终端、移动终端等平台或技术对人类的表达、沟通、位移、交易等活动而自动记录的痕迹数据，具有客观真实性。

其次，提升预算绩效数据的分析能力。预算绩效数据分析主要体现在对预算绩效数据的客观公正深度分析，进而通过数据测量、比较、检验、推理，识别财政投入所带来的产出与效果，推断其相互间的因果逻辑关系，以发现其存在问题，为绩效改进提供有价值的信息。大数据技术可以实现对数据流（传感器、摄像头记录的数据和网页浏览数据）的查询、检索和分析，使其基于客观事实的记录和分析而具有较高可信度，如公交车的移动轨迹、居民出行轨迹数据可被用于公交补贴绩效评价等。海量的数据自身往往隐藏着一些规律和特征，大数据挖掘技术则可以发现和呈现数据规律，实现数据分类、聚类、关联和预测。同时，随着物联网、移动终端、射频技术、摄像监控和卫星定位技术的广泛使用，可以实时不间断采集、记录、集成海量数据，呈现连续、实时、整体的数据特点，呈现出数据信息及行为绩效与结果绩效的交叉与关联，使绩效逻辑链条是自下而上的“数据密集型的科学发现”，而非假设检验。通过全过程的数据留存，有助于在事后进行数据“复盘”时有效识别影响绩效的关键要素，从而为优化管理流程和提升绩效水平供给更有价值的信息。此外，预测分析是大数据的推动力，大数据使用历史数据结合客户反馈来预测未来事件，并使用预测分析和机器学习将历史视图转换为前瞻性视图，为预算绩效的自动分析提供了可能。

（二）充分应用大数据的路径

大数据较为常用的功能有追踪、识别、画像、预测、匹配、优化，通过各种算法，优化资源配置，提升公共服务能力。在预算绩效管理领域，通过预算信息化系统形成高效采集、有效整合的多维绩效数据采集模式，在事前绩效评估、预算绩效目标管理、绩效运行监控、绩效评价等方面充分应用大数据，切实提升预算绩效管理的科学化、高效化、智能化水平。

1. 加快预算绩效管理大数据采集、整理及集成

大数据应用于预算绩效管理，首先要融入大数据思维，加快建立大数据制度，加强

预算绩效评价人员的互联网使用技能，实现预算绩效管理大数据采集、整理以及部门间的数据动态联系。为提升预算绩效管理数据数量和质量，一方面，推动实现财政部门数据与其他政府部门数据共享和互联互通，提高跨部门绩效数据密度。当前，各省数字政府建设要求汇聚政府各部门数据，形成政务大数据资源池；同时，通过数据治理，增强数据汇聚、交换、服务能力，推动政务数据资源实现跨层级、跨区域、跨部门共享交换和协同应用。预算绩效管理从省政务大数据中心筛选、集成财政大数据，用于相应财政资金项目绩效分析，集成发改、市监、税务、金融、交通运输、海关、财政、教育、卫生等政府数据资源，实现各部门数据资源的交互共享，并推动财政数据资源的整合，实现数据共享和交互使用。另一方面，利用物联网、移动地图、电商等平台、运营商的外部数据，提高社会数据密度。如腾讯、新浪的大型门户网站，中国移动、联通、电信等通信运营商，百度、高德等移动地图，微信、支付宝等移动支付平台，京东、淘宝等电商平台，邮政、顺丰等快递物流公司，神州、滴滴等租车平台，丁香网、挂号网等医疗平台，58同城房产、安居客等房产平台，中华英才网、智联招聘等招聘平台，这些平台沉淀、积累了大量反映人们通信、出行、就医、住房、就业、消费等方面的真实数据，是人们经济社会行为的真实记录，可以成为财政绩效评价数据的重要来源。

2. 利用大数据技术完善事前绩效评估与目标管理

运用大数据技术严格把关资金申报环节，夯实事前绩效评估与目标管理的基础。如重庆市财政部门建立企业信用“联征系统”，以有效识别申报财政资金项目的“问题”企业，把好资金申报的质量关。对于预算绩效目标审核而言，大数据 Python 自动文本分析技术可以对历年预算绩效目标申报材料进行文本分析，并依靠机器学习对申报资金进行自动聚类和分类。通过对同类甚至同一预算资金的历年绩效目标进行数值比对与时间趋势分析，估计和预测目标的演变趋势，形成预测目标值的计算方法，从而确定基于历史分析的绩效目标值，为绩效目标评审提供科学的参考标准。此外，可以使用神经网络学习法对历年同类预算资金的绩效目标与预算金额的关系进行深入挖掘，得出两者关系的计算方法，再添加物价等影响因素，即可预测基于某一绩效目标的预算金额，为确定预算资金额度提供科学依据。

3. 利用大数据技术实现绩效运行实时监控与预警反馈

基于绩效运行标准数据库的大数据识别与比对技术，可以实现绩效运行的在线实时监控和预警反馈。首先，收集绩效运行各时间节点的绩效标准，形成绩效运行时限与标准数据库，设定比对项和比对值。其次，通过自动抓取或人工录入的方式形成实时绩效运行结果数据库，根据比对项和比对值，数据库的时限与绩效标准向结果数据库发出数据信息流指令进行比对和差异检测，基于比对结果发出信令信息流指令，从而实现绩效检测与预警。这种方式除了可以运用于绩效运行监控与预警，还被广泛运用于异常数据识别与筛查。如佛山市财政局依托公共财政综合管理平台开发了绩效监控内部系统和外网系统，促进内外部绩效监控相融合。内部绩效监控方面，充分利用一体化平台的优势，定义监控规则，发挥在线自动预警功能。在外部绩效监控方面，将一体化平台的内部监控数据同步到绩效监控外网系统，专家可通过互联网登录绩效监控外网系统，实时便捷地开展专业监控，并将监控意见及时反馈给财政部门和预算单位。

4. 利用大数据技术提升预算绩效评价精准性

首先，充分利用大数据的客观性精准识别绩效。预算绩效评价中可以充分利用客观真实的大数据提高精准性，如对旅游专项资金的绩效评价，使用景区手机位置位移热力成像数据或信令数据，可以真实反映旅客数量。其次，充分利用大数据的多样性进行影响因素的关联分析和图谱“画像”分析。比如，对医保基金避免参保人因病致贫的绩效开展大数据评价分析，通过收集居民的人口、医疗、社保和公积金以及相关业务的多样化数据，建立大数据仓库。对这些数据进行关联分析，可以探索人口特征对医疗和社保的影响以及医疗健康水平、支出情况和人口特征对贫困的影响，进而使用人口特征、身体健康水平、就医诊疗情况、医疗支出、医保参保情况、社保参保情况、公积金支出情况等指标，给每个居民进行“画像”并分析时间序列变化趋势，以此来识别和分析居民医保参保影响因素，并对医保避免居民因病致贫的效果进行评价。此外，数据可视化技术使财政资金数量、绩效与地理分布一目了然。

第四节 第三方机构预算绩效管理业务的质量控制

第三方机构是预算绩效管理的重要参与者。2021 年 1 月，财政部发布《关于委托第三方机构参与预算绩效管理的指导意见》，明确了预算部门或单位委托第三方机构参与预算绩效管理的工作重点、范围、方式等，保障委托第三方机构参与预算绩效管理有序实施，推动预算绩效管理提质增效。5 月，财政部印发了《第三方机构预算绩效评价业务监督管理暂行办法》，从受托方角度对第三方机构从事绩效评价业务进行引导和规范，明确了从事绩效评价第三方机构、人员的职业原则、行为规范、信息录入等，第三方机构绩效评价基本程序、工作要求等，行政救济、监督检查、违规管理、监管责任等以及外资安全审查、施行日期等。当前不少地区都加强了对第三方机构预算绩效管理业务的质量控制，主要集中在全过程的各类规范要求和评价工作结束后的质量评估。

一、第三方机构预算绩效管理业务的规范要求

（一）基本规范要求

参与预算绩效管理业务的第三方机构，主要包括社会咨询机构、会计师事务所、资产评估机构等社会组织或中介机构，科研院所、高等院校等事业单位等。各地应当明确规定第三方机构应符合的基本条件、内部管理要求、禁止性要求、专业人员要求，第三方机构应建立健全管理制度，提升整体素质和能力，健全内部评价质量控制机制，自觉接受监督指导，及时向委托方报告评价工作情况、提供相关材料（见表 8 - 20）。

表 8-20　相关主体职责要求

主体	工作职责
财政部门	①引导第三方机构差异化发展，实现科学定位、突出特色、强化服务及专注相关行业、领域。 ②建立第三方机构信息库，关注其从事评价行业、领域和报告编制水平等情况。 ③建立主评人信息库，关注其职业道德操守、专业能力保持等情况。 ④定期开展评级、不定期开展检查，并将其作为选择第三方机构、确定主评人人选的重要参考因素和依据。 ⑤根据评级情况展示优秀绩效评价报告，推广优质绩效评价模式。 ⑥定期组织对第三方机构的政策培训和业务培训。 ⑦落实内部工作规程，加强资金管理机构和预算绩效管理机构之间的分工协作，确保资金管理机构和预算绩效管理机构相关人员对第三方机构工作高度关注、全程跟踪，必要时实地参与。 ⑧其他
预算部门（单位）	①按清单及时提供相关资料、数据，为第三方机构开展咨询服务给予配合和提供支持。 ②制订内部工作规程，加强财务、业务机构的协调配合，建立高效通畅的工作机制。 ③重视相关材料和数据的收集保存，及时提供项目实施前后、能体现项目产出和项目效益的资料、数据。 ④及时对工作组进行政策培训，会同工作组确定样本总量和选定样本个体。 ⑤按照主评人提出的工作要求配合完成访谈、座谈，必要时配合参加社会调查等工作。 ⑥参加报告初稿交换意见的相关会议，在评价报告基础上形成评价结果。 ⑦明确联络员统一协调、督办、联系和分办工作，必要时派人参与现场勘察调查、社会调查，为第三方机构高效开展工作提供支持。 ⑧其他
第三方机构	①建立主评人制度，主评人应对其出具的评价报告负责。 ②成立工作组，并细化分工。 ③对工作组起草的评价报告进行内部审核，对其真实性、准确性负责。 ④及时通报工作进展、加强工作协调，确保务实高效、客观公正地开展预算绩效管理工作。 ⑤对工作组组成人员工作行为负责，加强业务培训和执业约束。 ⑥准确理解并合理采纳专家的意见和建议。 ⑦其他

（二）行为规范要求

明确委托第三方机构参与预算绩效管理的范围，主要包括：事前绩效评估和绩效目标审核；绩效评价或评价结果复核；绩效指标和标准体系制定；预算绩效管理相关课题研究。坚持委托主体与绩效管理对象相分离，禁止预算部门或单位委托第三方机构对自身绩效管理工作开展评价。对于绩效目标设定、绩效运行监控、绩效自评等属于预算部门或单位强化内部管理的事项，原则上不得委托第三方机构开展，确需第三方机构协助的，要严格限定各方责任，第三方机构仅限于协助委托方完成部分事务性工作，不得以第三方机构名义代替委托方对外出具相关报告和结论。

委托方根据委托事项的性质，可以采用全权委托或部分委托、单独委托或多家委托等方式，并根据不同委托方式界定第三方机构的工作定位和责任分担。遵循政府采购和招标投标法律、规章、意见、办法和采购人内控管理制度，按照规定的政府采购流程选择第三方机构。第三方机构应按照独立、客观、规范、公正的基本原则，按照相关政策规定的绩效评价流程和工作要求，高质高效开展预算绩效评价业务。财政部门和预算部门应对评价指标体系、评价方案、评价报告等进行审核，加强工作调度和监督指导，及时掌握评价工作动态和进度（见表8－21）。

表8－21　第三方机构预算绩效评价业务的质控要点

阶段	质控要点
评价前的质量控制	①开展前期研究，对接项目相关方，清晰评价工作要求，明确评价重点。 ②项目组人员配备及时、合理，达到绩效评价要求。 ③制定行之有效的工作方案，并充分征求相关方意见。包括指标体系是否合理，调研方式方法是否恰当，访谈提纲、调查问卷、基础数据表的设计是否符合相关要求
评价中的质量控制	①项目组成员职责分工合理，工作流程规范，工作过程记录完备。 ②按要求对收集的资料进行整理、核实和确定，确保收集的事实和数据资料相关、真实、有效、可靠和准确。 ③绩效评价指标评分合理、客观，理由和依据充分，评价结果公正，提出的问题及原因实事求是，定性准确。 ④严格执行项目组及业务部、质控部、专家三级内部复核机制，认真研究对相关单位反馈意见
评价后的质量控制	①对照财政部门规定的格式要求规范报告结构体例，及时提交绩效报告及报告修改。 ②评价结论汇报材料精炼、准确

（三）报告规范要求

评价报告是绩效评价工作成果的系统总结，也是评价工作质量高低的集中呈现。形成一份科学而较高水平的绩效评价报告，对于实现应用导向评价、推动评价结果运用具有不可忽视的意义。预算绩效管理报告分为事前绩效评估报告和绩效评价报告两类。事前绩效评估报告一般有评估结论和佐证资料部分组成。绩效评价报告分为专业版和缩略版。专业版由评价结论（包括评价分数和等级、绩效目标完成情况、存在问题和原因以及建议等内容）、佐证材料、原始资料构成。第三方结构提交预算绩效评估评价报告，都应当追求文字表达应逻辑清晰、严谨精准、重点突出；报告编写应格式规范、内容完整；评价结论应客观公正、依据充分。特别是数据利用要充分、分析要透彻，指标分析理据充分客观，没有主观猜测，没有逻辑错误，实事求是提出问题，指向明确，相关建议具备专业性和前瞻性，并具有针对性和可操作性。

为保证第三方机构绩效评价报告的质量，提高第三方绩效评价的公正性、客观性和公信力，不少地区都开展了对第三方机构绩效评价报告质量考核。如2017年，广东省财政厅印发了《广东省财政支出绩效评价报告质量控制和考核指标体系框架（试行）》，设定三级考核指标和详细的评分标准，一级指标为指标设计（20分）、报告形式（20分）、报告内容（60分）、详见附件，并设置否决性要素。如发现第三方机构评价报告存在以下严重影响报告公正性、客观性和公信力的情况并经查实的，实行一票否决，直接判定为差。绩效评价报告按照考核得分高低，分为优、良、中、低、差五个等次。指标体系框架既可作为对第三方绩效评价报告进行质量考核的参考工具，也可由第三方机构作为开展绩效评价和撰写绩效评价报告过程中进行质量控制的参考工具，既作为对第三方机构工作成果的考核标准，也促使第三方机构在开展绩效评价工作过程中进行自我对照和提升。

二、第三方机构预算绩效管理业务的质量评估

不少地区在预算绩效评价工作结束后，对受托第三方机构评价业务质量进行了综合考评，并充分运用考评结果，以提高第三方机构参与预算绩效管理的服务质量。

（一）评估主体

对第三方机构预算绩效管理业务进行质量评估的主体主要是财政部门，或预算部门，不同地区的规定并不一致。《上海市第三方机构财政支出绩效评价工作质量评估办法》规定：市财政部门、市级预算部门和预算单位（简称“评价组织者”）是对第三方绩效评价机构（简称“评价机构”）服务质量评估的主体。评价组织者对评价机构绩效评价质量进行评估，遵循科学合理、客观公正、透明有效的原则。必要时可组织专家对评价报告进行评审。黑龙江省、四川省规定按照“谁委托、谁考核”的原则，省财政厅按有关规定对接收财政部门委托的第三方机构进行考核。而湖北省制定的《关于第三方机构参与预算绩效管理报告评级规范》的地方标准，则规定评级主体是由财政部门委托在绩效管理领域有较高水平的相关单位，评级范围是本年度第三方机构受本级预算部门（单位）、财政部门委托开展绩效评价出具的评价报告（涉密的除外）。

（二）评估内容

各地对第三方机构预算绩效管理业务的质量评估内容并不相同，大体上是以结果为导向，侧重预算绩效评价报告的质量，同时兼顾保障措施。如上海市依据第三方机构提交的绩效评价报告及相关材料，对绩效评价报告质量（90 分）及评价工作实施质量（10 分）进行评估，具体如表 8－22 所示。四川省是从第三机构在实施绩效目标管理、预算事前绩效评估、绩效评价等绩效管理工作中方案设计、现场管理、报告撰写、基础工作、职业道德等五个方面展开，实行百分制。河南省则从人员配备、评价任务组织、工作效率及记录、指标设计、报告形式和报告内容维度进行评估。

表 8－22　　第三方机构参与预算绩效管理工作质量评估表

一、基础信息					
委托方名称			市级○　　区级○		
专家组姓名			委托起止时间		
填报日期			委托方联系电话		
项目名称		预算金额（万元）		评价费用（万元）	
中介机构（全称）		评价阶段	前○　中○　后○		
报告是否开展专家评审	是○　否○	评审是否一次性通过	是○　　否○		
项目类别	工程类○、政府购买服务类○、信息化类○、设备购置类○、补贴奖励类○、其他○				
所属行业	教育类○、科技类○、文化类○、社保类○、医疗卫生类○、经济建设类○、农林水利类○、产业发展类○、行政政法类○、其他○				
评价类型	重点支出项目○、专项资金政策○、部门整体支出○、再评价○、目标会审、综合绩效管理○、其他○				

续表

二、报告质量评估（90分）				
评价维度		权重（满分）	评分规则	得分
1. 报告结构的规范和严谨性	评价报告要素全面性、格式规范性，与沪财绩〔2014〕22号文规定及相关规范相符合	3	1. 报告格式规范得1分； 2. 报告要素全面得1分； 3. 报告结构完整得1分	
2. 报告文字表述的准确和逻辑性	文字描述准确、精炼、通畅，层次性、逻辑性强	3	1. 文字描述准确、客观得1分； 2. 语言表述精炼通畅得1分； 3. 语言表述逻辑性强得1分	
3. 项目立项情况描述的清晰度	项目背景、依据、目的及现状情况等交代清晰、全面、简练；项目所要解决的问题、立项过程归纳描述全面、准确	4	1. 项目立项背景、依据、目的及现状描述清楚全面得2分； 2. 项目所要解决的问题描述清楚得1分； 3. 立项过程描述清楚得1分	
4. 项目实施情况的完整性	项目实施内容、项目管理制度、组织实施情况描述完整、清晰	5	1. 项目实际实施情况描述完整、清晰得2分； 3. 项目管理制度梳理完整、清晰得1分； 4. 项目组织管理情况梳理描述完整、清晰得2分	
5. 预算安排及实际支出情况的全面和准确性	对项目预算细化反映至子项目活动内容，对预算安排和实际执行应对比说明，对经常性项目要说明近年来预算安排情况及使用结果	5	1. 对经常性项目能反映近三年来的预算安排和使用情况的得1分； 2. 项目预算细化到具体子项目或能够细化到具体数量和单价的得1分； 3. 实际支出细化到具体子项目或能够细化到具体数量和单价的得2分； 4. 反映预算安排和实际使用对照情况的得1分	
6. 绩效目标归纳的完整和准确性	绩效目标梳理归纳完整、准确、清晰、量化	5	1. 项目总目标和年度目标的梳理归纳完整准确的得1分； 2. 具体绩效目标梳理和归纳完整的得1分； 3. 绩效目标梳理和归纳能反映项目绩效特点的得2分； 4. 绩效目标的具体指标能够量化的得1分	
7. 指标设置的科学性	指标设置科学、合理，具有可操作性；针对项目特点设置个性化评价指标；指标设置与项目绩效目标紧密相关	15	1. 评价指标设置科学、合理且具有操作性得6分； 2. 评价指标能反映项目绩效特点得3分； 3. 评价指标与绩效目标高度相关得4分； 4. 评价指标细化到三级及以上得2分	
	权重设计应体现指标的重要性、导向性，要反映项目绩效的特性	5	1. 权重设置符合相关文件规定和要求得2分； 2. 根据评价指标重要性设计权重得3分	
	标杆值设计依据充分，标杆值科学、合理、准确	5	1. 标杆值依据充分得2分； 2. 标杆值科学、准确、合理得3分	
8. 评价标准依据充分和合理性	评价及评分标准依据充分，标准科学、合理、客观	5	1. 评价标准依据充分得1分； 2. 评价标准科学合理得2分； 3. 评分规则具有可操作性得2分	

续表

评价维度		权重（满分）	评分规则	得分
9. 绩效分析的逻辑性和充分性	评价得分与评价结论之间的逻辑性强，绩效分析深入充分	10	1. 深入分析主要问题和产生的主要原因得5分； 2. 指标分析与评价结论的逻辑性强得2分； 3. 指标分析与相关数据关联度高得3分	
10. 评价结论的客观性和公正性	评价结论的归纳客观公正，项目绩效反映清晰、完整；围绕评价指标得分情况深入分析绩效问题的原因；相关建议具有操作性和相应的前瞻性	10	1. 主要绩效归纳完整、准确、精练得2分； 2. 归纳经验和做法与项目实施效果高度相关得2分； 3. 反映的绩效问题直接、清晰、有重点得2分； 4、相关建议具有较强的针对性和可操作性得2分； 5. 绩效、问题、建议跟指标分析具有较强的逻辑性和关联度得2分	
11. 社会调查的科学性	社会调查方案科学，对象合理、方法适当、支撑有效、分析全面	10	1. 社会调查方案设计完整的得3分； 2. 社会调查对象针对性得2分； 3. 社会调查抽样方法适当得2分； 4. 社会调查报告分析全面、支撑有效的得3分	
12. 工作底稿的完整性和支撑度	依据底稿是否完整、准确、符合逻辑性	5	1. 工作底稿完整得1分； 2. 工作底稿数据真实充分得2分； 3. 工作底稿数据对评价报告有效支撑得2分	
三、工作情况评估（10分）				
评价维度		权重（满分）	评分规则	得分
1. 评价人员配置的合理性	评价人员配置的完整性、合理性、专业度、与投标承诺的一致性；评价人员对项目情况了解熟悉程度；评价人员工作的主动性、响应度、配合性、协调能力	5	1. 评价人员配置数量和结构与承诺一致得1分； 2. 评价人员认真负责得1分； 3. 评价人员响应及时得1分； 4. 评价人员有良好的专业能力得1分； 5. 评价人员有良好的沟通协调能力得1分	
2. 评价工作实施的科学性	项目组织实施是否科学，内部审核机制是否完善，执行是否严格	5	1. 合理有序组织评价工作得2分； 2. 按时保质完成评价工作得2分； 3. 评价报告经内部审核并签字确认得1分	
总分		100		
具体意见	填表人签字：			

备注：1. 本表第一、第三部分由委托方填写；

2. 对评价报告组织专家评审的，本表第二部分的分值为各专家打分的平均值；未组织专家评审的，本表第二部分的分值由委托方直接打分填写；

3. 本表由委托方在年底考核时一并送交市财政局绩效评价管理处。

（三）结果应用

财政部门建立健全评估结果应用机制，主要途径有：一是付费参考，一般评估结果为差的，扣减当年合同规定服务费的一定比例，或者将评估结果作为下一年度绩效评价委托费用参考因素。二是优先考虑，将评估结果作为预算部门（单位）、财政部门选择第三方机构、确定主评人人选的重要参考因素和依据。对于考核结果良好、优秀的第三方机构和主评人，预算部门（单位）、财政部门可优先考虑。三是暂停参与，评估结果为差的第三方机构、主评人，取消下一年度入选资格，暂停参与预算绩效管理工作一年见表 8 - 23。

表 8 - 23　广东省财政支出绩效评价报告质量控制和考核指标体系框架（试行）

一级指标	二级指标	三级指标	指标说明	评分标准
指标设计（20 分）	指标选择（12 分）	科学性（12 分）	主要考察绩效评价报告在评价指标的选择上是否科学合理	从以下六个方面衡量和评分： 1. 评价指标的选取是否有代表性，即能否反映被评价资金或项目的主要特点； 2. 评价指标的选取是否有相关性，即与被评价资金或项目在一定期限内的目标相关； 3. 评价指标的选取是否有全面性，即能综合体现被评价资金或项目的绩效，而不是只体现其某一个方面的效果； 4. 评价指标的选取是否有实用性，即该指标是否在现实运作中得到实际应用的，而不是仅存在理论性或很少使用的； 5. 评价指标的选取是否可衡量，即该指标是否完成或完成程度如何是可以明确判断的，而不是模棱两可的； 6. 评价指标的选择是否有区分度，即该指标是否能体现不同单位的不同工作过程导致的结果差异。 对每个方面，完全符合的得 2 分；不完全符合的得 1 分；完全不符合的不得分，最后六个方面的得分相加为本指标的得分
	评价标准（6 分）	标准明确性（6 分）	主要考核绩效评价指标的评分标准是否明确	对每一项末级指标进行评价： 1. 是否设置了明确的计分标准（如评分细则或计算公式）； 2. 是否确定了评分的数据来源（如参照标准、取数来源等）。 按照符合上述两项标准的末级指标比例评分，得分 = 符合标准的末级指标数 ÷ 所有末级指标数 × 6
	指标权重（2 分）	分配合理性（2 分）	主要考察绩效评价指标，尤其是效益指标的权重分配是否合理	从以下两个方面衡量和评分： 1. 各指标权重分配是否合理，能体现资金或项目的特点或投入侧重点； 2. 是否具有明确的赋权方法或者原则。 上述两个方面都满足的，得 2 分；有任何一个方面不满足的，扣 1 分，扣完为止
报告形式（20 分）	结构体例（6 分）	规范性（6 分）	主要考察绩效评价报告在格式和体例上是否符合规范	1. 对照财政部门的格式要求，重点检查字体、行距、图表编排、整体排版、报告层级划分等方面是否正确。满分为 4 分，发现一处不符合要求的扣 0.5 分，扣完为止。 2. 第三方信息是否完整。第三方提交的报告必须有第三方机构负责人以及评价项目负责人签名，加盖第三方机构印章。上述要素完整的得 2 分，不完整的不得分

续表

一级指标	二级指标	三级指标	指标说明	评分标准
报告形式（20 分）	文字数据（10 分）	准确性（10 分）	主要考察绩效评价报告在文字表述和数据使用上是否准确和严谨	1. 评价报告中没有错别字的得 2.5 分，出现一个错别字扣 0.5 分，扣完为止。 2. 评价报告中涉及被评价单位、被评价资金等特定称谓要准确、规范，前后使用一致。满足条件的得 2.5 分。出现一处错误的扣 0.5 分，扣完为止。 3. 评价报告在文字表述上不存在逻辑错误，前后一致的，得 2.5 分。出现一处错误扣 0.5 分，扣完为止。 4. 评价报告的数据使用规范准确的，存在书写错误、计算错误、勾稽关系错误、计量单位使用不统一等情况的，得 2.5 分。出现一处错误扣 0.5 分，扣完为止
	报告交付（4 分）	及时性（4 分）	主要考察第三方是否能按照时间要求完成提交绩效评价报告	按照规定时间提交评价报告的，得 2 分；超过规定时间的，每超过 1 天，扣 0.4 分，扣完为止。 按照规定时间完成报告修改的，得 2 分；超过规定时间的，每超过 1 天，扣 0.4 分，扣完为止
报告内容（60 分）	基本情况说明（8 分）	背景介绍全面性（4 分）	主要考察绩效评价报告中对被评价资金或项目的背景情况介绍是否清晰	背景介绍应包括以下要素： 1. 起因，即什么原因安排资金（项目）； 2. 期限，即什么时候安排资金（项目）； 3. 谁负责，即谁使用资金（项目）； 4. 目的，即安排资金（项目）主要希望达到什么目的。 上述要素齐全，交待清晰的，得 4 分；缺少一个要素扣 1 分，扣完为止
		资金概况全面性（4 分）	主要考察绩效评价报告中对财政资金的来源去向交待是否清晰	资金概况介绍应包括以下要素： 1. 预算安排多少，即资金安排情况； 2. 实际到位多少，即资金到位情况； 3. 实际使用多少，即资金使用和结余情况； 4. 资金用在哪里，即资金主要用途。 上述要素齐全，交待清晰的，得 4 分；缺少一个要素扣 1 分，扣完为止
	数据利用（8 分）	数据利用充分性（6 分）	主要考察绩效评价报告是否充分利用数据来支撑观点、说明问题	主要从以下两个方面评分，包括： 1. 评价报告用以支撑其主要观点的数据是否充分。充分的得 3 分；不够充分的，酌情扣分； 2. 评级报告是否结合图表法、比较法等方式对收集的数据进行了组织整理和分析，并展现分析的结论。完全满足条件的得 3 分；不完全满足的，酌情扣分；评价报告很少使用数据，或者仅仅是堆砌数据，但与报告内容没有逻辑关系，不能说明问题的，不得分
		数据来源可靠性（6 分）	主要考察绩效评价报告中采用的数据的可信度和可靠性	对报告中试用的数据，能明确指出可靠来源的（如来源于权威统计机构、来源于正式发布的官方文件、来源于权威媒体、从部门和单位获取并经提供人确认、有第三方统计并有佐证材料的情况，可视为来源可靠），得 2 分。不能说明合理来源的，每发现一处扣 0.5 分，扣完为止

续表

一级指标	二级指标	三级指标	指标说明	评分标准
报告内容（60分）	指标分析（12分）	分析严谨性（8分）	主要考察绩效评价报告在进行绩效指标分析时思路是否清晰和严谨	主要从以下四个方面评分，包括： 1. 表述清晰，没有歧义的，得2分。否则每发现一处扣0.5分； 2. 理据充分，没有主观猜测的，得2分，否则没发现一处扣0.5分； 3. 分析合理，没有逻辑关系错误的，得2分，否则每发现一处扣0.5分； 4. 条理分明，对要表达的观点能分点逐一说明的，得2分，否则每发现一处扣0.5分
		分析透彻性（4分）	主要考察绩效评价报告的绩效指标分析是否具体和到位	主要从以下两个方面评分，包括： 1. 对每一个指标均进行分析，没有遗漏的，得2分；每缺失一个指标分析扣1分； 2. 对每一个指标分析均提出充分理据，不泛泛而谈、模糊带过的，得2分；否则每发现一处分析不到位的指标，扣1分
	评价结论（24分）	效益分析完整性（8分）	主要考核绩效评价报告关于效益分析的部分是否客观、准确，总结是否到位	主要从以下四个方面评分，包括： 1. 效益分析与绩效指标分析的结果相关联的，得2分；与绩效指标分析脱节的，酌情扣分与绩效指标分析结果完全不相关甚至结论相反的，不得分； 2. 效益分析与被评价资金或项目紧密相关的，不管被评价对象实际情况照抄部门提供的总结性材料，不得分； 3. 效益分析层次分明，突出重点，总结到位的，得2分；堆砌材料、缺乏去组织逻辑的，酌情扣分或不得分； 4. 效益分析表述清晰，逻辑清晰，没有歧义的，没有错误的，得2分，否则酌情扣分
		问题分析针对性（8分）	主要考察绩效评价报告指出的问题是否客观、准确，突出重点	主要从以下四方方面评分，包括： 1. 提出的问题实事求是，有事实依据和逻辑分析支撑的，得2分，否则酌情扣分；完全没有事实依据或分析过程的，不得分； 2. 提出的问题归纳性强，能反映具有一定普遍性的情况的，得2分，否则酌情扣分；提出问题散乱、缺乏组织的，不得分； 3. 提出的问题重点突出、关注价值大的，得2分，否则酌情扣分； 4. 提出的问题表述清楚，逻辑清晰，没有歧义的，没有错误的，得2分，否则酌情扣分
		建议可行性（8分）	主要考察绩效评价报告提出的建议是否具有针对性、可操作性、创新性和可借鉴性	主要从以下四方方面评分，包括： 1. 建议具有针对性，与绩效分析结果相关，能明确部门和单位责任的，得2分，否则酌情扣分； 2. 建议具有可操作性，在提高财政资金效益方面对部门和单位有实质帮助的，得2分，否则酌情扣分； 3. 建议具有创新性，能提出现有普遍认识之外的观点且符合实际的，得2分，否则不得分； 4. 建议具有可借鉴性，对其他同类资金或项目有参考价值的，得2分，否则酌情扣分

续表

一级指标	二级指标	三级指标	指标说明	评分标准
报告内容（60分）	评价说明完整性（8分）	评价说明（8分）	主要考察绩效评价报告中有关事项的说明是否完成	主要从以下四个方面评分，包括： 1. 说明来评价所依据的文件制度且完整、准确的，得2分，否则酌情扣分； 2. 说明了评价所采用的评价方法且能理解理由的，得2分，否则酌情扣分； 3. 说明来评价的基本流程（即评价的主要步骤）的，得2分，否则酌情扣分； 4. 说明了评价团队的人员组成的，得2分，没有介绍的不得分
否决性要素			凡第三方绩效评价报告存在以下严重影响报告公正性、客观性和公信力的情况并经查实的，实行一票否决，考察等级直接定为差。这些情形包括：1. 报告中隐瞒或者忽略对评价结果有重大影响的客观事件；2. 未经调查核实进行主观臆断，导致报告的部分或全部内容严重失实的；3. 使用虚假数据的影响评价结论的	
综合考核等级			总分值为100分，综合考核等级按得分划分为五个档次：优秀（得分≥90）、良好（90，80］，中等（80，70］，低（70，60］，差（得分<60分）	

附　录

附录一　预算绩效管理相关政策文件

Ⅰ.《中共中央 国务院关于全面实施预算绩效管理的意见》（中发〔2018〕34号）

全面实施预算绩效管理是推进国家治理体系和治理能力现代化的内在要求，是深化财税体制改革、建立现代财政制度的重要内容，是优化财政资源配置、提升公共服务质量的关键举措。为解决当前预算绩效管理存在的突出问题，加快建成全方位、全过程、全覆盖的预算绩效管理体系，现提出如下意见。

一、全面实施预算绩效管理的必要性

党的十八大以来，在以习近平同志为核心的党中央坚强领导下，各地区各部门认真贯彻落实党中央、国务院决策部署，财税体制改革加快推进，预算管理制度持续完善，财政资金使用绩效不断提升，对我国经济社会发展发挥了重要支持作用。但也要看到，现行预算绩效管理仍然存在一些突出问题，主要是绩效理念尚未牢固树立，一些地方和部门存在重投入轻管理、重支出轻绩效的意识；绩效管理的广度和深度不足，尚未覆盖所有财政资金，一些领域财政资金低效无效、闲置沉淀、损失浪费的问题较为突出，克扣挪用、截留私分、虚报冒领的问题时有发生；绩效激励约束作用不强，绩效评价结果与预算安排和政策调整的挂钩机制尚未建立。

当前，我国经济已由高速增长阶段转向高质量发展阶段，正处在转变发展方式、优化经济结构、转换增长动力的攻关期，建设现代化经济体系是跨越关口的迫切要求和我国发展的战略目标。发挥好财政职能作用，必须按照全面深化改革的要求，加快建立现代财政制度，建立全面规范透明、标准科学、约束有力的预算制度，以全面实施预算绩效管理为关键点和突破口，解决好绩效管理中存在的突出问题，推动财政资金聚力增效，提高公共服务供给质量，增强政府公信力和执行力。

二、总体要求

（一）指导思想。以习近平新时代中国特色社会主义思想为指导，全面贯彻党的十

九大和十九届二中、三中全会精神，坚持和加强党的全面领导，坚持稳中求进工作总基调，坚持新发展理念，紧扣我国社会主要矛盾变化，按照高质量发展的要求，紧紧围绕统筹推进“五位一体”总体布局和协调推进“四个全面”战略布局，坚持以供给侧结构性改革为主线，创新预算管理方式，更加注重结果导向、强调成本效益、硬化责任约束，力争用3—5 年时间基本建成全方位、全过程、全覆盖的预算绩效管理体系，实现预算和绩效管理一体化，着力提高财政资源配置效率和使用效益，改变预算资金分配的固化格局，提高预算管理水平和政策实施效果，为经济社会发展提供有力保障。

（二）基本原则

——坚持总体设计、统筹兼顾。按照深化财税体制改革和建立现代财政制度的总体要求，统筹谋划全面实施预算绩效管理的路径和制度体系。既聚焦解决当前最紧迫问题，又着眼健全长效机制；既关注预算资金的直接产出和效果，又关注宏观政策目标的实现程度；既关注新出台政策、项目的科学性和精准度，又兼顾延续政策、项目的必要性和有效性。

——坚持全面推进、突出重点。预算绩效管理既要全面推进，将绩效理念和方法深度融入预算编制、执行、监督全过程，构建事前事中事后绩效管理闭环系统，又要突出重点，坚持问题导向，聚焦提升覆盖面广、社会关注度高、持续时间长的重大政策、项目的实施效果。

——坚持科学规范、公开透明。抓紧健全科学规范的管理制度，完善绩效目标、绩效监控、绩效评价、结果应用等管理流程，健全共性的绩效指标框架和分行业领域的绩效指标体系，推动预算绩效管理标准科学、程序规范、方法合理、结果可信。大力推进绩效信息公开透明，主动向同级人大报告、向社会公开，自觉接受人大和社会各界监督。

——坚持权责对等、约束有力。建立责任约束制度，明确各方预算绩效管理职责，清晰界定权责边界。健全激励约束机制，实现绩效评价结果与预算安排和政策调整挂钩。增强预算统筹能力，优化预算管理流程，调动地方和部门的积极性、主动性。

三、构建全方位预算绩效管理格局

（三）实施政府预算绩效管理。将各级政府收支预算全面纳入绩效管理。各级政府预算收入要实事求是、积极稳妥、讲求质量，必须与经济社会发展水平相适应，严格落实各项减税降费政策，严禁脱离实际制定增长目标，严禁虚收空转、收取过头税费，严禁超出限额举借政府债务。各级政府预算支出要统筹兼顾、突出重点、量力而行，着力支持国家重大发展战略和重点领域改革，提高保障和改善民生水平，同时不得设定过高民生标准和擅自扩大保障范围，确保财政资源高效配置，增强财政可持续性。

（四）实施部门和单位预算绩效管理。将部门和单位预算收支全面纳入绩效管理，赋予部门和资金使用单位更多的管理自主权，围绕部门和单位职责、行业发展规划，以预算资金管理为主线，统筹考虑资产和业务活动，从运行成本、管理效率、履职效能、社会效应、可持续发展能力和服务对象满意度等方面，衡量部门和单位整体及核心业务实施效果，推动提高部门和单位整体绩效水平。

（五）实施政策和项目预算绩效管理。将政策和项目全面纳入绩效管理，从数量、质量、时效、成本、效益等方面，综合衡量政策和项目预算资金使用效果。对实施期超过一年的重大政策和项目实行全周期跟踪问效，建立动态评价调整机制，政策到期、绩效低下的政策和项目要及时清理退出。

四、建立全过程预算绩效管理链条

（六）建立绩效评估机制。各部门各单位要结合预算评审、项目审批等，对新出台重大政策、项目开展事前绩效评估，重点论证立项必要性、投入经济性、绩效目标合理性、实施方案可行性、筹资合规性等，投资主管部门要加强基建投资绩效评估，评估结果作为申请预算的必备要件。各级财政部门要加强新增重大政策和项目预算审核，必要时可以组织第三方机构独立开展绩效评估，审核和评估结果作为预算安排的重要参考依据。

（七）强化绩效目标管理。各地区各部门编制预算时要贯彻落实党中央、国务院各项决策部署，分解细化各项工作要求，结合本地区本部门实际情况，全面设置部门和单位整体绩效目标、政策及项目绩效目标。绩效目标不仅要包括产出、成本，还要包括经济效益、社会效益、生态效益、可持续影响和服务对象满意度等绩效指标。各级财政部门要将绩效目标设置作为预算安排的前置条件，加强绩效目标审核，将绩效目标与预算同步批复下达。

（八）做好绩效运行监控。各级政府和各部门各单位对绩效目标实现程度和预算执行进度实行“双监控”，发现问题要及时纠正，确保绩效目标如期保质保量实现。各级财政部门建立重大政策、项目绩效跟踪机制，对存在严重问题的政策、项目要暂缓或停止预算拨款，督促及时整改落实。各级财政部门要按照预算绩效管理要求，加强国库现金管理，降低资金运行成本。

（九）开展绩效评价和结果应用。通过自评和外部评价相结合的方式，对预算执行情况开展绩效评价。各部门各单位对预算执行情况以及政策、项目实施效果开展绩效自评，评价结果报送本级财政部门。各级财政部门建立重大政策、项目预算绩效评价机制，逐步开展部门整体绩效评价，对下级政府财政运行情况实施综合绩效评价，必要时可以引入第三方机构参与绩效评价。健全绩效评价结果反馈制度和绩效问题整改责任制，加强绩效评价结果应用。

五、完善全覆盖预算绩效管理体系

（十）建立一般公共预算绩效管理体系。各级政府要加强一般公共预算绩效管理。收入方面，要重点关注收入结构、征收效率和优惠政策实施效果。支出方面，要重点关注预算资金配置效率、使用效益，特别是重大政策和项目实施效果，其中转移支付预算绩效管理要符合财政事权和支出责任划分规定，重点关注促进地区间财力协调和区域均衡发展。同时，积极开展涉及一般公共预算等财政资金的政府投资基金、主权财富基金、政府和社会资本合作（PPP）、政府采购、政府购买服务、政府债务项目绩效管理。

（十一）建立其他政府预算绩效管理体系。除一般公共预算外，各级政府还要将政府性基金预算、国有资本经营预算、社会保险基金预算全部纳入绩效管理，加强四本预算之间的衔接。政府性基金预算绩效管理，要重点关注基金政策设立延续依据、征收标准、使用效果等情况，地方政府还要关注其对专项债务的支撑能力。国有资本经营预算绩效管理，要重点关注贯彻国家战略、收益上缴、支出结构、使用效果等情况。社会保险基金预算绩效管理，要重点关注各类社会保险基金收支政策效果、基金管理、精算平衡、地区结构、运行风险等情况。

六、健全预算绩效管理制度

（十二）完善预算绩效管理流程。围绕预算管理的主要内容和环节，完善涵盖绩效目标管理、绩效运行监控、绩效评价管理、评价结果应用等各环节的管理流程，制定预算绩效管理制度和实施细则。建立专家咨询机制，引导和规范第三方机构参与预算绩效管理，严格执业质量监督管理。加快预算绩效管理信息化建设，打破“信息孤岛”和“数据烟囱”，促进各级政府和各部门各单位的业务、财务、资产等信息互联互通。

（十三）健全预算绩效标准体系。各级财政部门要建立健全定量和定性相结合的共性绩效指标框架。各行业主管部门要加快构建分行业、分领域、分层次的核心绩效指标和标准体系，实现科学合理、细化量化、可比可测、动态调整、共建共享。绩效指标和标准体系要与基本公共服务标准、部门预算项目支出标准等衔接匹配，突出结果导向，重点考核实绩。创新评估评价方法，立足多维视角和多元数据，依托大数据分析技术，运用成本效益分析法、比较法、因素分析法、公众评判法、标杆管理法等，提高绩效评估评价结果的客观性和准确性。

七、硬化预算绩效管理约束

（十四）明确绩效管理责任约束。按照党中央、国务院统一部署，财政部要完善绩效管理的责任约束机制，地方各级政府和各部门各单位是预算绩效管理的责任主体。地方各级党委和政府主要负责同志对本地区预算绩效负责，部门和单位主要负责同志对本部门本单位预算绩效负责，项目责任人对项目预算绩效负责，对重大项目的责任人实行绩效终身责任追究制，切实做到花钱必问效、无效必问责。

（十五）强化绩效管理激励约束。各级财政部门要抓紧建立绩效评价结果与预算安排和政策调整挂钩机制，将本级部门整体绩效与部门预算安排挂钩，将下级政府财政运行综合绩效与转移支付分配挂钩。对绩效好的政策和项目原则上优先保障，对绩效一般的政策和项目要督促改进，对交叉重复、碎片化的政策和项目予以调整，对低效无效资金一律削减或取消，对长期沉淀的资金一律收回并按照有关规定统筹用于亟需支持的领域。

八、保障措施

（十六）加强绩效管理组织领导。坚持党对全面实施预算绩效管理工作的领导，充分发挥党组织的领导作用，增强把方向、谋大局、定政策、促改革的能力和定力。财政部要加强对全面实施预算绩效管理工作的组织协调。各地区各部门要加强对本地区本部门预算绩效管理的组织领导，切实转变思想观念，牢固树立绩效意识，结合实际制定实施办法，加强预算绩效管理力量，充实预算绩效管理人员，督促指导有关政策措施落实，确保预算绩效管理延伸至基层单位和资金使用终端。

（十七）加强绩效管理监督问责。审计机关要依法对预算绩效管理情况开展审计监督，财政、审计等部门发现违纪违法问题线索，应当及时移送纪检监察机关。各级财政部门要推进绩效信息公开，重要绩效目标、绩效评价结果要与预决算草案同步报送同级人大、同步向社会主动公开，搭建社会公众参与绩效管理的途径和平台，自觉接受人大和社会各界监督。

（十八）加强绩效管理工作考核。各级政府要将预算绩效结果纳入政府绩效和干部政绩考核体系，作为领导干部选拔任用、公务员考核的重要参考，充分调动各地区各部门履职尽责和干事创业的积极性。各级财政部门负责对本级部门和预算单位、下级财政部门预算绩效管理工作情况进行考核。建立考核结果通报制度，对工作成效明显的地区和部门给予表彰，对工作推进不力的进行约谈并责令限期整改。

全面实施预算绩效管理是党中央、国务院作出的重大战略部署，是政府治理和预算管理的深刻变革。各地区各部门要更加紧密地团结在以习近平同志为核心的党中央周围，把思想认识和行动统一到党中央、国务院决策部署上来，增强“四个意识”，坚定“四个自信”，提高政治站位，把全面实施预算绩效管理各项措施落到实处，为决胜全面建成小康社会、夺取新时代中国特色社会主义伟大胜利、实现中华民族伟大复兴的中国梦奠定坚实基础。

2018 年 9 月 1 日

Ⅱ.《中央部门预算绩效目标管理办法》(财预〔2015〕88 号)

第一章　总则

第一条　为了进一步加强预算绩效管理，提高中央部门预算绩效目标管理的科学性、规范性和有效性，根据《中华人民共和国预算法》《国务院关于深化预算管理制度改革的决定》(国发〔2014〕45 号) 等有关规定，制定本办法。

第二条　绩效目标是指财政预算资金计划在一定期限内达到的产出和效果。

绩效目标是建设项目库、编制部门预算、实施绩效监控、开展绩效评价等的重要基础和依据。

第三条　本办法所称绩效目标：

(一) 按照预算支出的范围和内容划分，包括基本支出绩效目标、项目支出绩效目标和部门 (单位) 整体支出绩效目标。

基本支出绩效目标，是指中央部门预算中安排的基本支出在一定期限内对本部门 (单位) 正常运转的预期保障程度。一般不单独设定，而是纳入部门 (单位) 整体支出绩效目标统筹考虑。

项目支出绩效目标是指中央部门依据部门职责和事业发展要求，设立并通过预算安排的项目支出在一定期限内预期达到的产出和效果。

部门 (单位) 整体支出绩效目标是指中央部门及其所属单位按照确定的职责，利用全部部门预算资金在一定期限内预期达到的总体产出和效果。

(二) 按照时效性划分，包括中长期绩效目标和年度绩效目标。

中长期绩效目标是指中央部门预算资金在跨度多年的计划期内预期达到的产出和效果。年度绩效目标是指中央部门预算资金在一个预算年度内预期达到的产出和效果。

第四条　绩效目标管理是指财政部和中央部门及其所属单位以绩效目标为对象，以绩效目标的设定、审核、批复等为主要内容所开展的预算管理活动。

第五条　财政部和中央部门及其所属单位是绩效目标管理的主体。

第六条　绩效目标管理的对象是纳入中央部门预算管理的全部资金。

第二章　绩效目标的设定

第七条　绩效目标设定是指中央部门或其所属单位按照部门预算管理和绩效目标管理的要求，编制绩效目标并向财政部或中央部门报送绩效目标的过程。

绩效目标是部门预算安排的重要依据。未按要求设定绩效目标的项目支出，不得纳入项目库管理，也不得申请部门预算资金。

第八条　按照“谁申请资金，谁设定目标”的原则，绩效目标由中央部门及其所属单位设定。

项目支出绩效目标，在该项目纳入中央部门项目库之前编制，并按要求随同中央部门项目库提交财政部；部门（单位）整体支出绩效目标，在申报部门预算时编制，并按要求提交财政部。

第九条 绩效目标要能清晰反映预算资金的预期产出和效果，并以相应的绩效指标予以细化、量化描述。主要包括：

（一）预期产出，是指预算资金在一定期限内预期提供的公共产品和服务情况；

（二）预期效果，是指上述产出可能对经济、社会、环境等带来的影响情况以及服务对象或项目受益人对该项产出和影响的满意程度等。

第十条 绩效指标是绩效目标的细化和量化描述，主要包括产出指标、效益指标和满意度指标等。

（一）产出指标是对预期产出的描述，包括数量指标、质量指标、时效指标、成本指标等。

（二）效益指标是对预期效果的描述，包括经济效益指标、社会效益指标、生态效益指标、可持续影响指标等。

（三）满意度指标是反映服务对象或项目受益人的认可程度的指标。

第十一条 绩效标准是设定绩效指标时所依据或参考的标准。一般包括：

（一）历史标准，是指同类指标的历史数据等；

（二）行业标准，是指国家公布的行业指标数据等；

（三）计划标准，是指预先制定的目标、计划、预算、定额等数据；

（四）财政部认可的其他标准。

第十二条 绩效目标设定的依据包括：

（一）国家相关法律、法规和规章制度，国民经济和社会发展规划；

（二）部门职能、中长期发展规划、年度工作计划或项目规划；

（三）中央部门中期财政规划；

（四）财政部中期和年度预算管理要求；

（五）相关历史数据、行业标准、计划标准等；

（六）符合财政部要求的其他依据。

第十三条 设定的绩效目标应当符合以下要求：

（一）指向明确。绩效目标要符合国民经济和社会发展规划、部门职能及事业发展规划等要求，并与相应的预算支出内容、范围、方向、效果等紧密相关。

（二）细化量化。绩效目标应当从数量、质量、成本、时效以及经济效益、社会效益、生态效益、可持续影响、满意度等方面进行细化，尽量进行定量表述。不能以量化形式表述的，可采用定性表述，但应具有可衡量性。

（三）合理可行。设定绩效目标时要经过调查研究和科学论证，符合客观实际，能够在一定期限内如期实现。

（四）相应匹配。绩效目标要与计划期内的任务数或计划数相对应，与预算确定的投资额或资金量相匹配。

第十四条 绩效目标申报表是所设定绩效目标的表现形式。其中，项目支出绩效目标涉及内容的相关信息，纳入项目文本中，通过提取信息的方式以确定格式（详见附

1）生成；部门（单位）整体支出绩效目标，按照确定格式和内容（详见附2）填报，纳入部门预算编报说明中。

第十五条　绩效目标设定的方法包括：

（一）项目支出绩效目标的设定。

1. 对项目的功能进行梳理，包括资金性质、预期投入、支出范围、实施内容、工作任务、受益对象等，明确项目的功能特性。

2. 依据项目的功能特性，预计项目实施在一定时期内所要达到的总体产出和效果，确定项目所要实现的总体目标，并以定量和定性相结合的方式进行表述。

3. 对项目支出总体目标进行细化分解，从中概括、提炼出最能反映总体目标预期实现程度的关键性指标，并将其确定为相应的绩效指标。

4. 通过收集相关基准数据，确定绩效标准，并结合项目预期进展、预计投入等情况，确定绩效指标的具体数值。

（二）部门（单位）整体支出绩效目标的设定。

1. 对部门（单位）的职能进行梳理，确定部门（单位）的各项具体工作职责。

2. 结合部门（单位）中长期规划和年度工作计划，明确年度主要工作任务，预计部门（单位）在本年度内履职所要达到的总体产出和效果，将其确定为部门（单位）总体目标，并以定量和定性相结合的方式进行表述。

3. 依据部门（单位）总体目标，结合部门（单位）的各项具体工作职责和工作任务，确定每项工作任务预计要达到的产出和效果，从中概括、提炼出最能反映工作任务预期实现程度的关键性指标，并将其确定为相应的绩效指标。

4. 通过收集相关基准数据，确定绩效标准，并结合年度预算安排等情况，确定绩效指标的具体数值。

第十六条　绩效目标设定程序为：

（一）基层单位设定绩效目标。申请预算资金的基层单位按照要求设定绩效目标，随同本单位预算提交上级单位；根据上级单位审核意见，对绩效目标进行修改完善，按程序逐级上报。

（二）中央部门设定绩效目标。中央部门按要求设定本级支出绩效目标，审核、汇总所属单位绩效目标，提交财政部；根据财政部审核意见对绩效目标进行修改完善，按程序提交财政部。

第三章　绩效目标的审核

第十七条　绩效目标审核是指财政部或中央部门对相关部门或单位报送的绩效目标进行审查核实，并将审核意见反馈相关单位，指导其修改完善绩效目标的过程。

第十八条　按照“谁分配资金，谁审核目标”的原则，绩效目标由财政部或中央部门按照预算管理级次进行审核。根据工作需要，绩效目标可委托第三方予以审核。

第十九条　绩效目标审核是部门预算审核的有机组成部分。绩效目标不符合要求的，财政部或中央部门应要求报送单位及时修改、完善。审核符合要求后，方可进入项目库，并进入下一步预算编审流程。

第二十条 中央部门对所属单位报送的项目支出绩效目标和单位整体支出绩效目标进行审核。

有预算分配权的部门应对预算部门提交的有关项目支出绩效目标进行审核，并据此提出资金分配建议。经审核的项目支出绩效目标，报财政部备案。

第二十一条 财政部根据部门预算审核的范围和内容，对中央部门报送的项目支出绩效目标和部门（单位）整体支出绩效目标进行审核。对经有预算分配权的部门审核后的横向分配项目的绩效目标，财政部可根据需要进行再审核。

第二十二条 绩效目标审核的主要内容：

（一）完整性审核。绩效目标的内容是否完整，绩效目标是否明确、清晰。

（二）相关性审核。绩效目标的设定与部门职能、事业发展规划是否相关，是否对申报的绩效目标设定了相关联的绩效指标，绩效指标是否细化、量化。

（三）适当性审核。资金规模与绩效目标之间是否匹配，在既定资金规模下，绩效目标是否过高或过低；或者要完成既定绩效目标，资金规模是否过大或过小。

（四）可行性审核。绩效目标是否经过充分论证和合理测算；所采取的措施是否切实可行，并能确保绩效目标如期实现。综合考虑成本效益，是否有必要安排财政资金。

第二十三条 对一般性项目，由财政部或中央部门结合部门预算管理流程进行审核，提出审核意见。

对社会关注程度高、对经济社会发展具有重要影响、关系重大民生领域或专业技术复杂的重点项目，财政部或中央部门可根据需要将其委托给第三方，组织相关部门、专家学者、科研院所、中介机构、社会公众代表等共同参与审核，提出审核意见。

第二十四条 对项目支出绩效目标的审核，采用“项目支出绩效目标审核表”（详见附3）。其中，对一般性项目，采取定性审核的方式；对重点项目，采取定性审核和定量审核相结合的方式。

部门（单位）整体支出绩效目标的审核，可参考项目支出绩效目标的审核工具，提出审核意见。

第二十五条 项目支出绩效目标审核结果分为“优”“良”“中”“差”四个等级，作为项目预算安排的重要参考因素。

审核结果为“优”的，直接进入下一步预算安排流程；审核结果为“良”的，可与相关部门或单位进行协商，直接对其绩效目标进行完善后，进入下一步预算安排流程；审核结果为“中”的，由相关部门或单位对其绩效目标进行修改完善，按程序重新报送审核；审核结果为“差”的，不得进入下一步预算安排流程。

第二十六条 绩效目标审核程序如下：

（一）中央部门及其所属单位审核。中央部门及其所属单位对下级单位报送的绩效目标进行审核，提出审核意见并反馈给下级单位。下级单位根据审核意见对相关绩效目标进行修改完善，重新提交上级单位审核，审核通过后按程序报送财政部。

（二）财政部审核。财政部对中央部门报送的绩效目标进行审核，提出审核意见并反馈给中央部门。中央部门根据财政部审核意见对相关绩效目标进行修改完善，重新报送财政部审核。财政部根据绩效目标审核情况提出预算安排意见，随预算资金一并下达中央部门。

第四章　绩效目标的批复、调整与应用

第二十七条　按照“谁批复预算，谁批复目标”的原则，财政部和中央部门在批复年初部门预算或调整预算时，一并批复绩效目标。原则上，中央部门整体支出绩效目标、纳入绩效评价范围的项目支出绩效目标和一级项目绩效目标，由财政部批复；中央部门所属单位整体支出绩效目标和二级项目绩效目标，由中央部门或所属单位按预算管理级次批复。

第二十八条　绩效目标确定后，一般不予调整。预算执行中因特殊原因确需调整的，应按照绩效目标管理要求和预算调整流程报批。

第二十九条　中央部门及所属单位应按照批复的绩效目标组织预算执行，并根据设定的绩效目标开展绩效监控、绩效自评和绩效评价。

（一）绩效监控。预算执行中，中央部门及所属单位应对资金运行状况和绩效目标预期实现程度开展绩效监控，及时发现并纠正绩效运行中存在的问题，力保绩效目标如期实现。

（二）绩效自评。预算执行结束后，资金使用单位应对照确定的绩效目标开展绩效自评，分别填写“项目支出绩效自评表”（详见附4）和“部门（单位）整体支出绩效自评表”（详见附5），形成相应的自评结果，作为部门（单位）预、决算的组成内容和以后年度预算申请、安排的重要基础。

（三）绩效评价。财政部或中央部门要有针对地选择部分重点项目或部门（单位），在资金使用单位绩效自评的基础上，开展项目支出或部门（单位）整体支出绩效评价，并对部分重大专项资金或财政政策开展中期绩效评价试点，形成相应的评价结果。

第三十条　中央部门应按照有关法律、法规要求，逐步将有关绩效目标随同部门预算予以公开。

第五章　附则

第三十一条　各部门可根据本办法，结合实际制定本部门具体绩效目标管理办法和实施细则，报财政部备案。

第三十二条　此前关于中央部门预算绩效目标管理的规定与本办法不一致的，适用本办法。

第三十三条　本办法由财政部负责解释。

第三十四条　本办法自印发之日起施行。

附：1－1：项目支出绩效目标申报表（生成表）

　　1－2：项目支出绩效目标申报表内容说明

　　2－1：部门（单位）整体支出绩效目标申报表

　　2－2：部门（单位）整体支出绩效目标申报表填报说明

3－1：项目支出绩效目标审核表（一般性项目）
3－2：项目支出绩效目标审核表（重点项目）
3－3：项目支出绩效目标审核表填报说明
4：项目支出绩效自评表
5：部门（单位）整体支出绩效自评表
6：中央部门预算绩效目标管理流程图

附1－1：项目支出绩效目标申报表（生成表）

项目支出绩效目标申报表（生成表）

（　　　年度）

<table>
<tr><td colspan="3">项目名称</td><td colspan="5"></td></tr>
<tr><td colspan="3">主管部门及代码</td><td colspan="2"></td><td>实施单位</td><td colspan="2"></td></tr>
<tr><td colspan="3">项目属性</td><td colspan="2"></td><td>项目期</td><td colspan="2"></td></tr>
<tr><td colspan="3" rowspan="3">项目资金
（万元）</td><td>中期资金总额：</td><td></td><td>年度资金总额：</td><td colspan="2"></td></tr>
<tr><td>其中：财政拨款</td><td></td><td>其中：财政拨款</td><td colspan="2"></td></tr>
<tr><td>其他资金</td><td></td><td>其他资金</td><td colspan="2"></td></tr>
<tr><td rowspan="2">总体目标</td><td colspan="4">中期目标（20××年—20××+n年）</td><td colspan="3">年度目标</td></tr>
<tr><td colspan="4">目标1：
目标2：
目标3：
……</td><td colspan="3">目标1：
目标2：
目标3：
……</td></tr>
<tr><td rowspan="14">绩效指标</td><td>一级指标</td><td>二级指标</td><td>三级指标</td><td>指标值</td><td>二级指标</td><td>三级指标</td><td>指标值</td></tr>
<tr><td rowspan="13">产出指标</td><td rowspan="3">数量指标</td><td>指标1：</td><td></td><td rowspan="3">数量指标</td><td>指标1：</td><td></td></tr>
<tr><td>指标2：</td><td></td><td>指标2：</td><td></td></tr>
<tr><td>……</td><td></td><td>……</td><td></td></tr>
<tr><td rowspan="3">质量指标</td><td>指标1：</td><td></td><td rowspan="3">质量指标</td><td>指标1：</td><td></td></tr>
<tr><td>指标2：</td><td></td><td>指标2：</td><td></td></tr>
<tr><td>……</td><td></td><td>……</td><td></td></tr>
<tr><td rowspan="3">时效指标</td><td>指标1：</td><td></td><td rowspan="3">时效指标</td><td>指标1：</td><td></td></tr>
<tr><td>指标2：</td><td></td><td>指标2：</td><td></td></tr>
<tr><td>……</td><td></td><td>……</td><td></td></tr>
<tr><td rowspan="3">成本指标</td><td>指标1：</td><td></td><td rowspan="3">成本指标</td><td>指标1：</td><td></td></tr>
<tr><td>指标2：</td><td></td><td>指标2：</td><td></td></tr>
<tr><td>……</td><td></td><td>……</td><td></td></tr>
<tr><td>……</td><td></td><td></td><td>……</td><td></td><td></td></tr>
</table>

续表

	一级指标	二级指标	三级指标	指标值	二级指标	三级指标	指标值
绩效指标	效益指标	经济效益指标	指标1：		经济效益指标	指标1：	
			指标2：			指标2：	
			……			……	
		社会效益指标	指标1：		社会效益指标	指标1：	
			指标2：			指标2：	
			……			……	
		生态效益指标	指标1：		生态效益指标	指标1：	
			指标2：			指标2：	
			……			……	
		可持续影响指标	指标1：		可持续影响指标	指标1：	
			指标2：			指标2：	
			……			……	
		……			……		
	满意度指标	服务对象满意度指标	指标1：		服务对象满意度指标	指标1：	
			指标2：			指标2：	
			……			……	
		……			……		

附1-2：项目支出绩效目标申报表内容说明

一、适用范围

（一）本表根据中央部门及其所属单位所填报的项目文本中的相关信息，由预算管理系统自动生成，作为项目绩效目标审核和批复、预算资金确定、绩效监控、绩效评价的主要依据。

（二）项目支出是指中央部门为完成其特定的行政工作任务或事业发展目标、纳入部门预算编制范围的年度项目支出计划。

（三）中央部门的所有预算项目都应设定绩效目标，并形成本表。

（四）本表中的相关内容由项目资金申报单位在项目申报文本中填写。

二、内容说明

（一）年度：指编制部门预算所属年份。如：编报20××年部门预算时，填写“20××年”；20××年预算执行中申请调整预算时，填写“20××年”。

（二）项目基本情况

1. 项目名称：指项目的具体名称，与部门预算中的项目名称一致。

2. 主管部门及代码：指中央部门的代码及全称。如：[101] 国务院办公厅。

3. 实施单位：指项目具体实施单位，与项目文本中的有关内容一致。

4. 项目属性：指新增项目或延续项目。

5. 项目期：指项目的具体实施期限，其中，一次性项目，填 1 年；有确定项目实施期的项目，填确定的年限，如 3 年等；属于部门经常性业务项目，填“长期”。

6. 项目资金：指中期或年度项目资金总额，按资金来源分为财政拨款、其他资金。本项内容以万元为单位，保留小数点后两位。

（三）总体目标

项目支出总体目标描述利用该项目全部预算资金在一定期限内预期达到的总体产出和效果。

1. 中期目标：概括描述延续项目在一定时期内（一般为三年）预期达到的产出和效果。其中，所填写的期限，按一定时期滚动填写，如 2015 年编制 2016 年预算，填写 2016—2018 年；2016 年编制 2017 年预算，填写 2017—2019 年等。

一次性项目和处于项目期最后一年的项目，不需填写此项，只填写年度目标。

2. 年度目标：概括描述项目在本年度内预期达到的产出和效果。

（四）绩效指标

绩效指标按中期指标和年度指标分别填列，其中，中期指标是对中期目标的细化和量化，年度指标是对年度目标的细化和量化。一次性项目和处于项目期最后一年的项目，只填写年度指标。

绩效指标一般包括产出指标、效益指标、满意度指标三类一级指标，每一类一级指标细分为若干二级指标、三级指标，分别设定具体的指标值。指标值应尽量细化、量化，可量化的用数值描述，不可量化的以定性描述。

1. 产出指标：反映根据既定目标，相关预算资金预期提供的公共产品和服务情况。可进一步细分为：

（1）数量指标，反映预期提供的公共产品和服务数量，如“举办培训的班次”“培训学员的人次”“新增设备数量”等；

（2）质量指标，反映预期提供的公共产品和服务达到的标准、水平和效果，如“培训合格率”“研究成果验收通过率”等；

（3）时效指标，反映预期提供公共产品和服务的及时程度和效率情况，如“培训完成时间”“研究成果发布时间”等；

（4）成本指标，反映预期提供公共产品和服务所需成本的控制情况，如“人均培训成本”“设备购置成本”“和社会平均成本的比较”等。

2. 效益指标：反映与既定绩效目标相关的、前述相关产出所带来的预期效果的实现程度。可进一步细分为：

（1）经济效益指标，反映相关产出对经济发展带来的影响和效果，如“促进农民增收率或增收额”“采用先进技术带来的实际收入增长率”等；

（2）社会效益指标，反映相关产出对社会发展带来的影响和效果，如“带动就业增长率”“安全生产事故下降率”等；

（3）生态效益指标，反映相关产出对自然环境带来的影响和效果，如“水电能源节约率”“空气质量优良率”等；

（4）可持续影响指标，反映相关产出带来影响的可持续期限，如“项目持续发挥作用的期限”“对本行业未来可持续发展的影响”等。

3. 满意度指标：属于预期效果的内容，反映服务对象或项目受益人对相关产出及其影响的认可程度，根据实际细化为具体指标，如“受训学员满意度”“群众对××工作的满意度”“社会公众投诉率/投诉次数”等。

4. 实际操作中其他绩效指标的具体内容，可由部门（单位）根据需要，在上述指标中或在上述指标之外另行补充。

附2-1：部门（单位）整体支出绩效目标申报表

部门（单位）整体支出绩效目标申报表

（　　　年度）

<table>
<tr><td colspan="3">部门（单位）名称</td><td colspan="5"></td></tr>
<tr><td rowspan="8">年度主要任务</td><td colspan="2" rowspan="2">任务名称</td><td colspan="2" rowspan="2">主要内容</td><td colspan="3">预算金额（万元）</td></tr>
<tr><td>总额</td><td>财政拨款</td><td>其他资金</td></tr>
<tr><td colspan="2">任务1</td><td colspan="2"></td><td></td><td></td><td></td></tr>
<tr><td colspan="2">任务2</td><td colspan="2"></td><td></td><td></td><td></td></tr>
<tr><td colspan="2">任务3</td><td colspan="2"></td><td></td><td></td><td></td></tr>
<tr><td colspan="2">……</td><td colspan="2"></td><td></td><td></td><td></td></tr>
<tr><td colspan="2"></td><td colspan="2"></td><td></td><td></td><td></td></tr>
<tr><td colspan="4">金额合计</td><td></td><td></td><td></td></tr>
<tr><td>年度总体目标</td><td colspan="7">目标1：
目标2：
目标3：
……</td></tr>
<tr><td rowspan="10">年度绩效指标</td><td>一级指标</td><td colspan="2">二级指标</td><td colspan="2">三级指标</td><td colspan="2">指标值</td></tr>
<tr><td rowspan="9">产出指标</td><td colspan="2" rowspan="3">数量指标</td><td colspan="2">指标1：</td><td colspan="2"></td></tr>
<tr><td colspan="2">指标2：</td><td colspan="2"></td></tr>
<tr><td colspan="2">……</td><td colspan="2"></td></tr>
<tr><td colspan="2" rowspan="3">质量指标</td><td colspan="2">指标1：</td><td colspan="2"></td></tr>
<tr><td colspan="2">指标2：</td><td colspan="2"></td></tr>
<tr><td colspan="2">……</td><td colspan="2"></td></tr>
<tr><td colspan="2" rowspan="3">时效指标</td><td colspan="2">指标1：</td><td colspan="2"></td></tr>
<tr><td colspan="2">指标2：</td><td colspan="2"></td></tr>
<tr><td colspan="2">……</td><td colspan="2"></td></tr>
</table>

续表

	一级指标	二级指标	三级指标	指标值
年度绩效指标	产出指标	成本指标	指标1：	
			指标2：	
			……	
		……		
	效益指标	经济效益指标	指标1：	
			指标2：	
			……	
		社会效益指标	指标1：	
			指标2：	
			……	
		生态效益指标	指标1：	
			指标2：	
			……	
		可持续影响指标	指标1：	
			指标2：	
			……	
		……		
	满意度指标	服务对象满意度指标	指标1：	
			指标2：	
			……	
		……		

附2-2：部门（单位）整体支出绩效目标申报表填报说明

一、适用范围

（一）本表适用于中央部门及其所属单位在申报部门（单位）整体支出绩效目标时填报，作为部门（单位）整体支出预算审核及绩效评价的主要依据。

（二）部门（单位）整体支出是指纳入中央部门预算管理的全部资金，包括当年财政拨款和通过以前年度财政拨款结转和结余资金、事业收入、事业单位经营收入等其他收入安排的支出；包括基本支出和项目支出。

（三）中央部门及其所属单位应按要求设定整体支出绩效目标，填报本表。

（四）本表由中央部门或所属单位财务主管机构负责填写，必要时可以由本部门或本单位业务部门协助填写。

二、填报说明

（一）年度：填写编制部门预算所属年份。如：编报 20××年部门预算，填写"20××年"。

（二）部门（单位）名称：填写填报本表的预算部门或单位全称。

（三）年度主要任务：填写根据部门（单位）主要职责和工作计划确定的本年度主要工作任务以及开展这项任务所对应的预算支出金额（一般为一级项目及金额）。预算支出金额包括当年财政拨款和其他资金，以万元为单位，保留到小数点后两位。

（四）年度总体目标：描述本部门（单位）利用全部部门预算资金在本年度内预期达到的总体产出和效果。

（五）年度绩效指标：一般包括产出指标、效益指标、满意度指标三类一级指标，每一类一级指标细分为若干二级指标、三级指标，分别对应具体的指标值。指标值应尽量细化、量化，可量化的用数值描述，不可量化的以定性描述。具体填报要求可参照"项目支出绩效目标申报表内容说明"。

附 3-1：项目支出绩效目标审核表（一般性项目）

项目支出绩效目标审核表（一般性项目）

审核内容	审核要点	审核意见
一、完整性审核		
规范完整性	绩效目标填报格式是否规范，内容是否完整、准确、详实，是否无缺项、错项	优□ 良□ 中□ 差□
明确清晰性	绩效目标是否明确、清晰，是否能够反映项目主要情况，是否对项目预期产出和效果进行了充分、恰当的描述	优□ 良□ 中□ 差□
二、相关性审核		
目标相关性	总体目标是否符合国家法律法规、国民经济和社会发展规划要求，与本部门（单位）职能、发展规划和工作计划是否密切相关	优□ 良□ 中□ 差□
指标科学性	绩效指标是否全面、充分、细化、量化，难以量化的，定性描述是否充分、具体；是否选取了最能体现总体目标实现程度的关键指标并明确了具体指标值	优□ 良□ 中□ 差□
三、适当性审核		
绩效合理性	预期绩效是否显著，是否能够体现实际产出和效果的明显改善；是否符合行业正常水平或事业发展规律；与其他同类项目相比，预期绩效是否合理	优□ 良□ 中□ 差□
资金匹配性	绩效目标与项目资金量、使用方向等是否匹配，在既定资金规模下，绩效目标是否过高或过低；或要完成既定绩效目标，资金规模是否过大或过小	优□ 良□ 中□ 差□

续表

审核内容	审核要点	审核意见
四、可行性审核		
实现可能性	绩效目标是否经过充分调查研究、论证和合理测算，实现的可能性是否充分	优□ 良□ 中□ 差□
条件充分性	项目实施方案是否合理，项目实施单位的组织实施能力和条件是否充分，内部控制是否规范，管理制度是否健全	优□ 良□ 中□ 差□
综合评定等级	优□ 良□ 中□ 差□	
总体意见		

附 3-2：项目支出绩效目标审核表（重点项目）

项目支出绩效目标审核表（重点项目）

审核内容		审核要点		审核意见	得分
具体内容	分值	具体内容	分值		
一、完整性审核（20分）					
规范完整性	10分	绩效目标填报格式是否规范、符合规定要求	5分	优□ 良□ 中□ 差□	
		绩效目标填报内容是否完整、准确、详实，是否无缺项、错项	5分	优□ 良□ 中□ 差□	
				得分小计	
明确清晰性	10分	绩效目标是否明确，内容是否具体，层次是否分明，表述是否准确	5分	优□ 良□ 中□ 差□	
		绩效目标是否清晰，是否能够反映项目的主要内容，是否对项目预期产出和效果进行了充分、恰当的描述	5分	优□ 良□ 中□ 差□	
				得分小计	
二、相关性审核（30分）					
目标相关性	15分	总体目标是否符合国家法律法规、国民经济和社会发展规划要求	7分	优□ 良□ 中□ 差□	
		总体目标与本部门（单位）职能、发展规划和工作计划是否密切相关	8分	优□ 良□ 中□ 差□	
				得分小计	

续表

审核内容		审核要点		审核意见	得分
具体内容	分值	具体内容	分值		
指标科学性	15 分	绩效指标是否全面、充分，是否选取了最能体现总体目标实现程度的关键指标并明确了具体指标值	8 分	优□　良□　中□　差□	
		绩效指标是否细化、量化，便于监控和评价；难以量化的，定性描述是否充分、具体	7 分	优□　良□　中□　差□	
				得分小计	
三、适当性审核（30 分）					
绩效合理性	15 分	预期绩效是否显著，是否能够体现实际产出和效果的明显改善	8 分	优□　良□　中□　差□	
		预期绩效是否符合行业正常水平或事业发展规律；与其他同类项目相比，预期绩效是否合理	7 分	优□　良□　中□　差□	
				得分小计	
资金匹配性	15 分	绩效目标与项目资金量是否匹配，在既定资金规模下，绩效目标是否过高或过低；或要完成既定绩效目标，资金规模是否过大或过小	8 分	优□　良□　中□　差□	
		绩效目标与相应的支出内容、范围、方向、效果等是否匹配	7 分	优□　良□　中□　差□	
				得分小计	
四、可行性审核（20 分）					
实现可能性	10 分	绩效目标是否经过充分调查研究、论证和合理测算	5 分	优□　良□　中□　差□	
		绩效目标实现的可能性是否充分，是否考虑了现实条件和可操作性	5 分	优□　良□　中□　差□	
				得分小计	
条件充分性	10 分	项目实施方案是否合理，项目实施单位的组织实施能力和条件是否充分	5 分	优□　良□　中□　差□	
		内部控制是否规范，预算和财务管理制度是否健全并得到有效执行	5 分	优□　良□　中□　差□	
				得分小计	

续表

总分		
综合评定等级	优□ 良□ 中□ 差□	
总体意见		

附 3－3：项目支出绩效目标审核表填报说明

一、适用范围

（一）本表适用于财政部或中央部门及其所属单位在审核项目支出绩效目标时填报，是绩效目标审核的主要工具。

（二）本表全面反映审核主体对绩效目标的审核意见。

（三）本表由财政部或中央部门及其所属单位财务主管机构负责填写；委托第三方审核的，可以由第三方机构协助填写。

二、填报说明

（一）审核内容

绩效目标审核包括完整性审核、相关性审核、适当性审核和可行性审核等四个方面。绩效目标审核应充分参考部门（单位）职能、项目立项依据、项目实施的必要性和可行性、项目实施方案以及以前年度绩效信息等内容，还应充分考虑财政资金支持的方向、范围和方式等。

（二）审核方式

审核采取定性审核与定量审核相结合的方式。定性审核分为“优”“良”“中”“差”四个等级，其中，填报内容完全符合要求的，定级为“优”；绝大部分内容符合要求、仅需对个别内容进行修改的，定级为“良”；部分内容不符合要求、但通过修改完善后能够符合要求的，定级为“中”；内容为空或大部分内容不符合要求的，定级为“差”。定量审核按对应等级进行打分，保留一位小数。具体审核方式如下：

1. 对一般性项目，采取定性审核的方式。审核主体对每一项审核内容逐一提出定性审核意见，并根据各项审核情况，汇总确定“综合评定等级”。确定综合评定等级时，8 个审核要点中，有 6 项及以上为“优”且其他项无“中”“差”级的，方可定级为“优”；有 6 项及以上为“良”及以上且其他项无“差”级的，方可定级为“良”；有 6 项及以上为“中”及以上的，方可定级为“中”。同时，在本表“总体意见”栏中对该项目绩效目标的修改完善、预算安排等提出意见。

2. 对重点项目，采取定性审核和定量审核相结合的方式。审核主体对每一项审核内容提出定性审核意见，并进行打分。定性审核为“优”的，得该项分值的90%—100%；定性审核为“良”的，得该项分值的80%—89%；定性审核为“中”的，得该项分值的60%—79%；定性审核为“差”的，得该项分值的59%以下。

各项审核内容完成后，根据项目审核总分，确定“综合评定等级”。总得分在90分以上的为“优”；在80分至90分（不含，下同）之间的为“良”；在60分至80分之间的为“中”；低于60分的为“差”。同时，在本表“总体意见”栏中对该项目绩效目标的修改完善、预算安排等提出意见。

附4：项目支出绩效自评表

项目支出绩效自评表

（　　　年度）

<table>
<tr><td colspan="2">项目名称</td><td colspan="4"></td></tr>
<tr><td colspan="2">主管部门及代码</td><td colspan="2"></td><td>实施单位</td><td></td></tr>
<tr><td colspan="2" rowspan="3">项目预算执行情况
（万元）</td><td>预算数：</td><td></td><td>执行数：</td><td></td></tr>
<tr><td>其中：财政拨款</td><td></td><td>其中：财政拨款</td><td></td></tr>
<tr><td>其他资金</td><td></td><td>其他资金</td><td></td></tr>
<tr><td rowspan="2">年度总体目标完成情况</td><td colspan="3">预期目标</td><td colspan="2">目标实际完成情况</td></tr>
<tr><td colspan="3">目标1：
目标2：
目标3：
……</td><td colspan="2">目标1完成情况：
目标2完成情况：
目标3完成情况：
……</td></tr>
<tr><td rowspan="14">年度绩效指标完成情况</td><td>一级指标</td><td>二级指标</td><td>三级指标</td><td>预期指标值</td><td>实际完成指标值</td></tr>
<tr><td rowspan="13">产出指标</td><td rowspan="3">数量指标</td><td>指标1：</td><td></td><td></td></tr>
<tr><td>指标2：</td><td></td><td></td></tr>
<tr><td>……</td><td></td><td></td></tr>
<tr><td rowspan="3">质量指标</td><td>指标1：</td><td></td><td></td></tr>
<tr><td>指标2：</td><td></td><td></td></tr>
<tr><td>……</td><td></td><td></td></tr>
<tr><td rowspan="3">时效指标</td><td>指标1：</td><td></td><td></td></tr>
<tr><td>指标2：</td><td></td><td></td></tr>
<tr><td>……</td><td></td><td></td></tr>
<tr><td rowspan="3">成本指标</td><td>指标1：</td><td></td><td></td></tr>
<tr><td>指标2：</td><td></td><td></td></tr>
<tr><td>……</td><td></td><td></td></tr>
<tr><td>……</td><td></td><td></td><td></td></tr>
</table>

续表

<table>
<tr><td rowspan="18">年度绩效指标完成情况</td><td>一级指标</td><td>二级指标</td><td>三级指标</td><td>预期指标值</td><td>实际完成指标值</td></tr>
<tr><td rowspan="13">效益指标</td><td rowspan="3">经济效益指标</td><td>指标 1：</td><td></td><td></td></tr>
<tr><td>指标 2：</td><td></td><td></td></tr>
<tr><td>……</td><td></td><td></td></tr>
<tr><td rowspan="3">社会效益指标</td><td>指标 1：</td><td></td><td></td></tr>
<tr><td>指标 2：</td><td></td><td></td></tr>
<tr><td>……</td><td></td><td></td></tr>
<tr><td rowspan="3">生态效益指标</td><td>指标 1：</td><td></td><td></td></tr>
<tr><td>指标 2：</td><td></td><td></td></tr>
<tr><td>……</td><td></td><td></td></tr>
<tr><td rowspan="3">可持续影响指标</td><td>指标 1：</td><td></td><td></td></tr>
<tr><td>指标 2：</td><td></td><td></td></tr>
<tr><td>……</td><td></td><td></td></tr>
<tr><td>……</td><td></td><td></td><td></td></tr>
<tr><td rowspan="4">满意度指标</td><td rowspan="3">服务对象满意度指标</td><td>指标 1：</td><td></td><td></td></tr>
<tr><td>指标 2：</td><td></td><td></td></tr>
<tr><td>……</td><td></td><td></td></tr>
<tr><td>……</td><td></td><td></td><td></td></tr>
</table>

附 5：部门（单位）整体支出绩效自评表

部门（单位）整体支出绩效自评表

（ 年度）

<table>
<tr><td colspan="2">部门（单位）名称</td><td colspan="5"></td></tr>
<tr><td rowspan="7">年度主要任务完成情况</td><td>任务名称</td><td>完成情况</td><td>预算数（万元）</td><td>其中：财政拨款</td><td>执行数（万元）</td><td>其中：财政拨款</td></tr>
<tr><td>任务 1</td><td></td><td></td><td></td><td></td><td></td></tr>
<tr><td>任务 2</td><td></td><td></td><td></td><td></td><td></td></tr>
<tr><td>任务 3</td><td></td><td></td><td></td><td></td><td></td></tr>
<tr><td>……</td><td></td><td></td><td></td><td></td><td></td></tr>
<tr><td></td><td></td><td></td><td></td><td></td><td></td></tr>
<tr><td colspan="2">金额合计</td><td></td><td></td><td></td><td></td></tr>
</table>

续表

<table>
<tr><td rowspan="2">年度总体目标完成情况</td><td colspan="3">预期目标</td><td colspan="2">目标实际完成情况</td></tr>
<tr><td colspan="3">目标 1：
目标 2：
目标 3：
……</td><td colspan="2">目标 1 完成情况：
目标 2 完成情况：
目标 3 完成情况：
……</td></tr>
<tr><td rowspan="31">年度绩效指标完成情况</td><td>一级指标</td><td>二级指标</td><td>指标内容</td><td>预期指标值</td><td>实际完成指标值</td></tr>
<tr><td rowspan="13">产出指标</td><td rowspan="3">数量指标</td><td>指标 1：</td><td></td><td></td></tr>
<tr><td>指标 2：</td><td></td><td></td></tr>
<tr><td>……</td><td></td><td></td></tr>
<tr><td rowspan="3">质量指标</td><td>指标 1：</td><td></td><td></td></tr>
<tr><td>指标 2：</td><td></td><td></td></tr>
<tr><td>……</td><td></td><td></td></tr>
<tr><td rowspan="3">时效指标</td><td>指标 1：</td><td></td><td></td></tr>
<tr><td>指标 2：</td><td></td><td></td></tr>
<tr><td>……</td><td></td><td></td></tr>
<tr><td rowspan="3">成本指标</td><td>指标 1：</td><td></td><td></td></tr>
<tr><td>指标 2：</td><td></td><td></td></tr>
<tr><td>……</td><td></td><td></td></tr>
<tr><td>……</td><td></td><td></td><td></td></tr>
<tr><td rowspan="13">效益指标</td><td rowspan="3">经济效益指标</td><td>指标 1：</td><td></td><td></td></tr>
<tr><td>指标 2：</td><td></td><td></td></tr>
<tr><td>……</td><td></td><td></td></tr>
<tr><td rowspan="3">社会效益指标</td><td>指标 1：</td><td></td><td></td></tr>
<tr><td>指标 2：</td><td></td><td></td></tr>
<tr><td>……</td><td></td><td></td></tr>
<tr><td rowspan="3">生态效益指标</td><td>指标 1：</td><td></td><td></td></tr>
<tr><td>指标 2：</td><td></td><td></td></tr>
<tr><td>……</td><td></td><td></td></tr>
<tr><td rowspan="3">可持续影响指标</td><td>指标 1：</td><td></td><td></td></tr>
<tr><td>指标 2：</td><td></td><td></td></tr>
<tr><td>……</td><td></td><td></td></tr>
<tr><td>……</td><td></td><td></td><td></td></tr>
<tr><td rowspan="4">满意度指标</td><td rowspan="3">服务对象满意度指标</td><td>指标 1：</td><td></td><td></td></tr>
<tr><td>指标 2：</td><td></td><td></td></tr>
<tr><td>……</td><td></td><td></td></tr>
<tr><td>……</td><td></td><td></td><td></td></tr>
</table>

附6：中央部门预算绩效目标管理流程图

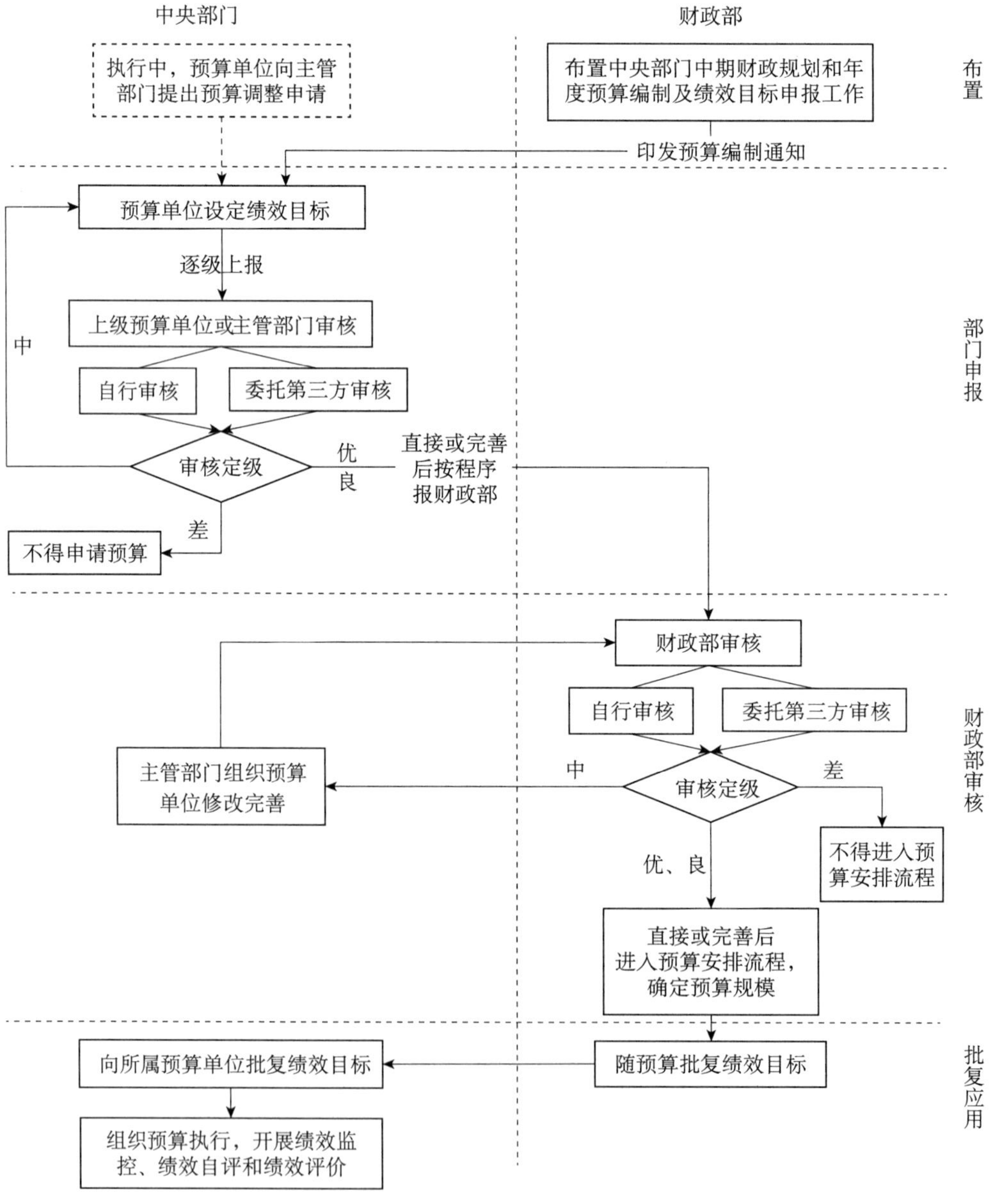

Ⅲ.《中央部门项目支出核心绩效目标和指标设置及取值指引（试行）》（财预〔2021〕101号）

为提升中央部门项目支出绩效目标编制质量，推动加强和改进绩效自评工作，根据《中央部门预算绩效目标管理办法》《项目支出绩效评价管理办法》等规定，制定本指引。

一、绩效目标及指标设置思路和原则

本指引所指项目支出绩效目标，是指中央部门依据部门职责和事业发展要求设立并通过预算安排的项目支出，在一定期限内预期达到的产出和效果以及相应的成本控制要求。绩效目标通过具体绩效指标予以细化、量化描述。设置绩效目标遵循确定项目总目标并逐步分解的方式，确保不同层级的绩效目标和指标相互衔接、协调配套。

（一）绩效指标设置思路

1. 确定项目绩效目标。在项目立项阶段，应明确项目总体政策目标。在此基础上，根据有关中长期工作规划、项目实施方案等，特别是与项目立项直接相关的依据文件，分析重点工作任务、需要解决的主要问题和相关财政支出的政策意图，研究明确项目的总体绩效目标，即总任务、总产出、总效益等。

2. 分解细化指标。分析、归纳总体绩效目标，明确完成的工作任务，将其分解成多个子目标，细化任务清单。根据任务内容，分析投入资源、开展活动、质量标准、成本要求、产出内容、产生效果，设置绩效指标。

3. 设置指标值。绩效指标选定后，应参考相关历史数据、行业标准、计划标准等，科学设定指标值。指标值的设定要在考虑可实现性的基础上，尽量从严、从高设定，以充分发挥绩效目标对预算编制执行的引导约束和控制作用。避免选用难以确定具体指标值、标准不明确或缺乏约束力的指标。

4. 加强指标衔接。强化一级项目绩效目标的统领性，二级项目是一级项目支出的细化和具体化，反映一级项目部分任务和效果。加强一级、二级项目之间绩效指标的有机衔接，确保任务相互匹配、指标逻辑对应、数据相互支撑。经部门审核确定后的一级项目绩效目标及指标，随部门预算报财政部审核批复。二级项目绩效目标及指标，由部门负责审核。

（二）绩效指标设置原则

1. 高度关联。绩效指标应指向明确，与支出方向、政策依据相关联，与部门职责及其事业发展规划相关，与总体绩效目标的内容直接关联。不应设置如常规性的项目管理要求等与产出、效益和成本明显无关联的指标。

2. 重点突出。绩效指标应涵盖政策目标、支出方向主体内容，应选取能体现项目主要产出和核心效果的指标，突出重点。

3. 量化易评。绩效指标应细化、量化，具有明确的评价标准，绩效指标值一般对应已有统计数据，或在成本可控的前提下，通过统计、调查、评判等便于获取。确难以

量化的，可采用定性表述，但应具有可衡量性，可使用分析评级（好、一般、差）的评价方式评判。

二、绩效指标的类型和设置要求

绩效指标包括成本指标、产出指标、效益指标和满意度指标四类一级指标。原则上每一项目均应设置产出指标和效益指标。工程基建类项目和大型修缮及购置项目等应设置成本指标，并逐步推广到其他具备条件的项目。满意度指标根据实际需要选用。

（一）成本指标

为加强成本管理和成本控制，应当设置成本指标，以反映预期提供的公共产品或服务所产生的成本。项目支出首先要强化成本的概念，加强成本效益分析。对单位成本无法拆分核算的任务，可设定分项成本控制数。对于具有负外部性的支出项目，还应选取负作用成本指标，体现相关活动对生态环境、社会公众福利等方面可能产生的负面影响，以综合衡量项目支出的整体效益。

成本指标包括经济成本指标、社会成本指标和生态环境成本指标等二级指标，分别反映项目实施产生的各方面成本的预期控制范围。

1. 经济成本指标。反映实施相关项目所产生的直接经济成本。

2. 社会成本指标。反映实施相关项目对社会发展、公共福利等方面可能造成的负面影响。

3. 生态环境成本指标。反映实施相关项目对自然生态环境可能造成的负面影响。

（二）产出指标

产出指标是对预期产出的描述，包括数量指标、质量指标、时效指标等二级指标。

1. 数量指标。反映预期提供的公共产品或服务数量，应根据项目活动设定相应的指标内容。数量指标应突出重点，力求以较少的指标涵盖体现主要工作内容。

2. 质量指标。反映预期提供的公共产品或服务达到的标准和水平，原则上工程基建类、信息化建设类等有明确质量标准的项目应设置质量指标，如“设备故障率”“项目竣工验收合格率”等。

3. 时效指标。反映预期提供的公共产品或服务的及时程度和效率情况。设置时效指标，需确定整体完成时间。对于有时限完成要求、关键性时间节点明确的项目，还需要分解设置约束性时效指标；对于内容相对较多并且复杂的项目，可根据工作开展周期或频次设定相应指标，如“工程按时完工率”“助学金发放周期”等。

产出指标的设置应当与主要支出方向相对应，原则上不应存在重大缺项、漏项。数量指标和质量指标原则上均需设置，时效指标根据项目实际设置，不作强制要求。

（三）效益指标

效益指标是对预期效果的描述，包括经济效益指标、社会效益指标、生态效益指标等二级指标。

1. 经济效益指标。反映相关产出对经济效益带来的影响和效果，包括相关产出在当年及以后若干年持续形成的经济效益，自身创造的直接经济效益和引领行业带来的间接经济效益。

2. 社会效益指标。反映相关产出对社会发展带来的影响和效果，用于体现项目实施当年及以后若干年在提升治理水平、落实国家政策、推动行业发展、服务民生大众、维持社会稳定、维护社会公平正义、提高履职或服务效率等方面的效益。

3. 生态效益指标。反映相关产出对自然生态环境带来的影响和效果，即对生产、生活条件和环境条件产生的有益影响和有利效果。包括相关产出在当年及以后若干年持续形成的生态效益。

对于一些特定项目，应结合管理需要确定必设指标的限定要求。如工程基建类项目和大型修缮及购置项目，考虑使用期限，必须在相关指标中明确当年及以后一段时期内预期效益发挥情况。

对于具备条件的社会效益指标和生态效益指标，应尽可能通过科学合理的方式，在予以货币化等量化反映的基础上，转列为经济效益指标，以便于进行成本效益分析比较。

（四）满意度指标

满意度指标是对预期产出和效果的满意情况的描述，反映服务对象或项目受益人及其他相关群体的认可程度。对申报满意度指标的项目，在项目执行过程中应开展满意度调查或者其他收集满意度反馈的工作。如“展览观众满意度”“补贴对象满意度”等。

满意度指标一般适用于直接面向社会主体及公众提供公共服务以及其他事关群众切身利益的项目支出，其他项目根据实际情况可不设满意度指标。

三、绩效指标的具体编制

（一）绩效指标名称及解释

1. 指标名称。指末级指标的名称，是对指标含义的简要描述，要求简洁明确、通俗易懂。如“房屋修缮面积”“设备更新改造数量”“验收合格率”等。

2. 指标解释。它是对末级指标名称的概念性定义，反映该指标衡量的具体内容、计算方法和数据口径等。

（二）绩效指标来源

1. 政策文件。部门和单位可以从党中央、国务院或本部门在某一个领域明确制定的目标、规划、计划、工作要求中提炼绩效指标。此类指标主要是有明确的统计口径和获取规范的统计指标，有较高数据质量和权威性。如国民经济和社会发展五年规划提出的经济社会发展主要指标、城镇调查失业率、每千人口拥有执业（助理）医师数、森林覆盖率等。

2. 部门日常工作。

(1) 统计指标。此类指标在部门日常工作中约定俗成、经常使用，并且有统计数据支撑，可以作为绩效指标。

(2) 部门管理（考核）指标。中央部门对下属单位、地方各类考核中明确的考核指标，可以作为绩效指标。如国家教育主管部门组织的对高校、学科、教师的考核评比等。

(3) 部门工作计划和项目实施方案。中央部门对实施项目的考虑和工作安排，经规范程序履行审批手续后，可以作为绩效指标。如开展调研次数、培训人次等。

3. 社会机构评比、新闻媒体报道等。具有社会公信力的非政府组织、公益机构、新闻媒体等对公共服务质量和舆论情况等长期或不定期跟踪调查，形成的具有一定权威性和公认度的指标。

4. 其他参考指标。甄别使用开展重点绩效评价采用的指标、已纳入绩效指标库管理和应用的指标。

如按照上述来源难以获取适宜指标，部门应当根据工作需要科学合理创设指标。如可以立足我国管理实际，借鉴国外政府绩效管理、学术研究、管理实践等经验，合理创设相关指标。

（三）绩效指标值设定依据

绩效指标值通常用绝对值和相对值表示，主要依据或参考计划标准、行业标准、历史标准或财政部和业务主管部门认可的其他标准进行设定。

1. 计划标准。根据计划依据可再细分为国家级、中央部门级计划或要求。如党中央和国务院文件、政府工作报告、各类规划、部门正式文件、有关会议纪要提及的计划或考核要求等。

2. 行业标准。包括行业国际标准、行业国家标准、行业省级标准等。如涉及工艺、技术等指标时可采用。

3. 历史标准。可参考近三年绩效指标平均值、上年值、历史极值等。

4. 预算支出标准。主要用于成本指标的取值，不得超出规定的预算支出标准设置目标值。

5. 其他标准。其他参考数值、类似项目的情况等。

（四）绩效指标完成值取值方式

根据绩效指标具体数值（情况）的特点、来源等明确取值方式。部门应在设置绩效指标时一并明确有关取值要求和方法。常用的方式有：

1. 直接证明法。指可以根据外部权威部门出具的数据、鉴证、报告证明的方法，通常适用于常见的官方统计数据等。

2. 情况统计法。指按规定口径对有关数据和情况进行清点、核实、计算、对比、汇总等整理的方法。多数产出指标适用于本方法。

3. 情况说明法。对于定性指标等难以通过量化指标衡量的情况，由部门根据设置绩效目标时明确的绩效指标来源和指标值设定依据，对指标完成的程度、进度、质量等情况进行说明并证明，并依据说明对完成等次进行判断。

4. 问卷调查法。指运用统一设计的问卷向被选取的调查对象了解情况或征询意见的调查方法。一般适用于满意度调查等。部门可以根据必要性、成本和实施可行性，明确由实施单位在项目实施过程中开展。

5. 趋势判断法。指运用大数据思维，结合项目实施期总体目标，对指标历史数据进行整理、修正、分析，预判项目在全生命周期不同阶段的数据趋势。

（五）绩效指标完成值数据来源

1. 统计部门统计数据。如GDP、工业增加值、常住人口等。

2. 权威机构调查（统计）。如基本科学指标数据库（ESI）高校学科排名、科学引文索引（SCI）收录论文数等。

3. 部门统计年鉴。如在校学生数、基本医疗保险参保率等。

4. 部门业务统计。如培训人数、网站访问量、完成课题数、满意度等。

5. 部门业务记录。如能够反映重大文化活动、演出展览现场的音像、视频资料等。

6. 部门业务评判。如项目成效、工作效果等定性指标。

7. 问卷调查报告。如满意度等。

8. 媒体舆论。如满意度等。

9. 其他数据来源。

（六）指标分值权重

绩效指标分值权重根据项目实际情况确定。原则上一级指标权重统一按以下方式设置：对于设置成本指标的项目，成本指标20%、产出指标40%、效益指标20%、满意度指标10%（其余10%的分值权重为预算执行率指标，编制预算时暂不设置，部门或单位开展自评时使用，下同）；对于未设置成本指标的项目，产出指标50%、效益指标30%、满意度指标10%；对于不需设置满意度指标的项目，其效益指标分值权重相应可调增10%。各指标分值权重依据指标的重要程度合理设置，在预算批复中予以明确，设立后原则上不得调整。

（七）绩效指标赋分规则

1. 直接赋分。主要适用于进行“是”或“否”判断的单一评判指标。符合要求的得满分，不符合要求的不得分或者扣相应的分数。

2. 按照完成比例赋分，同时设置及格门槛。主要适用于量化的统计类等定量指标。具体可根据指标目标值的精细程度、数据变化区间进行设定。

预算执行率按区间赋分，并设置及格门槛。如项目完成，且执行数控制在年度预算规模之内的，得10分；项目尚未完成，预算执行率小于100%且大于等于80%的得7分，预算执行率小于80%且大于等于60%的得5分，预算执行率小于60%的不得分。

其他定量指标按比例赋分，并设置及格门槛。如：完成率小于60%为不及格，不得分；大于等于60%的，按超过的比重赋分，计算公式为：得分＝（实际完成率－60%）÷（1－60%）×指标分值。

3. 按评判等级赋分。主要适用于情况说明类的定性指标。分为基本达成目标、部分实现目标、实现目标程度较低三个档次，并分别按照该指标对应分值区间100%—80%（含）、80%—60%（含）、60%—0%合理确定分值。

4. 满意度赋分。适用于对服务对象、受益群体的满意程度询问调查，一般按照区间进行赋分。如：满意度大于等于90%的得10分，满意度小于90%且大于等于80%的得8分，满意度小于80%且大于等于60%的得5分，满意度小于60%不得分。

（八）绩效指标佐证资料要求

按照数据来源提供对应的佐证材料。主要包括以下类型：

1. 正式资料。统计年鉴、文件、证书、专业机构意见（标准文书）等。

2. 工作资料。部门总结、统计报表、部门内部签报、专家论证意见、满意度调查报告、相关业务资料等。对于过程性资料，部门和单位应当在项目实施过程中及时保存整理。

3. 原始凭证。预决算报表、财务账、资产账、合同、签到表、验收凭证、网站截屏等。

4. 说明材料。针对确无直接佐证材料或者综合性的内容，由相关单位、人员出具正式的说明。

中央部门应当按照上述指引设置和使用项目支出核心绩效目标和指标，并可在指引原则范围内，根据部门实际组织部门本级和所属单位进一步细化指引内容，制定操作细则，规范有序提升绩效目标编制和评价工作质量。

Ⅳ.《中央部门预算绩效运行监控管理暂行办法》（财预〔2019〕136号）

第一章　总则

第一条　为加强中央部门预算绩效运行监控（以下简称绩效监控）管理，提高预算执行效率和资金使用效益，根据《中共中央　国务院关于全面实施预算绩效管理的意见》的有关规定，制定本办法。

第二条　本办法所称绩效监控是指在预算执行过程中，财政部、中央部门及其所属单位依照职责，对预算执行情况和绩效目标实现程度开展的监督、控制和管理活动。

第三条　绩效监控按照"全面覆盖、突出重点，权责对等、约束有力，结果运用、及时纠偏"的原则，由财政部统一组织、中央部门分级实施。

第二章　职责分工

第四条　财政部主要职责包括：

（一）负责对中央部门开展绩效监控的总体组织和指导工作；

（二）研究制定绩效监控管理制度办法；

（三）根据工作需要开展重点绩效监控；

（四）督促绩效监控结果应用；

（五）应当履行的其他绩效监控职责。

第五条　中央部门是实施预算绩效监控的主体。中央部门主要职责包括：

（一）牵头负责组织部门本级开展预算绩效监控工作，对所属单位的绩效监控情况进行指导和监督，明确工作要求，加强绩效监控结果应用等。按照要求向财政部报送绩效监控结果。

（二）按照"谁支出，谁负责"的原则，预算执行单位（包括部门本级及所属单位，下同）负责开展预算绩效日常监控，并定期对绩效监控信息进行收集、审核、分析、汇总、填报；分析偏离绩效目标的原因，并及时采取纠偏措施。

（三）应当履行的其他绩效监控职责。

第三章　监控范围和内容

第六条　中央部门绩效监控范围涵盖中央部门一般公共预算、政府性基金预算和国有资本经营预算所有项目支出。

中央部门应对重点政策和重大项目，以及巡视、审计、有关监督检查、重点绩效评价和日常管理中发现问题较多、绩效水平不高、管理薄弱的项目予以重点监控，并逐步开展中央部门及其所属单位整体预算绩效监控。

第七条　绩效监控内容主要包括：

（一）绩效目标完成情况。一是预计产出的完成进度及趋势，包括数量、质量、时效、成本等。二是预计效果的实现进度及趋势，包括经济效益、社会效益、生态效益和可持续影响等。三是跟踪服务对象满意度及趋势。

（二）预算资金执行情况，包括预算资金拨付情况、预算执行单位实际支出情况以及预计结转结余情况。

（三）重点政策和重大项目绩效延伸监控。必要时，可对重点政策和重大项目支出具体工作任务开展、发展趋势、实施计划调整等情况进行延伸监控。具体内容包括：政府采购、工程招标、监理和验收、信息公示、资产管理以及有关预算资金会计核算等。

（四）其他情况。除上述内容外其他需要实施绩效监控的内容。

第四章　监控方式和流程

第八条　绩效监控采用目标比较法，用定量分析和定性分析相结合的方式，将绩效实现情况与预期绩效目标进行比较，对目标完成、预算执行、组织实施、资金管理等情况进行分析评判。

第九条　绩效监控包括及时性、合规性和有效性监控。及时性监控重点关注上年结转资金较大、当年新增预算且前期准备不充分以及预算执行环境发生重大变化等情况。合规性监控重点关注相关预算管理制度落实情况、项目预算资金使用过程中的无预算开支、超预算开支、挤占挪用预算资金、超标准配置资产等情况。有效性监控重点关注项目执行是否与绩效目标一致、执行效果能否达到预期等。

第十条　绩效监控工作是全流程的持续性管理，具体采取中央部门日常监控和财政部定期监控相结合的方式开展。对科研类项目可暂不开展年度中的绩效监控，但应在实施期内结合项目检查等方式强化绩效监控，更加注重项目绩效目标实现程度和可持续性。条件具备时，财政部门对中央部门预算绩效运行情况开展在线监控。

第十一条　每年 8 月，中央部门要集中对 1—7 月预算执行情况和绩效目标实现程度开展一次绩效监控汇总分析，具体工作程序如下：

（一）收集绩效监控信息。预算执行单位对照批复的绩效目标，以绩效目标执行情况为重点收集绩效监控信息。

（二）分析绩效监控信息。预算执行单位在收集上述绩效信息的基础上，对偏离绩效目标的原因进行分析，对全年绩效目标完成情况进行预计，并对预计年底不能完成目标的原因及拟采取的改进措施做出说明。

（三）填报绩效监控情况表。预算执行单位在分析绩效监控信息的基础上填写《项目支出绩效目标执行监控表》（附后），并作为年度预算执行完成后绩效评价的依据。

（四）报送绩效监控报告。中央部门年度集中绩效监控工作完成后，及时总结经验、发现问题、提出下一步改进措施，形成本部门绩效监控报告，并将所有一级项目《项目支出绩效目标执行监控表》于 8 月 31 日前报送财政部对口部门司和预算司。

第五章　结果应用

第十二条　绩效监控结果作为以后年度预算安排和政策制定的参考，绩效监控工作情况作为中央部门预算绩效管理工作考核的内容。

第十三条　中央部门通过绩效监控信息深入分析预算执行进度慢、绩效水平不高的具体原因，对绩效监控中发现的绩效目标执行偏差和管理漏洞，应及时采取分类处置措施予以纠正：

（一）对于因政策变化、突发事件等客观因素导致预算执行进度缓慢或预计无法实现绩效目标的，要本着实事求是的原则，及时按程序调减预算，并同步调整绩效目标。

（二）对于绩效监控中发现严重问题的，如预算执行与绩效目标偏离较大、已经或预计造成重大损失浪费或风险等情况，应暂停项目实施，相应按照有关程序调减预算并停止拨付资金，及时纠偏止损。已开始执行的政府采购项目应当按照相关程序办理。

第十四条　财政部要加强绩效监控结果应用。对中央部门绩效监控结果进行审核分析，对发现的问题和风险进行研判，督促相关部门改进管理，确保预算资金安全有效，保障党中央、国务院重大战略部署和政策目标如期实现。

对绩效监控过程中发现的财政违法行为，依照《中华人民共和国预算法》《财政违法行为处罚处分条例》等有关规定追究责任，报送同级政府和有关部门作为行政问责参考依据；发现重大违纪违法问题线索，及时移送纪检监察机关。

第六章　附则

第十五条　各中央部门可根据本办法，结合实际制定预算绩效监控具体管理办法或实施细则，报财政部备案。

第十六条　本办法自印发之日起施行。

附件：项目支出绩效目标执行监控表

项目支出绩效目标执行监控表

（　　　年度）

<table>
<tr><td>项目名称</td><td colspan="5"></td></tr>
<tr><td>主管部门及代码</td><td colspan="2"></td><td>实施单位</td><td colspan="2"></td></tr>
<tr><td rowspan="4">项目资金（万元）</td><td></td><td>年初预算数</td><td>1—7月执行数</td><td>1—7月执行率</td><td>全年预计执行数</td></tr>
<tr><td>年度资金总额：</td><td></td><td></td><td></td><td></td></tr>
<tr><td>其中：本年一般公共预算拨款</td><td></td><td></td><td></td><td></td></tr>
<tr><td>其他资金</td><td></td><td></td><td></td><td></td></tr>
<tr><td>年度总体目标</td><td colspan="5"></td></tr>
</table>

续表

	一级指标	二级指标	三级指标	年度指标值	1—7月执行情况	全年预计完成情况	偏差原因分析						完成目标可能性			备注
							经费保障	制度保障	人员保障	硬件条件保障	其他	原因说明	确定能	有可能	完全不可能	
绩效指标	产出指标	数量指标														
		质量指标														
		时效指标														
		成本指标														
		……														
	效益指标	经济效益指标														
		社会效益指标														
		生态效益指标														
		可持续影响指标														
		……														
	满意度指标	服务对象满意度指标														
		……														

注：1. 偏差原因分析：针对与预期目标产生偏差的指标值，分别从经费保障、制度保障、人员保障、硬件条件保障等方面进行判断和分析，并说明原因。

2. 完成目标可能性：对应所设定的实现绩效目标的路径，分确定能、有可能、完全不可能三级综合判断完成的可能性。

3. 备注：说明预计到年底不能完成目标的原因及拟采取的措施。

V.《项目支出绩效评价管理办法》(财预〔2020〕10号)

第一章 总则

第一条 为全面实施预算绩效管理，建立科学、合理的项目支出绩效评价管理体系，提高财政资源配置效率和使用效益，根据《中华人民共和国预算法》和《中共中央 国务院关于全面实施预算绩效管理的意见》等有关规定，制定本办法。

第二条 项目支出绩效评价（以下简称绩效评价）是指财政部门、预算部门和单位，依据设定的绩效目标，对项目支出的经济性、效率性、效益性和公平性进行客观、公正的测量、分析和评判。

第三条 一般公共预算、政府性基金预算、国有资本经营预算项目支出的绩效评价适用本办法。涉及预算资金及相关管理活动，如政府投资基金、主权财富基金、政府和社会资本合作（PPP）、政府购买服务、政府债务项目等绩效评价可参照本办法执行。

第四条 绩效评价分为单位自评、部门评价和财政评价三种方式。单位自评是指预算部门组织部门本级和所属单位对预算批复的项目绩效目标完成情况进行自我评价。部门评价是指预算部门根据相关要求，运用科学、合理的绩效评价指标、评价标准和方法，对本部门的项目组织开展的绩效评价。财政评价是财政部门对预算部门的项目组织开展的绩效评价。

第五条 绩效评价应当遵循以下基本原则：

（一）科学公正。绩效评价应当运用科学合理的方法，按照规范的程序，对项目绩效进行客观、公正的反映。

（二）统筹兼顾。单位自评、部门评价和财政评价应职责明确，各有侧重，相互衔接。单位自评应由项目单位自主实施，即“谁支出、谁自评”。部门评价和财政评价应在单位自评的基础上开展，必要时可委托第三方机构实施。

（三）激励约束。绩效评价结果应与预算安排、政策调整、改进管理实质性挂钩，体现奖优罚劣和激励相容导向，有效要安排、低效要压减、无效要问责。

（四）公开透明。绩效评价结果应依法依规公开，并自觉接受社会监督。

第六条 绩效评价的主要依据：

（一）国家相关法律、法规和规章制度；

（二）党中央、国务院重大决策部署，经济社会发展目标，地方各级党委和政府重点任务要求；

（三）部门职责相关规定；

（四）相关行业政策、行业标准及专业技术规范；

（五）预算管理制度及办法，项目及资金管理办法、财务和会计资料；

（六）项目设立的政策依据和目标，预算执行情况，年度决算报告、项目决算或验收报告等相关材料；

（七）本级人大审查结果报告、审计报告及决定，财政监督稽核报告等；

（八）其他相关资料。

第七条 绩效评价期限包括年度、中期及项目实施期结束后；对于实施期 5 年及以上的项目，应适时开展中期和实施期后绩效评价。

第二章 绩效评价的对象和内容

第八条 单位自评的对象包括纳入政府预算管理的所有项目支出。

第九条 部门评价对象应根据工作需要，优先选择部门履职的重大改革发展项目，随机选择一般性项目。原则上应以 5 年为周期，实现部门评价重点项目全覆盖。

第十条 财政评价对象应根据工作需要，优先选择贯彻落实党中央、国务院重大方针政策和决策部署的项目，覆盖面广、影响力大、社会关注度高、实施期长的项目。对重点项目应周期性组织开展绩效评价。

第十一条 单位自评的内容主要包括项目总体绩效目标、各项绩效指标完成情况以及预算执行情况。对未完成绩效目标或偏离绩效目标较大的项目要分析并说明原因，研究提出改进措施。

第十二条 财政和部门评价的内容主要包括：

（一）决策情况；

（二）资金管理和使用情况；

（三）相关管理制度办法的健全性及执行情况；

（四）实现的产出情况；

（五）取得的效益情况；

（六）其他相关内容。

第三章 绩效评价指标、评价标准和方法

第十三条 单位自评指标是指预算批复时确定的绩效指标，包括项目的产出数量、质量、时效、成本，以及经济效益、社会效益、生态效益、可持续影响、服务对象满意度等。

单位自评指标的权重由各单位根据项目实际情况确定。原则上预算执行率和一级指标权重统一设置为：预算执行率 10%、产出指标 50%、效益指标 30%、服务对象满意度指标 10%。如有特殊情况，一级指标权重可做适当调整。二级、三级指标应当根据指标重要程度、项目实施阶段等因素综合确定，准确反映项目的产出和效益。

第十四条 财政和部门绩效评价指标的确定应当符合以下要求：与评价对象密切相关，全面反映项目决策、项目和资金管理、产出和效益；优先选取最具代表性、最能直接反映产出和效益的核心指标，精简实用；指标内涵应当明确、具体、可衡量，数据及佐证资料应当可采集、可获得；同类项目绩效评价指标和标准应具有一致性，便于评价结果相互比较。

财政和部门评价指标的权重根据各项指标在评价体系中的重要程度确定，应当突出结果导向，原则上产出、效益指标权重不低于 60%。同一评价对象处于不同实施阶段时，指标权重应体现差异性，其中，实施期间的评价更加注重决策、过程和产出，实施期结束后的评价更加注重产出和效益。

第十五条　绩效评价标准通常包括计划标准、行业标准、历史标准等，用于对绩效指标完成情况进行比较。

（一）计划标准。指以预先制定的目标、计划、预算、定额等作为评价标准。

（二）行业标准。指参照国家公布的行业指标数据制定的评价标准。

（三）历史标准。指参照历史数据制定的评价标准，为体现绩效改进的原则，在可实现的条件下应当确定相对较高的评价标准。

（四）财政部门和预算部门确认或认可的其他标准。

第十六条　单位自评采用定量与定性评价相结合的比较法，总分由各项指标得分汇总形成。

定量指标得分按照以下方法评定：与年初指标值相比，完成指标值的，记该指标所赋全部分值；对完成值高于指标值较多的，要分析原因，如果是由于年初指标值设定明显偏低造成的，要按照偏离度适度调减分值；未完成指标值的，按照完成值与指标值的比例记分。

定性指标得分按照以下方法评定：根据指标完成情况分为达成年度指标、部分达成年度指标并具有一定效果、未达成年度指标且效果较差三档，分别按照该指标对应分值区间 100%—80%（含）、80%—60%（含）、60%—0% 合理确定分值。

第十七条　财政和部门评价的方法主要包括成本效益分析法、比较法、因素分析法、最低成本法、公众评判法、标杆管理法等。根据评价对象的具体情况，可采用一种或多种方法。

（一）成本效益分析法。是指将投入与产出、效益进行关联性分析的方法。

（二）比较法。是指将实施情况与绩效目标、历史情况、不同部门和地区同类支出情况进行比较的方法。

（三）因素分析法。是指综合分析影响绩效目标实现、实施效果的内外部因素的方法。

（四）最低成本法。是指在绩效目标确定的前提下，成本最小者为优的方法。

（五）公众评判法。是指通过专家评估、公众问卷及抽样调查等方式进行评判的方法。

（六）标杆管理法。是指以国内外同行业中较高的绩效水平为标杆进行评判的方法。

（七）其他评价方法。

第十八条　绩效评价结果采取评分和评级相结合的方式，具体分值和等级可根据不同评价内容设定。总分一般设置为 100 分，等级一般划分为四档：90（含）—100 分为优、80（含）—90 分为良、60（含）—80 分为中、60 分以下为差。

第四章　绩效评价的组织管理与实施

第十九条　财政部门负责拟定绩效评价制度办法，指导本级各部门和下级财政部门开展绩效评价工作；会同有关部门对单位自评和部门评价结果进行抽查复核，督促部门充分应用自评和评价结果；根据需要组织实施绩效评价，加强评价结果反馈和应用。

第二十条　各部门负责制定本部门绩效评价办法，组织部门本级和所属单位开展自评工作，汇总自评结果，加强自评结果审核和应用；具体组织实施部门评价工作，加强评价结果反馈和应用。积极配合财政评价工作，落实评价整改意见。

第二十一条 部门本级和所属单位按照要求具体负责自评工作，对自评结果的真实性和准确性负责，自评中发现的问题要及时进行整改。

第二十二条 财政和部门评价工作主要包括以下环节：

（一）确定绩效评价对象和范围；

（二）下达绩效评价通知；

（三）研究制订绩效评价工作方案；

（四）收集绩效评价相关数据资料，并进行现场调研、座谈；

（五）核实有关情况，分析形成初步结论；

（六）与被评价部门（单位）交换意见；

（七）综合分析并形成最终结论；

（八）提交绩效评价报告；

（九）建立绩效评价档案。

第二十三条 财政和部门评价根据需要可委托第三方机构或相关领域专家（以下简称第三方，主要是指与资金使用单位没有直接利益关系的单位和个人）参与，并加强对第三方的指导，对第三方工作质量进行监督管理，推动提高评价的客观性和公正性。

第二十四条 部门委托第三方开展绩效评价的，要体现委托人与项目实施主体相分离的原则，一般由主管财务的机构委托，确保绩效评价的独立、客观、公正。

第五章 绩效评价结果应用及公开

第二十五条 单位自评结果主要通过项目支出绩效自评表的形式反映，做到内容完整、权重合理、数据真实、结果客观。财政和部门评价结果主要以绩效评价报告的形式体现，绩效评价报告应当依据充分、分析透彻、逻辑清晰、客观公正。

绩效评价工作和结果应依法自觉接受审计监督。

第二十六条 各部门应当按照要求随同部门决算向本级财政部门报送绩效自评结果。

部门和单位应切实加强自评结果的整理、分析，将自评结果作为本部门、本单位完善政策和改进管理的重要依据。对预算执行率偏低、自评结果较差的项目，要单独说明原因，提出整改措施。

第二十七条 财政部门和预算部门应在绩效评价工作完成后，及时将评价结果反馈被评价部门（单位），并明确整改时限；被评价部门（单位）应当按要求向财政部门或主管部门报送整改落实情况。

各部门应按要求将部门评价结果报送本级财政部门，评价结果作为本部门安排预算、完善政策和改进管理的重要依据；财政评价结果作为安排政府预算、完善政策和改进管理的重要依据。原则上，对评价等级为优、良的，根据情况予以支持；对评价等级为中、差的，要完善政策、改进管理，根据情况核减预算。对不进行整改或整改不到位的，根据情况相应调减预算或整改到位后再予安排。

第二十八条　各级财政部门、预算部门应当按照要求将绩效评价结果分别编入政府决算和本部门决算，报送本级人民代表大会常务委员会，并依法予以公开。

第六章　法律责任

第二十九条　对使用财政资金严重低效无效并造成重大损失的责任人，要按照相关规定追责问责。对绩效评价过程中发现的资金使用单位和个人的财政违法行为，依照《中华人民共和国预算法》《财政违法行为处罚处分条例》等有关规定追究责任；发现违纪违法问题线索的，应当及时移送纪检监察机关。

第三十条　各级财政部门、预算部门和单位及其工作人员在绩效评价管理工作中存在违反本办法的行为，以及其他滥用职权、玩忽职守、徇私舞弊等违法违纪行为的，依照《中华人民共和国预算法》《中华人民共和国公务员法》《中华人民共和国监察法》《财政违法行为处罚处分条例》等国家有关规定追究相应责任；涉嫌犯罪的，依法移送司法机关处理。

第七章　附则

第三十一条　各地区、各部门可结合实际制定具体的管理办法和实施细则。

第三十二条　本办法自印发之日起施行。《财政支出绩效评价管理暂行办法》（财预〔2011〕285 号）同时废止。

附：1. 项目支出绩效自评表
　　2. 项目支出绩效评价指标体系框架（参考）
　　3. 项目支出绩效评价报告（参考提纲）

附 1　项目支出绩效自评表

项目支出绩效自评表

（　　　年度）

<table>
<tr><td>项目名称</td><td colspan="7"></td></tr>
<tr><td>主管部门</td><td colspan="3"></td><td>实施单位</td><td colspan="3"></td></tr>
<tr><td rowspan="5">项目资金（万元）</td><td></td><td>年初预算数</td><td>全年预算数</td><td>全年执行数</td><td>分值</td><td>执行率</td><td>得分</td></tr>
<tr><td>年度资金总额</td><td></td><td></td><td></td><td>10</td><td></td><td></td></tr>
<tr><td>其中：当年财政拨款</td><td></td><td></td><td></td><td>—</td><td></td><td>—</td></tr>
<tr><td>上年结转资金</td><td></td><td></td><td></td><td>—</td><td></td><td>—</td></tr>
<tr><td>其他资金</td><td></td><td></td><td></td><td>—</td><td></td><td>—</td></tr>
<tr><td rowspan="2">年度总体目标</td><td colspan="3">预期目标</td><td colspan="4">实际完成情况</td></tr>
<tr><td colspan="3"></td><td colspan="4"></td></tr>
</table>

续表

	一级指标	二级指标	三级指标	年度指标值	实际完成值	分值	得分	偏差原因分析及改进措施
绩效指标	产出指标	数量指标	指标1：					
			指标2：					
			……					
		质量指标	指标1：					
			指标2：					
			……					
		时效指标	指标1：					
			指标2：					
			……					
		成本指标	指标1：					
			指标2：					
			……					
	效益指标	经济效益指标	指标1：					
			指标2：					
			……					
		社会效益指标	指标1：					
			指标2：					
			……					
		生态效益指标	指标1：					
			指标2：					
			……					
		可持续影响指标	指标1：					
			指标2：					
			……					
	满意度指标	服务对象满意度指标	指标1：					
			指标2：					
			……					
总分						100		

附 2　项目支出绩效评价指标体系框架（参考）

一级指标	二级指标	三级指标	指标解释	指标说明
决策	项目立项	立项依据充分性	项目立项是否符合法律法规、相关政策、发展规划以及部门职责，用以反映和考核项目立项依据情况	评价要点： ①项目立项是否符合国家法律法规、国民经济发展规划和相关政策； ②项目立项是否符合行业发展规划和政策要求； ③项目立项是否与部门职责范围相符，属于部门履职所需； ④项目是否属于公共财政支持范围，是否符合中央、地方事权支出责任划分原则； ⑤项目是否与相关部门同类项目或部门内部相关项目重复
		立项程序规范性	项目申请、设立过程是否符合相关要求，用以反映和考核项目立项的规范情况	评价要点： ①项目是否按照规定的程序申请设立； ②审批文件、材料是否符合相关要求； ③事前是否已经过必要的可行性研究、专家论证、风险评估、绩效评估、集体决策
	绩效目标	绩效目标合理性	项目所设定的绩效目标是否依据充分，是否符合客观实际，用以反映和考核项目绩效目标与项目实施的相符情况	评价要点： （如未设定预算绩效目标，也可考核其他工作任务目标） ①项目是否有绩效目标； ②项目绩效目标与实际工作内容是否具有相关性； ③项目预期产出效益和效果是否符合正常的业绩水平； ④是否与预算确定的项目投资额或资金量相匹配
		绩效指标明确性	依据绩效目标设定的绩效指标是否清晰、细化、可衡量等，用以反映和考核项目绩效目标的明细化情况	评价要点： ①是否将项目绩效目标细化分解为具体的绩效指标； ②是否通过清晰、可衡量的指标值予以体现； ③是否与项目目标任务数或计划数相对应
	资金投入	预算编制科学性	项目预算编制是否经过科学论证、有明确标准，资金额度与年度目标是否相适应，用以反映和考核项目预算编制的科学性、合理性情况	评价要点： ①预算编制是否经过科学论证； ②预算内容与项目内容是否匹配； ③预算额度测算依据是否充分，是否按照标准编制； ④预算确定的项目投资额或资金量是否与工作任务相匹配
		资金分配合理性	项目预算资金分配是否有测算依据，与补助单位或地方实际是否相适应，用以反映和考核项目预算资金分配的科学性、合理性情况	评价要点： ①预算资金分配依据是否充分； ②资金分配额度是否合理，与项目单位或地方实际是否相适应

续表

一级指标	二级指标	三级指标	指标解释	指标说明
过程	资金管理	资金到位率	实际到位资金与预算资金的比率，用以反映和考核资金落实情况对项目实施的总体保障程度	资金到位率 =（实际到位资金 ÷ 预算资金）×100%。 实际到位资金：一定时期（本年度或项目期）内落实到具体项目的资金。 预算资金：一定时期（本年度或项目期）内预算安排到具体项目的资金
		预算执行率	项目预算资金是否按照计划执行，用以反映或考核项目预算执行情况	预算执行率 =（实际支出资金 ÷ 实际到位资金）×100%。 实际支出资金：一定时期（本年度或项目期）内项目实际拨付的资金
	资金管理	资金使用合规性	项目资金使用是否符合相关的财务管理制度规定，用以反映和考核项目资金的规范运行情况	评价要点： ①是否符合国家财经法规和财务管理制度以及有关专项资金管理办法的规定； ②资金的拨付是否有完整的审批程序和手续； ③是否符合项目预算批复或合同规定的用途； ④是否存在截留、挤占、挪用、虚列支出等情况
	组织实施	管理制度健全性	项目实施单位的财务和业务管理制度是否健全，用以反映和考核财务和业务管理制度对项目顺利实施的保障情况	评价要点： ①是否已制定或具有相应的财务和业务管理制度； ②财务和业务管理制度是否合法、合规、完整
		制度执行有效性	项目实施是否符合相关管理规定，用以反映和考核相关管理制度的有效执行情况	评价要点： ①是否遵守相关法律法规和相关管理规定； ②项目调整及支出调整手续是否完备； ③项目合同书、验收报告、技术鉴定等资料是否齐全并及时归档； ④项目实施的人员条件、场地设备、信息支撑等是否落实到位
产出	产出数量	实际完成率	项目实施的实际产出数与计划产出数的比率，用以反映和考核项目产出数量目标的实现程度	实际完成率 =（实际产出数 ÷ 计划产出数）×100%。 实际产出数：一定时期（本年度或项目期）内项目实际产出的产品或提供的服务数量。 计划产出数：项目绩效目标确定的在一定时期（本年度或项目期）内计划产出的产品或提供的服务数量
	产出质量	质量达标率	项目完成的质量达标产出数与实际产出数的比率，用以反映和考核项目产出质量目标的实现程度	质量达标率 =（质量达标产出数 ÷ 实际产出数）×100%。 质量达标产出数：一定时期（本年度或项目期）内实际达到既定质量标准的产品或服务数量。既定质量标准是指项目实施单位设立绩效目标时依据计划标准、行业标准、历史标准或其他标准而设定的绩效指标值
	产出时效	完成及时性	项目实际完成时间与计划完成时间的比较，用以反映和考核项目产出时效目标的实现程度	实际完成时间：项目实施单位完成该项目实际所耗用的时间。 计划完成时间：按照项目实施计划或相关规定完成该项目所需的时间

续表

一级指标	二级指标	三级指标	指标解释	指标说明
产出	产出成本	成本节约率	完成项目计划工作目标的实际节约成本与计划成本的比率，用以反映和考核项目的成本节约程度	成本节约率 =［（计划成本 − 实际成本）÷ 计划成本］× 100%。 实际成本：项目实施单位如期、保质、保量完成既定工作目标实际所耗费的支出。 计划成本：项目实施单位为完成工作目标计划安排的支出，一般以项目预算为参考
效益	项目效益	实施效益	项目实施所产生的效益	项目实施所产生的社会效益、经济效益、生态效益、可持续影响等。可根据项目实际情况有选择地设置和细化。
		满意度	社会公众或服务对象对项目实施效果的满意程度	社会公众或服务对象是指因该项目实施而受到影响的部门（单位）、群体或个人。一般采取社会调查的方式

附 3　项目支出绩效评价报告（参考提纲）

一、基本情况

（一）项目概况。包括项目背景、主要内容及实施情况、资金投入和使用情况等。

（二）项目绩效目标。包括总体目标和阶段性目标。

二、绩效评价工作开展情况

（一）绩效评价目的、对象和范围。

（二）绩效评价原则、评价指标体系（附表说明）、评价方法、评价标准等。

（三）绩效评价工作过程。

三、综合评价情况及评价结论（附相关评分表）

四、绩效评价指标分析

（一）项目决策情况。

（二）项目过程情况。

（三）项目产出情况。

（四）项目效益情况。

五、主要经验及做法、存在的问题及原因分析

六、有关建议

七、其他需要说明的问题

Ⅵ.《第三方机构预算绩效评价业务监督管理暂行办法》（财监〔2021〕4号）

第一条 为引导和规范第三方机构从事预算绩效评价业务，严格第三方机构执业质量监督管理，促进提高财政资源配置效率和使用效益，根据《中华人民共和国预算法》《中华人民共和国预算法实施条例》《中共中央 国务院关于全面实施预算绩效管理的意见》《财政部关于贯彻落实〈中共中央 国务院关于全面实施预算绩效管理的意见〉的通知》（财预〔2018〕167号）、《财政部关于委托第三方机构参与预算绩效管理的指导意见》（财预〔2021〕6号）等有关规定，制定本办法。

第二条 本办法所称第三方机构是指依法设立并向各级财政部门、预算部门和单位等管理、使用财政资金的主体（以下统称委托方）提供预算绩效评价服务，独立于委托方和预算绩效评价对象的组织，主要包括专业咨询机构、会计师事务所、资产评估机构、律师事务所、科研院所、高等院校等。

本条第一款所称预算绩效评价服务是指第三方机构接受委托方委托，对预算绩效评价对象进行评价，并出具预算绩效评价报告的专业服务行为。

第三条 第三方机构接受委托依法依规从事预算绩效评价业务，任何组织和个人不得非法干预，不得侵害第三方机构及其工作人员的合法权益。

第四条 县级以上人民政府财政部门（以下简称财政部门）依法依规对第三方机构及其工作人员从事预算绩效评价业务进行管理和监督。第三方机构及其工作人员对财政部门的管理和监督工作应当予以配合。

第五条 财政部门加强对第三方机构及其工作人员从事预算绩效评价业务的培训和指导。鼓励社会力量依法依规开展预算绩效评价业务培训。

第六条 第三方机构应当遵守法律、法规等有关规定，并按照以下原则从事预算绩效评价业务：

（一）独立原则。第三方机构应当在委托方和被评价对象提供工作便利条件和相关资料情况下独立完成委托事项。

（二）客观原则。第三方机构应当按照协议（合同）约定事项客观公正、实事求是地开展预算绩效评价，不得出具不实预算绩效评价报告。

（三）规范原则。第三方机构应当履行必要评价程序，合理选取具有代表性的样本，对原始资料进行必要的核查验证，形成结论并出具预算绩效评价报告。

第七条 第三方机构出具预算绩效评价报告应当由其主评人签字确认。绩效评价主评人由第三方机构根据以下条件择优评定：

（一）遵守法律、行政法规和本办法的规定，具有良好的职业道德；

（二）具有与预算绩效评价业务相适应的学历、能力；

（三）具备中高级职称或注册会计师、评估师、律师、内审师、注册造价工程师、注册咨询工程师等相关行业管理部门认可的专业资质；

（四）具有5年以上工作经验，其中从事预算绩效评价工作3年以上；

（五）具有较强的政策理解、项目管理和沟通协调能力；

（六）未被追究过刑事责任，或者从事评估、财务、会计、审计活动中因过失犯罪而受刑事处罚，刑罚执行期满逾 5 年。

第八条 第三方机构自领取营业执照或者法人证书之日起，可以通过财政部门户网站“预算绩效评价第三方机构信用管理平台”，录入本机构下列信息：

（一）机构名称、统一社会信用代码、办公场所、通讯地址、法定代表人或首席合伙人、从事预算绩效评价业务人员、联系方式等信息；

（二）主评人的资质证书、学历证书、主评人与第三方机构的劳动合同等信息；

（三）合作的预算绩效评价专家信息；

（四）分支机构相关信息；

（五）签署或参与的主要预算绩效评价项目信息；

（六）不良诚信记录和 3 年内在预算绩效评价活动中重大违法记录信息；

（七）内部管理制度；

（八）财政部和省级财政部门要求提供的其他信息。

前款规定的信息发生变更的，第三方机构应当在信息变更之日起 30 个工作日内予以更新。

第三方机构非独立法人性质的分支机构信息，由总部机构统一录入。第三方机构独立法人性质的分支机构信息，由该分支机构录入。

第三方机构应当对其填报的信息真实性负责。

第九条 委托方可以从“预算绩效评价第三方机构信用管理平台”查询第三方机构有关信息，并在遵守政府采购和政府购买服务有关规定的前提下，按照下列条件择优选择第三方机构：

（一）具备开展预算绩效评价工作所必需的人员力量、设备和专业技术能力；

（二）治理结构健全，内部质量控制完备，具有规范健全的财务会计、资产管理、保密管理、业务培训等管理制度；

（三）具有良好信誉，3 年内在预算绩效评价活动中没有重大违法记录。

委托方可以根据所委托预算绩效评价工作的特殊需求，增加选聘第三方机构的特定条件，但不得以不合理的条件对第三方机构实行差别待遇或者歧视待遇。

第十条 对于涉及国家秘密、国家安全的预算绩效评价事项，委托方应当按照《中华人民共和国保守国家秘密法》《中华人民共和国国家安全法》等规定，合理确定第三方机构参与预算绩效评价的具体范围；涉及商业秘密的，按照商业秘密保护有关规定办理。

第十一条 第三方机构从事预算绩效评价业务，不得有以下行为：

（一）将预算绩效评价业务转包；

（二）未经委托方同意将预算绩效评价业务分包给其他单位或个人实施；

（三）允许其他机构以本机构名义或者冒用其他机构名义开展业务；

（四）出具本机构未承办业务、未履行适当评价程序、存在虚假情况或者重大遗漏的评价报告；

（五）以恶意压价等不正当竞争手段承揽业务；

（六）聘用或者指定不具备条件的相关人员开展业务；

（七）其他违反国家法律法规的行为。

第十二条 第三方机构从事预算绩效评价业务的工作人员应当严格遵守国家相关法律制度规定，遵守职业道德，合理使用并妥善保管有关资料，严格保守工作中知悉的国家秘密、商业秘密和个人隐私，并有权拒绝项目单位和个人的非法干预。

第十三条 第三方机构应当在了解被评价对象基本情况的基础上，充分考虑自身胜任能力以及能否保持独立性，决定是否接受预算绩效评价委托。确定接受委托的，第三方机构应当与委托方签订书面业务协议（合同），明确当事人的名称和住所、委托评价的项目和内容、履行期限、费用、支付方式、双方的权利义务、归档责任、违约责任、争议解决的方式等内容，并严格按协议（合同）条款执行。

第十四条 第三方机构开展预算绩效评价业务，应当成立由至少 1 名主评人和其他工作人员组成的工作组，并在评价过程中保持工作组成员的相对稳定。

第十五条 第三方机构应当加强与委托方及被评价对象的沟通，在调研、全面了解被评价对象相关情况和委托方意图的基础上，按照有关规定拟订科学可行的预算绩效评价实施方案。

预算绩效评价实施方案应当包括人员配置、时间安排、评价目的、评价内容、评价依据、评价方法、指标体系、评价标准、样本确定、调查问卷、资料清单以及工作纪律等要素。

第十六条 第三方机构可以组织评议专家组对预算绩效评价实施方案进行评议。第三方机构未组织对预算绩效评价实施方案进行评议的，应当将预算绩效评价实施方案报送委托方审核确定。

评议专家组一般应由委托方代表、第三方机构代表、预算绩效评价专家、被评价领域行业专家等共同组成。

第十七条 第三方机构及其工作人员应当根据预算绩效评价实施方案开展现场调查和资料收集整理工作，通过座谈、现场调研、问卷发放等方式，获取评价工作所需要的有关数据和资料。

在特殊情况下，经委托方同意，第三方机构开展评价工作可以采取非现场评价方式进行。

委托方和被评价对象对其提供材料的真实性、准确性负责。

第十八条 第三方机构在完成相关评价工作后，按照以下程序向委托方提交预算绩效评价报告：

（一）按照规定要求和文本格式，撰写预算绩效评价报告初稿，力求做到逻辑清晰、内容完整、依据充分、数据详实、分析透彻、结论准确、建议可行。

（二）评价报告初稿撰写完成后，第三方机构应当书面征求被评价对象和委托方的意见。委托方或被评价对象可以组织评议专家组对评价报告进行评议，向第三方机构反馈书面意见。第三方机构应当对反馈的意见逐一核实，逐条说明采纳或不予采纳的理由，并根据反馈的有效意见对评价报告初稿进行修改。

（三）指定内部有关职能部门或者专门人员，对修改后的评价报告进行内部审核。

（四）经内部审核通过的评价报告，由该项目主评人签名，加盖第三方机构公章后，形成正式评价报告，提交委托方。

第三方机构及其签名的主评人应当对所出具预算绩效评价报告的真实性和准确性负责。

第十九条　第三方机构在出具预算绩效评价报告后，应当根据财政部有关规定，通过"预算绩效评价第三方机构信用管理平台"上传预算绩效评价报告有关信息。

第二十条　第三方机构和委托方应根据协议（合同）确定的归档责任，按照《中华人民共和国档案法》《中华人民共和国保守国家秘密法》等法律法规的要求，及时对评价业务资料进行建档、存放、保管管理，确保档案资料的原始、完整和安全。

归档资料主要包括立项性材料（委托评价业务协议或合同等）、证明性材料（预算绩效评价实施方案、基础数据报表、数据核查确认报告、预算绩效评价工作底稿及附件、调查问卷等）、结论性材料（评价报告、被评价项目单位和委托方的反馈意见、评价工作组的说明等）。

第二十一条　第三方机构及其工作人员对评价工作及评价报告涉及的信息资料负有保护信息安全的义务。未经委托方及其同级财政部门同意，第三方机构及其工作人员不得以任何形式对外提供、泄露、公开评价报告和相关文档资料。

第二十二条　委托方和被评价对象认为从事预算绩效评价的第三方机构及其工作人员存在违法违规行为的，可以向财政部门及其行业行政管理部门投诉、举报。

第二十三条　财政部门应当依法依规加强对第三方机构预算绩效评价执业质量的监督检查，监督检查包括以下内容：

（一）第三方机构及其工作人员的执业情况；

（二）第三方机构录入信息的情况；

（三）第三方机构的评价报告信息上传及档案管理情况；

（四）第三方机构预算绩效评价主评人的评定管理情况；

（五）第三方机构的内部管理和执业质量控制制度建立与执行情况；

（六）第三方机构对分支机构实施管理的情况；

（七）法律、行政法规规定的与第三方机构预算绩效评价工作相关的其他情况。

第二十四条　财政部门应当建立健全对第三方机构预算绩效评价工作定向检查和不定向抽查相结合的监督检查机制。对存在违法违规线索的预算绩效评价工作开展定向检查；对日常监管事项，通过随机抽取检查对象、随机选派执法检查人员等方式开展不定向检查。

财政部各地监管局根据财政部规定对第三方机构预算绩效评价执业质量开展监督检查。

第二十五条　财政部应当加强对省级及省级以下财政部门监督管理第三方机构及其工作人员预算绩效评价业务的监督和指导。省级财政部门应当加强对省级以下财政部门监督管理第三方机构及其工作人员预算绩效评价业务的监督和指导。

省级财政部门应当按照财政部要求建立违法违规信息报告制度，将第三方机构及其工作人员预算绩效评价工作中发生的重大违法违规案件及时上报财政部。

第二十六条 第三方机构及其工作人员在预算绩效评价工作中有下列情形之一的，视情节轻重，给予责令改正、约谈诫勉、通报给行业监管部门或主管部门、记录不良诚信档案等处理。

（一）违反本办法第十一条有关规定的；

（二）在参加政府采购活动中有舞弊行为的；

（三）录入及变更信息存在虚假的；

（四）由于故意或重大过失而提供虚假数据和结论的；

（五）擅自泄露预算绩效评价信息、结论等有关情况的；

（六）违反法律、法规和本办法规定的其他行为。

第三方机构参与预算绩效评价选聘、履行预算绩效评价协议（合同）过程中，存在《中华人民共和国政府采购法》第七十七条、《中华人民共和国政府采购法实施条例》第七十二条规定情形的，依法予以处理处罚。

第二十七条 第三方机构及其工作人员在开展预算绩效评价工作中造成损失的，依法承担民事赔偿责任；涉嫌犯罪的，依法追究刑事责任。

第二十八条 第三方机构及其工作人员对财政部门行政处理处罚决定不服的，可以依法申请行政复议或者提起行政诉讼。

第二十九条 财政部门工作人员在第三方机构预算绩效评价业务监督管理中存在滥用职权、玩忽职守、徇私舞弊等违法违纪行为的，依照国家有关规定追究相关责任；涉嫌犯罪的，依法追究刑事责任。

第三十条 外商投资者在中华人民共和国境内开展预算绩效评价业务，应当依法履行中华人民共和国国家安全审查程序。

第三十一条 省级财政部门可结合地方实际情况制定本地区具体实施细则，并报财政部备案。

第三十二条 本办法自2021年8月1日起施行。

附录二　预算绩效指标体系示例

Ⅰ. 共性项目绩效指标体系示例

项目类别	绩效指标					指标解释
	一级指标	二级指标	三级指标			
			内容	性质	单位	
会议培训类	产出指标	数量指标	培训班次（会议次数）		次	反映组织会议培训数量情况
			培训（参会）人数		人次	反映会议培训参加人次情况
			培训（会议）天数		天	反映会议培训举办天数情况
			培训课程数量		个	反映会议培训课程数量情况
		质量指标	培训人员合格率	≥	%	反映参加培训人员学习质量情况
		时效指标	培训计划按期完成率	≥	%	反映培训计划按期完成情况
		成本指标	人均培训成本控制率		%	反映严格执行人均培训标准的情况
	满意度指标	服务对象满意度指标	培训（参会）人员满意度	≥	%	反映参加会议培训人员满意情况
政策研究类	产出指标	数量指标	完成调研报告数量	≥	篇	反映报告数量完成情况
			完成课题报告数量	≥	篇	反映上报课题报告数量
			完成专刊数量	≥	篇	反映专刊数量完成情况
			完成专著数量	≥	本	反映专著数量完成情况
			上报建议、意见数量	≥	个	反映上报建议、意见数量完成情况
		质量指标	研究成果评审合格率	≥	%	反映研究成果评审合格情况
			领导批示圈阅次数	≥	次	反映成果获得领导批示情况
		时效指标	研究成果按时结题率	≥	%	反映研究成果按时结题情况
	效益指标	社会效益指标	研究成功获奖数量	≥	个	反映研究成果获得奖励情况
			研究成果刊发、媒体报道次数	≥	次	反映成果刊发、媒体报道情况
		可持续影响指标	研究报告成果利用率或转化率	≥	%	反映研究报告成果对实际工作的促进作用
			意见建议被采纳次数	≥	次	反映意见建议被采纳情况
			研究成果被引用次数	≥	次	反映成果被引用情况

续表

项目类别	绩效指标					指标解释
	一级指标	二级指标	三级指标			
			内容	性质	单位	
基建工程类	产出指标	数量指标	建设（改造、修缮）工程量	≥	平方米、公里等	反映建设、改造、修缮工程量完成情况
			建设（改造、修缮）工程数量	≥	个	反映建设、改造、修缮工程数量
		质量指标	项目设计变更率	≤	%	反映项目设计变更情况
			竣工验收合格率	≥	%	反映竣工验收情况
		时效指标	项目按计划开工率	≥	%	反映工程按计划开工情况
			项目按计划完工率	≥	%	反映工程按计划完工情况
		成本指标	超概算项目比例	≤	%	反映超概算项目占比情况
	效益指标	社会效益指标	建筑（工程）综合利用率	≥	%	反映项目综合利用情况
			设备正常运转率	≥	%	反映设施功能运转情况
			项目受益人数	≥	人	反映项目收益人数
	满意度指标	服务对象满意度指标	受益群体满意度	≥	%	反映受益群体满意情况
设备购置类	产出指标	数量指标	购置设备数量	≥	台（套）	反映购置数量完成情况
			政府采购率	≥	%	反映政府采购情况
		质量指标	设备质量合格率	≥	%	反映购置设备质量情况
			安装工程验收合格率	≥	%	反映设备安装工程质量情况
			设备故障率	≤	%	反映设备故障情况
	效益指标	社会效益指标	设备利用率	≥	%	反映设备利用情况
		可持续影响指标	设备使用年限	≥	年	反映设备使用年限
	满意度指标	服务对象满意度指标	使用人员满意度	≥	%	反映使用人员满意度情况

Ⅱ．分行业分领域绩效指标和标准体系示例

行业领域	行业类别	资金用途	绩效指标					绩效标准				
			一级指标	二级指标	三级指标			计划标准	历史标准	行业标准	国际标准	其他标准
					内容	性质	单位					
一般公共服务	政府办公厅（室）及相关机构事务	政策评估与解读	产出指标	数量指标	评估报告数量	≥	个	预算绩效目标申请数	前三年目标完成数			
			产出指标	数量指标	政策解读文章数量	≥	篇	预算绩效目标申请数	前三年目标完成数			
			产出指标	时效指标	评估报告按时完成率	≥	%	预算绩效目标申请数	前三年目标完成数			
	人力资源事务	机构编制工作	产出指标	数量指标	事业单位年度报告数	≥	个	预算绩效目标申请数	前三年目标完成数			
			产出指标	数量指标	事业单位日常受理量	≥	个	预算绩效目标申请数	前三年目标完成数			
			产出指标	数量指标	事业单位书面、实地抽查数量	≥	次	预算绩效目标申请数	前三年目标完成数			
			产出指标	数量指标	编撰机构编制文献资料	≥	张	预算绩效目标申请数	前三年目标完成数			
			产出指标	数量指标	调研指导地方机构编制管理工作	≥	次	预算绩效目标申请数	前三年目标完成数			
			效益指标	社会效益	党政机关网站挂标率	≥	%	预算绩效目标申请数	前三年目标完成数			
			满意度指标	服务对象满意度指标	办理单位满意度	≥	%	预算绩效目标申请数	前三年目标完成数			

续表

行业领域	行业类别	资金用途	绩效指标					绩效标准				
			一级指标	二级指标	三级指标			计划标准	历史标准	行业标准	国际标准	其他标准
					内容	性质	单位					
公共安全	公安	交通管理	产出指标	数量指标	交通违法事件查处率	≥	%	预算绩效目标申请数	前三年目标完成数			
			效益指标	社会效益指标	交通事故死亡人数下降率	≥	%	预算绩效目标申请数	前三年目标完成数			
			效益指标	社会效益指标	交通事故下降率	≥	%	预算绩效目标申请数	前三年目标完成数			
			效益指标	社会效益指标	群众投诉下降率	≥	%	预算绩效目标申请数	前三年目标完成数			
		出入境管理	效益指标	社会效益指标	违法犯罪分子检出率	≥	%	预算绩效目标申请数	前三年目标完成数			
		公共信息网络安全监察	产出指标	数量指标	网络攻击查处率	≥	%	预算绩效目标申请数	前三年目标完成数			
			产出指标	数量指标	网络诈骗案件破获率	≥	%	预算绩效目标申请数	前三年目标完成数			
教育	普通教育	支持学前教育发展	产出指标	数量指标	新建幼儿园数量	≥	所	预算绩效目标申请数	前三年目标完成数			
			产出指标	数量指标	公办园在园幼儿占比	≥	%	预算绩效目标申请数	前三年目标完成数			
			产出指标	数量指标	资助家庭经济困难幼儿入园数	≥	万人次	预算绩效目标申请数	上一年度完成数			
			效益指标	社会效益指标	学前三年毛入园率		%	预算绩效目标申请数	上一年度完成数			

续表

行业领域	行业类别	资金用途	绩效指标					绩效标准				
			一级指标	二级指标	三级指标			计划标准	历史标准	行业标准	国际标准	其他标准
					内容	性质	单位					
教育	普通教育	支持学前教育发展	效益指标	社会效益指标	积极引导地方扩大普惠性学前教育资源			持续扩大	持续扩大			
			满意度指标	服务对象满意度指标	师生满意度	≥	%	85%	85%			
			满意度指标	服务对象满意度指标	家长满意度	≥	%	85%	85%			
		义务教育薄弱环节改善与能力提升补助	产出指标	数量指标	56人以上大班额下降比例		%	下降	前三年目标完成数			
			产出指标	数量指标	农村义务教育学校网络覆盖率	≥	%	90	前三年目标完成数			
			产出指标	质量指标	两类学校建设达标率			达到省标	前三年目标完成数			
			产出指标	质量指标	新建改扩建工程验收合格率			100	100			
			产出指标	产出指标	实施期计划完成率	≥	%	预算绩效目标申请数	前三年目标完成数			
			效益指标	可持续影响指标	义务教育薄弱环节改善与能力提升			预算绩效目标申请数	前三年目标完成数			
			满意度指标	服务对象满意度指标	教师、学生和家长对项目的综合满意度	≥	%	85	85			

续表

行业领域	行业类别	资金用途	绩效指标					绩效标准				
			一级指标	二级指标	三级指标			计划标准	历史标准	行业标准	国际标准	其他标准
					内容	性质	单位					
文化旅游体育与传媒	文化和旅游	演出、展览及活动	产出指标	数量指标	演出总场次	≥	次	根据年度工作计划确定	前三年目标完成数			
			产出指标	数量指标	公益演出场次	≥	次	根据年度工作计划确定	前三年目标完成数			
			产出指标	数量指标	赴基层演出场次	≥	次	根据年度工作计划确定	前三年目标完成数			
			产出指标	数量指标	展览展示项目数量	≥	项	根据年度工作计划确定	前三年目标完成数			
			产出指标	数量指标	展览展示持续时间	≥	天	根据年度工作计划确定	前三年目标完成数			
			产出指标	质量指标	演出上座率	≥	%	预算绩效目标申请数	之前三年的平均数据			
			产出指标	质量指标	展览观众投诉率	≤	%	预算绩效目标申请数	之前三年的平均数据			
			效益指标	可持续影响指标	人才培养新人演员参演率	≥	%	预算绩效目标申请数	之前三年的平均数据			
		公共文化服务	产出指标	数量指标	图书馆流动人次	≥	万人次	预算绩效目标申请数	之前三年的平均数据			
			产出指标	数量指标	博物馆参观人次	≥	万人次	预算绩效目标申请数	之前三年的平均数据			
			产出指标	数量指标	国家基本公共数字文化资源库建设量	≥	TB	预算绩效目标申请数	之前三年的平均数据			
			产出指标	数量指标	基层文化队伍培训人次	≥	人次	预算绩效目标申请数	之前三年的平均数据			
			产出指标	数量指标	非物质文化遗产传承人群研修研习培训人次	≥	人次	预算绩效目标申请数	之前三年的平均数据			

续表

行业领域	行业类别	资金用途	绩效指标					绩效标准				
			一级指标	二级指标	三级指标			计划标准	历史标准	行业标准	国际标准	其他标准
					内容	性质	单位					
文化旅游体育与传媒	广播电视	广播电视公共服务	效益指标	社会效益指标	广播人口综合覆盖率	≥	%	99	前三年目标完成数	99		
			效益指标	社会效益指标	电视人口综合覆盖率	≥	%	99	前三年目标完成数	99		
城乡社区与住房保障	城乡社区管理事务	道路建设	产出指标	数量指标	城市道路用地面积比例		%	预算绩效目标申请数	前三年目标完成数			
			产出指标	数量指标	道路网密度		公里/平方公里	预算绩效目标申请数	前三年目标完成数			
			产出指标	质量指标	既有道路完好率	≥	%	预算绩效目标申请数	前三年目标完成数			
		城市绿化	产出指标	数量指标	人均公园绿化面积	≥	m^2/人	预算绩效目标申请数	前三年目标完成数			
			产出指标	质量指标	建成区绿地率	≥	%	预算绩效目标申请数	前三年目标完成数			
			产出指标	质量指标	建成区绿化覆盖率	≥	%	预算绩效目标申请数	前三年目标完成数			
		绿色建筑与节能管理	产出指标	质量指标	城镇新建建筑中执行绿色建筑标准比例	≥	%	50	前三年目标完成数			
			产出指标	质量指标	城镇新建建筑中执行节能强制性标准比例	≥	%	100	前三年目标完成数			
			效益指标	社会效益指标	对推进国家能源消费改革、大气污染防治等战略产生积极影响			预算绩效目标申请数	前三年目标完成数			
			效益指标	可持续影响指标	长期内为城乡建设领域实现可持续健康发展提供智力支撑和决策依据			预算绩效目标申请数	前三年目标完成数			

参考文献

[1] 叶忠明，郭晓萍. 绩效管理基础 [M]. 北京：中国时代经济出版社，2020.

[2] 刘国永，李文思，王萌. 全面实施预算绩效管理实践指导 [M]. 镇江：江苏大学出版社，2019.

[3] 马海涛，曹堂哲，王红梅. 预算绩效管理理论与实践 [M]. 北京：中国财政经济出版社，2020.

[4] 财政部基层财政干部培训教材编审委员会. 全过程预算绩效管理基本知识问答 [M]. 北京：经济科学出版社，2013.

[5] 曹哲堂. 部门预算绩效管理 [M]. 北京：中国财政经济出版社，2020.

[6] 审计署行政事业审计司. 部门预算执行审计指南 [M]. 北京：中国时代经济出版社，2007.

[7] 郜进兴. 积极构建新时代高质量的预算绩效评价体系 [J]. 中国财政，2020 (23)：36 -38.

[8] 马蔡琛. 2020 后的预算绩效管理改革前瞻 [J]. 人民论坛·学术前沿，2020 (14)：38 -44.

[9] 何文盛，蔡泽山. 新时代预算绩效管理推进国家治理现代化的多元维度审视 [J]. 上海行政学院学报，2018，19 (3)：4 -14.

[10] 王泽彩. 预算绩效管理：新时代全面实施绩效管理的实现路径 [J]. 中国行政管理，2018 (4)：6 -12.

[11] 岳晓玉. 公共预算基本理论综述 [J]. 金融经济，2014 (24)：102 -104.

[12] 周学荣. 政府预算理论研究新进展 [J]. 经济学动态，2009 (1)：101 -104.

[13] 刘敏，王萌. 3E 还是 4E：财政支出绩效评价原则探讨 [J]. 财政监督，2016 (1)：59 -61.

[14] 温素彬，郭昱兵. 关键绩效指标法：解读与应用案例 [J]. 会计之友，2020 (19)：148 -153.

[15] 李利，许娅茹. 解析政策事前绩效评估 [J]. 新理财（政府理财），2019

（11）：55－58.

［16］施青军．开展事前绩效评估的思路与方法［J］．中国财政，2019（14）：49－51.

［17］施青军，马文竭．我国开展重大政策事前绩效评估的思考［J］．财政监督，2019（20）：49－53.

［18］隋少彦．财政支出项目预算事前绩效评估工作分析［J］．财经界，2021（19）：36－37.

［19］童伟，田雅琼．部门整体支出事前绩效评估方法及路径探讨［J］．地方财政研究，2018（01）：32－38.

［20］杨奎江，黄琦．论事前绩效评估和预算评审的关系［J］．中国财政，2020（20）：54－55.

［21］曹峥．部门预算绩效目标管理探析［J］．财会学习，2019（15）：165＋167.

［22］韩冰，张文博．论地方财政资金预算绩效目标指标的科学设置［J］．财经界，2021（10）：96－97.

［23］胡若痴，武靖州．部门整体支出绩效目标编制优化原则研究［J］．财政研究，2014（6）：36－39.

［24］李承宏．部门整体预算绩效目标体系构建思路［J］．新理财（政府理财），2020（10）：57－59.

［25］李晓姣，王萌．绩效目标与指标设计的原理分析［J］．财政监督，2015（9）：52－55.

［26］杨肃昌，杨移．项目支出绩效目标编制与审核——以X省Y市为例［J］．地方财政研究，2019（8）：15－19.

［27］李纯娜，刘国永，信俊汝．绩效运行监控之绩效［J］．财政监督，2020（19）：39－44.

［28］刘国永，杨志安，姜明耀，郑德琳，吴辉，郑洁．中期纠偏，如何运用过程监控加强预算绩效管理？［J］．财政监督，2019（19）：39－49.

［29］翁健怡．实施预算和绩效双监控的实践与思考——以广东佛山为例［J］．行政事业资产与财务，2018（23）：18－19.

［30］四川省宜宾市财政局课题组，邓文广，郝崇高，袁伟．财政绩效目标动态监控管理初探——基于四川省宜宾市的实践探索［J］．财政监督，2018（10）：34－36.

［31］宋伟．预算绩效运行监控实践与思考——以青岛市为例［J］．地方财政研究，2020（8）：20－23.

［32］郑德琳．绩效监控：现状、问题与对策建议［J］．财政监督，2018（14）：53－58.

［33］赵振洋，吕姝华．基于“六有”模式的预算绩效管理实现路径研究［J］．地方财政研究，2020（8）：10－19.

［34］陈向可，陈旻．国外部门整体支出绩效评价的经验借鉴［J］．湖北经济学院学报（人文社会科学版），2021，18（5）：87－91.

[35] 刘国永，高亚亭．浅谈绩效自评价、再评价、重点评价的关系［J］．财政监督，2020（6）：48－50.

[36] 吕惠英．全面预算绩效管理下部门整体支出绩效评价研究［J］．中国产经，2021（6）：177－178.

[37] 刘永恒．深入贯彻十九届五中全会精神开启预算绩效评价工作新征程［J］．中国财政，2021（3）：10－13.

[38] 马丽敏．行政事业预算单位如何做好项目支出绩效自评价工作［J］．山西财税，2020（10）：47－49.

[39] 王路．绩效自评的意义与方式探讨［J］．财政科学，2019（2）：94－98.

[40] 陈志勇，毛晖等．部门预算绩效评价结果应用：现状与展望［J］．财政监督，2019（24）：27－35.

[41] 李春根，徐乐．预算绩效评价结果应用的现状与优化［J］．中国行政管理，2019（10）：154－155.

[42] 马海涛，孙欣．全过程预算绩效评价结果应用：理论框架构建［J］．经济与管理评论，2021，37（2）：95－106.

[43] 马海涛，孙欣．预算绩效评价结果应用研究［J］．中央财经大学学报，2020（2）：3－17.

[44] 马海涛，孙欣．全过程预算绩效评价结果应用影响因素研究——基于结构方程模型的分析［J］．地方财政研究，2021（3）：67－78.

[45] 马海涛，孙欣．全过程预算绩效评价结果应用与影响因素分析［J］．经济研究参考，2021（3）：5－28.

[46] 王雍君．预算绩效评价：产出成本评价结果的应用［J］．财政监督，2021（11）：48.

[47] 王雍君．预算绩效评价结果的预算应用：应用于规划预算［J］．财政监督，2020（22）：30.

[48] 董丽萍．绩效评价在事业单位项目预算管理中的应用探索［J］．行政事业资产与财务，2021（15）：29－30.

[49] 第三方机构预算绩效评价业务监督管理暂行办法［J］．财政监督，2021（16）：5－8.

[50] 樊丽明，石绍宾．中国人大预算监督40年：进程、趋向与逻辑［J］．财政研究，2021（2）：36－43.

[51] 冯艳兰．新时期深化预算编制执行监督管理改革的相关思考［J］．财会学习，2020（23）：84－85.

[52] 李纯娜，刘国永，信俊汝．绩效运行监控之绩效［J］．财政监督，2020（19）：39－44.

[53] 李嘉亮．第三方机构预算绩效评价业务将迎新突破［N］．中国会计报，2021－06－04（001）.

[54] 江西省审计学会课题组，财政资金绩效审计研究［J］．审计研究，2020

(1)：24－32.

[55] 廖晓薇．审计监督与纪检监察监督如何有效融合［J］．审计与理财，2021（2）：7－8.

[56] 卢毅磊．推进审计监督与纪检监察监督融合贯通的方法探析［J］．审计月刊，2020（1）：15－17.

[57] 马蔡琛，赵笛．新时代人大预算绩效监督的发展实践与政策建议［J］．财政科学，2021（2）：5－13.

[58] 温来成，丁盈．提升第三方机构绩效评价执业质量问题研究［J］．财政监督，2021（10）：5－10.

[59] 杨娅敏．论我国财政预算绩效外部监督的构建［J］．财政监督，2013（21）：39－40.

[60] 张贻旺，全承相．新时代财政监督功能定位转型的宏观体制思考［J］．财政监督，2019（20）：58－63.

[61] 赵早早．有力推进第三方机构预算绩效评价监管工作——解读《第三方机构预算绩效评价业务监督管理暂行办法》［J］．财政监督，2021（16）：24－25.

[62] 阿儒涵，程燕林等．关于财政绩效评价综合打分制方法的思考［J］．中国科学院院刊，2020，35（12）：1439－1447.

[63] 曹堂哲，陈铭媛，潘昊．英国政府预算绩效管理中的成本收益分析——溯源、制度、应用与展望［J］．财政监督，2020，474（12）：50－59.

[64] 蔡泽山，何文盛．全面实施预算绩效管理中的绩效标准体系建设研究［J］．财政监督，2021，496（10）：59－65.

[65] 胡志勇，王泽彩．预算绩效指标体系构建的标准及其应用［J］．经济纵横，2020（12）.

[66] 李文彬，谢昕．大数据技术与预算绩效管理质量提升研究［J］．学习论坛，2020（4）：38－45.

[67] 马蔡琛，桂梓椋．平衡计分卡在政府预算绩效管理与指标设计中的应用［J］．华南师范大学学报（社会科学版），2019（6）：102－112.

[68] 马丽敏，李嘉维．运用多维度评分方法进行事前绩效评估的探索［J］．中国财政，2020（20）：56－58.

[69] 马蔡琛，赵笛．大数据时代的预算绩效指标框架建设［J］．中央财经大学学报，2019（12）：3－12.

[70] 马蔡琛，赵青．预算绩效评价方法与权重设计：国际经验与中国现实［J］．中央财经大学学报，2018（8）：3－13.

[71] 魏婷．预算绩效评价指标权重的应用［J］．财政监督，2020（5）：52－55.

[72] 王文庚．北京市区级财政运行综合绩效评价指标概述［N］．中国财经报，2021－03－20（007）.

[73] Lu E Y, Willoughby K. Public Performance Budgeting: Principles and Practice［M］. Routledge: Taylor & Francis Group, New York, 2019: 12－21.

[74] OECD. OECD Good Practices for Performance Budgeting 2019 [R]. Paris: OECD, 2019.

[75] Ho A T. From Performance Budgeting to Performance Budget Management: Theory and Practice [J]. Public Administration Review, 2018, 78 (5): 748 - 758.